U0523561

唐君毅著作选

霍韬晦编选／导读

中國哲學原論

导论篇

唐君毅／著

中国社会科学出版社

图书在版编目(CIP)数据

中国哲学原论·导论篇 / 唐君毅著. —北京:中国社会科学出版社,
2005.10(2014.5 重印)

(唐君毅著作选)

ISBN 978 – 7 – 5004 – 5193 – 8

Ⅰ.①中… Ⅱ.①唐… Ⅲ.①古典哲学 – 研究 – 中国②天命论 – 研究 Ⅳ.①B215

中国版本图书馆 CIP 数据核字(2005)第 089293 号

出 版 人	赵剑英
责任编辑	立 人　宋宜权
责任校对	林福国
责任印制	王炳图

出　　版	中国社会科学出版社
社　　址	北京鼓楼西大街甲 158 号(邮编 100720)
网　　址	http://www.csspw.cn
	中文域名:中国社科网　010 – 64070619
发 行 部	010 – 84083685
门 市 部	010 – 84029450
经　　销	新华书店及其他书店

印刷装订	北京市兴怀印刷厂
版　　次	2005 年 10 月第 1 版
印　　次	2014 年 5 月第 2 次印刷

开　　本	710×1000　1/16
印　　张	27.75
插　　页	2
字　　数	468 千字
定　　价	56.00 元

凡购买中国社会科学出版社图书,如有质量问题请与本社联系调换
电话:010 – 64009791
版权所有　侵权必究

出版前言

唐君毅先生（1909—1978）是中国现代著名的人文学者，又是当代新儒家的领军人物。作为哲学家与哲学史家，唐先生对中国思想与中国文化建设作出了重要贡献。唐先生不仅学问博大精深，令人瞩目的是，他更有强烈的道德责任感和传统儒者的担戴精神，他的书中，字里行间透显出他深切的悲悯意识与宗教情怀。中国文化的现代建设，中国现代思想的整理与发展，不可能离开像唐先生这样的思想家和道德家的精神财富。继承悠久的中国优秀文化传统，研究和整理二十世纪以来影响和推动中国文化学术进程的、为数不多的思想巨擘，我们就必须认真地阅读、深入地研究、全面地了解、实事求是地评价唐君毅先生的哲学成就。

唐先生是一位胸怀开放的现代儒者。他高扬中国的传统优秀文化精神，但也充分肯定全人类的，自然也包括西方文明的一切具有原创性的文化成就。他认为文化的核心在于道德理想的确立，一切伟大的哲学思想体系必然首先肯定人的生命内在价值理念。唐先生学贯中西，铸融三教，他的哲学，其核心是似二而一的性体与道体，而根据体、相、用三者的相依不离建立起彻上彻下、无不遍满的整个哲学体系。他一本最富传统特色的中国心性论，极大地张扬"道德自我"超越性，广泛地批判和吸收了西方与印度哲学中的本体论、认识论、解脱论（或救赎论）的成就，强烈地声张中国哲学的道德属性。人生的价值，生命的存有，在唐先生看来，都取决于道德自我的实现。一切人类的思想文化成就，也都必须放到这一重要甚至唯一的尺度上来加以校量。

感谢香港法住学会的霍韬晦先生为我们解决了唐君毅先生著作的版权等事宜，我社才能荣幸地向广大读者隆重地推出唐先生的这个著作集。

我们出版的这个著作集，包括了唐先生一生当中最重要也最有代表性的哲学作品。1979年，唐先生本人曾为其《中国文化之精神价值》一书第十版作序，他概括自己一生的主要著作为四类：一者"泛论人生文化道德理性之关系之著";二者"评论中西文化、重建人文精神人文学术"之著;三者"专论中国哲学史中之哲学问题,如心、理、性命、天道、人道之著";四者"表示个人对哲学信念之理解及对中西哲学之评论之著"。

在此,我们将本次出版的唐先生著作亦按四类列于次:

第一类:《人生之体验》、《道德自我之建立》及《文化意识与道德理性》。前二书及《人生之体验续篇》合集收入本次出版的《人生三书》;

第二类:《文化建设与道德理性》;

第三类:《中国哲学原论》,此书篇幅甚巨,原为四部,分别为《中国哲学原论·导论篇》、《中国哲学原论·原道篇》、《中国哲学原论·原性篇》、《中国哲学原论·原教篇》;

第四类:《哲学概论》及《生命存在与心灵境界》。

最后,还有一点需要特别说明。唐先生是20世纪的学术巨匠,其一生当中的大部分时间,生活、教学、著述都不在中国大陆。因之他在写作时的用字、遣词、造句、行文,自然不会一律合乎大陆读者在上一世纪后半期形成的阅读习惯,但他的这些文字风格仍然是上承悠久中国文化传统的表现。正是基于这一考虑,我们在出版唐先生这些思想著作时,有意保留了它们的原来风貌,未加改动。例如,我们在书中并未擅自替换随处可见的词汇,如宛转、本原、络续、连系、联接、包涵、工夫、笼照、呈显等等。不过,在不得已时,我们又替换了一些很"刺眼的"词汇,例如我们就不用"原泉"或"泉原",而必为"源泉"或"源泉"。其实,就在书中,"原泉"、"泉原"附近赫然地便写着"本原"、"根原",但我们对后者却依旧"视若无睹",听其自然。

中国社会科学出版社谨识
2005年8月

《唐君毅著作选》编序

霍韬晦

《唐君毅著作选》在唐先生逝世二十七年后方克有机会在国内出版，实在太迟。不要说国内读者引领以望，从国内开放、经济发展，亦极需要像唐先生这样的学者和这样的思想来作为社会和民族的支柱，使国人不致在五光十色的知识贩卖中和商业大潮中迷失。大家都知道，目前中国的社会危机正是在于失去了传统的教养。

这不是国粹主义和狭隘的民族主义，唐先生对此深有卓识。他一生的努力都奉献给中国文化的弘扬，但他的思想早已超出五四时代的东西文化对立与二十世纪意识形态之争。他超越于这些理论，但又不抹煞这些理论在某一时位中的贡献。他的思想波澜壮阔、高潮迭起，通达诸家，涵盖古今，更胜西哲康德对不同文化领域的判划和黑格尔的辩证的安排。可惜世人福薄，能得其咳唾、接其慧宝者甚少，和其它几位同时代的新儒家相比，似乎稍见寂寞。我认为：于时、于理这是很不相称的。

"大声希声"，之所以如此，不一定是和现代人的学术训练有关，反而是和现代人的生命有关。生命的反省要有深度，才能见出知识之本。现代人只知向外运思，视概念为砖瓦，辗转批削，以为严格，却不知只是技巧；貌似可观，而实智力之游戏，无关于生命之成长，亦无关于质素之提升，最后如庄子所说的"道隐于小成，言隐于荣华"，有甚么真实的贡献呢？

这样说不是否认学术、否认知识，唐先生亦深知学术与知识之价值，否则他不会写那么多书，对中、西、印哲学做了那么巨大的整理和会通。不过由于他的思想曲折回环，一般读者都觉得难以随顺，亦不明白唐先生何以如此细致包融，于是往往半途而废，十分可惜。总之，读唐先生书，读者必须平心静气，逐句体会，才能感受到其内容的丰富和精采，而且在风格上和进路上，感受到唐先生思维的特色。

唐先生思维的特色在哪里呢？就是即使讨论学术问题、知识问题，都不离其生命中的悲情。人生问题就更不必说了。唐先生生于忧患，受社会、文化、人情的冲击特多，其敏感之心灵亦特多感喟，发而为文，自然充满悲情。不过唐先生之思想并不以悲情止步，而是能够深入观照种种现实心境背后有其原始的性情与美善，于是可以化灰暗为光明。这就是唐先生毕生的信念，一直贯于他的学问、文化生涯，亦贯于他的思想和人格。因此，有人称他为理想主义者，唯心论者，或文化哲学家，"文化意识宇宙的巨人"，其实是唐先生对生命的觉醒，知道生命才是文化之根、学术之本，人的行为就不用说了。

　　据唐先生晚年自述，他二十七、八岁尝独游于南京玄武湖，见城墙上阳光满布，深感欢喜，忽由此而顿悟一切真理皆内在于人心，今人古人皆能得之而相互契合，所以真理之为真理，必有其普遍性。这可以说是唐先生见道式的体证，一般人以为神秘，或欠缺科学根据，其实这是生命与超越世界感通的必然。学者须先有此超越的向往，并对其自身之障碍有所反省，而诚意求通，方能一念涉入而得开启。这是唐先生生命的突破，旁人仅藉怀疑理性或思辨理性而向外运思，恰好南辕北辙，哪能得达呢？

　　由此我们可以微悟唐先生之所以寂寞的原因：时代未成熟，人生苦难尚未受够，所以另一方面的智能，也就是冲破障碍的智能不生，真是无可如何。达者对此，唯有起悲，所以唐先生的情感特别丰富，对不同学者之观点特多同情，而不忍全盘抹煞。论者每谓唐先生喜总持古今中外一切思想及文化，似亦欲吞没诸家而成一大系统，这是错的。唐先生根本不是要造一哲学系统，以囊括一切哲学。他曾说过，若这样作就有"杀机"，结果将"导致一切哲学之死亡"（《生命存在与心灵境界》第15页）。相反，他只是提供一道路、或一桥梁，以通于其它哲学，使人皆能如实承认一切哲学之价值。所以其归宗处，仍是仁义礼智之心。孔子所谓"依于仁"，即在此仁心下，方能尊重诸家，而知其言、尽其理，各不相害。由此，唐先生主张"即哲学史以言哲学"，使一切哲学在历史之开展下而各归其位，各得其价值，亦即各有其普遍永恒之意义。从另一角度看，这也是一种超越反省法，即超越各家，而翻至其前面、后面、上面、下面，以尽其可有可发之义，于是有途径会通于他家。所以唐先生对中国哲学的整理，乃至对世界各大哲学的研究，其实是做了一个巨大的融会、贯通、包举、分疏的工作，其胸襟之广、识见之精，可谓前无古人。

有人认为：唐先生这种思考方式，是一种本体思维方法，高扬心之内在性与超越性、道德性与圆满性，因此不可能避免批判精神的削弱，这是循概念逻辑思维而来的误解。难怪更有人据此而说唐先生以其道德心灵之活动，裁剪各家；言下之意，是对各家有所扭曲，强为定位，亦未能充分发挥知识之独立性，这种批评更是无理，而且浅陋。从内容上看，一切知识与理论有其出发点，有其指向，亦即有其所观、所及之境；若停于此境上，即有相对之独立性。但唐先生之心，更能反观此境所生起之源，从源头上知其可进可退、可升可降之道，于是通一切学术，任持一切学术而不失。这是唐先生超越学术门户的胸怀，也是唐先生著《生命存在与心灵境界》的旨趣，读者必须时时返其本，对此学术之源头、心灵之本体（其实是性情），加以体会，才能透入。所以这是最大的充扩，丝毫不存在着曲解或局限。局限的是境，是理论之内容，但能成此境、此论之心则无局限。

有关心之本体，唐先生早年说之为"道德自我"或"道德理性"，似太着迹，太概念化，亦易为读西方哲学者所执、所疑，晚年则但说之为"生命存在"，似笼统而实浑圆；一如孔子之"仁"、孟子之"性"，并未以语言界定，所以无此体会者根本不能入。唐先生反复叮咛，无非是表明一切学问之基地，必推原至此方见源头。成人成事，成理成学，在现实上总有具体对向，学者随境而趋，即说之不尽。但一念回顾，唐先生指出：则甚简单，全是不忍之情、无私之爱。这是层次之彻上彻下，超越之性情与现实之思考不相妨碍。一般人予以平面化，便不可解。从历史文化的角度言，唐先生这一文化进路、思想进路，是一大创见，其理论之所以波澜壮阔、涵盖古今，又层层冒起，上接天光，如日月星辰之共烁，交互辉映，遍及于人类精神之各个领域，可谓至矣、尽矣、无以尚矣，而唐先生之仁心、性情之全体大用，亦次第展现矣。必须指出：自有中国哲学以来，尚未有如此气度之哲学家。西方之学者，如亚里士多德、康德、黑格尔，亦似能全面论述人类之不同文化领域，但他们都是从思辨理性发端，提供一架设之道，完全不似唐先生，以生命之本根、无私之性情，方是文化与学术的活水源头。从这一点看，唐先生的写作文字虽是西方式的排列、铺陈，但精神上、思想上则完全是中国式的。唐先生是一位真正秉承中国先圣、孔孟之道的启迪而对生命有洞见的中国哲学家。

由此再回到本编《唐君毅著作选》的出版。唐先生逝世后，承唐师母之嘱，我忝为《全集》主编，与同门搜集遗文珍作，与唐师母亲赴台湾各大书局统一版权，前后十年，编成三十巨册，凡一千万言，由台湾学生书局出版（1989），成为当年港台学术界之盛事。嗣后唐师母更盼《全集》能在国内印行，以继唐先生之志；1998年遂以国内版权授余，嘱余设法，数年未果，心甚愧疚。现蒙北京中国社会科会院出版社慨诺，又蒙香港喜耀教育文化基金捐资，先印行第一批，使我愧疚之情稍减。所遗憾者，乃唐师母已于2000年仙去，不及见此书在国内之出版，十分遗憾，人生之事，本无圆满，惟望性情可入于幽冥，则其昭昭者，终得感应耳！

公元2005年夏日，门人霍韬晦敬序于香港东方人文学院

附 《唐君毅著作选》第一批书目

本编题名《唐君毅著作选》，虽曰《著作选》，内容实已包涵唐先生论人生、论文化、论哲学、特别是中国哲学专题研究之重要著作在内，足以代表唐先生之思想、人格及对人类文化世界、哲学世界之贡献。全编十卷，书目如下：

一、《人生三书》：包括《人生之体验》、《人生之体验续篇》和《道德自我之建立》；

二、《文化意识与道德理性》；

三、《哲学概论》上；

四、《哲学概论》下；

五、《中国哲学原论》〈导论篇〉；

六、《中国哲学原论》〈原性篇〉；

七、《中国哲学原论》〈原道篇〉上；

八、《中国哲学原论》〈原道篇〉下；

九、《中国哲学原论》〈原教篇〉；

十、《生命存在与心灵境界》

以上十书，均以《全集》校订本为底本，以简体字重排出版。此十书，是可代表唐先生思想之根本立足点与哲学研究之巨大贡献。复考虑及唐先生思想之博厚与文字之繁杂，一般之读者不易深入，因不避浅陋，为写《导读》，置于每书之前，聊作方便而已；非谓可赅尽唐先生思想之精义也，读者幸留意焉。

门人 霍韬晦 附识

《中国哲学原论》（导论篇）（1966）导读

霍韬晦

唐先生对中国哲学问题之研究，始自早年在中央大学任教时，即已注意到中国哲学之核心观念，环绕一名之诸家义理，宜先分别其方面、种类与层次。一方面当本诸文献，作名辞训诂，一方面亦当克就义理本身，以疏通其滞碍。清儒说训诂明而义理明，唐先生谓："当补之以义理明而后训诂明"（〈导论篇〉自序）。义理有不同形态，皆本其问题之原或名辞训诂之原而出。唐先生认为：各皆言之有据，因此可以并行而不悖；虽有分歧，若知其所以歧，则歧者亦未尝非道，于是作《中国哲学原论》，以见中国哲学在环绕一名讨论中，丰富而多端。最先发表者为〈导论篇〉（1966），包括原理、原心、原名、原辩、原言与默、原辩与默、原致知格物、原道、原太极、及原命等诸文。后以"命"不离于"性"，于是专就人之面对天地万物，而能有其理想，必因其"性"之义而加以论列，遂成〈原性篇〉。

本书之写法，除依《原论》之"原"外，即上文所提及的"即哲学史以言哲学"。唐先生把历史上中国先哲言人性之种种理论顺次展示，但这样做，并非以先哲之言为某一时代之产物，受某一时代之影响而改变，而是各有其所是，亦即各有其普遍永恒之价值。陆象山所谓六经注我，即信其所见实遥契于古人本义，由是而有慧命相续之自许。所以唐先生指出：历史不过是使本义重新显现之条件，而非凌空而来随意制造新思想之主因。思想有流变，但不是无端而来。所以唐先生说，即哲学史以言哲学，须"兼本吾人仁义礼智之心"（〈原性篇·自序〉）。甚么是"仁"？"遥通古人之心思，而会得其义理，更为之说，以示后人。"甚么是"智"？"顺其本义而评论之，不可无据而妄臆。"甚么是"义"？"古人之言，非仅一端，而各有所当，今果能就其所当之义，为之分疏条列，以使之各得其位。"甚么是"礼"？"义理自在天壤，唯贤者能识其大；尊贤崇圣，不敢以慢易之心，低视其言。"（同上）唐先生谓：由此四端，以论古人之学，则情理俱到，各家如互相揖让于心中，融和于一义理世界；这就是"超越于任何特定之历史世代之永恒、普遍之哲学义理"（同上）。

唐先生认为：运用这种方法来处理哲学问题，便可以解决各家义理表面上的冲突，以"不同还之不同"，"以同者还之同"，冲突矛盾乃无不可解。再进一步，同一名言，所指不同、方向不同、深度不同，便会有种种不同之义理分别显示。人只要不自限其方向与层次，便可以善为会通。哲学上之义理世界，一如天枢自运，一一呈现于吾人心灵之前，而得辉映并存。本书就是以"性"作为线索，以见唐先生对哲学问题思考之圆熟。

"性"是甚么？唐先生首先从文字结构上指出："性"字由"心"与"生"两字合成，即"象征中国思想自始即把稳'心灵与生命之一整体以言性'之大方向"以言，"心"，非心理现象义，"生"亦非仅限于生理现象义，而是通于宇宙人生之全体上说；故两者必统一。但一般人往往先着眼于有生长变化之具体生命，所以以"生"说性，如告子之类。孔子教人下学上达，所习者为礼乐，便无不变之性，人与天道亦无割裂。所以不须特言性，而只言学。孟子继之，厘清人能学者，或人能求者为何事？"求则得之，舍则失之"，唯有心方能有此自主、自悦、自行、自命之功能，所以孟子是即心言性。人之所求，如果是自然生命的舒适安逸，便有"命"的限制，终无自由；唯有提升一层，以仁义礼智为人所应实现的理想为人之性；在此理想之性下，人之自然生命甚至可成为实践之场。此即"生，亦我所欲也，义，亦我所欲也；二者不可得兼，舍生而取义者也。"（《孟子》〈告子上〉）依此再进，"富贵不能淫，贫贱不能移，威武不能屈，此之谓大丈夫。"（〈滕文公下〉）可见人之性，在此而不在彼。若问孟子之心，何以能如此？唐先生再进一步指出：孟子之心有生长义，如所谓四端，恻隐、羞恶之情因感而起，扩而充之，即为仁义之性，故性情亦无别。人最重要的，是操存此心，莫使其陷溺。

孟子之性情既明，唐先生以下即顺中国哲学之开展，由先秦、汉、魏到佛教传入之后，佛家所言之性，然后回到宋儒之性理论与心性论。经历如许变化之后，心、性、理遂成为中国哲学的核心问题，也是中国文化的精神命脉所在，学者无不深究。唐先生在本书中予以一一疏释，包括了庄子之复心言性、荀子之对心言性、《中庸》之即性言心、《易传》之即道言性与即成言性，《礼记》则改以人情言性，由情反本而见德，至秦汉，随着政治上大一统局面的来临，学者言性亦从个人修养渐向成就客观政教而趋，如《吕氏春秋》（《吕览》）、《淮南子》，主张养性、全性、率性、循性，以为行事与政教之本，董仲舒更将人性视为一客观之论题，而与阴阳合论，于是说性善情恶，或自广义之性中即有此不善之情。班固之《白虎通义》亦踵其说，以为唯有如此王者之政教方有意义。及至三国，材性观念出，于是有刘劭之《人物志》教人循九征以观人之材性，以论其能，首开魏晋对人物之品鉴，于是有《世说新语》所笔记之种种重视个性之可欣赏之人物。唐先生指出：有个性或有风度，不一定品格高尚；其超世脱俗之行，亦不一定有积极的意义，由此再推论道家之圣人，超越时空，行事如神龙之见首不见尾，为真正的特立独行之人。但此种人物，不能真见于历史，故王弼注《老子》，郭象注《庄子》，都强调"体无"或"见独"，以超拔一切世俗概念。如此论性，是道家精神的必然归结。

魏晋之后，佛学东来，论事物之性、众生之性、万法之性、价值之性，更形丰富，唐先生首先将之与中国先哲言性之方式作比较，指出佛教之思维由对一切法之反思而来，最后识一切法之虚妄，于是说空、说般若、说唯识。但佛教毕竟不在穷玄，而在转出成佛境界，于是再说种姓之性、与成佛之性、自性清净心之性。唐先生由此而详论中国南北之佛性论、涅槃论，及天台、华严之争辩，指出"性具"、"性起"之"性"两家之涵义不同，最后归结于惠能《坛经》之自性与施教方式。在当时来说，无异为一篇综摄分疏自六朝以来到唐宋之交的佛教思想流变的大论文，为前所未有。

不过唐先生之论性，并不止于佛学，而是从佛学再回到儒学。唐先生指出：佛家之心性论无疑博大精微，但未必能穷尽天地学问之性，不少儒道两家亦各有其独到之心性论。尤其是儒家，重视人内心之真实无妄之诚，即非佛家所有。故唐韩愈著《原性》，李翱作《复性书》，虽未深细，但却开宋儒言性之思路。继之而起者为周濂溪，以诚为无思之本，由此方可"几善恶"；张载则以性为万物同源之太和状态，依气之清通变化而出，所以"非我所得而私"（《诚明篇》）。人唯有穷理尽性，方能达"民，吾同胞，物吾与也"（《西铭》）之境。唐先生指出：这就把一般人以为事物有固定内容或具备某一形式之性相观念去除，而体其内部之虚；"合虚与气，有性之名"，所以此"虚"不能作佛家之"空"解，唯有体之方见其异。从张子之体物，唐先生谓，即可进而了解邵康节之以物观物为性之义。盖由观一物，至遍运于一切物之上，更不滞留，可称为神，故邵子亦以神言性，意者欲成其心之清明广大。但此境地如何成？则必有其成长或实现之道路。唐先生指出：二程之性即理、性即道便是依此而立。此中之性，可使人自内开拓，向上提升，以达于高明之境；由此通达，于是使我之生命，与天地万物之生命、圣者之生命得一贯通，所以性即理，生即理；性即气，气即性。程明道称："天理二字，是自家体贴出来。"物固依理而生，人能成道，与天地万物相感，而知吾人亦具生之理；此亦即是人之性，亦为天之所命，合此内外上下而见人之生命之上进无疆，浑然同体。唐先生说：这是一种动态之性，为程明道所重；至于伊川，则因其对人之理想与现实之距离，感受较为深刻，于是把理气分判为二，不过此理一方面仍然内在于吾人之生命中，但一方面又超越吾人现实生命（气）之外，对人有所要求，所以不可以现实之生命为性，只能以气之所以流行之理为性，所以说"性即理"。以气从理，以理率性，这也就是说，通过生命之践履，使理气复归于一。不过从践履之根据上说，则是理先气后。唐先生指出：这也就是朱子言性之所本。朱子受伊川影响，说理气为二，但更落入于具体之人物世界中，说气之分别与理之分殊，人之实践与理气关系有一共变，故首先重视气质之性，人各有厚薄强弱，似形成一生命层级，但人又可以依理而加以提升，所以主张格物穷理之说。此理内具，即名为性，在人为心；若表现于气，则发为情。性情内外相对，一隐一显，全赖心兼有寂感之二面，以为统摄，所以说心统性情。未发为性，已发为情；性见乎情，即理形于气，唯心主之。心具众性，而应万事。若顺此以往，唐先生指出：亦可达至陆王之心即理义，但朱子究竟未能将之上提至宇宙论层次，反而对理说心，说心为能觉，理为所觉，便判分为二。这正如牟宗三先生所指出：朱子以讲知识的态度来讲道德，把两者混淆了。

不过，严格来说，朱子所讲的知识，不是现代人所说的知识，朱子之格物穷理，是为了找寻经验事物所以立之理，由此而通向宇宙秩序，成就终极之悟。朱子之起点为下学，而要求上达，所以面对现实人生，须生分解，心、性、才、情、志、欲，都在论述之列，又还分人心与道心、人性之欲,目的都是为了转化气质之性,以成就圣学。所以唐先生指出:朱子其实是上承汉宋诸儒之讨论,综合各家,"其学问规模之广大弘阔,为秦汉以还所未有。"(〈原性篇〉第235页)但其宗旨,则不外成一大教。教,即不能无的放矢,而必须有现实上之对应,所以朱子特重工夫。唐先生于全书讨论心性问题之后,更附一文:《原德工夫》,说工夫艰巨,兼论朱陆异同;指出朱陆之异,未尝不可相资相涵,而不须如世人之分判。盖朱子之归趣,即象山论学立志之始。象山认为:只要先立乎其大者,发明本心,即与圣贤无别,更不待外求;所以说心即理,并叹朱子歧出,不能见道。唐先生知其然,并顺此一思想之发展,论杨慈湖之心之精神义、陈白沙之觉义,乃至王阳明之良知义,再从阳明之四句教指出阳明学之进于先儒之处,良知能知善知恶,又能好善恶恶,然后为善去恶,以止于至善,直贯到底,体用不离,即情见性,即气见理。最后,全幅是善不见善,全幅是理不见理,故唐先生谓此即"高于朱子之念念不忘人欲与天理之相对之境界。"(〈原性篇〉第292页)亦为朱陆之学之综合。其下王龙溪、罗念庵以至刘蕺山,以诚意发明阳明之旨,唐先生皆指述之。宋明心性之学,至此而极。

宋明之后,清儒受时代刺激,转向建制立法,以明外王之学。其中真能上承宋明,对心性有所见有所立,以补宋儒不足者,唐先生谓:唯王船山而已。所以本书末章言船山对性道之开拓,性之客观表现,亦即于气之流行上说情、才之大用,理气相生,乾坤重建,日新不息,以成就历史文化之悠久无疆。唐先生谓:此是由"明人心性之学之高明精致,而更还求于致广大"(〈原性篇〉第330页)用心不可谓不深。惜船山之后,中国言心性之学渐归沉寂,晚近受西方影响,以西方之心理学、哲学、神学释中国心性,彼此相杂,唐先生指出:"未能相观而善,其言遂多混淆失实者矣。"(〈原性篇〉第331页)中国哲学传统之断绝,正是今日中文化之痛,则唐先生著此书之深意,亦可见矣。

目　录

- 自序（写作缘起、本篇大意与未及之义） ……………………（1）
  - 一　缘起 ……………………………………………………（1）
  - 二　本篇大意 ………………………………………………（3）
  - 三　本篇及次篇所未及之义 ………………………………（7）
- 第一章　原理上："理"之六义与名理 ………………………（1）
  - 一　导言 ……………………………………………………（1）
  - 二　先秦经籍中之理及文理 ………………………………（3）
  - 三　魏晋玄学与名理 ………………………………………（17）
- 第二章　原理下：空理、性理与事理 …………………………（26）
  - 四　佛学与空理 ……………………………………………（26）
  - 五　宋明理学与性理 ………………………………………（32）
  - 六　王船山及清儒与事理 …………………………………（35）
  - 七　结论 ……………………………………………………（43）
- 第三章　原心上：孟子之性情心与墨家之知识心 ……………（46）
  - 一　本文宗趣 ………………………………………………（46）
  - 二　论孟子之性情心或德性心之本义 ……………………（49）
  - 三　墨家之知识心与儒墨思想之所由异 …………………（55）
- 第四章　原心下：庄子之灵台心荀子之统类心与大学中庸
  之德性工夫论 …………………………………………（66）
  - 四　庄子之对人心之反省与虚灵明觉心或灵台心 ………（66）
  - 五　荀子之统类心及其与孟庄荀之思想之所由异 ………（73）
  - 六　总论四家之言心，并说大学中庸之德性工夫论 ……（80）
- 第五章　原名：荀子正名与先秦名学三宗 ……………………（89）
  - 一　导论 ……………………………………………………（89）
  - 二　荀子论所为有名人所缘以同异及制名枢要 …………（90）
  - 三　荀子正名之目标及三惑之所以产生 …………………（93）

四　墨者言名与以名乱名 …………………………………… (95)
五　惠施及道家言名，与以实乱名 ……………………… (97)
六　公孙龙派之言名，与以名乱实 ……………………… (101)
七　名之固善及本文结论 ………………………………… (104)

第六章　原辩：墨子小取篇论"辩"辨义 …………………… (106)
一　缘起 …………………………………………………… (106)
二　辨小取论"辩"之七事非"辩"之七法 ………………… (107)
三　辨"或"与"假" ………………………………………… (109)
四　辨"效" ………………………………………………… (111)
五　辨"辟" ………………………………………………… (114)
六　辨"侔" ………………………………………………… (115)
七　辨"援" ………………………………………………… (116)
八　辨"推" ………………………………………………… (118)
九　辨"辩"之七事 ………………………………………… (120)
十　言之多方殊类异故——或是而然，或是而不然 …… (121)
十一　言之多方殊类异故——不是而然，一周一不周，
　　　一是而一非 ………………………………………… (125)
十二　小取篇之论辩之宗趣 ……………………………… (128)

第七章　原言与默：中国先哲对言默之运用 ……………… (132)
一　导言 …………………………………………………… (132)
二　先秦儒墨道法四家对言默态度之不同 ……………… (132)
三　汉人之以言益言，与王充之辨言虚，及魏晋清谈中
　　之言默相望以俱存 ………………………………… (138)
四　佛家之科判与判教，与极言说之量以超言说，及禅
　　宗之以言破言 ……………………………………… (140)
五　禅宗之传心，与宋儒之道统及心同理同之义，与宋
　　儒之本自得以正面立言之态度 …………………… (142)
六　清代学者之重辗转互证以训诂，与以言释言 ……… (145)
七　总述中国思想对言默之态度与儒墨道之三型 ……… (146)

第八章　原辩与默：墨庄孟荀之论辩 ……………………… (148)
一　墨家之论"辩" ………………………………………… (148)
二　庄子齐物论之言"辩"与成心 ………………………… (151)

三　以明、两行与道通为一 …………………………………… (154)
　　四　言与无言 …………………………………………………… (160)
　　五　葆光与物化 ………………………………………………… (163)
　　六　孟子之论"辩" …………………………………………… (167)
　　七　孟庄之相异与二家可有之契合 …………………………… (170)
　　八　荀子之论"辩" …………………………………………… (173)
　　九　孟荀之辩与默 ……………………………………………… (177)

第九章　原致知格物上：大学章句辨证及格物致知思想之
　　　　发展 ………………………………………………………… (181)
　　一　导言 ………………………………………………………… (181)
　　二　朱子大学补传之得失 ……………………………………… (185)
　　三　王阳明以大学之知为良知之说之得失 …………………… (189)
　　四　重订大学章句及朱子阳明释物为事之误 ………………… (191)
　　五　附论朱王二家以外与本文所陈者相类似之格物说 ……… (198)

第十章　原致知格物下：大学章句辨证及格物致知思想之
　　　　发展 ………………………………………………………… (202)
　　一　朱子论格物致知与大学之止至善 ………………………… (202)
　　二　王阳明之致良知与大学之知止及明明德 ………………… (209)
　　三　德性之知、闻见之知，及以格物致知为致知识之知
　　　　之说 ………………………………………………………… (212)
　　四　朱王之融通及德性之知或良知与知识之知之融通 ……… (216)
　　结论——知识之知与德性之知之四种关系 …………………… (219)

第十一章　原道上：老子言道之六义 ……………………………… (224)
　　一　序言 ………………………………………………………… (224)
　　二　道之第一义——有通贯异理之用之道 …………………… (225)
　　三　道之第二义——形上道体 ………………………………… (226)
　　四　道之第三义——道相之道 ………………………………… (227)
　　五　道之第四义——同德之道 ………………………………… (230)
　　六　道之第五义——修德之道及其他生活之道 ……………… (231)
　　七　为事物及心境人格状态之道 ……………………………… (232)

第十二章　原道下：老子言道之六义贯释 ………………………… (235)
　　一　如何会通此六义之道之讨论 ……………………………… (235)

二　道体之存在之直觉的印证及要终以原始之道体观 …………(237)
三　辨道相之对照物而呈于人心，当次于道体 ……………(241)
四　道之生物及物之有得于道，以成其德 …………………(243)
五　道之为自然律义及物之无常与道之常 …………………(247)
六　道为生活之道义及自然律与生活律 ……………………(250)
七　道为心境及人格状态等之状辞义及"不道"一名所
　　自立 …………………………………………………………(252)
八　老子论道之思想之外限 ……………………………………(253)

第十三章　原太极上：朱陆太极之辩与北宋理学中太极理气思想之发展 …………………………………………………(256)

一　导言 ………………………………………………………(256)
二　太极图说之历史性问题 …………………………………(256)
三　太极一名之古训问题 ……………………………………(260)
四　周子言太极之不同于汉晋诸儒织所在 ……………………(262)
五　太极图说之太极与通书之诚道及周子所谓无极一名
　　之诂释 ……………………………………………………(265)
六　张横渠之依太和神两一以言太极义 ……………………(268)
七　邵康节之合阴阳之象之和以言太极，及其道为太极，
　　心为太极之说 ……………………………………………(270)
八　二程即人道以言天道即性理以言天理与气之生生不
　　息义 ………………………………………………………(272)

第十四章　原太极中：天地之根原问题，与太极一名之诸义，及朱子太极理气论之哲学涵义 …………………(278)

一　对天地万物根原问题之诸说与太极一名之诸义 ………(278)
二　统体之理之所以必须建立之理由与实现原则 …………(283)
三　生生之理与形式之理之不同，及气与西哲所谓质料
　　之不同 ……………………………………………………(285)
四　朱子之理不离气义之说明 ………………………………(288)
五　朱子之太极动静义之说明 ………………………………(290)
六　朱子理气为二而不相离亦不相杂义之说明 ……………(294)
七　朱子之理先气后及理生气义 ……………………………(298)

第十五章　原太极下：朱子太极理气论之疑难与陆王之言

太极及即心言太极之说 ……………………………………… (302)
 一 后儒对朱子之太极论之疑难与对太极之异释 ……… (302)
 二 理不离气之二义及后儒之说与朱子之说是否可并存
  之讨论 ……………………………………………………… (303)
 三 朱子之言心与气之灵 …………………………………… (308)
 四 心之昭明灵觉与生生之理之自觉 ……………………… (311)
 五 生物成物之事中之本心之呈现 ………………………… (313)
 六 象山之言心与理及己分内事与宇宙内事之合一 …… (314)
 七 朱子之心犹阴阳义及心有动静，与性无动静非阴
  阳义 ……………………………………………………… (315)
 八 综论心理气三者之相依 ………………………………… (317)
 九 象山之皇极及阳明之言心之动静皆涵心即太极与本
  文结论 …………………………………………………… (318)

第十六章 原命上：先秦天命思想之发展 ……………………… (322)
 一 导言 ……………………………………………………… (322)
 二 诗书中之言命 …………………………………………… (323)
 三 春秋时代之天命观 ……………………………………… (327)
 四 孔子之知命 ……………………………………………… (330)
 五 墨家之非命 ……………………………………………… (334)
 六 孟子之立命义 …………………………………………… (336)
 七 庄子之安命论 …………………………………………… (339)
 八 老子之复命及荀子之制命观 …………………………… (342)
 九 易传中庸礼运乐记及大戴礼本命中之天命与性命论 … (344)

第十七章 原命中：秦汉魏晋天命思想之发展 ………………… (348)
 一 导论 ……………………………………………………… (348)
 二 五德终始说中之帝王受命之三含义 …………………… (349)
 三 帝王受命之思想与孔孟言命之不同，及儒家思想在
  晚周后之一发展 ………………………………………… (351)
 四 董仲舒之天人关系及受命论 …………………………… (353)
 五 汉人三命之说之即人之命禄以言命 …………………… (360)
 六 王充之自然之命论，及性之善恶与命之吉凶之
  分别论 …………………………………………………… (362)

七　列子力命论之无"命之者"之命论 …………………… (365)
　八　郭象之即遇言命论 …………………………………… (367)
　九　附论郭象与庄子言命之异同 ………………………… (369)
　十　佛家之以业识言命根论，及范缜之拨无因果论 …… (373)

第十八章　原命下：宋以后天命思想之发展 …………… (376)

　一　宋代理学家之即理言命，与别命于遇之说 ………… (376)
　二　濂溪之即性即命论，与横渠之变化气质以立命论 … (378)
　三　程子之穷理尽性即至命论，与天命及外所遇之命 … (380)
　四　朱子对"天命流行"之分疏，及其以理气分三命
　　　之论 ……………………………………………………… (383)
　五　陆王一系言天命之流行即本心良知天理之流行义 … (386)
　六　王船山之命日降与无定命义，及立命者之死而不
　　　亡义 ……………………………………………………… (389)
　七　戴东原、焦循之以限于所分及不可转移趋避者为命
　　　之说，及阮元之性命古训之陋 ………………………… (390)
　八　结论、总述中国思想之言命，及五命之观念 ……… (392)

索　引 ………………………………………………………… (396)

自序（写作缘起、本篇大意与未及之义）

一　缘起

本篇诸文，大皆吾十余年来，所已分别发表，略经修改，重加编订而成。故有一贯之宗趣，合具一规模，而初无全盘计划，以形成一完整无漏之系统。然溯吾个人动念写此书诸文，则可谓远始于约三十年前。时吾初于母校中开设一课，名中国哲学问题，并发有若干讲义。当时即欲就中国哲学诸问题，分别加以论述，意在以哲学义理发展之线索为本，而以历史资料，为之佐证。然继感一家思想之各方面，颇难分别孤立而论，遂弃置其事。数年后，改教中国哲学史，觉断代分家讲述，果顺而易行。亦尝应当时之教育部之约，写一通俗之中国哲学史，约十五六万言。顾其中宋明儒学一部，初只占三四万言，觉其分量太轻，逾二年乃加以扩充。不意宋明儒学一部，又达三十余万言，与其他部分，比例不能相称。其中之王船山一篇，更独占十余万言，尤为凸出。吾学问兴趣，既时在转变进步之中，旋即于旧稿之率尔操觚，不能当意，故除已发表之小部分外，余皆等诸废纸。近二十年来，任教中国哲学史一课，其讲授内容，不仅轻重详略之间，年有不同；而觉今是而昨非者，亦不可胜数；乃不更以写一教科用书，为当务之急。唯时感中国哲学之中，环绕于一名之诸家义理，多宜先分别其方面、种类与层次，加以说明；而其中若干数千年聚讼之问题，尤待于重加清理。说明与清理之道，一方固当本诸文献之考订及名辞之诂训，一方亦当克就义理之本身，以疏通其滞碍，而实见其归趣。义理之滞碍不除，归趣未见，名辞之诂训，将隔塞难通，而文献之考证，亦不免唐劳寡功。清儒言训诂明而后义理明，考核为义理之原，今则当补之以义理明而后训诂明，义理亦考核之原矣。然义理之为物，初无古今中外之隔，而自有其永恒性与普遍性。今果如中国哲学义理之为义理而说之，亦时须旁通于世界之哲学义理，与人类心思所能有、当有之哲学义理以为言，方能极义理之致。然虽曰旁通，吾人又不能徒取他方之哲学义理，或个人心思所及之义理，为预定之型模；而宰割昔贤之言，加以炮制，以为填充；使中国哲学徒为他方哲学之附庸，或吾一人之哲学之注脚。欲去此中之弊，唯有即本文献，以探一问题之原始，与哲学名辞义训之原始；亦进而引绎其涵义，观其涵义之演变；并缘之以见思想义理之次第孳生之原；则既有本于文献，而义理之抒发，又非一名之原始义训及文献之所能限。过此以往，若谈纯粹哲学，又尽可离考订训诂之业以别行，虽徒取他方之哲学义理，或个人心思所及之义理以为论，自亦无伤。然缘中国哲学史中之名辞，而说明其义理，清理其问题，则又舍此上之途莫由。循此途以多从事于下学而上达之功，亦较写一教科用书之哲学史，更为当务之急；抑必先有此，而后之为哲学史者，乃更有所取资。此即吾之所以弃置哲学史之业，而本书诸文之所以得次第写出，若还契于吾三十年前之愿也。

此依名辞与问题为中心，以贯论中国哲学，亦自有其困难。即哲学名辞之涵义，有广有狭，问题所关涉，又可大可小。自其狭且小者言之，则凡有一哲学命题之处，即有其所用之名辞与一串问题。一一论之，非一人之力。又一名与他名之义相涵，一问题与他问题相生，殊难斩截划分；则如对每一名义、每一问题，皆通全部哲学史而论，纵横错综，必将不胜其重复。此则唯有就吾所视为其名之涵义最广，问题之关涉最大者，择出若干，暂加孤立；而或通全史以为论，或选数家之言，以至一家之言以为论；于其义之相涉入者，则详略互见；而要以既见中国之哲学义理，依其有不同之方面、种类、层次，而有不同之形态，实丰富而多端；而又合之足见一整个中国哲学之面目以为准。则吾此书之不能成一完备无漏之系统，固势所必然，而吾亦初未尝有一全盘之计划，然后写此书也。

吾书既欲见中国哲学义理有不同之形态，实丰富而多端，而又欲其合之足以见整个中国哲学之面目，故吾之说明中国哲学义理之道，既在察其问题之原，名辞义训之原，思想义理次第孳生之原；而吾于昔贤之言，亦常略迹原心，于诸家言之异义者，乐推原其本旨所存，以求其可并行不悖，而相融无碍之处。盖既见其不悖无碍之处，则整个之中国哲学面目，自得而见。世有交迕而相碍之枝叶，而观枝叶之发端于本干，则初皆并萌而齐苗。世有相激相荡之二流,而观二流之导源于异地,则初皆自涓涓而始流。万物既生而相争相杀,然一一溯其方生之际,则初皆原于天地之化几,亦并育而不相害。百家异道,若难并存,歧路之中,又有歧焉,往而不返,乃各至一空谷,互不闻足音;异说相纠,而思想之途,乃壅塞而难进。然若能一一探异说之义理之原,如其所歧,而知其所以歧,则歧者既未尝非道,道未尝不并行,即皆可通之于大道,而歧者亦不歧矣。故吾人果能运其神明之知,以彻于异说之义理所以歧之原,则纠结无不可解;而人之思想,自无壅塞之虞,可顺进而前行矣。"原"之时义大矣哉。今吾书于中国诸先哲之言,若果有能见其丰富而多端,而实不相为碍之处,可合以略见一整个中国哲学之面目者,其故无他,即不忘"原"之一言而已矣。

二 本篇大意

吾写作此篇之诸文,首成原理及原心四章,今标理与心之名。首二章为原理者,乃以哲学皆明义理,中国哲学之义理固有种种。此文即就其要者分之为六:即物理、名理或玄理、空理、性理、文理与事理。知理之有此六者,即知清儒与今之学者之唯重物理与事理者,盖不免有昧于义理天地之广大。理之有此六者,初可由先秦诸子用此理之一字之义训而见,更可由中国哲学思想之发展中,各时代所著重之义理之不同而见。至于此导论篇中,第三四章为原心者,则由于人之知义理必本于理性的心知,而理性的心知,又原有种种。此二章论孟墨庄荀之言心,即意在标示四种形态之理性的心知,此即知类知故的知识心、虚灵明觉心、德性心、与知历史文化之统类之心。知物理事理,要在知识心;知玄理空理,要在虚灵明觉心;知性理,要在德性心;知人文之理,要在知历史文化之统类之心。此为吾原理、原心二文之内在的相契应处。然此二文之说六理四心,亦只是粗略如此说。如纯哲学的讨论何以可开吾人之一心为多心之故、此中之多心与多种之理之错综关系、以及既开一心为多、分理为多,又如何言心之统一、理之统一、与心与理之统一等,则此二文虽有所暗示,而未能详及也。

按西方之近世哲学多自知识论入,然其古典哲学则或自理体 Logos 与理性的心灵 Rational Soul 论起,此书之导论篇始于理与心,亦相类似。

本篇第五至第十一章今标以名辩与致知。此所涉及者，略同他方哲学所谓逻辑，语意学与知识论之问题。对此一方面之哲学，似非中国哲学之所长。然待于作进一步之考察者，亦当不少。本编诸文，前二篇为荀子正名与先秦名学之三宗，及墨子小取篇之论辩。此二文重在指出中国先秦名辩之学，世所视为属于纯逻辑上推论之术者，吾今观之，实多属于论"语意之相互了解"之问题者。故吾之解释荀子正名、墨辩小取二文之文句，亦颇有异于前人。此中，吾既谓小取篇之论辩，在求通人己之是非；又谓荀子论正名，重在名定而实辩，以归在道行而志通；如更合本篇第七八两章论中国先哲对言默之运用，与孟墨庄荀之论辩以观；即可见中国名辩之学或语言之哲学，乃纯以成就人己心意之交通为归，此实一伦理精神之表现；而超语言界之"默"，又为限制语言界，亦补足语言界之所不及，以助成此心意之交通者。现代西方哲学重语言之分析，有如近代西方哲学之始于重知识。自康德起而作知识之批判，定知识之外限；则今后必有一哲学兴起，以作语言之批判，以定语言之外限者。则超语言之默之意义，自当逐渐为人所认识；而中国先哲于此，实先有其大慧。人必习此大慧，然后可自由运用语言，而辩才无碍。此则儒佛道三教同有之境界，非今世论语言哲学者之所及。然此一境界之本身，又如何亦能在语言界中说之，仍有其种种义理层次、语言层次之问题，亦非此篇诸文之所能尽及者也。

本篇中第十、第十一章，乃始于考订大学之文句，以论中国格物致知思想之发展，藉以说明中国哲学对于德性之知与知识之知之关系问题之发展与变迁。吾此所重订大学章句，尝经友人牟宗三先生之印可，及蔡仁厚君于孔孟学报，为之证义。或足结束八百年来学者，对此问题之纷纷聚讼，亦未可知。望读者平心察之，不吝指教。又此一考订，果可成立，亦复证明一种考订方法之有效。此方法即"一方要先看义理之所安，以最少对原本之牵动，以重订哲学文献章句；一方亦为对昔贤之所订者之误，加以指出后，再对其所以误之原中，发现一思想史上之价值，"之方法。又此文下篇，论中国格物致知思想之发展，直述至当代之熊十力、牟宗三二先生之说。再合此文之结论所陈：即可在原则上将西方传来之一切知识论之说与科学思想，皆全部化为中国之格物致知之思想之发展中，本当有之一章；而亦隶属于中国学术之大流中，未尝溢乎其外者矣。

本篇第十二至十八章,名天道与天命,略同西方之所谓形上学之问题。其中论老子之道之六义一篇,只表示一就各方面看道一名之涵义之态度与方法。对老子之道,是否必须如此讲,吾以后亦更有其他补充之想法。老子之书,文约义丰,古今中外之人,皆可有其异释;有如摩尼宝珠,观者皆可自见其像于其中,盖无定论之可期。然天地之大,何所不容;存此一无定论可期之书于天地间,自亦无碍;观者之自见其像,而姑各自视为定论,亦可不相为碍。唯论之者,总应自觉其如何论之方式,所论之方面,与论列之程序,不能任情联想,汗漫无边;方可于论列之后,使读者于某一种思想之形态,跃然若见;则纵非老子之真,亦为天地间之一可能有之老学。吾之此文,亦尝自勉于斯,故并存之于此。

本篇原太极之三章,始自评论朱陆二贤对周子太极图说本身之论争。此论争初乃及于此文之是否真周子所著,与太极一名之诂训二问题。故此论争,即一朱陆对此文之考证与训诂之争。吾今之评论此一论争,即无异重考证此二贤之考证,重训诂此二贤之所训诂。此即见考证训诂之事,亦恒有待于反复重勘,不必一定而永定者。然依吾之文,以观朱陆二贤之所考证与所训诂之不同,则正由于二贤所见之哲学义理之不同。是见欲判二贤之考证训诂之得失,正有待于先明二贤所见之哲学义理。是又义理明而后训诂考证之得失可得而明之例也。

此原太极之三章,由朱陆之辩周子太极图说始,而及于周子用太极一名之本义,与张横渠、邵康节、二程言太极理气之论,更推扩至太极一名在中国哲学史中之七涵义之分辨,以及朱子言理为太极之思想,言理与心之关系之思想;再及于陆王以降以心为太极,王船山以气言太极之思想;即合以为中国太极思想之历史线索之综论。此中之太极、理、气之诸名,代表中国形上学之诸究极的普遍概念,正类似上帝,理型、心、质料之为西方形上学诸究极的普遍概念,其涵义皆幽深玄远,而牵涉至广。其言之难于妥善,亦相类。盖唯有多方解释,而更解释其所以如此解释之故,方可使人逐渐心领而神会。此中吾人之解释,因此诸概念之为究极普遍的概念,亦势必多少引入纯哲学义理讨论之域,而非中国哲学范围之所能限。然本文三篇,缘太极以述中国哲学之言天道,归在:连于人之本心以为论;与下文三篇,述中国哲学中之言命,归在:连于人之所以受命者以为论;即合以见中国形上学思想之重彻上彻下,彻内彻外,而不同于西方形上学思想之多为以下缘上,以内缘外之形态者。故人亦不可以吾人尝多少引入纯哲学义理之讨论之域，而谓其非中国形上学之特性所在也。

本篇最后一文三章，述中国哲学之天命观，此中所谓天，或指天帝、或指形上道体、或指人所在之世界、或指人之性理本心之自身。此中所谓命，则就此种种义之天，对人所降之命令，所施之规定而言。此文因端绪较繁，故在结论中，姑造作上命、下命、中命、内命、外命之五命之名，以统中国思想中自古及今言命之诸说。合此五命以观人，人乃自见其为一位于五命之中心之存在；而前三章所言之天道，遂有如散为五命以下临，以环绕于人之四周者。唯天之命，于穆不已，人之所以受命于天之道，亦以所受之命有种种，而有种种。然要之可合以见人居天地间，其责之至重且大；而中国哲学之恒归在视人为天地之心之义，亦理有固然者矣。

此上诸文，早者成于十三年前，最迟者亦成于二年前，尝分别发表于新亚学报、新亚学术年刊、香港大学五十周年纪念刊及清华学报。二年前吾尝念：将此诸文分为三编，即可分别代表中国哲学三方面，与西方哲学之论理性的心灵、知识、与形上实在之三方面、约略相当，足以彰显"中国哲学自有其各方面之义理，亦有其内在之一套问题，初具一独立自足性，亦不碍其可旁通于世界之哲学"之面目。当时即拟加以整理，修改付印，以补吾于哲学概论一书，初欲东西哲学并重，终对中国哲学所论犹略之过；兼以证今后欲讲授哲学概论与哲学问题者，即全舍弃西方印度哲学之材料，亦未为不可。不幸二年前，吾母逝世苏州客寓，吾飘零异域而奔丧无门；自顾罪深孽重，于本书中一切抽象之哲学戏论，尤深恶痛绝，遂复弃置。半年后，乃始执笔整理。其时亦意在摒弃旧业后，即斩断文字孽缘；更于知解名相之外，求原始要终，以究天人之道，通幽明之故。此乃真吾之本分内事也。唯当时念此诸文之外，仍应加原性一篇，以补此上诸文述及心性者之所缺。吾初意，有四五万言，已足尽抒所怀；并略申昔年与友人徐复观先生书疏往返，讨论其大著中国人性论史时，所未尽之意。乃勉自发愤，草写此文。不料下笔之后，一波才动，万波相随，竟不能自休，若非我作文，文自作我；五十日之内，每日仅以教课办公之余执笔，竟成初稿二十余万言。虽曰粗疏草率，意者若非吾母在天之灵，加被己身，亦未克臻此。一年余来，一面将此书交印，一面更对此原性诸章，核查文献，删补改正，并加注解；又辅以原德性功夫者一篇，以述由二程至朱陆之功夫论之问题之发展，是为本书次篇，当另册别行。此次篇之论述人性，乃通中国哲学之全史以为论，要在显出："人之面对天地与自己，而有其理想，而透过其理想以观人与天地之性"，实中国儒释道三家言人性之共同处。然昔贤所言，自有千门万户，今如何缘回廊曲径，以出入其间而无阻，则此篇之所加意。此篇既是通中国哲学全史以为论，亦意在指出中国哲学一血脉之流行。窃谓如吾此篇之所论，为不甚谬；而人亦能循此所论，加以触类引申；即既可实见得此绿野神州之中国，其哲学思想之无间相续，而新新不已；而亦可实见得此哲学传统，正如张横渠正蒙首章所谓太和，虽中涵相对相反之义之浮沉、升降、胜负、屈伸于其间，而未尝失其所以为太和；诚足以自立于今之光天化日之下，以和当世鲁莽灭裂之人心。然此又非谓中国哲学之胜义，自吾今兹所言而尽之谓也。

三　本篇及次篇所未及之义

所谓中国哲学之胜义，不能由吾今兹听言而尽者，此首因吾前已自谓：吾唯择若干连于一定名辞义训、及其涵义演变之重要问题而论之；又于此诸问题，吾亦未尝能一一皆通中国哲学之全史以为论。如以对心之问题而言，吾即只论及先秦数家；于秦汉以后之言心之义，即只并入次篇原性篇而及之。心与性固密切相关，然既是二名，则以心为主而论，与以性为主而论，所涉及者，便当仍有不同。即以秦汉以后之思想而言，其中有以性为主而论时，所当特重；而以心为主而论时，则不必特重者：如佛家之言法性，宋儒之言万物之性与气质之性是也。复有以心为主而论时，为吾人所当重；而以性为主而论时，又不必重者：如心与身与物之存在上的关系问题——若南北朝时人所辩，心（神）是否能离身（形）而能自存之问题，以及心之为一为多之问题——若佛家之论一心或六识八识，与一切众生之心为一为异之问题是也。唯在宋明儒者，则虽或重性、或重心，然言心必及性，言性必及心，则二者恒必归于合论。但此非谓一切时代之中国哲学家皆如此也。今吾只通中国哲学史以原性，而未原心，则固已对专连及于心之若干问题，不能不有所忽矣。再如本书此篇有原命之文，此乃以命为中心而论。命固恒原于天，然吾文未以天为中心而论，则于以天为中心之若干思想，亦将有所忽，如天之自身存在问题，天之有始无始，有终无终之类是也。复次，此篇有原理二章，乃通中国哲学全史为论，又有原道一章，则又只及于老子之道。道之与理，固亦于义最近。然既亦二名，则义宜非一。今果以道为中心，而贯及中国哲学全史以为论，又当如何？此亦非此书所及。再复太极之一名，自为中国哲学史之一最高概念，然太和、太一、太素、太初、太始，亦皆名为太，又岂全不值多少分别论之耶？吾书又屡及于气，然亦未尝通中国哲学史以作原气，而气与质、形、象、数、序，以及时、位，皆同为中国哲学中具普遍性之抽象概念，又岂不皆可各视为一中心概念而论之？

　　其次，上文所及之心、理、性、命、道、质、形、象、序、数、时、位，诸抽象概念，乃所以说明天、地、人、己、天下、万物、以及鬼神等诸具体存在者；则吾人又岂不当于原理、原心、原性、原命等之外，作原天、原地、原己、原人、原天下、原万物、原鬼神，使所论更为具体乎？若再欲求具总摄性之论题，又宜更作原易、原生。因在中国哲学中"易"或"生"之名之涵义，实亦广大悉备，凡吾人之所以论天地人物之义，固皆可摄于其中而论也。然就天地人物、或"易"或"生"，而客观地论之，又不如论"吾之所以对天地人物"或"吾之所以处此有'易'有'生'之世界"之道，尤为具体而切近。如以吾之所以对天而言，则畏天不同于敬天，祈天不同于知天，事天不同于同天，奉天不同于制天，悲天不同于乐天。如以对物而言，庄子天下篇尝论百家之学，于墨翟禽滑厘曰："不靡于万物"；于宋钘尹文曰："不饰于物"；于田骈慎到曰："于物无择"；于关尹老聃曰："以物为粗"；于庄子曰："不傲倪于万物"；荀子天论篇又辨"因物"与"化物"，"思物"与"理物"，"愿于物之所以生"与"有物之所以成"之异。此又不必皆同于儒者之言"格物"、"开物"、"正物"、"成物"者也。以对人而言，则"治人"、"用人"、"爱人"、"安人"、"立人"、"达人"，其义亦非一。如先秦法家言治人用人，而不必爱人；墨家更言爱人，而不必求安人；道家求安人，而不必求立人达人。以对天下国家而言，言治天下国家，固似为人之所同。然先秦之纵横法术之士，言"取天下"、"吞天下"，墨家言"利天下"而"形劳天下"，道家言"均调天下"、"畜天下"、"在宥天下"、"为天下浑其心"，儒家言"保天下"、"平天下"，又不必全同。至于人之所赖以治天下国家者，则有法、有势、有权、有术、有政、有俗、有兵、有刑、有工、有财、有学、有教，而诸先哲于此等等之所轻重者，又各有不同。以对己而言，则儒家之言"由己"、"克己"、"行己"、"推己"、"尽己"；不同于道家之言"无己"、"忘己"、"去己"，而又务求"勿失己而丧己"者；亦不同于墨家之言"损己以益所为"、"杀己以利天下"者；更不同于法家之言人君之当疑人而"信己"、"任己"者。今更若谓人、己、天地万物，皆依乾坤之大生、广生而有，以存于一"大易"之流行中，则客观的言此天地之道、易道，亦明不如言吾人"所以处此有生生之易之世界"之道，更具体而切近。此中言"养生"不同于"乐生"，"达生"不同于"贵生"，"全生"不同于"尊生"。至于言"舍生"、"超生"与"无生"者，则又别有说。人之观乎变易者之无常，而欲"占易"以知来者，此与科学家之欲预测未来，其动机固相类；然与"玩易"而欣于所遇之艺术心情则不同；至与"赞易"以顺性命之理，立人道以继天道，而"成易"之道德实践，更有异。若于变易中更见大明终始之"不易"，而归于"未见易"者，又亦别有说矣。

复次，吾人之所以能有种种对待此变易而有生生之世界之道，其所本初在吾人之有识知、情才等。然识知不必即吾心之神明，情才不必即吾心之志愿。若乎吾人之"心量"、"胸襟"、"局度"与"器识"，则又为能包括此识知、情才、志愿、神明等，以及缘之而实现之真、美、善等价值于其中；兼足以虚涵广摄所接之人物，以至覆载群生，而范围天地之化者。至于由此心量、胸襟、局度、器识等，所成之人之品格、德性、风度、神采与气象，又各有其义。此中德性之名，应用最广，亦皆及乎人之内质；其兼见于外者，则名士可言风度，英雄可言神采；而宋明儒者乃创气象之名，以言圣贤，而风度、神采之名，则固皆不足以状圣贤也。气象之名，用在圣贤，乃取义于天地，故言仲尼之气象即如天地，颜子之气象如春生；而风度、神采之名，固不足言取义于天地也。又克就人而言，除名士外有才士，英雄外有豪杰，儒家之圣贤外有仙佛，荀子于儒又有俗儒、雅儒、大儒之分。凡此等等，名之所在，即有义存焉，即其名而究其义之通乎哲理者，皆无不可自为一中心之论题；并以其他之名之义为辅，而环绕之，以说其义之次第孳生。是即可见此一名一义，无知而若有知，宛然自有其存于学术世界之生命。若乎吾人之论之，其或当或不当，或泛或切，或深或浅，或偏或全，或透或隔，或圆通或拘碍，则存乎其人之学力与慧解，而相悬不可以道里计。然欲学者要必有可学，欲言者要必有可言。是见即在此书之做法所能及者之内，尚留有种种论题，可供智者之优柔餍饫于其中，而自求所以阐明发挥之道。盖吾既不欲、亦势不能一一举而尽论之者也。

至于在此书之做法以外，则欲更趋向于对哲学思想之"具体之了解"者，自可以一人物为中心，以了解其所陈思想义理之各方面，而见其交辉互映，以成一全体之处。亦更可及其思想、为人，与其家世、师友、山川地理、世风时习之关系，以见哲人固不轻降世，世亦不虚生哲人。又可合师弟相承之诸人为一学派而并论之，以见前贤之引其端而未竟其绪者，后学之尊所闻而进达于高明。更可合一时并起之学派，以见一时代精神之兴起，诚若雄鸡一鸣而天下白，春风一至而百卉开。再可合各时代诸学术之精神生命之流行，以观其由往古以及来今，乃或分而合，或合而分；处处山穷水尽，处处柳暗花明；而黄河九曲，依旧朝东，又有不期其然而自然者。此则皆所谓哲学史之业也。

此外复有更趋向普遍的哲学义理之了解者，即当观一哲学义理，如何贯于异时异地之贤哲之心，以见东西南北海，与千百世之上、千百世之下，人之此心此理，既以同而异，亦以异而同；此即比较哲学之所为。由此更进，而无古无今，无东无西，无人无我，遂唯见彼哲学义理之世界，上不在天，下不在田，而自光明灿烂，普照河山，齐辉日月；此即纯粹哲学家之事业。若乎最上一机，则即哲学而超哲学，是即如人之宛尔乘风，直登天上之琼楼玉宇，仰首攀南斗、翻身倚北辰；乃复悟得上所言之义理之世界，无论如何广大高明，皆原在吾心之昭明灵觉之内；亦未尝不下彻于吾之现实生命与日常生活之中。义理既内通而下彻，全理在事，全事皆理；乃见天上之琼楼玉宇，正是吾家故宅，斯乃可达于贤哲圣哲之域矣。既达圣哲之域，而可由语言思辨之所及，以更超出语言思辨之外，归于吾上文所言之默。此即孔子所以谓"予欲无言"，释迦之所以道"未说一字"。然亦实非不说不言也，其生命生活之所在，行事之所在，无往而非言也；其生命生活所在之世界之事物，亦无不能言也。故弥陀之净土寂然，而"林池树鸟，皆演法音"；孔圣之天不言，而"风霆流行，庶物露生，无非教也"。圣哲既达无言之境，自亦能无"无言"，而本无言以出言；斯可既以身教，亦指天地万物，以代为之教；更自以其言，随机设教。圣哲之学不厌，全学在教，而"所过者化"；圣哲之教不倦，而全教在学，乃"所存者神"，斯为至极。

以上文所谓至极，观此书二篇所及，既已限在言说思辨之中，而未能无言无思以通圣境；于言说思辨之范围以内，又限在中国之哲学义理；于中国哲学义理之中，再限在即名求义之论述方式之内；于即名求义之论述方式之内，吾复只以此少数之名之义为中心，以其他之名之义，环绕之以为论，而寻章摘句，又与世俗学者之蛙视无殊，真可谓立乎至卑至微之地矣。虽曰意在下学而上达，其中亦自有及于高明之义，然其于圣哲之大道之全，诚如沧海之一滴，泰山之一毫。吾自知此书所及者之至有限，居其外者，实无限而无穷。然吾亦正以是得自见此书所及之义理，亦宛然自浮游于空阔，而盘桓于太虚；而吾与吾之读者，固又皆可如鸿鹄之一举千里，以自翱翔于吾今兹所言者之外，以自运其神思，更求其胜事矣。吾于吾书，亦尝自憾其卷帙之繁，而析义多密，而罕通疏之致。即曰沧海之一滴，如谛观一滴，虽未必即是沧海，然亦宛如大泽；即曰泰山之一毫，如谛观一毫，虽未必即是泰山，然亦自有丘壑。当今之世人多忙，于此书真得一游观之士，已大不易。若更不善观，又将不免陷身大泽，情留丘壑，而不知出，以更求胜事。吾固可谓：世人于此书所陈之义理，未尝先自困心衡虑，以自入乎其中者，盖未必能出乎其外。然亦实未尝欲人之入而不出，以桎梏天下之贤豪于牖下；而心愿所存，亦未尝不在本固陋之所及，以开来者之慧命于无疆。故今更自道其言之所局限者如此云。时为孔子纪年二千五百十六年，岁在丙午之二月十四日。吾母逝世匆匆已二十五月矣。呜呼痛哉。兹敬以二书献于吾父母在天之灵前。

君毅附志

上序乃丙午年作，在此后之五年至辛亥吾除原性篇外，又作原道篇三卷，述周秦至隋唐之中国哲学中"道"之思想之发展；并将前述宋明至清之儒者言"修道之教"之文，辑为原教篇。故今兹将此卷重版，将原有"导论篇"改名"心与理"，而以"导论篇"名全卷。又校出初版讹误，约一千数百字。凡持此卷初版、及坊间盗印版者，务须照本版改正为要。

甲寅七月

第一章　原理上："理"之六义与名理

一　导言

理之一名，在中国思想史中，其特被重视，常言由于宋明理学。在宋明理学中，程朱学派固视理为至尊无上。陆王学派重心，所争者不外谓心即理，良知即天理。张横渠、王船山重气，所争者不外理不离气，而其重理则一。对理之涵义，除朱子本人及其学生陈北溪，于其讲性理字义之书，加以诠释外，各家皆本其讲学宗旨，有所诠释。历明末清初，学者病理学家言之空疏，而倡经史之学以救其弊。清学重对经史之考据训诂，于六经之微言大义，皆欲循汉唐之注疏而上溯。理学之一名，亦或为世所诟病。清代学者之所以反理学者，亦或即由指出理一名之古训，不如宋明理学家之所说以为言。惠栋之易微言，于中国哲学之抽象名词，见于汉以前之古籍者，尝分别纂集其文句；而对理之一字，则列之于卷末，其意在贬轻此字之地位甚明。其谓理必兼两相对者（如阴阳、仁义、大小……等）以为言，则意在反对宋儒理一而绝对之论。后戴东原著孟子字义疏证，焦循著易通释，并于理之一字有所诠释，而皆以之为次要之概念。戴焦二氏皆时在其所著书中，轻贬宋明儒所重之"理"。章实斋著文史通义，亦首原道，而未原理。其书复时以古人不离事言理为说。然对理之一字，未尝加以诠释。阮元著性命古训、经籍纂诂，并有意举经籍故训，以针砭言宋学者之师心自用之习。前一书中亦有理字一则。唯陈澧著汉儒通义，其所纂汉人经注，则意在见其与宋明儒之言相通，以调和汉宋。然清末民初之刘师培著理学字义通释，其据汉以前理学名辞之古训，以驳斥宋明理学家之言者，又较戴氏为甚。大体而言，清儒明是欲藉宋以前人对"理"及其他理学名辞之训诂，以反对宋明理学家之言。然近数十年来，西方之哲学科学思想输入，理之一名，又复为人所重视，而用为西方哲学科学中若干名辞之译名。自然科学初曾译为格致，后即译为物理化学等。今中国大学中之理学院，即包括物理、化学、生物、生理、心理、数理诸学之研究。西方之哲学一名，初是译音，后亦有译为理学者。西方诸科学名辞后，多附 Logy 一字尾，而其原出于 Logos，皆可以理译之。故 Logic 译为论理，名理或理则。Reason 通译为理性。柏拉图之 Idea 或译为理念。西方近代哲学所重之 Understanding 或译为理解。Axiom 译为公理。Principle 译为原理，Theorem 译为定理。Universal 一字译为共相或共理。于是理之一字，涵义乃日广，而应用时日多。此新名辞中之理，与宋明儒所谓理，及清代反理学之学者，所举出理字之古训，出入尤大。而清代反理学之学者所谓理字之古训，是否即最古之古训，亦是一问题。除汉以前之理之古训外，魏晋玄学中及隋唐佛学中之所谓理，大体言之是何义，又是一问题。如实言之，清儒之欲藉理字之古训，不如宋儒之所说，遂据以反宋儒，实未必谛当。因学术思想中之名辞之涵义，本常在不断之引申中。吾人并不能将一名之涵义，固定于其最早之一义。所谓古义，亦皆相对而言者。魏晋隋唐较宋明为古，周秦较两汉为古，亦有更古于周者。而对清代言，宋明亦为古代。对今而言，凡昔皆古。十口所传曰古。凡一名习用之义，无非十口所传，即无非古。然清代学者之著重指出汉以前对"理"等名辞之古训，与宋明儒所诠释者不同，则未尝无功于学术史之研究。因能辨别一名各时代意义之不同，即可进而辨一名在各家著作中的意义之不同，此正为吾人欲如实了解各时代之学术思想，而不加以混淆之所资。吾人观一名之如何次第引申新义，亦见学术思想之历史发展之迹象。如吾人更进而能综合一名之各时代的意义，而总持的把握之，亦即可使吾人形成一更高之新思想观念。惜乎清儒多未能自觉及此。其纂集古训之功，亦未能使其对"理"一字之各种涵义，有一明白清晰之分辨与说明。本文之目的，则望进此一步，对中国哲学思想史上，各时代所谓理之主要涵义之演变，与以一说明。

吾人之说明，固不能完备无漏，因此中须牵涉全部中国思想史与名物训诂，章句注疏上之其他问题，非吾人所得而尽论者。然吾人今只求比清人所说，更进一步，则亦未尝不可做到。吾今所发现之结论为：中国哲学史中所谓理，主要有六义。一是文理之理，此大体是先秦思想家所重之理。二是名理之理，此亦可指魏晋玄学中所重之玄理。三是空理之理，此可指隋唐佛学家所重之理。四是性理之理，此是宋明理学家所重之理。五是事理之理，此是王船山以至清代一般儒者所重之理。六是物理之理，此为现代中国人受西方思想影响后特重之理。此六种理，同可在先秦经籍中所谓理之涵义中，得其渊源。如以今语言之，文理之理，乃人伦人文之理，即人与人相互活动或相互表现其精神，而合成之社会或客观精神中之理。名理玄理之理，是由思想名言所显之意理，而或通于哲学之本体论上之理者。空理之理，是一种由思想言说以超越思想言说所显之理。性理之理，是人生行为之内在的当然之理，而有形而上之意义并通于天理者。事理之理，是历史事件之理。物理之理，是作为客观对象看的存在事物之理。此理之六义，亦可视为理之六种，界域各不相同，皆可明白加以分辨。而由中国思想史之各时代上看，亦确有偏重其中一种意义之理之情形。然昔之学者，或略于对名辞概念涵义之分析，遂不免加以混淆，而引致种种之误解。本文则拟顺历史之次序，说明中国之思想史中各时代所重之理，确有吾人所说之情形在，并将其涵义，试加分别说明。此虽然仍无法完备，然亦可多少对于吾人之如实了解中国各时代思想者，有一种向导之用。下文分五节。其中第一节，因须针对清儒之见，故所征引者较为繁碎，而辨名析义之处，反隐而难彰。后数节则解析概念之功较多；然于可引以为据之言，又势不能尽举。盖亦探源与溯流之事不同，而无可奈何者。希读者谅之。

二　先秦经籍中之理及文理

在先秦经籍中，易经上下经本文及春秋经与仪礼本文，皆未见理字。唯诗经南山有"我疆我理"一语。伪古文尚书周官有"论道经邦，燮理阴阳"一语。此二理字，皆明非一学术名辞。七十子后学所记论语，及老子中，亦无理字。在墨子孟子庄子书，乃将理字与他字连用，以表一较抽象之观念。今查孟子书中，理字凡四见。又据哈佛燕京学社所编庄子及墨子引得，庄子中之理字，凡三十八见，内篇中只一见于养生主一篇；墨子中之理字，则凡十二见。孟子思想之主要观念，在仁义礼智、天命人性。其言理，一次是与义相连，说"理义之悦我心"。另二次见于"始条理终条理"一语中。此皆有哲学涵义。再一次见于"稽大不理于众口"一语中，则与学术思想全不相干。庄子之思想，重在言道、言天、言性命之情。理字亦不代表其中心思想观念所在。墨子言理，主要见于墨辩。然墨辩中经上经下及经说上下四篇，对他名多有训释，而对理字则无。与理字相近之"故"字"类"字，在墨辩之地位，更较理字为重要。然在七十二子后学所著之礼记中，则理字曾屡见，且甚重要。乐记中谓"礼也者，理之不可易者也"，及"天理灭矣"二节言理，盖为十三经中最早以理为一独立之抽象概念，并凭藉之说明礼乐之文者。宋儒尤喜征引后一节之言，唯其时代或后于荀子。先秦诸子中，唯荀子喜言理。荀子除荣辱、致士、强国、成相、尧问、子道等篇以外，每篇皆用及理之一字，一见或数见不等。荀子之重言礼与其重言理，盖有一种密切之关系。至韩非子，则言理处亦多，并在解老篇，为理字作一详细定义。此外在重法之尹文子慎到之佚文，及管子中，亦多有以理为主要观念，以释法之所由立者。汉人谓"法家者流，出于理官"，理之观念，盖亦实法家之所重。由此观之，在先秦经籍中对理之观念，乃愈至后世而愈加重视。中国思想史之发展，亦似愈至后世，而愈对以前不用理之一名，所表示之义，亦渐连于理之一名而论之。至宋明儒，而儒学之一切思想观念，皆可连于理之观念以为论。此中盖可见一中国学术思想之一发展之方向。至吾人今之问题，则首在问：先秦经籍中所谓理之主要意义，毕竟为何？今先引韩非子解老篇一节，及清代戴东原以下数人对理之一名所作之训诂，然后再加以讨论。

韩非子解老："道者，万物之所然也，万物之所稽也。理者，成物之文也。物有理，不可以相薄。故理之为物之制，万物各有理，而道尽稽万物之理。"

"凡物之有形者，易裁也，易割也。何以论之？有形则有短长。有短长则有大小，有方圆。有方圆，则有坚脆。有坚脆则有轻重，有白黑。短、长、大小、方圆、坚脆，轻重白黑谓之理。理定而物易割也。故欲成方圆，而随于规矩，则万物之功形矣。而万物莫不有规矩。圣人尽随于万物之规矩，则事无不事，功无不功"凡理者，方圆长短粗靡坚脆之分也。故理定而后可得道。韩非子扬权篇谓"夫道者，宏大而无形，德者核理而普至、至于群生，斟酌用之。"

戴东原孟子字义疏证卷上曰："理者察之几微，必区以别之名也。是故谓之分理，在物之质曰肌理，曰腠理，曰文理，得其分则有条而不紊，谓之条理。天下事情，条分缕析，以仁且智当之，岂或爽失几微哉。中庸曰文理密察。乐记曰乐者通伦理者也。郑注乐记曰理分也。许叔重曰：知分理之可相别异也。"（疏证上第一条）。"古人之言天理者何谓也。曰理也者，情之不爽失也，未有情不得而理得者也。天理云者，亦言乎自然之分理也，自然之分理，以我之情絜人之情，而无不得其平是也。"（疏证上二）。"情与理名何以异？曰在己与人皆谓之情。无过情，无不及情之谓理。"（疏证上三）。"心之所同然始谓之理，谓之义。凡一人以为然，天下万世皆曰是不可易也，此之谓同然。分之各有其不易之则，名曰理，如斯而宜，名曰义。"（疏证上四）。"理义者在，事情之条分缕析，接于我之心知，能辨而悦之。……思者，心之能也，如火光之照物，所照者不谬也。不谬之谓得理，疑谬之谓失理。惟学可以增益其不足，而进于智。故理义非他，所照所察之不谬也。"（疏证上六）。

戴氏学生段玉裁，本其意注说文理字曰："理，治玉也。注：战国策，郑人谓玉之未理者为璞（艺文类聚引，尹文子同。）是理为剖析也。玉虽至坚，而治之得其鳃理，以成器不难谓之理。凡天下一事一物，必推其情至于无憾，而后即安，是之谓天理，是之谓善治。……（下引戴东原言为证，今从略）"

又朱骏声，说文通训定声，理字下更兼引经子注疏为证。

"广雅释诂：理，顺也。理，道也。贾子道德说：理离状也。（按贾子书本文为道生德，德生理，德有六理。）管子君臣：别交正分之谓理。韩非解老曰：理，成物之文也。……荀子儒效：井井兮其有其理也；注，有条理也。凡理乱字，经传多以治为之。礼记礼器：义理，礼之文也。礼记乐记：理发诸外；注，容貌之进止也。荀子正名：形体色理以目异；注，理，文理也。解蔽：则足以见须眉而察理矣；注，谓文理逢会之中。诗信南山：我疆我理；注，分地理也。左成二年传：先王疆理天下；注，正也。礼记乐记：乐者，通伦理者也；注，分也。荀子正名：道也者，治之经理也；注，条贯也。乐记：天理灭矣；注，理犹性也。礼也者理之不可易者也；注，犹事也。祭义：理发乎外；注，谓言行也。孟子告子：理也义也；注，理者得道之理。……周书谥法：刚强理直曰武；注，理；忠恕也。管子心术：理也者明分以谕义之意也，假借为吏。礼记月令：命理瞻伤；注，治狱官也；有虞氏曰士，夏曰大理，周曰大司寇。周语：行理以节逆之；注，吏也。史记殷本纪：予其大理。……广雅释言：理，媒也。孟子稽大不理于众口：注，赖也。"（以上并自说文解字诂林玉部理字转引。诂林中复引说文斠注韩非子理其璞而得其宝,以证理为治玉。又引说文徐注物之脉理,惟玉最密、尹文子郑人谓玉未理为璞;以证说文理为治玉之说。)

又阮元经籍纂诂卷三十四理字下,征引秦汉以前古训尤多。其书之成虽早于朱氏书。惟上文既先引朱氏书,故于其所引与朱氏同者从略。兹选录若干则如下:

"理,治也;(广雅释诂),又(国策秦策)不可胜理注,又(吕览劝学)则天下理焉注。理,法也;(汉书武帝纪集注)。理者,所以纪名也;(鹖冠子秦录)。理也者,是非之宗也;(吕览离谓)。理,义也;(礼记丧服四制)知者可以观其理焉注,又(吕览怀宠),必中理然后说注。理,义理也;(荀子赋)夫是之谓箴理注。理,合宜也;(荀子礼论)亲用之谓理注。理,道也;(淮南子主术)而理无不通注。理,道理也;(吕览察传)必验之以理注。理者得道之理,(孟子告子)谓理也义也注。理谓不失其道;(荀子仲尼)福事至则和而理注。理,有条理也;(荀子儒效)井井兮其有理也注。理谓道理;(礼记仲尼燕居)礼也者理也疏。理为道之精微,(荀子正名)志轻理而不重物者无之有也注。地有山川原隰各有条理,故称理也;(易系辞传)俯以察于地理疏。"

又阮元经籍纂诂卷三十八礼字下征引古训,以理训礼者。"礼者理也(家语论礼),礼也者理也(礼记仲尼燕居),礼者,谓有理也(管子心术),礼义者有分理(白虎通情性)。

刘师培理学字义通释,所征引故训与上文多同。又征引礼记礼器中"理万物者也",易传中"顺性命之理","理财正辞",中庸"文理密察,足以有别也",孟子"始条理者,智之事也",等而断之曰:"理训为分,训为别,此汉儒相传之故训也。条理文理,属于外物者也。穷究事物之理,属于吾心者也。言理也者,比较分析而后见者也。而比较分析之能,又即在心之理者也。宋儒以天理为浑全之物,绝对之词,又创为天即理性即理之说,精确实逊于汉儒。"

由上文诸家所征引关于理一字之古训,尚不能使吾人对于先秦经籍中:所谓理之主要涵义,有一明白清晰之了解。因诸古训皆嫌笼统,未加分析,则无由见其主要涵义。比较言之,此中唯韩非子解老篇之言,较能使吾人可得一把柄。解老篇谓"道为万理之所然,万物之所稽",又谓"理成物之文","物之大小、方圆、坚脆、轻重、白黑"为物之理,复谓"理定而后物可道。"此乃明白指出,道乃自万物之共同处说,而理则是自客观万物之分异处说。所谓大小、方圆、坚脆、轻重、黑白等，即西方哲学中所谓物之形式相状 Form 或理型 Idea，或物之第一、第二属性 Attribute 或 Property。此正为物理科学所研究之数量性质之理。物之大小、方圆、坚脆、轻重、黑白等，亦初为吾人之感觉力与物相接，所直接或间接加以了解者。而此物之诸理，亦为吾人最易明白清晰的加以了解者。戴东原、刘师培所讲之理，固不限于此种物理。然彼等之言理，亦自"分"上"别"上说，而视之为吾人所了解察见于客观对象者，则正有似于韩非子之言。彼等之所以特别着重以分与别之观念释理，乃意在反对宋明儒之浑然一理，以一体之太极为理之说。除此之外，则彼所纂集之古训，并不能使吾人对理之观念更增加一了解。而戴东原、段玉裁所谓"未有情不得而理得"一类之言，实际上亦只代表彼等之哲学思想。吾人今亦难言此与其所纂集之理之古训，有何直接关系也。

吾人今之进一步之问题在：此种视理为分的别的，又为属于所察见之客观对象方面之说，是否即为先秦经籍中所谓理之主要涵义？如从鳃理、腠理、肌理、色理一类之名上看，则理诚可说是属于所察见之客观对象上之形式或相状。然吾人下文将说明，此并非理原来之主要涵义。至于谓理皆从分与别方面说，而与道之从总的与合的方面说者不同，则虽大体上能成立，亦有未尽然者。

谓理之主要涵义，乃指吾人所察见之客观对象上之形式相状，首与"理，治玉也。"（说文）"理，顺也。"（广雅）"顺，犹理也。"（说文）"理，犹事也。"（玉篇）之言不合。治玉之事明为人之一种活动，顺是人之顺，事是人之事。皆不直接指客观外物而言。理字之最早之涵义，大约即是治玉。治玉而玉之纹理见，即引申以指玉之为物上之纹理。理从里，说文谓里居也。田土所在，即人之所居。田乃人之治土始成。诗经信南山谓"我疆我理"，则当是引申治玉之义，而以分治土地，分地里为理者。由是再引申，而以治与理同义，治民之官乃亦称理官，而法亦可以称理。至于上文所引："理万物"，"理财"，"刚强理直"，"疆理天下"，"别交正分之谓理"，皆同是自人之活动方面说，而涵"治理"之义者。此类之言，在古代经籍中，正远较用理以指客观外物上之鳃理、腠理、肌理等形式相状者为多。

吾人谓理之原始之主要涵义，乃自人之活动一方面说，而非自客观外物方面说，今尚可由孟子、墨子礼记荀子诸书用理字之文句之意义，以得其证明。孟子书中言理，上文已说只四见。"理义之悦我心"之理，是从我心方面说甚明。"始条理者智之事，终条理者圣之事"一段中之"智""圣"是人之精神上之德性。此条理亦是从人心方面说。"稽大不理于众口"一语之意，是说稽之为人，他人皆不以之为然，亦是自人心态度方面说者。在墨子书中理凡十二见。四见于所染篇，即"凡君之所以安者，以其行理也。""行理性（一本作在）于染当。""处官得其理矣。""处官失其理矣。"此"理"与"义"之义同。至节葬篇：之"安危理乱"中之"理"，当与治之义同。非儒篇谓"仁人以其取舍是非之理相告"，此"理"与"义"亦无异。至于在墨辩中言及理处，则有溢出于"治"与"义"之义之外者。墨辩中之言理，乃偏自人之纯知之思想活动上讲，而不重从人之意志行为上讲，与孟子及墨子本书皆不同。大取篇谓"辩者………以明同异之处，察名实之理"，又谓"辞以故生，以理长，以类行。"察名实之理，即察一命题或一判断与其中所用之名，是否合于实之谓。辞以故生之辞，即命题或判断。"故"是一命题判断所本之理由或根据。"以理长"之一语之理，明近乎今所谓人之推理推论之活动，言辞固以推理推论而生长也。又经说下"以理之可诽，虽多诽，其诽是也。其理不可非，虽少诽，非也。"此所谓理之可诽与否，是指他人所持之命题判断或主张在理论上是否能成立，是否能驳倒之谓。此所谓理论上之是否能成立，即指其命题判断之是否合耳目之实，与推理之是否正当而言。又经说上"观为穷知，而悗于欲之理"一语，则辞意颇晦。以上下文观之，则盖是论能见未来利害之理智，是否可止息人之欲望之问题。故知墨辩之言理，乃偏在人之纯知之思想活动方面说。至于礼记中之言理，则又偏在人之意志行为之活动方面说。乐记"人生而静"一段，言"好恶无节于内，知诱于外，不能反躬而天理灭矣。"明是就人内部对好恶之节以说天理，而与对外感物之事分开而说。故郑注谓"理犹性也"。祭义谓"理发乎行"，乐记谓"理发诸外"，亦是自人之内心之情之表现于"容貌之进止"上说者。乐记谓"乐者通伦理者也"。此所谓通伦理，宜即指此文上下所谓乐之能使"君臣上下听之，莫不和敬；在族长乡里之中，长幼听之，莫不和顺；在闺门之内，父子兄弟听之，莫不和亲；合和父子君臣，附亲万民"而通人伦间情谊，而与礼之重别之义相对说。此正不宜如郑注之训为分。至于丧服四制中"知者可以观其理焉"，郑注"理义也"，又乐记"礼也者，理之不可易者也"，郑注

"理犹事也"。此二理字，皆指人在丧礼及其他行乐之事，能合当然之义上说。是见礼记中所谓理，大皆自人之意志行为活动上说者也。

至于荀子书中，则上文已谓其书每篇几皆用及理字。今更不厌繁碎，试就其言理处之涵义，一加分析。如在"少而理曰治。"（修身）"天地生君子，君子理天地。""无君子则天地不理。"（王制）"用天地，理万变，而不疑"（君道）"主能治近，则远者理。"（王霸）"情性也者，所以理然否取舍者也。"（哀公）"举错不时，本事不理，夫是之谓人祅。思物而物之，孰与理物而勿失之也。"（天论）此诸言中所谓理，正皆略同所谓治理之意。至于在"其行道理也勇"（修身），"纵其欲，兼其情，制焉者理也"（解蔽），"心之所可中理，欲虽多奚伤于治"（正名），"义者循理"（议兵），"义，理也，故行"（大略），"言必当理，事必当务"（儒效），"礼恭而后可与言道之方，辞顺而后可与言道之理"（劝学），"安燕而血气不惰，柬理也，"（修身），诸语中所谓理；由此诸语之本义或上下文观之，皆是指人心意志行为所遵之当然之理，而略同于"义"者。荀子言理之特色，则在其不仅指当然之理义为理，且以理字表状人心能中理，而行礼义，或人修养所成之内心之精神状态及外表之生活态度；如"喜则和而理，忧则静而理"（不苟），"福事至则和而理，祸事至则静而理"（仲尼），"井井兮其有理也"（儒效），"见端而明，本分而理"（非相），"栗而理，知也"（法行），"诚心行义则理，理则明，明则能变矣"（不苟）。此诸文中所谓理，皆所以表状人由修养所成之精神状态及生活态度者。此乃他人之所罕言。此外则荀子最喜以文理合言。如所谓"綦文理"，"期文理"，"礼义以为文，伦类以为理。"（臣道）"贵本之谓文，亲用之谓理。"（礼论）"文理情用相为内外表里。"（礼论）文理即礼文之理，故赋篇赋礼曰："非丝非帛，文理成章。"若礼记之以理言礼者，后于荀子，则荀子即为先秦思想家最喜言理者，亦最早将礼文与理合而言之者也。

荀子之言理，尚有一点异于礼记及孟子者，即墨辩中所谓纯知之思想活动中之理，亦为荀子之所承；而荀子之言理，复有物理之概念。其非十二子篇，于每述二子之后，辄谓其说"持有之故，言之成理。"此所谓故与理，正同于墨辩所谓"辞以故生，以理长。"之"故"之"理"。持之有故，言之成理，即据理由以立言，而言辞有理路、有层次、有前提结论之关系之谓。此乃属于人之纯知之判断推理方面，而不关连于道德之意志行为方面者。至于非相篇所谓"以人度人，以情度情，以类度类。类不悖，虽久同理。"此理亦是连着思想上之推理而说者。赋篇于咏蚕咏箴以后，结以"夫是之谓蚕理""夫是之谓箴理"之语。此所谓理，亦即蚕箴之为物之形式或构造之理。是此所赋者正无异于物理。解蔽篇谓"人之心……譬如槃水，正错而勿动，则足以见须眉而察理矣。以知，人之性也。可以知，物之理也。"此物之理，亦可泛指礼仪文理与一切客观自然物之理，而若为下开韩非之重物理之说者。

然荀子虽承认有不关人之道德之纯知之思想活动中之理与物理，荀子同时又不重视此类理，而不视之为真正之理。乃喜用大理之一名，以拣别此类之理。荀子在儒效篇既言"知说有益于理者为之。无益于理者舍之，夫是之谓中说。"后即更曰："若夫充虚之相施易也，坚白同异之分隔也……虽有圣人之知，未能偻指也。不知无害为君子，知之无损为小人。"礼论篇亦谓"礼之理诚深矣，坚白同异之察，入焉而溺。"是见荀子所谓理，又可不包涵一切纯知之思想上之推理。彼于解蔽篇既言"以知，人之性也；可以知，物之理也。"以后，又谓：以可以知人之性，求可以知物之理，而无所疑止，则没世穷年不能遍也。其所以贯理焉，虽亿万，已不足以浃万物之变。与愚者若一。"是见荀子既承认一切客观存之物理，而又以人不当求遍知此类之理。荀子所以不重纯知之思想上之理与物理，其根据之理由，正在荀子之唯以礼义文理之理为理，为真正之理为大理。荀子常提及大理，如谓"制割大理。""人之患在蔽于一曲，而暗于大理。"（解蔽）又谓尧舜禅让之说，"未可与及天下之大理者也（解蔽）。"（正论）大理与偏曲之小理相对，大理者礼义文理之全理，亦即与只辩坚白同异之纯知之推理，及只求遍知物理之事相对者也。荀子之能言大理，尤为荀子论理之一要点之所在也。

由上文吾人可知在先秦之儒家墨家之传统下所言之理，皆着重在从人之内心之思想或意志行为之方面说。唯荀子言理，兼承认有纯客观之物理，而不加以重视。韩非子言理，偏自客观之物理上言，或亦本于荀子。然偏自客观之天地万物之观点言理，盖初开启自道家。道家思想可以庄子为其代表。庄子思想之中心概念，自当是天，天地、道、性命之情而非理。前已言之。庄子书中言理之多，仅次于荀子，共三十八见。唯多见于外篇。今如分析其涵义，则有同于治之通义者。"治其形理其心"（则阳），"理好恶之情"（渔父），"调理四时"（天运），"申子不自理"（盗跖），"道无不理，义也"（缮性）。亦有指一内心之状态者，如"和理出其性"（缮性）。又有指言论之根据或言辞之相承而生者，如在"二家之议，孰正于其情？孰遍于其理？"（则阳）"其理不竭，其来不蜕，芒乎昧乎，未之尽者"（天下）之语中之理。最后此二理字之义，皆略同墨辩之纯知之思想上之理者。凡此等等，皆非庄子言理之主要涵义所在。其理之主要涵义，乃在其言天理或天地万物之理。天理一名，盖首见于庄子。乐记之言天理，似承庄子而再变为另一义者。庄子养生主言"依乎天理"，刻意篇言："循天之理"，天运篇言"顺之以天理"，盗跖篇言"从天之理"，秋水篇海若责河伯"未明天地之理"，乃为之"论万物之理"，渔父篇言"同类相从，同声相应，固天之理也"。万物之理一名，除见于秋水篇外，亦屡见于他篇。如知北游谓"万物有成理而不说"，"圣人者，原天地之美，而达万物之理"，则阳篇言"五官殊职，君不私，故国治。万物殊理，道不私，故无名"。天下篇评百家之说"判天地之美，析万物之理"。而自物上言理，则有"物成生理谓之形"（天地），"与物同理"（则阳），"果蓏有理"（知北游），"随序之相理，桥运之相使，穷则反，终则始，此物之所有"（则阳）之言。天下篇又论及慎到、田骈、彭蒙。此三人，皆亦可说为道家，而天下篇论慎到曰："泠汰于物，以为道理。……夫无知之物……动静不离于理……而至死人之理"。由庄子之言理，恒与天地万物相连，故知其所谓大理，实即天地万物之理，亦即无大异其所谓道。故缮性篇曰："道，理也。"此与荀子所谓大理，乃就人之道以为说回异。故秋水篇海若告河伯曰："尔将可以语大理矣"，而下即继之以言天地万物之理。庄子之言"知道者必达于理"（秋水），言不当"贪生失理"（至乐），不"说义"以"悖于理"（在宥）；亦即为循天之理，从天之理之意。此与承儒家传统之荀子所谓中理，为合于人生当然之理者迥别。庄子书中唯渔父篇曰："其用于人理也，事亲则慈孝，事君则忠贞，饮酒则欢乐，处丧则悲哀。"此理与儒者之所谓理之义同。然此一段，则固假定为渔父专对孔子而说者也。

庄子之言理，恒言及天理，天地之理，万物之理。天地万物可说为人以上、人以外、或超越于人之自然，亦可说为人以上人以外之客观存在之对象。因而天地万物之理，亦可说为客观存在之对象之理。而此正当是韩非子解老篇，纯从客观对象上说理之一渊源所自。然自另一方观之，则庄子所谓天地万物，又非即与人之主观相对之客观世界。因为庄子要人"合天"、"侔于天"、或"同于天",要人"游于万化"、"与天地精神相往来"、"与造物者游",而使人成天人真人至人。同时庄子所谓天地万物之理,亦明不同于韩非子解老篇所谓"成物之文",或物之形式相状,如方圆、白黑之类。庄子所谓天地万物之理,即天地万物之变化、往来、出入、成毁、盈虚、盛衰、存亡、生死之道。物之文或物之形式相状如方圆、白黑,可由吾人之感觉与理智,加以了解而把握之,故可说其属于物,而在物中。至于物之变化往来存亡死生,虽亦可说是物之道物之理。但此道此理,恒由物之改易转移超化其自身,由如此而不如此,由生而死,由存而亡,由出而入,然后见。则此道此理同时超于万物之外,而只为物之所依以通过者。由是而对此道,不可直接由观物之形式相状而知,恒须兼由超物之形式相状,去观玩或观照万物之不断变化往来,由无形而有形,又由有形而无形,而后可以会悟到者。故道非由感觉与理智所可加以了解把握者。物之形式相状之理,可观、可知、可名为形而下。而此道此理则不可观,超知而超名,为形而上。此二者之别,亦正如太空之航路与往来之飞机之别。飞机可观,飞机之能往来去住,亦可说是飞机之理。然飞机之所以能往来,由于有航路为其所通过所经度。此航路则不属于任何特定之飞机。此航路亦只由飞机之往来以显。——如飞机不能过处,便知有山等阻隔,前无航路。——然说其由飞机之往来以显,即不只由其处之有飞机以显,而是由"其处之原无飞机,今有飞机,而又任飞机飞过,更离其处"以显。以航路观飞机,则有形之飞机固往来不定,而无形之航路恒在。此即可以喻"道无终始,物有死生",以飞机观航路,则飞机实有,其来往可观,航路为虚路,芬漠无形而不可睹。此即喻庄子之所以以道为无,以物之死生存亡之理,为不可睹。"死生非远也,理不可睹。"(则阳)飞机之理属于飞机,为物理。航路之理,不属于飞机,为天道或天理。故庄子养生主首言天理,而藉庖丁解牛为喻。此篇谓庖丁解牛,以刀刃之无厚,入骨节之有闲,而游刃其中,节节解去,是为依乎天理。此天理正不在牛身之实处,而是指牛身之虚路虚理。庖丁目无全牛者,以见牛浑身皆是虚路虚理,故能节节加以分离。此牛身之虚路虚理,不属于牛身之各节而无形,即以喻天道天理之不可言属于物,而为形上者也。由此便知庄子在先秦思想中乃另发现一种理,与孟子礼记墨子荀子所言之理,偏重在人之意志行为思想方面说者固不同,与韩非子所言之成物之文之物理,亦不同也。

第一章　原理上："理"之六义与名理

　　至于由韩非子至戴东原以降所谓，理是从"分"从"别"之方面说，则大体上亦未为非是。朱子曾谓"道字宏大，理字细密。"故先秦思想家中孔孟老庄皆重道，唯荀子重分重别而重礼与理，墨辩亦较墨子本书更重理。由重道而重理，乃表示思想分析能力之增加。然如谓先秦经籍中只有此涵分别义之理，而无涵总持义之理，亦复不然。在此吾人首当分别"分别"有二种：一种是横的平列的分别，如一眼所见天高地下万物散殊之分别。一种是纵的或先后的分别，如"物有本末，事有终始"中之本与末终与始之分别。前者是静的分位上之相差异，后者成动的历程次序。理之一名，可用在各物之静之分位之差异上，亦可用在一动之历程之次序上。韩非子之说理，明是从各物之方圆、白黑之分位之分别上看。戴东原说理从条分缕析，察之几微，以使人我之情得其平上说，亦是指人我分位上之分别。依吾人之意，则韩戴二氏以降所谓分别之理，在先秦经籍中乃第二义或引申义分别之理，而非第一义原始之分别之理。在先秦中第一义原始义之分别之理，应是指动之历程中之分别之次序，而且是指人之内心思想态度行为之历程之次序者。在静的分位的分别中，可只见分而不见合，则理之一名可只有分别义，而无总持义。然在动的历程之次序之分别中，则此历程中之前一段是向后一段，后一段是完成前一段，因而前后二段之次序之分别，并不妨碍其为一整个之历程，亦不妨碍有一总持此历程者之贯于其中，无时而不在。此即如吾人之行孝道，由晨省至昏定，由生养至死葬，是有前后次序之分别者，人乃有各种如何尽孝之理。然在此中，人之"晨省"时之孝心，已向在"昏定"、"生养"时之孝心，已向在"死后之祭之以礼。"故昏定时祭时葬时之孝心，亦即不外完成了晨省时生养时之孝心。因而可说此中有一个孝之理，一直贯注下去。此即见用以指一动之历程之次序之理，可不只有分别义，且兼有总持义。此种兼从理之总持义以讲理，至宋明理学家乃真加以重视，故有理一分殊之说。然在汉唐之注疏之以条贯注理（见前文所引），即已是从动之历程之前后次序之通贯处言理，此皆不如韩戴之只以理指横的分位上之分别者。此自人之内心思想态度行为活动之历程之次序条贯上讲理，正是先秦经籍中之"理"之原始义所在，此下可再连上所已说，更稍详一说。

　　吾人谓理之原义，是指人之活动之历程中之次序条贯，因而不只有分别义，且有总持义。此亦可由理为治玉，理从里，里为人所居，里从田，田为人之治土所成等处以知之。治土、治玉，皆为人之一活动行为之历程。诗经之我疆我理，旧注曰分地里也。此分地里，自为我之一活动。孟子说理义之悦我心，亦非谓理义为一对象之谓。孟子最反对行仁义而主张由仁义行，则理义悦心云者，即谓人由仁义行之活动，使我心自悦而已。孟子又谓"金声也者，始条理也；玉振之也者，终条理也。始条理者，智之事也；终条理者，圣之事也。智譬则巧也。圣譬则力也。"礼之由金声至玉振，修德之由智至圣，射之由巧至力，皆在人之一整个之动的历程中。则此所谓条理，乃指一历程中之次序条贯甚明。曰始条理终条理者，言始终乃一条理之始终也。至于墨辩之言理，吾人前说其是就推理之当否，与判断中之名是否符实而言。墨辩所谓理，当即指判断推理言论时，人之思想言论生长之历程中之理。至于在礼记中所谓理，如丧服四制曰："知者可以观其理焉。"丧服重别，此理自重在分别义。礼记乐记说"礼也者，理之不可变者也。"此理亦当是指礼之重别而说。但乐记说"乐者，通伦理者也。"乐重和，则此所谓通伦理，上已言此乃谓乐能"合父子君臣，附亲万民"，通人伦间情谊之谓。此通亦为一次第之历程。此理即重在条贯义。又乐记人生而静一段说"感于物而动……物至知知，然后好恶形焉。好恶无节于内，知诱于外，不能反躬而天理灭矣。"人之感物而动以生好恶，原为一不断发生之动的历程，而天理之节好恶，亦为一不断显其主宰好恶之动的历程。此中物是多，知是多，好恶是多，而于节好恶者，则只说一天理。此天理之义，乃明在统贯总持义，而不重在分别义甚明。

至于荀子之言理，则似将理视作一静的客观对象，且较更重理之分别义，故荀子喜言察理。荀子所谓文理，恒即指由圣王传下之客观之礼乐制度而言。其所谓中理，可即是合此客观制度之道之谓。因而此理便可不必同于孟子所言之条理，为人自内而发之动的历程中次序条贯之理。此外荀子讲理，尚有一特色，即吾人前所提及，以理指一内心修养之状态，如谓喜则和而理，忧则静而理等。此理只所以指一内心之不乱或内心之安静之状态，因而为非必在一活动之历程中者。此外荀子之言"义者循理"一类之言，所说者为道德上之当然之理。因其不承认性善，则此当然之理，便亦可只为心所照察，而同于一客观之理。由此三者，而荀子言理之为分别，便偏于吾人所说之第二义之静的、分位上的，横的"分别"，而于我们上所说动的历程中的次序条贯之理，比较忽略。

然荀子之所谓理，虽静的意味重，且重言分理以明礼之分异之用，彼亦非全忽视总持义统贯义之理。此关键乃在荀子所言之理非自然物之理，而为人文社会、人文历史之文理或礼制之理。此文理，乃由人与人之相互表现其思想活动行为而成。因而此文理不可说是属于某一特定之个人，而同时是将社会中之诸个人联系组织起来之理。社会之发展由古至今而有历史，则此文理，同时是由古而通贯到今日与未来者。荀子言文理言礼制，同时重言统类，言"百王之无变足以为道贯"者。此即其大理之一名所由立。同时荀子在和而理静而理等语中，以理指一修养所达之内心之安静状态时，此理亦是指一整个心境中之安静，而不是指对某一特定之事之安静，则此理亦有总持义。人心之安静而不乱，亦恒在人心之相续不断之应事中见，则此理亦是在一动之历程中成就者，而涵有条贯义者。（故杨注和而理句曰：理，条贯也。）

此外庄子之言天理、大理或理，其涵义皆与天道或道，无大分别。庄子言天道，其本身虽可超分别，亦超次序条贯者。但人之认识此天道天理，则初宜自事物之变化盛衰存亡之历程去认识，而不宜本静的横的分别的眼光，去认识。以后一眼光去认识，可只见上下左右方圆白黑之理，而不能见盛衰存亡之理。因物盛则未衰，衰则不盛，存则未亡，亡则不存。盛衰存亡，原非可并在而平列以观，而只在一动的历程中者。人必由物之存亡盛衰等以认识天理天道，即天道天理，仍须通过此动的历程之条贯次序去认识。此外易传中之言"黄中通理"、"易简而天下之理得"、"和顺于道德而理于义"、"穷理尽性以至于命"、"圣人之作易，将以顺性命之理"，此类之理之涵义如何，不必细论。然易为论变化之书，则此理为由变化历程中见，当兼指事物变化历程之次序、节奏、段落，则可无疑义。而此理亦当为兼分别义，与总持义条贯义者。

吾人之上文，一方评论韩非子及戴东原、刘师培诸家释理之言，说明彼等之只以理为人心之照察，只重理之分别义，实不足以概括先秦经籍中之涵义。同时即约略分辨出，先秦经籍中所谓理，有不同种类之理。此中第一种是韩非子解老篇及荀子之一部所谓为物之形式相状而属于物之形而下的物理。第二种是庄子所谓为物之所依以变化往来，存亡死生，而又超物之天理，天地之理，万物之理。此为一形而上之虚理。此二者，皆可谓由人以外之客观之天地万物或自然世界而见者。第三种是如墨辩所谓一命题判断中之名是否合于实，及推理是否正当之理，此为属于人之思想与言说中者。第四种是如孟子所谓由仁义行，而直感此行之悦心合义理之理，即道德上之发自内心之当然之理。第五种是荀子礼记所特重之文理。此五者中，前二说之出，较后之三说为晚。而在后三说中，则皆明重理之见于人之活动的历程中之义，且皆不只重理之分别义，而复重理之条贯义，总持义者。此正当为"理之原义为治玉之治"之一最直接而合法之引申，亦为中国先秦经籍中代表一抽象概念之原始义之理。至于以理指治玉后在玉上所见之纹理，以理指鳃理，指一切人之感觉思想行为活动及于物后，所见之物上之形式相状性质，并称此等等为物上之文、物之理、即上文第一义之理，则为间接之第二义以下之引申。至于庄子之以天理，指牛之间隙，指形而上之虚理，而同于道、即上文第二义之理，则是由观物而又超物，观形而又超形，唯就此物此形所经之虚迹，而名之为理。是为再进一步之引申。然理之一名，在庄子之书，可融入其道之一名中加以了解，故无大重要性。至于在孟子书中、理之一名，亦不如仁义、礼智、性命等之重要。在墨子中，理之一名不如天、兼爱、等名之重要。故在此理之五涵义中，吾人宜谓礼记荀子中所重之文理，为当时所谓理之主要涵义所在。文理者礼文之理，社会人文之理。文理乃指人与人相交，发生关系，互相表现其活动态度，而成之礼乐社会政治制度之仪文之理而言。此礼乐之仪文，为周代文化之所特重，抑为后世之所不及。在先秦最喜言理又能不离人之活动以言理，兼见及理之分别义条贯义总持义者，正为重礼乐之礼记与荀子。此文理乃由人之相互表现其自内而外之活动所成。人自内而外之活动有段落，又以所对之他人他物而异，则有分别义。故礼记中庸曰："文理密察，足以有别也。然各人之活动，由礼乐加以联系贯通，以相交于天地、君师、先祖，即见合见通，则文理亦有总持义。"故荀广礼论谓"贵本之谓文，亲用之谓理，两者合……以归太一。夫是之谓大隆。"至于中国后来思想史之发展，则宋明儒言理，多是就人对其他人物之活动虽各不同，然皆原本于一心性，以言具总持义之性理；并由吾人与万物性理之同原处，以言总持义之天理。此则承孟子乐记言性与天理而生之新说。至于清人如颜习斋、戴东原、焦里堂，与诸经学家史学家，则大皆重考证各种分殊的礼文之事之分理。至于由动之历程以言物理，则汉代之阴阳家与易学家，皆是此路。由是而有阴阳消长，五行生克，五德终始，律历循环一套之中国式之科学。至于就事物之大小方圆、长短数量、坚脆轻重，加以研究考察，此在西方希腊即发展为形数之学，由此而产生西方近代之物理化学，及其他自然科学。然在中国古代，则唯墨辩中颇有此种学问之思想。然尚无数学物理学之名，亦未径名之为物理之所在。韩非解老，知此为物之理之所在，亦未尝以之成学。直至百年来，西方科学哲学思想输入，而后此类之理，乃特为人所重。而本此种理之观念，以观中国先秦思想家所谓理之主要意义，实最抵牾不合。至于墨子所重之思想言说中之理，则皆可谓为名理之一种。唯名理之一名，乃先秦所未有。魏晋以后，有名理之一名。魏晋玄学之论，皆可名之为名理之论。唯此所谓名理之论，其内容与名墨诸家所言，实迥不同。至于南北朝隋唐之佛学中，所谓空理真理，则颇似上述之庄子所谓天理天道之为一种虚理虚道，而又不同。其不同在于庄子之道尚可由超物超形超言与一般之意念以了解，而佛家之空理真理，则更宜由超化种种深藏吾人生命之底层之执障以了解。然要可由庄子之言与魏晋名理之论之进一步，以与相契接。由是而秦以后中国思想史中所重之性理、事理、物理、名理与空理，同可由先秦经籍中所谓理之涵义中，多少得其渊源所自，而又皆对于理之涵义，有新的引申与增益者。吾人亦必须在确知此新的涵义之引申与增益之所在，然后对此诸理之真正分别处何在，有明白清晰之了解，进而可望对理之为理之本身，有一总持之综合的认识，此当于下文详述之。

三　魏晋玄学与名理

汉儒之哲学思想，其特色在讲阴阳五行之理。此理实是本文所谓物理。但物理之名，亦未正式成立。其正式成立，盖由杨泉之物理论始。而理之一名，在汉儒亦不重视。吾今之此文非直接讲思想史。唯是因欲说明理之一名之诸涵义，而附带讲到古人关于理之思想。汉人对理之名，既不重视，则吾今亦可存而不论。此下即直接论述魏晋人所谓名理之涵义。

名理为魏晋时流行之名辞。三国志，晋书，世说新语等书，时称某人善名理。近人亦尝统称魏晋谈理之文为名理之文。而魏晋人之清谈及玄学，亦可称之为谈名理之学，或谓魏晋人之谈名理与玄论为二派，其说并无根据。友人牟宗三先生于其才性与玄理一书中，名理正名一文已辩之。（牟先生文成于本文初发表于新亚学报之后，对本文有所评介，并为之作进一解。读者宜参看。）然名理一名之义界，毕竟当如何说，乃与清谈及玄学中之主要思想相应，则似未见人论及。名理一名之广义，似可泛指一切辨名推理之论。故有以名理之名，当西方所谓哲学者。但我今欲将名理文理等名，相对而言，并求其历史上之渊源，以与清谈及玄学中之思想相应，以定其义界，并见其即可包涵玄理之义；则当溯名理一名之渊源，于先秦思想之言名实之关系之论。名与实之关系，原是公孙龙子惠施墨辩以后直至荀子正名篇，所共讨论之一问题。此亦可说初是从孔子作春秋正名分之意引申出，并与法家之言"循名核实"，"名定以形，形以检名"等相关者。孔子之正名分，是要人之名位与实相应，此重在重建礼教。其意义是道德的，社会政治的。亦即荀子所谓"期文理"，"綦文理"之事。法家之言刑名，多具政治法律上之实用意义。而公孙龙子墨辩荀子所讨论之问题，则是知识论逻辑语意学之纯理论之问题，吾将另于荀子正名及先秦名学三宗一文中论之。人之以名表实而成知识，原与人类文化俱始。然人之反省及知识之完成，乃系于以名表实，及其中之问题，则是人类思想之一大转进。故公孙龙子墨辩等对知识名实关系之讨论，亦确是在先秦儒墨诸家所喜言之人生之礼、乐、刑、政等问题以外，另开出一思想学问之路。此种思想学问，非意在指导人之如何行为，亦非意在对人说任何具实用意义的话；而是使人去反省其说的话所用之名，与实际世界之"实"，有何关系；使人知其对于一实，何名能用，何名不能用，以知一名能指何实，不能指何实；由此而能辨别各名涵义之分际，而知吾人之用名之正误。由用名之正误，而能定吾人之是否有真观念，真知识。此诸问题，全是由人之思想，回头反省他自己所说之话，与其所指者之关系而生。同时亦可说是由人之思想，思想其自己之思想观念知识与所指者之关系而生。此在逻辑层次上，是较一般之思想言说，只直接去向外思想物之如何与人当如何行为上说者，在一义上，为更高一层次之思想。而由此思想本身所再建立之理论言说，亦即高一层次之理论言说。此即对"吾人之言说之为如何一回事"之言说。由此而说出之道理，乃"关于吾人之如何说道理"之道理，而为另一种理。吾人于先秦由墨辩至荀子之一切关于名实问题之讨论之文，皆当作如是观。此亦可说即魏晋以下名理之论之一渊源所自。然从先秦之谈名实，至魏晋之谈名理，却又是中国思想史之一大转进。魏晋之谈名理，初乃是由汉末品评人物之风而来。亦与汉魏政治思想上，重核名实之刑名之论相关。由品评人物，论用人之道，而刘劭钟会等，乃论及人之才性。由江左之清谈，谈人物，而谈一般性之人之才能、德性、行为，再谈他人言语谈吐之风度，更及于谈他人之如何以谈说以表其意等，遂论及言与意之关系问题。言之所本在名。意之所及恒在理，而不必在物。理之超物而玄远者，亦恒只可以名表，而难以事求。故曰名理，曰玄理。按魏之刘劭人物志材理篇，亦尝以道理、事理、义理、情理分四家之人物，其所谓义理见于论礼教，略近本文所谓文理。其所谓事理，亦略如本文后听说之事理。其所谓情理当摄在后文所谓性理项下。其以道理之家为首，又谓道理之家"思心玄微，能通自然。"此正当为能谈玄理者也。先秦思想之论名实，其所谓实，恒是指客观之外物，或物之形色。此形色是直接属于物之理。然意之所及之玄远之理，尽有不直接属于外物者。故由论名实至论言意，论名理玄理，便是思想上一大转进。魏晋时人之言意之辨，正为先秦之名实之辨之进一步之大问题，而此亦即当时名理之论之一根本问题之所在也。

先秦之名墨诸家言名实关系者，亦附及于言意之问题。因用名以指实，即以表意中之实。名墨诸家之以名当合于实者，盖亦意谓名足尽意，以使名与意咸得合于实。而庄子则谓书不尽言，言不尽意，意不尽道。如秋水篇谓"可以言论者，物之粗也。可以意致者，物之精也。言之所不能论，意之所不能察致，不期精粗焉。"至于魏晋时人，则或谓言尽意，或谓言不尽意。如王导过江止标三理，其一，为欧阳建之言尽意论。建之言曰："夫理得于心，非言不畅；物定于彼，非名不辨。名逐物而迁，言因理而变，不得相与为二矣。苟无其二，言无不尽矣。"此中用名理与言意，相对成文，正可见名理之不离言意。而以言为尽意者，必重名言之价值。以言不能尽意者，宜求忘言无名。如何晏著无名论又注论语吾有知乎哉一节即曰："知者，知意之知也……言未必尽也。"至于王弼之一方说"言出意者也"，又说"得意在忘言"，以无名为名之母；郭象之以"名"为形之影响，又为其桎梏，而曰"明斯理也，则名迹可遗"；则皆似为一方承认言能出意，一方又是要人由言而忘言之说也。

吾人之所以谓言意名理之问题，是较名实之问题更进一步者，关键全在意所及之理，可有全不及于实物者。先秦之墨辩及名家之讨论坚白之盈离，白马之是否马，牛马之是否非牛非马，有厚无厚，南方有穷无穷，镞矢是行是止之问题，虽亦以人之意中对此等等之观念为媒介，而后能加以讨论；然其所指向者，仍不外客观世界中关于存在事物之时间、空间、形色、数量运动之问题。物之占时空有形色、数量、运动，皆可说是直接属于物之实理。故论吾人所用之名言与之关系，可仍只为一名实问题。然人之意所及之理，则尽有全不能属诸客观外物之理。如王导过江所标之三理，除欧阳建之言尽议论以外，其另二者，为嵇康之声无哀乐论与养生论。今无论说声有哀乐与无哀乐，皆一判断，亦皆表一意，表一理。声乃耳之所闻，在外，哀乐乃我之所感，在内。说声无哀乐、或声有哀乐，皆只表此在内在外二者之关系。因而此理便不能只在外，亦不能属于在外之声。此与形色、数量等，尚可说属于在外之实物者，全然不同。属于在外之实物者，可以手指，而此则不可手指，而只可意会。不只声无哀乐之一理，唯可意会，即声有哀乐之一理，说哀乐在声，亦要待于意会。因纵然声上原有哀乐，我不动哀乐之情，哀乐之意，仍不得说声有哀乐也。又如嵇康养生论中说："忘欢而后乐足，遗生然后身存。"此亦只是一可意会之生活上之道理，而非客观外物之理。对于只可意会之理而以言表之，是远比对于可指之外在实物之形色等理，以名言表之，更为人类之更高一步之思想与言说。故由先秦之名实之问题，至魏晋之名理之问题，实是中国思想史之一大转进。

关于魏晋之谈名理，是较先秦名墨诸家论名实为进一步之思想发展，向可由魏晋人之谈形而上之问题如一王弼之论易等言，以证之。

王弼之论易，其大旨在由汉人象术之学进一步。汉人象数之学之大毛病，在太质实。乾必为马，坤必为牛，某一卦某一爻，必指一特定事物之象，是为太质实。汉人阴阳五行之论，原是一种从事物之变化历程去看物理之论。吾人前已及之。在汉人之论易，恒是要把易之一切卦爻之配合变化，通通视作一具体之物理现象之构造之图画。于是卦气爻辰纳甲纳音之说，皆相沿而生。由此而某一卦某一爻，亦必指一特定事物之象。易经中之名言，告成直接指实者。此与先秦之名家言虽不同，然其归在观名之实指，则并无不同。王弼论易，则正是要去此汉人之太质实之病，以求进一步。其所以能进一步者，正在其特重此属于名言与所指之实物间之"意"，亦同时特重此"不属于特定之物之意中之理"。王弼周易略例谓"爻苟合顺，何必坤乃为牛？意苟应健，何必乾乃为马？"坤直接表"顺"而不表牛，乾直接表"健"而不表马。马牛是象，而"健""顺"是"意"。今重此意，则乾坤之名与实物之关系松开，而只与意中之理相连接。只要是健，取象于马可，取象于牛亦可。只要是顺，取象于牛可，取象于马亦可。牛马不同，而在一情形其健顺可相同。健顺既不属马，亦不属于牛，而为牛马之共理。然人心中横亘有牛马之形象，则健顺便或属于马或属于牛。必须忘牛马之形象，而后能意会此健顺之共理。故忘象而后能得意。牛马之名，只及于牛马之象，此是名象关系，亦即名实关系。而健顺之言，则能表我们牛马之象中所意会之理，则此便见言意关系，名理关系。王弼之易学之进于汉儒之易学者，正在其能不重名象名实之直接关系，进而重言意名理之关系也。

王弼之玄学，除见于其论易外，亦见于论老子，今并引其老子注及周易略例之数语，以证上之所说。

老子道法自然注曰："道不违自然，乃得其性。法自然者，在方而法方，在圆而法圆，于自然无所违也。自然者，无称之言，穷极之辞。"又天地不仁注："天地任自然，无为无造。万物自相治理，故不仁也。"道生一注："万物万形，其归一也。何由致一，由于无也。"

此中所谓道，所谓自然，所谓一，所谓无，皆是名言。此诸名言，皆能表意表理。然此诸名言，皆非表某一特定之实物之名，亦不表特定之实物之理，更不必表一客观存在之外在实体。其所谓自然，实迥别于今之西方科学哲学中所谓自然。说"自然者在方而法方，在圆而法圆。"即任方者之自方，圆者之自圆，任万物之自相治理，而自是其所是，自然其所然之谓。无称之言者，无特定事物为其所称；穷极之辞者，物无非其所指，而此辞非他辞之所指之谓。谓之曰言曰辞者，言其非指外在之对象，而唯表吾人意中之理而已。自然之名如是，道、一、与无之名，亦复如是。（邢昺论语正义疏引）王弼释论语之志于道曰："道者，无之称也。寂然无体，不可以为象。是道不可体，故但志慕之而已。"谓道只可志慕而不可体，即道只为意中之理之谓也。

王弼周易略例谓："物无妄然，必由其理。……统之有宗，会之有元，故繁而不惑，众而不乱。处璇玑以观大运，则天地之动，未足怪也；据会要以测方来，则六合辐辏，未足多也。……"

对此段话，吾人仍可生一问题，即其所谓物之所以然之理，能为宗能为元之理，毕竟如何？此真是指客观存在之具体之物之理，或只是吾人论万物时之意中之理？只就此段文中看，则似二者均可说。唯在王弼思想中，堪为统为宗之概念，只是"易""感""自然""一""无"等。

唯此诸概念为穷极之辞，而能为统会之宗元所在。此诸概念，即只所以表吾人对整个天地万物之意中之理，而非所以表客观存在之具体之物自身之所以存在之物理者也。

在魏晋玄学家，除王弼论易言无言自然以外，何晏亦言无。裴頠之崇有论，则偏言有。向秀、郭象注庄子，言自然，自尔，言独化。皆是魏晋玄言中之最重要者。今再引郭象一段注庄子之言，以说明何以此类名言概念思想，皆重在吾人之意中之理，而非重在论客观之物自身所以存在之物理。

庄子齐物论注"天籁者，岂复别有一物哉。……有生之类……共成一天耳。无既无矣，则不能生有；有之未生，又不能为生。然则生生者谁哉？块然而自生耳，非我生也。我既不能生物，物亦不能生我，则我自然矣。自己而然，则谓之天然。天然耳，非为也，故以天言之。以天言之，所以明其自然也，岂苍苍之谓哉？夫天且不能自有，况能有物哉？故天者，万物之总名也。……物各自生，而无所出焉，此天道也。"

郭象之此一类之言，当然亦讲了许多道理。然此许多道理，明不是论特殊具体之物所以成之物理，而其否认有主宰万物使物生之"天"之存在，谓天只为万物之总名，即明见其无意追求万物共同之客观原因，或万物之所以存在之理。然则他此一类话，讲的是何道理？实则正不外吾人用名言去指客观存在之万物时，吾人之意中之理而已。

吾人之所以谓魏晋玄学家所用之自然，无、有、天、独化之此一类名言，乃所以表吾人意中之理者，可从此类之名言恒不只是一个，而随吾人之意之变而可以多，以证之。如吾人可用"天"为万物之总名，以表万物。亦可用"有"为万物之总名，以表万物，或用"万物"为万物之总名，以表万物。又可自天地万物自无而生，皆由变化而向冥中去，乃用无、易、玄之名，以表天地万物。总天地万物而言之，可说只是一个。然吾人表之之名，则可多，而每一个皆可以为穷极之辞。可见此多名之立，初不系于客观之天地万物，而系于吾人对天地万物之意。则此诸名，便实非直接指天地万物，而只能直接指吾人对天地万物之意，与意中所会之理。如只为直接指天地万物，则一名岂不亦足够，何必要许多？又如何能有许多？此正如我要以名指我之个人，则一名已足够。吾人之所以要自取许多别号，如甚麽山人，甚麽斋主，皆初只是为直接表我对我之意，而非为直接指我这一个人。同样，魏晋玄学家，对同一之天地万物，或说之为有，或说之为无，或说之为自然，为独化，皆要在用以表玄学家对天地万物之不同之意，或意中所会之理，非要在用以直指天地万物之本身。此诸意中之理，是否即为天地万物本身之理？此可是，亦可不是。即如我之别号，可是代表我本身之实有性格，亦可不代表，而只表示我对我之一理想。如其是也，则意中之理为形上学本体论上之理或物理。如不是也，则意中之理，即只是人之思想意念中呈现之理而已。然依吾意，魏晋玄学家所论之理，如有、无、易、自然等名之所表，实大皆只是人之意中之理，而亦可有形上学或本体论之意义者。然却不能说是属于客观之具体存在之物之物理。即彼等所论之意中之理，其兼可为物理者，彼等亦似只重在视作人意中之理而论之。清谈之所以为清谈，亦即在其所谈者，只重在名言所表之意中之理，而恒不必求切于实际。由此方见名理之论所欲论之理，不同于物理之论所论之理也。

今有一问题，是毕竟此种名理之论所要论之理，与其他属于客观存在之物之物理，当如何依原则而加以分别？或如何依原则而分别人所讲之是物理与名理？今为引申补足上文意，试提出二个分辨之原则如下：（一）如人所讲之是物理，则其所说之话中，必至少包含一个或数个名辞，最初是由直接指一感觉所接之具体之物而获得意义者；而吾人亦可由一闻此诸名辞，往念彼吾人所曾感觉之具体事物，或求去感觉其所指之具体之物。而除去此一名辞以外之一切名言，即皆是直接或间接说明此感觉之具体事物者。在此情形下，则其所讲者，即皆可谓之为物理。然如人所讲之话中，所提及之具体之物，皆是作为譬喻或例证用，而此外之名言，皆不指可感觉之具体之物；而须吾人对此名言之意，作一番反省，而后能知其所表之理者；则其所讲者是名理而非物理。（二）物理皆属于具体之物，而有实作用者。如轮有圆理，此圆即有转动之实作用；水有下流之理，其下流可推船下驶。而名理之论所论之理，是无实作用者。如说天地万物是有、是无、是变，是无所待而独化，物各自生而无所出，是天然、自有、自然时；此"有"此"变"，此"独化"、"天然"、"自然"，便只为天地万物之共理，此共理本身乃无实作用者，因其不属于任何具体之物也。物理有实作用，故人于物如多知一理，则人可多产生一事；名理无实作用，则人多知一理，并不多产生一事。人知水下流，故知水性湿，人便可于行船外，再以水润物。人只知水是变、是有、是自然、是独化，并不能使人多产生一实际之事，而只使人多一意，此意使人之心灵境界有一开辟而已。

　　如果上文所论尚有不够严格处，则吾人尚可进而从名理物理之别，为名理之论，定一更狭义严格之界说。即名理之论初皆是一种关于理之同异之理，或论吾人之一意中有无另一意之理。即名理之论，初乃以辨理意之相同异，相有无之关系为事，而不以辨物之时空、数量，物之因果关系，实体属性关系为事者。若然，则可严格别名理于物理。如上文所引王弼、郭象之说"自然者，在方而法方，在圆而法圆"，此只是说自然一名之意中，涵有"在方法方、在圆法圆"之意。说"万物自相治理，故不仁也"，此只是说万物既"自相治理"，则此中不涵有"天地之仁"之意。说"无既无矣，则不能生有"，此只是说"无"中无"有"。说"我既不能生物，物亦不能生我"，此是说物异于我，我异于物。说"自己而然，谓之天然"，即说"自己而然"之同于"天然"。此便皆为纯粹的辨各种名言所代表之理意之同异有无之关系的纯名理之论。至于涉及物理之言，亦可依此上之原则，以辨其何语是论物理，何语乃论名理。如说天圆地方，牛性顺，能服从人，马性健，其行也速，是物理。但只说方异于圆而同为形，健异于顺而同为德，则只是名理之论。又如说马性健，天行健，父之性亦健，分别说皆是物理。而由三者之为健也相同，同为一健之德，遂忘三者之别；思此健亦同健，而名此健曰乾，乃由乾之名而只思此健，并谓思此健，异于思马或天或父之象，以至说必忘象乃能知乾之义，则是名理之论。又如果说声有哀乐，是说音乐中确有哀乐存于其中，便仍可说是物理之论。说声之一名之意或声之理中，有哀乐之理，则是名理之论。至于说声无哀乐，则绝不能是物理之论，而只是名理之论。因声无哀乐，乃是说闻声之意中，可不含哀乐之意，或是说声之所以为声之理中，无哀乐之理。非说声中有一"无哀乐"为其物理也。又如说人有意则必将有言，此是说人之有意与其有言间，有一因果关系，此仍是一广义之物理之论（广义之物，包括一切视为客观存在之物质的或精神的具体事物。），但如说言能尽意或不尽意，只是说"言所表之理"，同或不同于"意中之理"，或只说"言中所涵之意"，包涵或不包涵"人意中之意"，则是名理之论。以致如当时人之辨才性，谓某种人才性如何，则其做事如何，亦是物理之论。而具辨人之"才性"之同异，则可是名理之论。又如嵇康养生论说"忘欢而后乐足。遗生而后身存。"如此语是把人之生活当作一客观对象看，而说人之忘欢可以产生乐足，人之遗生可以产生身存，此仍是属于上所谓物理之论。但如此二语之意，是说忘欢与乐足、遗身与身存，事似异而实同，似相无而实相有，则可为名理之论。总而言之，名理之论之特征，在其直接目标，只在论意与意间，或意中之理与其他意中之理间之相互之同异有无之关系；由此便得使吾人得平观诸意，而得诸意间之意，以形成一意境；平观诸理，而得诸理间之理，以形成一理境。此与西方逻辑与先秦名学中之论名实关系与推理之形式者固不同，亦不是要论某类客观存在具体之物，与其他客观之物之因果关系。此方是纯名理之论之典型。而一物理之论，则纵然其中包含之名理，其目标必在对于可感觉或可指之客观存在者，具体之物之理与因果关系等之说明，否则亦不能称为物理之论。此只需吾人随处加以思索一番，即能加以辨别。至吾人上文之此种辨别之论之本身，亦即辨"物理之论"与"名理之论"二名之意之名理之论。吾人能有此辨别，吾人即可将魏晋人之文章中物理之论撇开，而专看其名理之所在，而对魏晋人在思想上之独特的真贡献所在，有真正之认识。吾人对王弼、何晏、郭象、向秀等之所言，亦将更易得其解矣。唯此皆非吾人今之所及耳。今再引晋时鲁胜之墨辩序一段，附加数语，为本段作结。

"名必有形，察形莫如别色，故有坚白之辨。名必有分明，分明莫若有无，故有无厚之辨。是有不是，可有不可，是名两可。同而有异，异而有同，是谓辨同异，同异生是非，是非生吉凶。"

吾人于本节之开始，原说魏晋时之名理之论，上通墨辩名家之言。故鲁胜在晋时为墨辩作叙。唯墨辩名家之论，毕竟以客观外物之形色时空数之名实关系为归。其所论之有厚无厚万物同异之问题，仍是连有无同异之观念于外物而论之。必至魏晋而后，直以言与意名与理相对成名，而后有真正注重名理关系之名理之论，而讨论及于客观外物以外者，意与意理与理之有无同异之论。此即魏晋玄学家之名理之论，大进于先秦名墨之言者也。

第二章 原理下：空理、性理与事理

四 佛学与空理

吾人上文分别论列文理、物理、名理之不同。今再进而试论南北朝隋唐佛学中之空理之性质。

以佛学家与魏晋玄学家较，佛学家乃更喜欢用理字者。僧肇竺道生已重理。后之法相、天台、华严三宗更以理言实际。法相宗所本之解深密经中原有四种道理之分，其中之观待道理、作用道理，指事物之相对关系、因果关系之理，不出吾人所谓物理事理之外。其所谓证成道理，本可泛指一切由修养而证得之理。法尔道理可泛指一切究竟不可更诘，而法尔如是之理。然在佛学，则此后二者，恒用在指空我执法执后所证得之法尔如是之真如理。玄奘窥基综结此宗要义所成之成唯识论，首言造论宗旨在"达二空，于唯识理如实知。"末章言"显唯识理，乃得完满，非增减故。"此书卷一破我法执破外境等，处处以"所执非理""理俱不成""理亦不然"为言。卷九论遍皆所执中能所取二分"情有理无"。又证见道曰："谓初照理故，亦名见道……真见道即所说无分别智，实证二空所显真理，实断二障分别随眠"。卷十释四涅槃亦皆以真理为言。如谓"一切法相真如理，虽有客染而本性净"，为本来自性清净涅槃。谓"烦恼障尽所显真理"，为有余涅槃。谓"有为法与苦依，同时顿舍，显依真理"，为无余涅槃。谓"断所知障显法空理，此理即无住涅槃"。传为天台宗慧思所作之大乘止观法门论卷末终于"顺本起净，即顺净心不二之本，故有相资之能。违本起染，便违真如平等之理，故有灭离之义也"之言。至华严宗则特以言理法界，理事无碍法界名。华严宗之初祖杜顺华严五教止观（大正藏四十五卷）第三事理圆融观，承大乘起信论而言"心真如门是理，心生灭门是事"。智俨华严一乘十玄门，亦论约法以会理。至法藏澄观宗密，对理事无碍之旨，发挥尤多。法藏之华严菩提心章,言"发心观真理",言"一味真理","观此真如理"。澄观华严法界玄镜,释四法界三观,谓真空观之真空,即理法界。理事无碍观者"理无形相,全在相中,互夺存亡,故云无碍"。周遍含容观者"事本相碍,大小等殊。理本包通,如空无碍,以理融事,全事如理"。至宗密注华严法界观,则全篇皆在言"理"时言"理性本有","理含万德"。天台发展至湛然以及于宋之知礼,更重理具十法界三千诸法,即性具三千之义;而以华严之只缘佛界理以论性起,而断"九界理亦为性具"之义者,为不备。可见中国佛学之发展,乃向"理之重视"之方向而发展也。

然此佛家所谓理,初毕竟是何种之理,则甚难言。今说般若宗所论为空理,尚可无争。因般若宗原主毕竟空。但他宗亦说有。今姑不论天台之理具三千,不宜只以空说,即唯识与华严之理,亦非可只以空说之者。但成唯识论中以真理释四涅槃,及华严宗之理法界之理,仍初当毕竟是指由执障空所证得之诸法实相,或清净寂灭相,或涅槃,真如而言。至所谓"唯识理"之理,则可是指唯识之理论义谛而言。涅槃真如之理,是直指一境界或理境。唯识理是指为达此境界,吾人当如何思想,当去掉何种错误之观念情见,而逐渐引生正知见,得正智之理论。然吾人可说涅槃真如既是由空执障而后显,亦即须吾人在思想上去掉所执之错误观念,或空诸情见而后显。则佛学家所讲之"理论",亦即所以显真如涅槃之为"真理"或"理法界"者。二者相应,而为一事。因而可同以一理字表之。吾人今亦至少可自佛家之境界或理境必由空诸情见而后显上说,名佛家之理为空理。而本文用空理一名,亦重在表示佛家之理论之注重空诸情见方面,而不重在由空诸情见后修行所证之境界方面。此佛所证之境界,可说是真空,亦可说是妙有。佛之"果"德,固不能径说为空者。学佛之六度万行之"行",亦不能只说为空。然吾人及诸有情众生之境界中,由妄执实我实法而生之各种情见,则佛家必说其空。因不说吾人之情见是空,则不能引发正知正见。故至少在"境"上言,佛家理论乃偏重在对世人说空,偏重对世间之种:情见以及种种外道之学术理论,加以破除遮拨,亦是必然之事;而对其所向往之佛境,亦必然说其为超一般之情见所及,超一般之思议所及,而为超思议,或不可思议者。因而佛家之积极表学佛之行与佛之果德一方面之话,从学术理论上看,便见其不如其破除遮拨方面之话之重要。故吾人仍可名佛家之理论为空理。

　　吾人今既撇开佛家之修行方法，与所证之果德一方面不论，而专从其对于境方面之理论，乃重在破执，而称其所言者为空理；则吾人可进而看出佛家之空理之论，与魏晋人之名理之论，有一本性上之不同。从一方面看，佛学之兴起，固亦缘于魏晋玄学之盛。佛家所用之名辞，初亦袭用中国思想中之旧名。佛家言空，尤似与玄学家言虚言无者相类似。然实则二者首有根本精神态度上之出发点之不同。盖玄学始于人与人之清谈，而佛学始于个人之发心求觉悟。玄学可为谈玄而谈玄，故不必有一套修养之工夫；佛家为行证而求信解，即必有一套修养之工夫。缘是而玄学之论名理，恒未离"意言境"，佛家则必须由修养工夫，以归于超"意言境"。玄学家尤可止于思议，佛家则必求达于超思议与不可思议之境。思是心行，议是言语而可止于戏论者。超思议是大乘起信论所谓"离言说相，离心缘相"，是后来禅宗常说之"言语道断，心行路绝"。如依法相宗说，则魏晋玄学家之一切谈说，只能是名言种子之现行，而佛家则正要将吾人之名言种子转依于实际。如依空宗说，则魏晋玄学家之名理，如执为定说，即皆可与实际相违，而自相矛盾。此当于下文及之。要之，自佛家观玄学家，皆不离戏论者近是。

　　吾人用意言境与超意言境，分别玄学家与佛家所言之理，乃是彼等自己之名辞。"言意"本是魏晋玄学家所讨论之问题，前已言之。人意中所及之理，可超于现实之具体特殊事物之外之上。此便是魏晋玄学家精神之所注，由此使玄学家一方有遗弃实际事务之倾向，一方更有一超旷之心境。玄学家当时所谈之天地万物有无同异之理，如王弼之论易而言"无"，裴頠之"崇有"，郭象之讲万物之"形色弥异，其然弥同"；尤可使人更有一超旷之心境。此理由在：此诸名言与其所表之理，皆最富于普遍性，而可涵盖已成之现实，以至未来之天地万物者。如说变易，说感通，则万物莫不变，万物莫不能感通。说有，则万物之生莫不有；说无，则万物之未有与已化，皆莫不无。因其所同而同之，则万物莫不同；因其所异而异之，则万物莫不异。因其所一而一之，则天地万物为大一；因其所多而多之，则天地万物无不多。而吾人意中之有无同异、一多等观念或理，无不可及于一切天地万物。吾人不仅可遍指一切已成或现实之事物，谓其为有；或就其生于无形归于无形，而说其以无为本。而且吾人亦可意想，三皇五帝时万物是有；或未来无尽时尚可有万物。并可意想，它们亦皆生于无形，归于无形,而说其以无为本……凡此等等,皆为吾人当下一念之心之所能知。当吾人知此理而形成一切意境之时,即使吾人之心,若顿尔超临于天地万物之上,而达一廓然虚旷之境,可与佛家所谓证空之境,少分相应。然吾人复须知,此玄学家之一切理论,与由此理论所达之超临虚旷之心境,只是随吾人之意而起。此所起之意与意所及之理,皆提起则有,放下则无。此乃由玄学家、无佛学家之一段去除其意中种种执著习气之工夫,故一不提起,则可还同于常人;而当其提起时与佛家证空之境,便只少分相应。又此中如将玄学家之名理之论,放下落实到实际之直接经验之世界去看,又必可发现其自身之虚幻,而此点则非诸玄学家所自觉到者。未自觉到此一点,则其对名理之论,便不免有执或止于戏论。东晋南北朝佛家之空宗之理论,则正是最能发现一切名理之论放下落实时之虚幻,而能空此诸理论之理论。此空理论之理论之出现,正是表示中国思想史之进一步之发展。

玄学之理论之所以放下落实到直接经验之世界,必发现其自身之虚幻者,此乃因真正之直接经验之世界,从实际去看,亦同时为庄子所谓"言之所不能论,意之所不能尽"之世界。庄子盖真知超言意之境者,但魏晋人之尚清谈成风习,则谈超言意之境,亦不免落入言意之境。如定要说有、说无、说同、说异、说自然、说独化,便落在言意之境。此中惟赖人之同时兼知此诸言与意,一落到实际,皆可各成,亦可互破,或都与实际有相违处;然后乃可真谈玄而自在;以有其无意之意、无言之言,而不作执定说。此执定说之必与实际相违者,即如定说实际世界是生而有,则与其会灭而无相违。定说其以无为本,则与其现有可相违。则定说无与定说有,各成而亦可互破。又如定说万物由一本之天或道而生,则与万物之自生相违,此即王弼所以反汉儒之天生万物,而以天为万物之总名,亦即郭象所以谓至道乃至无,万物由道而生即自生自有也。然如谓万物真是自生而自有,又与万物之待他而生相违。于是汉儒之万物待他(天)生,与郭象之言自生自有,亦可各成而互破。而空宗之中论之说:"诸法不自生,亦不从他生,不共不无因","不生亦不灭,不常亦不断,不一亦不异,不来亦不去"。即全部皆由"现见"——即真正之直接经验之世界——立论,以见此自生、他生、生、灭、一、异,诸名所表之意理,一落到实际,便成边见,归于与实际相违,而可互相破灭,亦即皆可空掉之名理之论也。

诚然,玄学家于此亦可谓其原无意将其所言者放下落到实际,以作定说，或自谓其言亦原是以遮为表。如自谓其说无在遮有，说有在遮无，则玄学家之功夫纵有不及，其言理亦可与佛家无二致。今即谓其言皆戏论，玄学家亦可自甘于戏论，便与佛家言，亦不相为碍——若然，佛家之空执之论，亦不能用以破玄学家之名理之论。然吾人于此仍须承认，佛家之综合的将诸执定说有，说无说自生、说他生之言，试放下落到实际上去看，而指出其必与实际相违而相破灭，说出其所以相违所以必归破灭之理，以见一切定说之名理之论，本身皆有可空掉之理，即仍证明佛家另发见此一种理。此理仍为魏晋人所言之名理之外之一种理，亦是物理之外之另一种理。

　　从一方面看，佛家亦有说空说有之别，其说空与说无颇相似，而有宗说缘生，一一分析心色诸法所以生之缘，亦近似上所谓物理之论。然佛家有宗之说缘生之根本目的，乃在破物有自性，破实我实法。其说诸法待缘而生，不是说缘能生诸法，只是说诸法无缘则不生，故诸法无自性，无我，即无内之主宰力。法相宗唯识宗在分别吾人之心识诸法所以成之因缘，而一一加以指出之处，固与吾人若干有关妄识之积极知识。然此知识仍是供吾人转识成智之用。此诸知识，示吾人以诸妄识所待之因缘，亦使吾人知如能灭此诸缘，则此妄识亦将得其转依之道。故此诸积极知识，仍是为破除吾人之执障之用。故法相唯识之说依他起有，缘生有，亦是为要说空。至于空宗之说空，亦明不同于说无。执有执无，都不是空。无是莫有（无又可指一潜有）空是要去掉吾人所执之有。中国空字，原从土从穴，当是从工掘土成穴之意。穴之成，由于去土。去土是一活动，但此活动，只是要去土，去土后则去土之活动亦去。佛家说空，只是要去执障，此亦是一活动。执去，而执去之活动亦去。然在人有执时，破执之思想言说，不能莫有。即破"有执之思想言说"之思想言说，不能莫有。然一般有执之思想言说，既破，则此破执之思想言说，亦不能有。此即空宗之所重。故空宗常喻其言说之破其他言说，如火烧物，物尽而火亦熄。即执空而空亦空。空空而非空亦非有。此在名理上乃一吊诡之论。因说空就是空，如何空亦空而非空？如说空空，则空空，还须再空，则愈说空，而空愈多，愈不成空。此一问题，只限在名理上说，亦更无可答。因从名理上说，一名既立，则其意所表之理即立，立即非不立。因而空宗之理论，纯限在名理上言，即永为一吊诡。此中之问题，只能从实际上去看人之如何说话来解决。在实际上，一人说什么，我说你不该如此说。那人可即不说话的，而我亦可不再说的。在实际上，言与言是可以相消者。我之言中之意与理，与他人之言中之意与理，是可以相消者。吾人若不透过此实际上之相消之可能，以求实超此意境；徒直就名理言意以观，则名理言意将只能相生无已，清谈即将永止于谈，戏论即永不可绝，而亦永不能有实际上之修养工夫。此乃单纯之玄学逊于佛学处。而道家思想之发展，必至道教之有实际上之双修性命之工夫，乃可与佛教相抗，亦正以是故也。

上文说佛教破执之论，是将吾人常情所执之意或理，从实际上去看，而发现其矛盾，加以破除消掉空掉。如果吾人常情所执之一意或理，乃终可被破除消掉者；则吾人可不必待其实际上已被破除消掉，即已可说其理是空是无。当吾人尚未知其理是空是无，而觉其有时，便只是"情有"。如吾人误绳为蛇时，蛇是"情有"。然如落到实际，或如理而思，则并无此蛇，则此蛇是"理无"，"理空"。然吾人误绳为蛇时，说蛇之理为空云者，即是说如理而思，吾人最后不能真任持此蛇之观念，亦不当再有蛇之名之谓。以此蛇喻吾人所妄执之我与法等，则所谓妄执之理是空云者，亦即吾人如理而思诸妄执时，亦即不能执有诸妄执之观念或名之理之谓。由此观之，则一妄执与其所具之空理之关系，即是一理显而执毁之关系。理显而执毁，则此理，非此执所以存之理，而是执之所以亡之理。因而此理决不能真属于此执。吾人言物理时，说物有某理，通常是说理属于某物；物以具某理而存。而吾人在讲各种妄执之空理时，则情形正相反对。此点可帮助吾人对于空理之特殊性，有一更明白之认识。

今尚有一最后之问题，即如吾人之妄执，其理是空，而此理又不属于此妄执，则此理毕竟何所属？如人之妄执全空了，空之观念亦空了；此能空妄执之理，是否亦空了？依佛家说，人空一切妄执后，尚有能证得超一般意言境思议境之心，或具般若智而证涅槃之心，此心并非莫有。如有此心，则此心纵无妄执可空，亦不复再有空之观念或空理之观念横亘于心，仍不能说其即不具有此能空妄执之理。因如其不具此理，此心即不能常住于无妄执之境界，亦不能说法以破他人之妄执。因而其自己之无妄执可空，对他人妄执之起，能一一空之，当即此理之全幅彰露。如此看，则此能空妄执之空理，在心上看，便仍当是一实理，真理或心之实性实相。然此实理真理，则又非吾人凡情之所证及。此实理真理之显，唯由空吾人凡情所执之理者而显。对吾人凡情之所执而言，则此理是空之之理，或见凡情所执之自性为空之理，或凡情所执空后所显之理。此理与凡情所执者，不在一层级。故宜就其用在空执，其体由空执显，而仍名之为空理也。

五　宋明理学与性理

宋明理学家言理，因皆重人伦之理，故皆多少及于礼文之理。张横渠、邵康节与朱子等，亦皆时论及物理。有的理学家，亦时有禅机，而发为近似破执去障之言者。名理之论，亦时见于宋明理学家之辨名析义之言中。然宋明理学之言理，主要者是言性理，由此以及于天理。宋明儒之言天理，非只视为外在之物质之天地构造之理。如只视为外在之物质之天地构造之理，便只是物理而非天理。真正之天理，当是由心性之理通上去，而后发现之贯通内外之人我及心理之理。故性理是宋明理学家之所最重之理。

宋明理学家中直将性与理连说，谓"性即理也"，乃始于程子，畅发于朱子。周濂溪、张横渠皆尚未真识得性即理之义。邵康节尝谓"在物谓之理"。唯周濂溪通书言"礼曰理"，张横渠言"义命合一存乎理"。此已见其所谓理，乃指人生行为之当然之理，而非名理与空理。惟未明言性即理耳。至程明道言"天所付与之谓命"，下文言"禀之在我之谓性，见于事业之谓理。"又言"在义为理。"则此种理明为成人之正当之行为事业之当然之理，并与天性命相通贯为一者。程伊川谓"己与理为一"并言"性即理也"，即将明道之言，凝聚于一语之中。此乃一划时代之语，而为朱子所加意发挥者。朱子讲理虽及于物理，然仍主要是仁义礼智之性理。朱子与程子之不同，只在其更由人之仁义礼智之理，以见其源自天之元亨利贞阴阳五行之理，遂再进而论及于其他万物之禀此元亨利贞阴阳五行之理而存，遂附及物理之论而已。此外象山言心即理，亦决非直谓心即名理或物理，空理，礼仪之文理之谓，而是直谓各种当然之恻隐辞让羞恶是非之理，皆内在于"宇宙即吾心"之本心之谓。阳明以良知即天理，乃谓良知之好善恶恶是是非非，即是人心中之天理之流行。更不是说的外物之物理文理，亦非只是论名理物理或空理。是皆显而易见者也。

吾人今之问题，在性理之本质毕竟是如何？如何由其本质之了解，以见其别于其他之理？为简单明白计，吾人可只引程明道之识仁篇之数语，加以说明。

"学者须先识仁。仁者浑然与物同体，义礼智信皆仁也。识得此理，以诚敬存之而已。若心懈则有防。心苟不懈，何防之有？理有未得，故须穷索。存久自明，安待穷索？此道与物无对，大固不足以言之。"

明道所谓仁是性理，亦即天理，亦即道，又曾言"吾学虽有所受，然天理二字，却是自家体贴出来。"吾人试就明道所言仁理，切实体验一番，便可知此种理与其他种理之本质上之差别何在。

明道此段之言，是说仁之理乃一种与所接人物相感通，而浑然不二，莫有彼此之对峙之心境或理境。此种仁之心境理境，吾人平常人在对家人，对朋友，以至对天地自然，心无私欲，而对之有一亲切之意时，皆多少具有者。是见此仁之理未尝不多少呈现于一切人之心。故此心境此理，不同于佛家之涅槃真如之为超越者，必须先将吾人之执障破除净尽，而后见者。因而不待先由消极之理论言说，来扫荡吾人所执之情见，便已可积极的直接指点其存在者。是知此理不同于佛家之空理真理。然吾人欲直接指此仁理或此呈现仁理之心境之所在，又不能向外物而指，即不能由向外之感觉而知其所在；而只可向我之生活，向我与他人他物发生交接关系之生活而指，以反躬体会其所在。我与人物发生交接关系时，我与人物之形体之形相，乃可感觉者。如今欲论此我与人物之形相，并计量其相互间之空间上之距离关系等，此便是物理之论。然我之形体在此，人之形体在彼，以至可相距千里之遥，而我对人之亲切之意，则无形相，由我直贯到人，而超度过此中之距离，视此距离若不存在。故知此亲切之意，永不能成为物理研究之对象。此见仁理之不同于物理。又吾人如自外去看社会上人与人间，如夫与妇、父与子、君与臣间，生活上之交感关系，吾人又可言，此中有种种人与人之伦理关系，或社会之文理。吾人亦可谓，此伦理文理中，皆有某种亲切之意，客观的存在于其中，即有仁理客观的显示于其中。但就人与人之伦理关系，而言其中有亲切之意存在于其中，或仁理之显示于其中，与说其为吾人内心所体会之一心境或性理，其义仍不同。如吾人看人之父子兄弟夫妇之生活上之交感关系，明见种种不同之伦理关系，见不同之社会文理，而为"多"。然由我内心之反躬体会，则我可知我对我之父，我之子，我之兄，我之弟等，有同一之亲切之意。即我之同一亲切之意，同一仁之理，乃分别表现于我对此各种人之伦理之关系中，而为一。此即见言伦理文理与言性理之不同。又一般名理，皆由穷索而得。而人之仁则一现即现，所谓"我欲仁斯仁至矣。"故不须穷索。依名理，礼义智信与仁，其名不同，则涵义各别。然在我之仁心呈现时，反躬体会，又知仁必求贯于义。如爱民则必杀贪官污吏。仁贯于义，则义亦只是表现此仁，而义亦包融于仁中。故义亦只仁而已。义之只是仁，仍从仁之性理之贯注于义之性理上说。若纯从一般名理上看，而执名求义，则至多谓仁心可包含义心，或义心亦可称为一种仁心。仁义既是二名，则不宜说义即仁也。由上可知此仁之性理与空理、物理、伦理、文理，皆不同其义。

　　复次，明道说识得此仁理，不须防检，然心懈则须防。可知此仁理是能现亦能隐，其现，亦不必即是全幅呈现。故又谓须以诚敬之工夫存之，存久而后明。此表示此仁之心境，只是人所当有之心境。仁乃是一当然之理，非只属于已有事物之实然之理。吾人言物理，是属于已有之物之实然。文理之理，亦可姑就实已有之社会文理以说。以至佛家说妄执之本性空，亦可是就人实已有之妄执说。然说人之当然之理，则可不从人所实已有者上说。说人有当仁之理，不是说人实已全仁，却恒因人尚未全仁，仁尚未全实现于存在，方说当仁。当吾人自己尚未全仁时，此仁之理不能说已属于我。即当吾人已全仁时，此仁之理亦不能说只属于我。因其他人物亦可具此仁之理而当仁。就此仁之理之不只属于我言，即此理为天理，天言其为大公为普遍之理。此颇似名理之论中所言之有无同异一多之理，亦为普遍之理。然此二者，又有本性上之不同。此主要在：我觉此当仁之理时，此理即能命我去行此仁存此仁，我亦愿去行此仁存此仁。则此天理兼对我显为天命，而为对我有实作用之理。依朱子说，即能生气之理。此即异于名理之无直接命我去如何行为，如何存心之实作用者。又此理之命我如何行为，如何存心，同时是要改变我之已成之我。我愈实现或实践此理，则我原来之存在即愈改变，而日超凡以入圣。此又类似于前论佛家时所说，妄执之空显，即使一妄执不复存在之情形。但在佛家谓一妄执空，则妄执即无影无踪，而此空亦空，人亦可不再思此空。然我实现仁之天理而尽我之人性，我之改变已成之我，而逐渐超凡入圣，正所以完成我之所以为我。此仁理日实现于我后，此仁理不特不空，且更显其有，人亦更须思其真实而不虚。此理一直是正面的显示于我，故不须就其能空妄执一面，而先名之为空理，而须直下即视为实理。故伊川谓"此理为实理"，又谓"天下无实于理者"。此"实"又不是现实存在之"实"。从现实存在上看，除非我是圣人，此理恒只是对我显为一当然之理，而对我之存心与行为有所命，为我之行为存心之一内在趋向。此理是在逐渐实现之历程中，而未完全实现者。故此理本身，总是有超现实之意义者，亦总是形而上者。此"实"，是说它虽未实现或未完全实现，但它是不当不实现者。我只要见到它，亦是不容已于要去实现它者。我之要去实现它，即只是把它本有之当实能实之涵义显出，亦即它之自显其本有之当实能实之涵义于我。此之谓形而上而又彻于形而下，超现实而又能现实化之实理。此理之为实，离开吾人自己之感其当实能实，而要去实现他之存心与行为，则无论从名理上讲，从物理上讲，文理或空理上讲，即皆不能加以指正。故读者如于此有疑，除切实勘验一下自己在感当仁当义，而又真想行仁行义时，自己心境是何状态，此仁义之理在自己心内发生如何作用，对我有何改变；则于宋明理学家所谓天理性理之为实理，亦永不能相契入也。

宋明理学家所言之性理，各家之说不一。然今只举程子之一段，即可明性理与其余诸理之不同。故余皆可从略。

六　王船山及清儒与事理

至于明末至清代之经史之学，自其别于物理名理之学佛学性理之学言，吾人可说其目的一方面在明圣王所以治平天下之道，及古代礼法制度之文理，而备当今之用。另一方面则是要知古代历史之真相，而明史事演变之理。至于清代考证训诂文字音韵之学，则初为治经史之学之手段。并不同于今所谓语言科学、语言哲学，纯以了解语言之理为目的者。至于自明末至清如王船山、颜习齐、戴东原、焦里堂、章实斋等之哲学思想，自其异于宋明理学之处而观之，则正在标明事之重要。船山重史事，喜言"有即事以穷理，无立理以限事。"习齐言"六府"、"三事"，存学篇言"孔子只教人习事，迨见理于事，已彻上彻下矣。"戴东原言理不离情欲与日用饮食之事。章实斋尤反对离事言理。故吾人可说清代思想史所重之理乃事理。一切论历史事件之理，及如何成就办理个人之事及社会人群之事之理，皆可称为事理。而吾人今首当论及之一问题，则辨别事理一名之涵义，与其他种种理之不同何在。

　　自一方面言之，世间上只有事。整个人类历史宇宙历史，只是一大事。因而一切理皆可说是说明此大事之理，或在此大事中之理。物理性理，皆所以说明人物之所以能做事。名理是在人之言说之事中。佛家之言空理，去妄执，乃为成就修行之事。社会文理，亦只在人类历史中之大事中。由此而人如能了解此大事之理，则似可包括一切理在内。然此种说法，亦只是从事或事理之立场，去看世界之言。如换一立场看，亦实不能成立。首先，自人之为有限之存在，人之物理（包括生理心理）对吾人了解能力之限制上言，此大事根本非任何人所能了解。而此大事之观念，亦只是由人之意想所构成者。即人依名理，而将"事"之观念，无限之积累下去，再拼合起来所构成者。然此无限之积累，若非实际所能完成者，则此大事之观念，是否真能成立，即有一名理上之问题。其次，纵然有人真能了解此大事，其了解大事之一事，便仍在此大事之外。若然，则其能了解此大事之心与心之性理，便仍在此大事外。其既了解此事后，如再以之告诉人，则与他人成一学问上之朋友关系。此即为一社会伦理或社会文理之关系。此关系，便仍在此大事外。再其次，如其朋友是信佛学者。听其讲此大事之后，即说此大事整个表示一诸行无常，诸法实性毕竟空之理。则此空理之观念，仍在他所讲之大事与大事中之理以外。如人谓，此"大事"中尚可包括此一切在内。则吾人亦可将上文所说，再重复一遍以应之。由此吾人可知吾人所能说之事，乃永限于吾人所能了解之事，而此事与其理之外，永另有他理可说。因而事与事理之名，亦永为与其他理相对而并存者矣。

　　对于事理之所以为事理，真要有一切实了解，当知事与理，乃二概念。事与事理，亦二概念。人说一理概念时，此说是人之一事，但所说者并不是事，故人可说及名理空理。在人说名理空理时，从事上看，此名理空理固同在人所说之事中。但从理自身上看，则此人不说此理，此理亦未必即不在。至少此人不说，他人可说。则此理不只在此人之说之事中。同时人之说一理之事本身，亦有其所以成为"说之事"之理。如人动念，欲将所知告人，并有人动念愿听，即人之所以能说之理。便知人之能说之理，与所说之空理名理等，乃二种理。而说此"说之事之理"之说，又为另一事。此另一事，又另有理。由此故知，事理与人所说之名理空理等，乃可断然之加以分别，而事与事理，亦必须分别者。

至于事理之别于人之性理或物之物理者，则在人之一性，物之一理，皆可表现于多事。如人之仁爱之性，可表现为各种爱人助人之事。磁石能吸引之性，可表现为吸各种铁之各种事。此诸事则可相对而并在，而可名之为"一人一物之多事性"。又一人或一物之一事，恒可关联于许多其他人物。如今我之讲演，对我为一事。而此事则关联于无数听众等，此可称为"一事之关联于多人物性"。又在一事关联于许多其他人物时，就其他人物各各自身说，则又各各发生之一事。此为"一事之关联于多事性"。而其他人物，又再可与另外之其他人物关联，而发生其他诸事，……由此而有无定数之"互相关联之事之系统"。任一事之成，皆各有其特定之理。此事理、物理、人之性理，彼此皆相关。但是事理与其他理之分别，仍是可加以确定者。即吾人在论事或论物与人及其性，论人与人之伦理关系或社会之文理时，吾人之注目点，仍毕竟不同，此可略述其义于下。

吾人在论人与人性时，乃将一人之事辐辏于一人或一人心之前，而由诸事以显一人之人格与人性。吾人在论物理时，吾人是自一物与其他人物发生关系而生事时，思此物所表现之各种作用能力，以见物之理。而吾人在论人与人发生伦理关系，而构成社会文理时，则是着重在看人与人之事，对人与人精神或行为之联结之功效。至于由人与人之联结所成之社会文理，则属整个社会，而不属于此诸个人本身。唯此文理，可似外在客观的显于其他个人之心灵之前，或"人之超出其自己来看自己与他人关系"之自觉心灵之前，此文理是人对人有事之所成，然却非事之所以成之理。至于吾人在论事或事所以成之理时，则吾人所注目者，乃"分别关联于许多人物之一方面之事之本身"。而任一事之所以成，亦皆只能分别关联于许多人物之一方面，决不能同时关联于此许多人物之一切方面。此即使一事之所以成之理，决不能包括任一人之性理之全，或任一物之物理之全。一人一物之性理物理，除表现于某一事之所以成外，断然尚可表现于其他事。一事之所以成之理，乃在其所关联之人物，同时或异时各各发生一事。此即谓每一事之所以成之理，即在其他人物之诸事之发生。如我之讲演一事之发生，是因主持人先发生之请我之事，诸听众之分别发生了入教室之事，又分别发生愿听讲之事。"故一事所以发生之理"，吾人可称为"诸事之缘会或配合"。诸事缘聚或配合而新事生，否则不生。由对各种事之配合不配合之关系之研究，即可使吾人知各种事之何以成，何以不成之故。故研究此诸事之是否配合不配合，或甚么事必须与甚么事配合，然后可成，即研究事理。但此事理本身，仍不即是事，而是理。

吾人如了解任一事之成，都只分别关联许多人物之一方面，而各人物又可分别以其他方面，与另外人物阴联而成他事；便知各事之相对之独立并存性，及任一事之所以不能全同于他事。吾人如了解一事由其他诸事之缘会或配合而生，即知一事之承他事而生之承续性。承续性者，承而后能续之性。然所承又有所承，续之者又有续之者，由是而有历史。对一事之所承者与续者之研究，即史事之线索之研究。而此史事线索之研究，亦即对一一史事所以成之理之研究。又由各事之相对独立性，而吾人要成就任一新事，即皆须依于一新之缘会之成立，以为此新事所以成之理。由此而任一新事，皆有一积极的，特殊独特的，所以成此事之理。此即为一种具体之理。此与物理名理之为抽象者不同，与空理之为清极者不同。事理之为具体之理，又与性理社会文理之为具体之理亦不同。其不同在：性理为普遍者，形而上者；而事理为特殊者，形而下者。社会文理乃人与人之诸事之会合所显，而事理则可分别直就一人一事之所以成上说。又一新事所以成之理中，包含其所承之诸事之先在。故无先在之事，新事亦即无可成之理。无承之之事，则无续之之事，此本身为一必然之事理。故所承之事尚未有时，则成新事之理，亦即可说不存在。成新事之理，乃随事之不断发生，而亦不断创出，此之谓事理之创生性。吾人对物对人，因知他在与他物他人发生关系时，将表现某作用，某活动，将助成某物之发生，便皆可谓他自始具有可能表现某作用某活动之性或理。在名理之论中，论理与理之同异关系时，此理与理之同异关系，是吾人冷静了解之所对，此理本身是无所谓创生性者。至于佛家之所谓空理之显，则可使一妄执被破除，一执障烦恼不存在，则此理有还灭性。至于社会人伦间之文理，则吾人可谓其乃是人对人有事之所成，则社会文理亦必将随事之不断发生而日富。然某一社会文理，在未由人与人间之事而成时，克就其为理而论，仍可在人心之理想中存在。人实际上之未尝思及，仍为人之心所可能思及者，因而可说是原具于此心之性中者。只有实际上之成事之理，乃随事之不断发生，而不断创出以具创生性者，此即事理之所以为事理之特殊性之所在。

其次，吾人尚可从吾人求知各种理之目的，以分辨事理与他种理之不同。在吾人求知物理时，吾人之目的在求吾人对物之观念与外物之理符合，而避错求正，进而求制物用物，而舍害得利。求知名理时，则在吾人之意中之理与理之同异等关系，而会同别异。求知空理时，则在扫荡吾人之意中之妄执，而息妄显真。求知性理时，则在成就吾人之当有之存心，行为与人格，而存诚去伪。求知社会文理时，则在求使社会之文理灿然，而拨乱反治。而求知事理，则或是要思一事所以成之历史之原因，或是要完成吾人所要做之事。在要完成吾人所要做之某事时，吾人恒须观其他人物之他事，对吾人所要做之事配合与否之关系。配合之谓顺，不配合之谓不相干或逆。由是而吾人之目的恒在避逆就顺，求成去败。而此即吾人之论史事，所以必归于论其顺逆之势成败之机之故也。

中国由明末至清之思想家，最能了解事理之所以为事理者，莫如王船山。依于上所谓事理之本性，凡论事理皆当分别论，又当论事之承续关系，事之顺逆成败之故。船山最能兼擅此三者，而又能本仁义礼智等性理，以义断史事之是非。其所最喜论之无器则无道，舍事无以见理，正是指出事之必承事而生之事理。谓人先无制车之事，则不能有乘车之事，亦不能有乘车之道。此乃本事理而可说者。以至说如天地无生人之事，则亦无人所做之事，因而亦无人之事之道，亦复可说。由此而言，则人只当即事论道，即事穷理，而亦不能立理以限事。夫然，而后人可以如事之为事以论事，如史之为史以论史也。

但船山此类之言，亦只是在从历史之观点或事之观点看理，而后能立。如纯从物理之观点看，则某物虽未有某事，亦可说物已有一能助成或破坏某事之理。车可乘人，水可载船，而火不可乘。此差别非由于乘者，而由车水火之各具不同之物理。则说未有人乘之事时，车水火所具之物理自在，未有车水火时，天地能生车水火之理自在，仍未尝不可。因而天地未有生人之事时，说天地已有生人之理，已有能生"具何种生理心理之人"之理，已有能生"行何道之人"之理，亦复可说。至于克就人之性理言，则人未化成圣成贤之事时，吾人仍可说人有当成圣成贤之性理。如人不先具此性理，吾人又如何能责诸他人与自己？故克就性理对尽性之修养之事而言，毕竟是理先事后，由此亦可说理先气后。此即朱子之论所由生。自明代曹月川、罗整庵至王船山及清儒，凡欲在性理范围内驳朱子此义者，实皆终不能驳。复次，在社会文理上看，则在人去成就某种社会文理之事尚未有时，此文理仍可先在社会改造家或理想主义者之心中存在，而先为一理想。人常是先有此理想，而后有逐渐实现此理想于社会之行事。克就此处之理想与事实之关系说，仍是理先于事。至于佛家所讲之空理，前说乃能空妄执之理。妄执之事空处，即空理显处。此正是"理"显于妄执之事之"无"。即在妄执未空时，吾已知其有必空之理。此亦是事未有而理已先具。如人误绳为蛇时，人在事上，尚不知此蛇实无有而为空，然在理上看，则此蛇已为无。在此，人如果说人必先觉有蛇，然后觉此蛇为无，此固可说。但此便仍是从事上看事之先后之言。此仍是说的历史，说的事理，而非说妄执本空之理。读者可一思便知。至于从名理上说，则名理可根本与事无关。名理之论，皆可超具体之实事，而只论吾人意中之理。依名理，而人可论及实事尚未有之未来世界。因而理亦可离事而说。此前所已论及。名理之论之可离事而说，是讲事理者亦无法否认者。譬如讲事理者，说事必承事而生，此是事理。但"此事必承事而生"之理，不只可应用于过去及现在已有之世界，而且可应用于未来之世界。讲事理者，仍恒须谓百年后之世界中，事仍必承事而生。百年后之世界中之事，明明现在尚未有，然吾人已可依名理，而以意断其中之事必承事而生。则此本身即已成了一离事之理。浸至"理不离事"之本身，亦还是一理。此理可是理之理，亦可说是事之理。但从名理看，此"理不离事"之理，便仍可离一一已有之特殊之事，而说及今尚未有之未来之事，说及今尚未显之理。由此而"理不离事"一理本身，即离了事。此虽似一吊诡，但纯从名理上看，则为必至之论。从名理上看，理之概念，与事之概念不同。则理总是可离事而说者，"理不离事"如当作理来看，亦是可离事而说者。

由上所说，故知船山之离器无道离事无理之言，实唯在纯从事理立场，去看一具体特殊事之所以成事之理，然后能立。过此以往，并不必能成立。然王船山能真知事理之重要，而广论事理。盖非昔贤之所及，则吾人亦不当纯自理上多加以苛责。

王船山以后，清儒如颜习斋、李刚主、戴东原、焦里堂、章实斋等皆喜言理不离气，道不离器，理不离事。然皆不如船山之所言之善。此一方由于彼等所论事之种类之多，论历史之事之相承相续，得失顺逆、成败兴亡之故，皆不及船山之博而能精。一方由于彼等皆不如船山之复能深研性理，以义断史事之是非。不以义断是非而论事理，罕不流于只重顺逆成败之功利之论，亦罕不流于为考证而考证者。人必须由知性理以达天理，乃能知统摄宇宙人生之大理。忽性理而重事理者，恒因见事与事之相互之独立性，乃归于重分理，而忽总持性条贯性之大理。此即清儒诸家学术之弊所由生。今试姑就戴东原之论性理之言，一析其义，以见其言之实无当于性理天理，而恒只是事理，亦不足以概中国先哲所谓之全。此外诸家之缺点，则只略于后文及之而已。

戴氏之言性理，多见于原善及孟子字义疏证二书，今略撮录人所喜征引之数段如下，加以评述，以证方才所说。

"生生者化之原，生生而条理者化之流。生生者，仁也。生生而条理者，礼与义乎。何谓礼？条理之秩然有序，其著也；何谓义？条理之截然不可乱，其著也。"（原善上）

"人之生也，莫病于无以遂其生。欲遂其生，亦遂人之生，仁也。欲遂其生，至于戕人之生而不顾，不仁也。不仁实始于欲遂其生之心，使其无所欲，必无不仁矣。然使其无此欲则于天下之人，生道穷蹙，亦将漠然视之。己不必遂其生而遂人之生，无是情也。……私生于欲之失，蔽生于知之失。……圣人治天下，体民之情，遂民之欲而王道备。"（疏证卷上）

"欲之失为私。……情之失为偏。……知之失为蔽。不私则其欲皆仁也，皆礼义也，不偏，则其情必和易而平恕也；不蔽，则其知乃所谓聪明圣智也。"（疏证卷下）

"耳目口鼻之官，臣道也。心之官，君道也。臣效其能，而君正其可否。理义非他，可否之而当，是谓理义。然又非心出一意以可否之。若心出一意以可否之，何异强制之乎。"（疏证卷上）

此上所引第一节说，生生即仁，生生而条理者即礼义，宋明儒者亦有类似之言。然宋儒大皆是透过人之性理以是看天理，然后作如是言。如只依人之血气心知，一直向外去察看自然之变化生生之现象，则此中未必真可说有仁有义。即在人类社会上说，人人之得遂其欲达其情，以至在达情遂欲时，并无一只达我一人之情遂我一人之欲之私意，是否即算实现了仁义，亦是一问题。因仁义之所以为仁义，不只有消极之无私无蔽之意，而另有积极之意义。譬如仁之一积极意义，是在承认他人情欲之当由我助之达，助之遂。因而对人之情欲之未达，生一不忍之心，表一关切之情。此方是依性理而生之情。然此理此情，与他人或自己之饮食男女之欲、隐曲之情，并不属于一类，亦不在同一之层次。说人之欲生恶死是欲，欲他人之顺其欲，亦是欲，固可说。然此毕竟是二类，而居上下二层次之欲。只从我欲生恶死之欲，不会使我杀生成仁。而为求天下人之得其生，则可使我杀身成仁。即明见二种欲之功效不同，作用不同。杀生成仁所足之欲，乃甚于生者。此唯是求慊足此仁心之欲，而尽此心之仁性之欲，亦即能超自然生命上之欲。在此，依超自然生命之欲，而"别出一意"，以对自然生命之欲，施以主宰强制之功，正是断然无可免者。若然则谓此杀身成仁之欲，不是一般之欲，而谓之为出于理而不出于欲者，即固不误。宋明儒之说，亦即分性理与一般之心理、生理、物理之别，此正是有见于性理之真者所必至之论。

戴东原之所以欲泯除宋明儒人欲天理之分，除由其未能依名理而辨欲生欲义之分，亦不知性理之真外；其唯一所持而有力之理由，是"不思遂一己之欲，而思遂天下人之欲无是情也"之说。然此并不证明思遂天下人之欲，只是思遂己之欲之直接之延展。因思遂己之欲发展下去，正亦可不思遂天下人之欲而流于私。此"私"非由外来限制吾人之扩大遂己之欲为遂人之欲者，正是只思遂己之欲者之所必至。今欲扩大遂己之欲为兼遂人之欲，必须有一精神上之转折。即人必顺超越自己私欲之上，去平观自己与他人之欲，而生一俱加以成就之情意。而此转折之所以可能，则只根于人有能超越自己之欲，以俱成人我之欲之性理。否则绝不能有此转折也。诚然，人如从来未尝思遂己之欲，则亦不会转出此遂天下人之欲之心。然此所证者，只是自己之感有欲，是欲足人欲之欲之必须的先行条件。即人如未尝先有"有欲之事"，"自足其欲之事"，则人不会有欲足他人之"事"。后一事之成，必待前一事之曾为已成。而此所证者，只是一人之事之在后者，待先者之有而后有之历史之秩序。此自为可说者。然此正只是事理。若由一事之待另一先行之事而有，遂谓其同出于一欲一性，则悖于名理。因此二事，明是不同之事，前事只为后事之一缘，尚非后事之因。此中前事后事，各表现人之不同之心理动机，而有不同之功效作用，一可只归于自私自利，一则可归于杀生成仁。此二种归宿，则正是相反而相灭者。如何可谓其同出于一欲一性乎？

诚然，人于此可问：人既一方有遂己之欲之心，又有遂人之欲之心，此二心理动机，既同属于一人，则姑无论其如何在一情形下，可相冲突而相反相灭；然人之最高理想，仍可是兼自遂其欲而又能行仁义之道，则此二者，仍当有一本源上之统一，而当发自某一相同之根。此一问题，固亦当有。然吾人可谓：此一问，只能在人已承认上二者为异类或不同层次之心理动机者，才能问。此问，乃发自人之欲求知彼层次不同，而相异类并可相反之二种心理动机之究竟的形而上之统一之根之所在。此非尚未见及此二者之真不同，而欲泯天理人欲之对反之戴东原，所当问者。此形而上之统一，吾人可答曰：此只能在宋明理学家所谓"即人之性理即天理"之理那里，绝不在由人之自然的生理物理，而发出之情欲那里；个人之情欲本身，只是此即性理即天理之根，倒裁其枝叶之所在。此义，必须对宋明理学之问题，更加以深入，方能论及。本文暂从略。

除戴氏以外，如焦循之论语通释及论易学之书，以通情释仁、释理、释道，亦颇有精当之论。仁者当然要与人通情。人亦必与人通情，然后能成伦理文理而显道。然通情可只是说，我顺他人之发生某情之事，遂亦有发生某情之事；亦可只为的成就人己之各种事——因如我先无与人通情之事，亦不能助成人之事，不能成就一切社会文化之事业——如此便仍只是讲的事有先后本末之理，而不必是讲的宋明理学中之性理。须知人心之性理之为性理，恒不只在其能直接显为通情之事上见，而兼在其能去除使吾人不能通情之各种意气习见私欲，以使去通情之事成为可能上见。性理之显于人心，则见于人自觉的成就此通情之事，同时自觉此所通之情，在此心之所涵盖包覆之下。故此性理，恒必在人心自觉的施主宰之功于自己，并主宰其所做之事业而后见。舍自觉的主宰之义，而论通情，则人我之通情，即必平铺为一我所做之事与他人之事之相与顺成之关系。人我之事之相与顺成，可同时成就一社会之文理，然未必即足语于性理。至于章实斋之学，乃是史学。彼喜言古人不离事而言理，而亦未尝详论何以理不能离事，理不当离事之故，不如戴焦之尚能言之。其所谓古人不离事言理，不过述一历史事实，不足为后人不能离事言理之理由，亦非理不离事之理由也。今更可不必及。

七　结论

吾人于上文已将中国思想史各主要时代所重之理，分别加以辨别。此非谓各时代之人只分别讲某某一种理。一思想家通常皆可以同时多少论及各种理者。在近百年西方科学哲学输入中国以后，形数之学、自然科学与哲学中之宇宙论，所论者皆可谓属于广义之物理。社会科学，则主要在论人与人发生关系时所成之文理。逻辑知识论与哲学中之某种本体论，皆可说为广义之名理之论。而一切西方哲学中之批判论、辨证论，重在破而不重立者，皆类乎佛家之言空理之论。康德所开之道德的形上学与菲希特、黑格尔之精神的形上学，皆意在明性理而及于天理。历史学与历史哲学所论者为事理。此各种理之所以为理，断然不同其性质，而不容加以混淆。一人之著作，纵错杂诸种理而论之，亦莫不可一一加以辨析。而思想家之争辩，其由于所论之理为异类，因相误解而生者，亦将可由辨析其类别，而解纷息讼。至于此各种理之何以同称为理，又如何可会通为一？则是另一纯哲学之问题。今加以论列，亦未必有助于思想史之了解。然吾人今可试代读者设一问，而自加以答复，或对此问题多少有一点启发作用。

即读者可以问，吾于上文所说中国思想史上之六种理，而写成此文，毕竟我之此文，主要在显示哪几种理？则我可答复曰：我之辨六种理之不同，当是一种名理之论。然我之论中国思想中各时代所重之理之先后之序时，我亦尝多少提及后一时代人之所以谈某种理，如何由前一时代之理演变而来。如我尝谓由先秦之论名实形名，而有魏晋之名理之论，谓佛学家之用玄学家之名辞，宋明理学家之后于佛学而兴，清儒之思想之由反宋明儒而生等，此即皆是论学术历史之事。此便是论事理。又我之此文中，又有许多批评清儒之言。此诸言，只是破除一些我所认为错误之意见。此诸言，乃直接具一消极的去妄之价值，而只有间接显真之价值。如人之这些错误之意见取消，则我此文中这些文字，亦可烧掉。此便亦可说近似佛家之遮拨之论。至于我之写此文，亦可说是想对于各种理，俱承认其一地位，不忍加以抹杀。我初是因觉清人之驳宋儒，是据另一种理来打倒宋儒所见之理，此便不公平。则我之写此文，亦多多少少依于仁义之心。此便是本于天所赋予我之性理。我之此文，如写成而有人读，则我之此文之理，不仅存于我心，亦可存于他人之心。而读者与作者之关系，亦可说是一种人伦关系。以文会友，亦即构成一社会文理。至于印刷机之能印刷我之文章，则是物理。又我还有好多意思想写，但此文已太长，读者读此文已甚倦，而我亦写亦倦了，此即我们人类之生理心理之限制。此亦是本文所谓广义之物理也。

由此观之，我之此文之写成，其中即同时具了六种理。然而我之此文，只是一篇整个之文章，我是一整个之人，读我之此文而能了解之者，亦是一整个之人。是见此六种理，在实际上总可加以关连统一起来者。谁关连统一之？如何关连统一之？此当然是一极难答之问题。然无论我们能答不能答，由此例证，即已见关连统一起来，总是一事实。此事实之成，不能无其理。今吾人只须知其中必有理，亦即可以之为一暂时之答案矣。

一九五五年一月
新亚学报一卷一期

第三章 原心上：孟子之性情心与墨家之知识心

一 本文宗趣

本书前二篇论中国思想中理之六义，而人能知理践理，皆原于心。今吾人欲知中国言心思想之本原，则当自了解先秦思想之言心始。至下文之所以唯述孟墨庄荀四家之言心者，其故亦并可由下文得之。

宋明儒者以特重心性之学，乃多信伪古文尚书尧、舜、禹之十六字心传之说。是无异谓心性之学与中国学术思想俱始。此言可以证中国学术思想，当以心性之学为之根。然终未合于人类学术思想发展之常轨。清人辨古文尚书之伪，或论六经皆重言事，而未尝离事言理言心是也。孔子言仁，以为礼乐之本。仁固人内心之德，故孔子谓颜渊"其心三月不违仁"，自谓"七十而从心所欲不逾矩。"然孔子之施教，仍多只是就事指点。而孔门诸贤，承孔子之教，亦多只在一般儒行上相勉。必至孟子，自仁为人心之德，以言心性之善，乃大张孔门之心性之学。墨子非儒者之行，其书所标之兼爱非攻诸义，根于其人心观者，亦初未大显。至墨辩，乃对心之知与志等，较多所论列。宋钘则进而"语心之容，命之曰心之行。"其说虽不可详考，要可见墨学一流之更重人心之论。道家庄子一派之思想，后于儒墨而生，其言人心者尤多。荀子则与孟子同宗孔子之教，亦善言心，而又别于孟子之言心，亦不同于墨家一派及庄子一派之言心者。至儒家之大学言心，中庸言性，则盖为孟学之流，经道家及荀学之激荡，而重本心性之善之旨，以通天道人道内圣外王之道者。是见先秦儒家心学之极致。管子内业白心诸篇，则盖晚周道家心学之微言所萃。若乎易传、礼记之礼运，乐记等篇之言及心性，则要在通之于人类文化之原，天地乾坤之道以为论。此乃儒家思想之致广大，而足涵盖道家之义者。故论先秦诸子之思想之流别，正宜以孟墨庄荀四家之思想为骨干。前乎此者，则派别之对峙未立。后乎此者，则诸家思想，渐趋于融合。外乎此者，则或书缺有间，如驺衍；或言过简老，涵义未伸，如老子；或局限思想于政治之一隅，如申韩之流。唯孟墨庄荀四家思想，其内容能遍及于人生政治、社会、历史、文化，及天道、鬼神、天命、与人之心性之各方面，而皆宗旨鲜明，持之有故，言之成理，各足以自立而相非。故吾尝喻此四家思想之在先秦，如一宫殿之四壁。其余诸家，除孔子及后之大学中庸等晚周儒家之义外，盖皆宫殿中之奥隅，或四壁外之东西走廊而已。而吾探四家思想分异之关键，亦正在其对人心之所见之异。唯并举而较论之，而后隐者显而微者彰，是即本文之所为作也。

吾之所以欲论孟墨庄荀四家之言心，兼略及四家思想之分异；在吾信中国思想之所重，在言人性人事人文，而人性人事人文之本，毕竟在于人心。故吾论中国思想，殊不慊于徒自外在之历史源流，以论各家思想之论法，如汉书艺文志以降之所为。亦不慊于近人纯以西方思想，比附中国思想之论法。吾意，此二者皆非意在正面看古人之思想。此二种论法，非不当有，但宜属于第二义以下。而前种之论法，亦非中国最古之论列学术思想之法。在先秦论思想派别之文，如荀子非十二子篇、庄子天下篇，至汉之司马谈论六家要旨，皆意在正面看各家思想之宗旨异同，而加以比较之论列。此方是以论者之思想，直接求与所论者之思想相凑泊者之所为。唯由此吾人乃能辨别不同思想之理论形式与理论系统。若此步未先做到，而徒事探源溯流之功，则同源者或异流，异源者或合流，源流交错，探溯之功，往而不返；或将使人忘其原欲正面加以了解之思想为何物，而唯在其外围上旋转用心。故吾人今真欲正面了解古人之思想，亦必须以吾人自己之思想，上与古人之思想相凑泊，求吾之心直契于古人之心，如不见所谓历史上之古今之隔。而吾人欲了解古人之思想，以直契于古人之心之事之最大者，则为了解古人之心中关于"心"自身之思想。此事亦可谓最难者。因此不特为普泛的求了解古人之心之事，亦为了解古人之心中所了解之"心"之事。此须吾人心中所了解之"心"，与古人所了解之"心"相凑泊而后可能。如吾不能在多方面，以吾所了解之"心"，以与各古人所了解之"心"分别相凑泊，则吾终不能对各古人之所谓"心"，分别有相应之了解。此自为最难者。然此亦为吾人之为学，明当先务者。因此正为直探古人心中之"心"，而直探古人思想之核心之事。吾意又以为了解中国先哲之思想，首须着重其心之思想。以中国思想之所重，本在人，人所以为人在其心故。近数十年西方思想传入后，人以新方式研究中国思想者，可谓能较重其思想之中心问题，中心概念，及其论理形式与论理系统。此为一种复兴荀子非十二子篇庄子天下篇式之论法。而本此新方式，以研究中国思想者之缺点，则为以西方思想比附中国思想。由是而人论中国哲人之思想者，恒喜先论其宇宙观形而上学，或更进而先论其知识论与思想方法论。然不知由宇宙观以引出人生哲学等，唯是西方哲学之路数。以西方哲学乃先发展自然哲学，后又重神之哲学；近世又重科学之哲学，故其哲学势必首重宇宙观，而再由之以引出人生哲学文化历史之哲学。又在西方哲学，恒以自然宇宙或神为超越而外在，故又必先之以知识论方法论，以使吾人认识此自然宇宙或神之事，成为可能。然在中国哲学思想，则毋宁是自历史文化之省察，以引出人生哲学，而由人生哲学以引出宇宙观形而上学及知识观。则论中国之哲学思想，正无先由知识论宇宙观下手之必要，而尽可直从中国先哲之人文观人生观下手，而人生人文之本，则在人心也。故于中国先哲思想之不重言人心者，吾人固可论其历史文化观与人生观，然吾人亦宜试探其人心观之理当何若。至其明重人心，而对人心有所论列之言，其当为吾人所特须注目，而宜本之以为探证其他方面之思想之根据者，即不言而可喻矣。此又本文之所以欲申墨孟庄荀四家言心之义，以兼论四家思想之所以不同之故也。

吾意孟墨庄荀虽同言心，而诸家之心中所谓"心"，实指不同性质之四种心，或吾人今所谓心之四方面。吾意孟子之心，要为一性情心或德性心，宋儒即缘此心以论上一文所谓性理，而其旨又不必与孟子同。墨子之心，要为一成知识之知识心或理智心，与顺知识以起行为之心。凡人之求知物理事理，皆初原于此理智心与知识心。而后之学者之言物理名理者，则又不必皆承墨子以为论。至庄子所言之心则有二：一可借用佛家之名词，称之为情识心，此为一般人之心。一为由此人心而证得之常心或灵台心。此为一超知识而能以神明遇物之虚灵明觉心。凡人之言理而及于空理或遮拨义之名理性理，无不本于人之虚灵明觉心；而言此义之心与理者，又不必皆祖述庄子。荀子之心则一方为一理智性的统摄心，一方为一自作主宰心，可依荀子所谓"总方略、齐言行、一统类"

而名之为统类心。荀子之言统类心意在成就社会之文理。凡言文理者，必本于一能统摄多方面之知与行之心以为言，然不必皆本诸荀子。此四心之名，为吾人有本而造之名辞，一方用以指不同性质之心，或吾人整个心之数方面。一方即据以凑泊诸家所谓心之涵义。而亦略契合于吾人之言理之六义者。此四者中，吾意要以孟子所言之德性心或性情心，为吾人之本心所在。然孟子之所言，若不经大学中庸及宋明理学家之发挥，克就孟子所明言及者而论，则其与他家所言，实各有所见，亦互有长短，尚不足以全使他家相服。而此四家之其他主要思想之不同，亦皆可由其各重此诸心之一种，以知其有不容不异者存。此非谓诸家之其他主要思想，皆由其对于心之思想，依逻辑推演而出。唯是谓诸家关于心之思想之不同，与其他人生政治等问题之思想不同，各有一理论上之明显之相对应关系而已。上乃览此文者宜先知。下文吾当即顺序分论孟墨庄荀之言心。

二　论孟子之性情心或德性心之本义

吾人之所以说孟子之心，主要为一性情心德性心者，以孟子言性善，即本于其言心。其心乃一涵恻隐、羞恶、辞让、是非之情，而为仁义礼智之德性所根之心。此为德性所根而涵性情之心，亦即为人之德行或德性之源，故又可名为德性心。名之为德性心，亦即表示其为具道德价值，而能自觉之之心，而非只是一求认识事实，而不自觉其具道德价值之纯理智心、纯知识心也。

吾人谓孟子之言性善，乃本于其言心，此心为涵情之心云云，即意涵孟子指证性善之方式，并不必全同于朱子与其所承之程伊川及后之王阳明等，所以指证性善之立言方式。程朱之言性善，其关键在程伊川之性即理一语。谓性即理，乃由人所自觉之当然之理处看性。此理无不善，故性善。此中乃以理为媒介之概念，以指出性善。程朱所以言人仁义礼智之性即是理，大率一方由其恒与私欲相对反而见，一方由其为普遍大公而见。此是由孟子之言性，再转折一层，而引生之论。阳明由良加以言性善，除其见父自然知孝，见兄自然知弟等语，与孟子意无别外；复喜由良知之知善知恶而又好善感恶，以见良知之性，乃安于善而不安于恶。此亦即无异由良知之性之自善其善，自肯定其自己之善，而否定非真属于其自己之不善,以言良知之性为至善。此亦是对照反面之不善之念,而把在上之良知之善性反显出,而加以论列之法。此二种指证性善之论法,皆上有所承于大学中庸之义,而为孟子所倡性善论之更进一步之发展或新形态之表现。此二种论法,亦皆待人反省其心中之当然之理与私欲之相对反,及良知之善善恶恶,而后能了解。伊川之重存理去欲,阳明之致良知,严格说,皆重在孟子所谓是非之心之智上立根。而孟子之言性之由心见,则是非之心,只居其一。恻隐之心、羞恶之心、辞让之心,乃居其三,且更为孟子所重。孟子之指证此数种心之存在,则主要在直接就事上指证,亦即就我对其他人物之直接的心之感应上指证,以见此心即一性善而涵情之性情心,此心是初全不须与其反面之人欲等相对照,而后能见者。此便与伊川、阳明等所以指证性善之立论方式,颇有不同。

吾人谓孟子之言性善,乃就人对其他人物之直接的心之感应上指证。此可从孟子各方面之话观之。譬如孟子指证恻隐之心之存在,即就"今人乍见孺子将入于井,皆有怵惕恻隐之心"上说。此中由乍见而有恻隐之心,即见此恻隐之心,为我对孺子入井之直接感应。又如孟子之指证羞恶之心之存在,即就"呼尔而与之,行道之人不受,蹴尔而与之,乞人不屑也"说。"呼尔"、"蹴尔"与"乍见",乃是突如其来之事。对此突如其来之事之直接的心之感应,就是这个恻隐、羞恶。此处即见心本性之涵仁义或具仁义,而见性善。外如孟子又由"上世有不葬其亲者,其亲死,则举而委之于壑。他日过之,狐狸食之,蝇蚋蛄嘬之,其颡有泚。"以指证此泚之自"中心发于面目",乃不待思维而发出,以言人本有孝心。由"舜居深山之中,与木石居,与鹿豕游,其所以异于深山野人者几希",而"闻一善言,见一善行,则沛然若决江河,莫之能御也";以喻人好善之心,直接随所闻见之善行善言,而一无阻拦之表现。由齐宣王之见牛觳觫而立即不忍,而欲"以羊易之",指证其有能"保民而王"之心。此通通是就人感于外物之直接的心之感应,以指证人之性本善。此外孟子特喜就人不忍不屑处,说仁义之心性。不忍不屑者,即心虽欲忍欲屑而不能。欲忍欲屑而不能,即迸发出心之真性情。此正如弹簧之按不下去,即迸发出弹簧之真力量。以不忍不屑言心性,亦即自心之直接之感应言心性也。

此种心之直接感应,乃与依于心先有之欲望要求而生之反应不同,亦与依于自然之生物本能，或今所谓生理上之需要与冲动之直接反应不同。凡此诸反应，都是有所为者。亦即为达到人原先之自觉或不自觉之另一种目的者。此正是孟子之言本心时，所要加以拣别开者。故孟子言上世不葬其亲，委亲沟壑，他日见之，其颡有泚；特说明"是泚也非为人泚。"孟子言"今人乍见孺子将入于井，皆有怵惕恻隐之心"后，立即说明"此非所以纳交于孺子之父母也，非所以要誉于乡党朋友也，非恶其声而然也。"如是"为人泚"为"纳交于孺子之父母"，或"要誉于乡党朋友"，此便是依于心先有之欲望。如是为"恶其声"，便可只是依一生物本能或生理上之冲动而生之反应。在此等处，人之有某反应，只见人在反应之先之"有所为"者，而不能见人之本心之性。只有不是为满足吾人原先之"所为"，而直发之感应，乃可见人之本心。而此处之感应，即皆为无私的，公的，恻隐、羞恶、辞让、恭敬、是非之类。故人之性是善的。

孟子之讲性善，一方是就上述之无所为而为之心之直接感应上指证，再一方则就心之直接安处悦处指证。此安或悦，亦不须是与其所不安处不悦处相对而后见者。如孟子由礼义之悦我心，以指证人之好善，人心之性善。此人之觉礼义之悦心与人之好善，是可全不与恶或不善相对者。因此中可只有所好之善，所悦之礼义。人行礼义而悦此行礼义之心，人行善而好此善心，实即礼义心之自悦，善心之自好。此自好自悦，乃一绝对之自好自悦。此中可并无能好与所好，能悦与所悦之别。此时乃心在悦中，悦在心中，心在好中，好在心中。此方是性情心之最原始之相貌。孟子之由心之悦好善，以指证心之性善，实乃直契孔颜乐处，以言性善。后来宋明理学家，则要在由人欲净尽之工夫，以达天理流行之境，而证实孔颜之乐处何在。阳明亦有"乐为心之本体"之言。则理学家之归宿处，固未尝不同于孟子。然宋明理学家程朱一派，由理善以指证性善，及阳明之由良知之是是非非，以指证性善之立言方式，则与孟子之所言，有直接间接之别。读者当可细味孟子之言，以自得之。

吾人如扣紧孟子言性善，乃自心之无所为而为之直接感应，及心之悦理义而自悦处，以见性善之义，便知孟子之修养此心之功夫，纯是一直道而行之工夫。其本义实简截，尚无宋明儒所讲之较多曲折。宋明儒所讲者之多曲折，因其功夫全为反省的，而重在对治反面之人欲、意气、意见、气质之蔽等者。人欲等之形态，万汇不齐，故工夫不能不加密，遂与孟子所言多不同。此中异同之关键，吾不以为在最后所向往之作圣目标，而当在古今人心之变。古人之心病简单，而后人之心病复杂。故论修养此心之工夫，亦前修未密，后学转精，此自学术之内容言，则当说后人更见进步。故宋明理学亦确有比孔孟所言更进处。但人如无病，则不须服药。因病发药，各有所当，亦可说无所谓进步。而以后人之病之药方，看古人之病之药方，则未必能得其实。故吾意克就孟子以言孟子，其修养此心工夫，要点只在直下依此恻隐、羞恶、辞让、是非之心之流露处，扩充而直达之。"人能充无欲害人之心，而仁不可胜用也；人能充无欲穿窬之心，而义不可胜用也；人能充无受尔汝之实，无所往而不为义也。""毋为其所不为，毋欲其所不欲，如此而已矣。"此处之工夫，实尚不类宋明理学家工夫之重存天理与去人欲，双管齐下，存养与省察，是是非非，双管齐下。而只是顺恻隐、羞恶等心之起处，直达出去。工夫即在此直达。此处可并不先见有人欲待克治，即可初不重对此反面者，在内心上加以省察之工夫。"毋为其所不为，毋欲其所不欲"中之"不为""不欲"，可是虚说，非实说。在此工夫中，可并无"所不为"、"所不欲"者之存在。如由不忍牛之觳觫，至不忍人，不忍天下之民，而依仁心行仁政；由不忍亲之委于沟壑，至为之棺椁，无使土亲肤，为之衣衾，为之祭祀；即是此恻隐之心，孝亲之心之一直流行。此中即有工夫。而此工夫中，可并无反面之私欲杂念，待省察克治。此中全部工夫，可只为正面之直达。此直达，即"操存"，即"存心"，即"养心"，即"尽心"，即"不失其赤子之心"，"不失本心"，即"专心致志"。士不外能有"恒心"，圣人不外能"尽心"，而"先得我心之所同然"。圣王不外依仁心行仁政仁术，能"劳心"以得"民心"。此一切心上之工夫，亦可统名之为一"直养无害"而持志之工夫，以达于"不动心"。而反之者，则为心之"梏亡"、"陷溺其心"、"失其本心"、"放其良心"、"失其心"、"不得于心"或"无恒心"。总而言之，即心之不存。人之所患，唯在此心之放而不存。故孟子曰："仁，人心也，义，人路也。舍其路而不由，放其心而不知求，哀哉。"然孟子之所以治此心之放或不存之病者亦无他，即操之使存，"求放心而已矣"。孟子又曰："心之官则思，思则得之，不思则不得也。""仁义礼智，非由外铄我也，弗思耳矣。"然孟子之所以治"不思"、"弗思"之病者亦无他，思而已矣。此实为最简易直截之教。宋儒中，象山最与之相近。象山之工夫，只在提起精神，收拾精神，发明本心。而孟子之工夫，亦只在存心。存心即所以养心之性，以成仁义礼智之德，而知性、知天、事天、立命，皆直下而有之一串事也。

吾人上来之意，是说孟子之言心，实只有出入存亡二面。孟子书引孔子曰："操则存，舍则亡；出入无时，莫知其乡；唯心之谓与。"故孟子言心，亦尚无后儒所谓习心与本心之别，以及私心与公心，善心与恶心之别。在孟子，说心即说本心，即是善的公的。所谓私，不善与恶，只是心之不存而丧失。此不存而丧失，则缘于人之役于小体，只徇耳目之欲及食色之欲，人之"以饥渴之害为心害。"人所以会役于小体，只徇耳目之欲、食色之欲等，在孟子并未言是因人另有一心，定要去役于小体等。如此则人有二个心，在孟子言心只有一心。孟子只说及人失其心、放于心，便有役于小体之事。故要人不役于小体。孟子未说及必需人先去掉一役于小体之私心，而只说及求其放心，操存此心。在此处，吾并不以孟子之言心之义为全尽。然孟子之言，实只及于此。忆明儒罗整庵之困知记尝举孟子格君心之非，及正人心等之言，以证孟子未尝以心为全善。然吾人亦终不能谓孟子所谓人心中实有一邪心、非心。若然，则孟子随处所言之存心、尽心、养心，皆为模棱之语，不定之辞。果存心、尽心、养心之言中之心，为孟子所言之心之本义，则孟子所谓"格君心之非"者，亦即使君心不存者存，以安民定国而已。孟子所谓正人心者，亦非重在去一邪心而另得一正心之谓，此语当连下文所谓辟邪说以为言。正人心者，即辟邪说之足扰乱人心，使人心歪倚不存于其位者，正位居体，以存于其位而已。

孟子之言心，不与私欲私心邪心等相对反而言，亦不与食色之欲耳目之欲相对反而言。仁义礼智之心，与耳目食色之欲，在孟子固为异类。孟子言性，自心上说，而不自耳目食色之欲上说。然孟子虽以仁义礼智之心，与耳目食色之欲为异类，而此二类，在孟子，亦初可不相对反。人有耳目食色之欲，亦不碍性善之旨。耳目食色之欲，并非即不善者。不善，缘于耳目之官蔽于物，或人之只纵食色之欲。而耳目之官蔽于物，与人之只纵食色之欲，则缘心之不思而梏亡。故人不得以人有食色之欲等，疑心之性自身之善。至人存仁义礼智之心，亦可不与食色之欲相对反者；则以人之兼有此心与食色之欲者，可依于其自己之食色之欲，同时生出不忍人之饥寒之恻隐之心，与望"内无怨女，外无旷夫"之心。

此处吾人如试自己细细勘验一番，便知此中之不忍人之饥寒之心，乃直冒顺于吾之饥思食，寒思衣之欲之上、之前、而生起；吾之不忍人之为怨女旷夫之心，亦直冒顺于吾之男女之情之上、之前、而生起；以进而求黎民之不饥不寒，人人之宜尔室家。此即孟子之告齐宣王好色好货，"与民同之，于王何有。"亦即孟子之仁义礼智之心与食色之欲，所以可不成对反，而本孟子之言以言仁政，亦为一至简至易之道之故也。

　　吾人欲知孟子言修养工夫及为政之道，所以如此简易；要在知孟子之言心，乃直就心之对人物之感应之事上说。此心初乃一直接面对人物而呈现出之心，初非反省而回头内观之心。孟子讲觉，如以"斯道觉斯民"，"以先知觉后知，以先觉觉后觉"，此是直下以己之觉觉人，"以其昭昭，使人昭昭"，尚非必如后儒及今之所谓反观之自觉。孟子所谓恻隐之心、羞恶之心发动时，此心当然是明觉的。但说其是明觉者，仍是进一步回头看的话。大学之明德，中庸之诚明，皆更重此义。而在孟子之言，则重在直指此心之如是如是呈现，而其呈现，乃即呈现于与外相感应之事之中。如恻隐之心即呈现于我见孺子入井之事中，羞恶之心即呈现于拒绝嗟来之食之中。此中，心与事互相孚应，全心在事，全事在心。此事当然亦在明觉中，但亦可不说其在明觉中。此心有诸内而形诸外，见于自己之身与人物之交。此便可通于中庸所言合内外之义。但在孟子，则只说及此心当有事。孟子养气章谓"必有事焉"。吾意此"事"，当初即指吾人在日常生活中见孺子入井，及入孝出弟，守先待后等事。其所谓勿忘勿助长者，勿忘是不放失此心，即存养此心使相续之谓。助长，即心凸起于事上，如将事硬向上提起而把捉之，此便是揠苗助长，而不当有者。吾人今所谓自觉，实常是此心之在上面，将其所作之事硬提起而把捉之。此处如依孟学说，即有毛病。宋明儒或名此毛病为矜持，而重去矜持。孟子则直要人之心在事中。事是对其他人物者。心在事中，则心是向其他人物。心向其他人物，心便放平，自然无放失与矜持之病。如见孺子入井时，心是向孺子入井者。心向孺子入井，则心不能是只顾其自己缘躯壳或身体而发之食色之欲、耳目之欲者，而是要使此身为此心所用者。此便是心反诸身，而主乎此身，以心之大体主耳目之小体。心向孺子入井，即专心向此，而生不忍心，尽心以救孺子，即此心之反身而诚。在此尽心之事中，即有心之自悦自乐其心之尽。是谓"反身而诚，乐莫大焉"。我自己之尽心，即将外之人物涵摄于我心之内。如我救孺子，则孺子即如涵摄于我心之内。由此以推至孝亲、敬兄、齐家、治国、平天下，同是一样之道理。于此一直充达此心，充类至尽，便可说"万物皆备于我"。亦即由集义而"浩然之气，塞乎天地之间"之事，"君子所过者化，所存者神，上下与天地同流"之事。此等话，从高明广大处去看，固非吾人所能企及。但其工夫，实只在一当前能使心与事相孚，全幅精神在事上，此处尽心便是诚。此诚，初不与伪妄对。后来大学说"毋自欺"是诚，中庸由"择善固执"言"诚之"，伊川说"无妄之谓诚"，皆进一步由反省以出之工夫。此是工夫之加密，鞭辟就里。顺孟子之教引而申之，最后亦当发展出此义。此在本文之末，当一论之。然孟子之言诚，则有更简易直截处。孟子之诚，初只是正面之尽心。此心自善，只须人能直下承担，可更不待择。亦不是要人反省其心中之伪妄而去之，以成诚。所以在孟子之教中，有诚而无伪妄之名。诚与伪妄对，则诚之功夫，为二中求一，求"不贰"，如相对中求绝对。诚不与伪妄对，则诚只为一绝对。诚然，孟子亦言不诚。如"悦亲有道，反身不诚，不悦乎亲矣；诚身有道，不明乎善，不诚乎身矣。……不诚未有能动者也。"但此处之不诚，可只指未诚，未尽心以行悦亲之道，未尽心以明善而诚身，未能以诚动人而言。此不诚，不同于伪妄之与诚相对。而孟子之言明善即所以诚身，正见诚身只为一继明善之事，而行之于身之正面功夫。孟子又云"诚者，天之道也，思诚者人之道也。"仁义礼智之四端之心，皆"天之所以与我"。故直感直发之仁义之四端之心，亦即天之道所存。思诚即充达此心，此中只以思诚继诚，便全幅是直道而行之正面工夫，而工夫亦即在此心与外物感应之事上，流露之四端上识取。此与大学、中庸之工夫之重去自欺以存诚，对"不诚"而"诚之"，言致曲能有诚，与宋明理学之重内心中省察，去心中贼者，实有异。望大家一加识取。

三 墨家之知识心与儒墨思想之所由异

唯大学、中庸之论心，及宋明理学家之论心，虽与孟子有不同，然在根本上却是一路。即彼等同以言人之德性心为主，同以德性心为人之本心。其所以差别，一方是愈后之儒者，对人心之病痛，认识愈加密，而工夫亦加密。此如前说。而另一方，则亦是先秦他家学者如墨、庄、荀，对于人心之另有所认识，而指出人心有其他方面，使后之宗孟学者，对人心之认识及修养工夫，不能不加密。吾虽素主张以孟子至宋明理学家之言德性心，为最能得人心之所以为心之本，然吾亦不能抹杀他家之于人心，确另有所见。此其所见之不同，亦为形成他家之学，与孟子一路下来之儒学之不同者。此他家之所见之心，则正与西方哲学及印度思想中所见之心，有极大之相通处。昔人生于孟学之传统中，所加以忽略，而或未能明其与孟子所言之异同之际者，今则皆可皎然明白矣。

吾所欲进而论者，首为墨子之言心。墨子前于孟子，而墨子一书之成，及其中所涵之思想，则不必皆前于孟子。至少墨辩之思想之产生，可与孟、庄同时或更后。然吾今所重者，不在辨墨学思想之时代先后，而在论墨学言心与孟学言心之不同。吾人必先论孟学之言心，而后墨学言心之特质何在乃显。而墨学言心之义显，庄子之心之义乃显。故次墨子言心，于孟子言心后，而又次庄子言心于墨之后也。

墨子之学，表面观之，乃不重言心者。在墨辩中，对心之一名，亦未列为一条，加以解释。然其所以不重言心，亦正由其对心之一看法。即由其看心，特重心之作用之知之一面。此心之知，乃以"接于物而明之、虑之、辨之，而知其类，以进而知吾人之知识与行为之类"为性。此其所以较不重直接论心也。

由墨子特重心之知，故墨子之所谓心，自其与孟子所言之德性心、性情心之不同言，吾人可名之为理智心、知识心。知识二字连用，亦数见于墨子天志、杂守、号令诸篇。今人所谓理智心、知识心之性质，首在认知外物，次则辨其类，知其理，而据理以由已知推未知。此皆正为墨子之所重。而墨子书中知之一字，凡三百余见，盖为墨子最喜用之一字。墨辩谓"生，刑（同形）与知处也"，即见墨学中所谓生命，除形骸以外即此知。墨子书中凡有所论，亦几随处皆有"何以知其然也"，"何以知之"之语，是皆可证墨子，重以知言心也。

墨辩经上之论知曰："知，材也。""知，接也。""恕，明也。"此即言知为能知之才，而又能接物，而明了之者。经说上释知接也曰"知也者，以其知遇物，而能貌之若见。"此即谓知为认识事物，而得其印象观念之谓。又释恕明也曰"恕也者，以其知论物，而其知之也著。"此即以恕为对物加以判断论列之谓。墨辩又分知为闻、说、亲。亲知即直接接物，而能貌之知之之知。说知即由比类，而心不为方所恕（即不受空间限制），由已知以推未知之推知，闻知即因闻人之言其所亲知说知者，而后为我所知之知。此数种知，皆纯粹知识上之知甚明。而墨子之立论，则尤重"说知"，或推知。故"故"之一字，为墨家之专门名词。"故"有"大故""小故"之分。"故"之一字，在墨子书中，亦三四百见。而"性"之一字，在墨子书中则只三见。"情"之一字，则二十六见（并据哈佛燕京社墨子引得统计）。其用"性"字处，皆非论心性。其用"情"字处，则多为"情实"之情。如所谓"得下之情"、"耳目之情"，即皆不外"下民之实"、"耳目之实"之意。贵义篇言"去六辟、去喜、去怒、去乐、去悲、去爱（去恶）"，可见其轻情。亦见其所言之心，决非如孟子所谓性情心或德性心，而只为知识心或理智心也。

至于墨子之明言及心之语，除泛说者不论，其最值注意者，有下列数语：

循所闻而得其意，心之察也；执所言而意得见，心之辩也。（经上）
慧者，心辩而不繁说。（修身）
其心弗察其知，而与其爱。（尚贤中）
心无备虑，不可以应卒。（七患）
是孰宜心？（经说上）
无说而惧、说在弗心。（经下）
捷与狂之同长也，心中自是往相若也。（经说上）

凡此所谓心，皆明为纯粹认识上、理智上之能思辨疑难之心甚明。

此外墨子之言心之特点，则在其重人心之同一，故尚"戮力同心"、"一心戮力"、"和心比力"；而以"吏卒民多心不一者"，"皆有离散之心"为虑。其所谓"同心"、"一心"，亦由自外比较心与心之内容之同一以说，而为一缘理智以构成之概念。而其所以尚"同心"、"一心"，则与其尚同之教、兼爱之教，皆本于其一往重理智所认识之"遍用于一类事物之抽象普遍之原理"，即其所谓"法仪"之故。此义容后论之。

墨子所重之知识心或理智心，与孟子所重之性情心、德性心，其根本之不同，在知识心、理智心所发出之知，其接物也，初为墨子所谓貌之。貌之即认取物之相貌，而形成今所谓之印象观念，再本印象观念以判断物，则能划分物之类，并能形成今所谓各类物之概念。此中人心之活动，在根本上为对外物之相貌，有所摄取，以成印象观念等。而此印象观念等，则为内在于心者。其重表现于外，唯在人之本之以判断外物，并将此判断表之于言,是之谓"以其知论物"。人如不本其知论物,则人之所知,纯为私有,非他人所得而见。人以接物而有所知。此有所知,自亦为人之一种由有所感而生之应。然此应,则初为貌物。而貌物之所得者,初为私有。此为知识心、理智心上之"应"之原始的根本性质。而此即与孟子所重之性情心、德性心之"应",全然不同。性情心之"应",如见孺子之入井而应以恻隐之心,此恻隐之心之根本性质,不在貌孺子入井之形状。此恻隐之心,可根本尚未及于貌孺子入井之形状于心,而只于见孺子入井时,便可直接生起。此时吾人见孺子入井之见,固是直指向孺子;此恻隐之心,亦直向孺子。吾人之能见之此心之前面,是开朗者,此恻隐心亦是开朗者,此恻隐心之流露而表于面目,表于援之以手之动作,亦是直彰著而显于外,可为人所共见者。故此中由见孺子入井,至恻隐之心,再至此心情之表于援之以手,整个是一开朗之历程。而此历程,严格言之,乃即见即恻隐,即恻隐即求表之于往援之以手之行为。此中,知情意是三位一体。知是由外达内,意与行是由内达外。此中是才有外达内,而内动恻隐之心,即有内达外。故于此历程中,吾人之内心,只是外达内,内达外之中枢。此内心中,可并无"对外来者之自觉的貌之而有所摄取"之一回事。此貌物而有所摄取,乃有如外来者之滞留于内。一般认识心、理智心,初即依于此外来者之滞留于内,以有所认识;而此恻隐之心中,则可并无此滞留。唯以在此中,心无所滞留,而直感直应,方见此恻隐心为一表里洞然之真恻隐心。此外一切性情心,亦皆以能达此表里洞然之一境,为最高标准。而人之理智心与认识心之形成知识,则初正不要此表里之洞然;而是要吾人与物接时所摄取者,滞留于内。此所滞留者愈多,人之印象观念愈多,而人后本之以从事判断之事愈多,所形成之概念愈多,对物之判断论说亦愈多。此是墨子之认识心、理智心与孟子之性情心、德性心之根本性质之不同所在。

知识心、理智心之本印象观念,以判断外物,与定物类,在根本上是要辨同异,言物之是什么与非什么。故墨子之思想,处处要辨同异、明是非。然墨子所欲明之是非,与孟子所谓是非之心之是非,明为二种是非。孟子所谓是非,阳明谓之即良知之好恶是也。依孟子之言,则人之本心所悦为是,不悦者为非。此是非是涵情者。而墨子之是非,如墨辩中所重之是非之论,明大多为不涵情者。涵情之是非,与不涵情之是非不同,自对象方面说,在涵情之是非,初乃以当前所接之具体人物,或我所作之具体事本身为对象;而不涵情之是非,则初是说某一具体事物是否具某抽象之性质,或某类物之是否另一类物,或某一性质是否某一性质。在涵情之是非,此是非在我之"对事物"之"对"上。不涵情之是非,在"事物对其性质"之"对"上,"事物对其他事物"之"对"上,与"一事物之性质对其他性质"之"对"上。故不涵情之是非,宜以主宾词间之系词表之;而涵情之是非,则更宜以叹词表之。"贤哉回也","不仁哉,梁惠王也"中之此"哉"与此"也",表涵情之是非,即表孟子所谓是非之心之语言。说回"是"贤人,梁惠王"非"仁人中之"是非"之系词,则使涵情之是非,转为不涵情之纯理智心、认识心中之是非。而墨子墨辩之所谓是非,则大皆此类也。

吾人谓墨子之所谓心,在根本上为知识心、理智心,非谓墨子如西方之科学家、哲学家之只重求知识。吾人之所以如此言,要在自其言心之根本义上,看其与孟子等之不同。墨子固为重实行兼爱非攻等道者。墨子与其徒,亦固为极富热情者。然其所以达此热情,及其所以主张兼爱非攻等教义,其根据,正在上述之知识心、理智心也。

孟子言"墨子兼爱",庄子言"墨子泛爱兼利而非斗",尸子言"墨子贵兼"。墨子之思想主要在兼爱,已为先秦人所共认。自爱之为爱言,此固是情上事。克就墨子所言之爱亲,爱人等中,此爱之情之初发动之际言,亦固原出于孟子所谓性情心、德性心。然墨子兼爱之教所重者,则不在其尚爱,而在其所以言爱,及其爱之必求兼,与其所以倡兼爱之理由。凡此等等,则明源于墨子之理智心,而与孟子之所以言"仁者爱人,仁者无不爱也"之意不同。此异处所在,简言之,即孟子之言"仁者爱人,仁者无不爱也",初乃就吾人之具体生活上说。仁者恒以仁存心,见人而中心欣然爱人,接之以礼,通之以情,自然无人我之隔阂,于他人之饥寒怨旷之情,生恻恻之心。至其推恩而及于四海万民,则不外知"他人有心",而"予忖度之",乃"举斯心而加诸彼"。此所谓"举斯心而加诸彼",乃举此在当前当下呈现之恻恻之心,而整个的申达之,以及于彼未呈现于目前,而呈现于思想中之四海万民之心。然如实言之,此四海万民之心,只呈现于思想中,即不能一一具体呈现者。故所谓忖度四海万民而爱之者,实即提举此当前恻恻之心,使不限于当前所接之人而已。而所谓使此恻恻之心,不限于当前所及之人,亦即使此恻之心相续申达，随处不放失此心，而贯此心于仁政、仁术，以"得民心"，"不失民心"，使民"中心悦而诚服"而已。此中唯贯此仁心于具体之仁政之事，以求得民心，为可使此仁心落实者。而此具体之仁政之事，则仍不外为政者之"省刑罚、薄税敛"，使民"深耕易耨，壮者以暇日，修其孝悌忠信"及"班爵""进贤"等，为政者当下可为之事而已。于此，如人不在位，不为政而只居家，此恻之心及一切德性心，便只在入孝出悌，朋友有信，睦乡党邻里之事等中落实。故儒者之仁心，虽无不爱，而足涵四海万民而无遗；然此心之落实，则只在于当前之我与人相感应之具体生活。反之，若此无不爱之仁心，只直向上冒举，一往求扩大超升，由超溢家庭之外，至国家、至天下、至众生；则终将只是虚耗膨胀，不免沦入虚无，成为无法实践；亦永只为内心之一境界，而未尝由实践之行事，以表现彰著于外者。欲此仁心能表现彰著于外，则至远者必还收归于至近，而透过我之身，以见于我之身与人相感应之具体生活。至于人何以当有恻之心、仁心及一切德性心，则在孔孟皆无进一步之理由可说，亦更不须说。说之乃依于纯粹之理智心，把此德性心化为一对象，而视如一般之事物，以求其当有之故。然此德性心，在其自悦自安，而无间充达之历程中，乃永不能化为对象者，即此处根本容不下问：依何理由，或为什么而要有此仁心之问题。其有，为超理智之上之有，亦为超一切知识上之理由者。其当有，在此德性心自悦自安，已足完全证明，另不须外在之证明。彼求外在证明者，其运思纵可上际于天，下蟠于地，最后仍须回到以此心之自悦自安，为当下之内在之证明。然在墨子之言兼爱，则首为兼爱建立种种理由。如其反复言及人当察天下之害与乱之所自起，天下之利与治之所自生；乱与害之所自起在不兼爱，治与利之所生在兼爱；故人当兼爱，然后天下治；以及因天志在兼爱，故人当兼爱。此皆是为人当兼爱，说出种种理由。依前说，则兼爱为止乱求治，或兴天下之利除天下之害必须有之方法，而兼爱之目的，遂如在兼爱外。依后说则我之行兼爱，乃意在合于我之外之天志。此皆视兼爱为一"手段"，以达其外之目的，即纯为一依于理智心之思想。而实则此所建立之兼爱之理由，乃不成理由者。因吾人尚须问：人何必要求治而不安于乱，何以要兴天下之利，除天下之害？何以要法天？如说：此是为我自己之利，为了希天赏而畏天罚，便落入只求个人功利之理智主义。如说只因为我原知兼爱之为善，故必由爱人以为人兴利除害，又必法天之兼爱，便成一循环论。如依孟子之义说，则人人之欲治而恶乱，欲兴天下之利，除天下之害，只依于人之不忍之心。对此不忍心，本不能、不须、亦不当，再问其理由。问理由便落入理智心，而离开此心。此"问"本身，亦为顺此不忍心而加以申达者，所不当有之一"问"。此处直下截断一切葛藤，更无缭绕。墨子必欲言兼爱之理由，终不能直契其欲兼爱之心，初乃依于一仁心，于此仁心不须更问其理由之一义。此墨学之所以不如孟学也。

吾人谓墨子之欲兼爱之心，乃依于一仁心，乃是说其有依于孔孟所谓仁心之处。实则墨子所言之兼爱心，毕竟有大不同于孔孟之仁心者。如实言之，墨子之兼爱心，乃人对依其仁心所发之爱，才加以自觉，即以理智把握之，而顺理智心之依类而行，向前直推所成之心。墨子言兼爱，其所以反对儒家仁爱者，一点在反对儒家之先亲后疏，亲亲仁民之"差等之爱"或"伦列之爱"，一点在主张天下无爱不利，而儒家圣人，似可有爱而无利。而此二点之异，其关键正在儒家之仁爱，乃一直体现于吾人之具体生活中，而墨子则顺抽象理智之依类而行，以向前直推，以成其兼爱之说。故大取篇谓"仁而无利爱，利爱生于虑"。按"虑也者，以其知有求也。"（经说上）其谓利爱之说生于虑，盖由有见于人之爱者，其行事恒归于利人，遂普遍化为天下无爱不利，不利不足以言爱之理论。此即依抽象理智而推构所成之论。墨子不知人之爱人者，虽求利人，而未能在实际上利人者，亦未尝非爱人者也。此义后文当再及之。又墨子不知在吾人具体生活中，吾乃首与吾父母兄弟朋友家人相接，而发生各种互相感应之具体事，以为吾之德性心首先表现之所在；此中之情意，自然较浓；而于疏远之人，情意自较淡。此为不可免者。唯此先亲而后疏之伦列之爱，为人人所可遵行。儒者亦望人人之遵行之。故此中似有私，而又合乎天理之公。此本为不难解者。然墨子则必主兼爱，欲人之爱人之父若其父，爱人之家若其家，爱人之国若其国，尽一切人而一往平等之兼爱之。墨辩曰："兼，尽也，尽，莫不然也。""莫不然"即一往平等之义也。如此之兼爱，明为吾人在具体实际生活上所不能行者。然此在墨者之思想中则可能者，正由于墨者之本其"知虑"，将吾人之具体生活所接之特殊个体之人等，均视作一类中之人，而加以理解，如此则爱其一而不平等爱其余，便为悖理。即在理智上讲不通者，遂在实践上为不当有者。而在实践上当有者，只能为对凡在一类中者，皆一一平等而爱之。依此，我是人，他人亦是人，则我爱我之一人，即当举天下之人而平等尽爱之。吾父是父，他人之父亦是父。我爱我父，则当举天下之父而平等尽爱之。我之家是家，他人之家亦是家。我爱我家，则我当举天下之家而平等尽爱之。此正由先把我之为人、我之父、我之家纯作人类之一、父类之一、家类之一，而对之作一抽象概念之理解。然若自具体生活中理解，则我之家为家类之一，而家类之一，非必我之家也。我之父为父类之一，而父类之一，非必我之父也。我为人之一，而人之一，非必我也。则我爱我父，何必爱他人之父若我父；我爱我家，何必爱他人之家若我家乎？如此以兼回到具体之生活中作理解，则人纵有依类以行之理智心，仍毕竟不能建立一往平等之兼爱之道。而其所以似能建立者，唯在此理智心全舍离此具体生活中之理解，而一意孤行，"以其知有求"，尽虑以向前直推，乃将吾人当前具体生活中所接之人物，只化为类中之一，更不再加以还原之故。则我只是人之一，更不是我；我父只是父之一，更非我父；我家只是家之一，更非我家。由是而举天下万世，一切人、一切父母、一切家、一切国而一往平等的尽爱之兼爱之道，遂宛然在目。故曰："一日而百万生，爱不加厚。""爱众世与爱寡世相若。""爱尚世与爱后世，若今之人。"（大取）"无穷不害兼。"（经下）而实则此中人之心所直接兼爱者非他，依类而行之理智心，所撰成人类之概念、父类之概念、家之概念、国之概念而已。所直接了解于兼爱者非他，纯粹之抽象普遍的当兼爱一切人之"义"而已。故曰"兼爱相若，一爱相若。""爱臧之爱人也，乃爱获之爱人也。"（大取）此"义"人将如何行之？依墨子之论，人当行之，固也。然实际上则无人真能在实际上同时尽举天下万世一切人而平等尽爱之。此兼爱之道，于此，即成无人能行者。然则真能行之者谁？天也。惟天真能志在兼爱天下万世一切人，而实行兼爱天下万世一切人之道。故在墨子，如无天之志在此兼爱，以实行此兼爱，则兼爱之教，即全部落空，成从未有实行之者，而为一不可实行之道。今有天之实能兼爱，则人虽不能一时举天下万世一切人而尽爱之，亦可上以天之兼爱为法，以天志为志，而躬行兼爱之行。于是墨者之精神，遂由贵知贵义，转而以"天为知"，以"天为义"。而欲证天之为"知"，天之为"义"，则墨子又以天于人"兼而畜之，兼而利之"之事实为证。此"兼而畜之，兼而利之"之事实，实不外人皆在天地间生存之事实。然此事实由何而知之？则由百姓之耳目之实以知之。由此百姓耳目之实中，见人皆在天地间生存之事实，而墨子遂本以逆推必有兼爱之之天。然此只本理智心所把握之外在经验事实，以成之推论，果有效乎？无效也。因百姓之耳目之实中，固未见墨子所说之天也。此事实可为自然有，而无主之者，如道家之所说是也。人欲知一类似墨子所言之一至仁而无私之天之有，如循孟子之义以思，人固可由其德性心之有形而上之根源，以知有与此心不二之天。然墨子未能知人之本有此德性心，乃转以人之德行由法外在之天志而成，人之德行如人之所以取悦于天之手段。略类犹太教，基督教之说。此乃本理智心以化人之内在的德性行为一所知之对象，而视如用以达一外在之目标而有者，而终不免循环论证者，如上文所已及。故墨子亦终不能有类于孟子之知性尽心知天之一路之学也。

关于墨子之教之核心，毕竟在兼爱或天志？世之治墨学者，多有争论。人又或以墨子之教之核心在重利。然依吾人上之所言，则墨子之教之核心，在其重理智心。重理智心而知虑依类以行，将人之爱心，一往直推，则必归于平等的周爱天下万世之兼爱之教。此教非人实际上乃所能行之者。由是而人之行兼爱，则为直接以"天为知"，以"天为义"，而以"天为法"之事。于是墨子之思想，即发生一奇怪之结果。即一方看，墨子是要天下人皆兼相爱交相利，使每一人之所爱所利为无限，而一人与一切人，皆发生兼相爱交相利之关系。而另一方，则是使一切人间之关系，皆交会归结于人与天之关系。此即墨子尚同之理想社会之思想。尚同篇主要是说，因人所谓"义"者不同，即人之思想不同"一人一义，十人十义"而"相非"，故人不相爱而天下乱，因而人当求"一同天下之义"。而其道，则在使一里之民，将其所善者，告其里长，以"一同其义于里长"，而"尚同于里长"。里长如是尚同于乡长，乡长如是尚同于国君，国君如是尚同于天子，天子则尚同于天。由是而使一切人与人之关系，交会归结于人。此种梯形之尚同之理想社会，即所以使任一里中之人民，皆由上同于里长、乡长、国君、天子，而与天间接发生关系者，天遂成整个人类社会组织之总绾。然在下之人民，当其只"上同而不下比"，即又皆可分别散开，而只透过与其在上之里长之关系，经乡长、国君、天子为媒介，以得联系于天者。而墨学之应用于实际生活上，亦必须使个人先超越其个人之家庭、生活、朋友、情谊之私爱。由是而墨学之归趋，遂一方为求一切人与人之绝对之相结合，而以天为总绾——实际上则以天子为总绾；而另一方则亦可要个人自其原有之关系分离，而绝对的散开，而只分别与里长、乡长或墨者团体中之臣子发生隶属关系者。则墨子之教之真实现，即势将由绝对平等之道，转为绝对差等之道。此义吾人由观西方包涵类似墨学精神之中古教会，以人皆平等之义始者，终发展为一层级性之组织，而以教皇为至高之权威；及西方马克思主义以破除特权阶级始者，终发展为下级服从上级集权于一领袖之政党；而可知其势之所必至。墨学之未发展至此，则由其中断。吾人今若知墨学之归趋所必至，再以其言与儒者之言相较；则儒者必以人之仁心为本，由人之仁心以知天；而不直下以天为义之所在，知之所在，径以天为法；儒者必重由个人之家庭、朋友、具体生活中，逐步实践此仁心，而由近及远，加以申达；在社会政治上固不尚比，亦不尚人民之只上同于里、乡、国之长；而尚和，尚在上者之下体民心。此其与墨学之绝不相同，亦断可识矣。而此差毫厘谬千里之关键，如为之设喻，则在儒家之言仁心之充达而周普，乃如以自己为圆心而扩大其圆，以亲亲仁民而爱物。而墨子之兼爱心之周爱人，则实如一无限申展之直线，而此直线为人所不能实现者，遂升腾而成在天者；而人间之一切向慕此在天之直线而效之之一切直线，即皆只分别透过里长、乡长、国君、天子以交会于天，而如合成一冕旒形，其下之各直线之端，则反可成为彼此散开者矣。姑为此喻，以助好学者之自得之。

　　人或谓墨学之根本观念在重利，故其言爱必归于无爱不利，主"爱厚而利薄，不如爱薄而利厚"，而异于儒家圣人之似重爱而轻利。然依吾人之意，则此中儒墨异同之关键，亦不直接在重利与否之本身。而要在儒家之言爱重在心上言，故爱虽不利，爱自有价值，如人自爱时其心中所怀抱或所谋"虑"而求达之目的言，则爱人自必求利人。此时又若吾人只以此目的之实现为主，而不以吾之发此目的之爱人之心为主，则爱人而未达利人之结果，此爱自无价值之可言；而爱之价值，遂全在利上。于此谓爱为达利之前事或手段，即皆无不可。墨子之思想所以如此者，其故无他，即其初只看吾人爱人时，心中所抱之目的观念，只以理智把稳此观念，而求其实现，故此观念之实际实现而达利，即成为一切价值之所存，否则一无价值之可言。此即天下无爱不利，无利则爱亦不足贵之说之所由生。此义思之自知，可无烦辞费。

　　至于墨之非儒家所重之乐，乃由于墨子只重理智，与实行缘理智而生之观念理想，而忽性情之故；墨子之轻儒家所重丧葬之礼，由于墨之功利思想，视丧葬之重观美，徒为靡财，而忽其所以"尽于人心"之义；墨之明鬼，而重鬼神之赏罚，异于儒者之祭祀之重报恩，而不冀鬼神之赏；亦源于墨子之重理智与实利，而与儒家之言不同；是皆人所共知，更不须多说。

第四章　原心下：庄子之灵台心荀子之统类心与大学中庸之德性工夫论

四　庄子之对人心之反省与虚灵明觉心或灵台心

吾人上已论墨子之学之根本义，在其所谓心，乃一知识心与理智心。而与墨子之思想，正直接相对反者，则为庄子之思想。庄子思想之本源，亦正在其对心之别有所见，而与孟子、墨子皆有不同。庄子外篇田子方篇，托温伯雪子曰："吾闻中国之君子，明乎礼义，而陋乎知人心。"此固不足以论孟子。然以论当时一般游夏之徒，盖皆是也。孟子之言人心，亦只重在人之德性心、性情心。然人之心实不限于德性心、性情心。德性心、性情心之外，有知识心、理智心焉，此墨子之所言也。此二心者，皆各有其所求合之理义，亦皆趋向于合理者也。皆所谓理性之心也。此二心者，庄子之言中，亦偶及之。如其言"中心物恺，兼爱无私。"（天道）是即儒者所言之仁心也。庄子人间世曰："听止于耳，心止于符"此止于符之心，即能由视听以形成印象、观念、文字、符号，以求得合于外物之知识之心也。然人之心尚有不合理，超合理与否之上之心焉。此则庄子所最能知而善言者，而为"中国之君子"所忽者也。

庄子之言心有二：其一为庄子之所贬，另一为庄子之所尚。其所贬者，即吾人世俗之心。齐物论人间世之不以师心为然，亦对此义之心而言。于此心，庄子或名之为"人心"、"机心"（天地）、"贼心"（天地）、"成心"（齐物论）、生"心厉"之心（人间世）、"心捐（或作撋）道"之心（大宗师）、"德有心而心有睫"（列御寇）之心。其所尚，则为由以"虚"为心斋（人间世），由"刳心"（天地）、"洒心"（山木）、"解心之谬"（庚桑楚)、"解心释神"(在宥)、"心静……心……定"(天道)、"无听之以心"(人间世)、"……斋戒疏瀹而心,澡雪而精神无心而不可与谋……"(知北游)、"心清……心无所知"(在宥)等"自事其心"(人间世)工夫,而得之"虚室生白"之心(人间世)或常心、或灵府,(德充符)灵台、(达生、庚桑楚)之心也。荀子引道经有人心道心之分。宋儒亦用之。而其原盖始于庄子之言心。心之观念之分为二,孟子无之,墨子无之,庄子始有之。庄子者生于衰乱之世,无往而不见人心之灭裂,庄子亦忧世而心裂之人也。于是心之一名,亦为庄子之所言,所裂为二矣。

庄子言人心,不重人心之理智一面,故其言人心,亦缺理智性之分析。庄子之言一般人心,所重者在人心之情识(此为佛家心学中之名。然唯此名可概庄子所讲之一般人心之性质,故借用之。)方面。此情识,非如孟子之性情为德行之本,乃为人生之一切扰动之本。庄子之言此人心之情识方面,亦恒与庄子之叹息相具。庄子以叹息之情,言人心之情识,故其言多为无方之言,较不易得其本意。今姑略引其言数段如下,再略加以说明。

"汝慎无撄人心,人心排下而进上,上下囚杀;绰约柔乎刚强,廉刿雕琢;其热焦火,其寒凝冰。其疾俯仰之间,而再抚四海之外。其居也,渊而静;其动也,悬而天。偾骄而不可系者,其唯人心乎?"(在宥)

"心若悬乎天地之间,慰暋沈屯,利害相摩,生火甚多。"(外物)

"凡人心险于山川,难于知天。……人者,厚貌深情。"(列御寇)

"德又下衰……然后去性而从于心,心与心识知,而不足以定天下;然后附之以文,益之以博。文灭质,博溺心。然后民始惑乱,无以反其性情而复其初(缮性)。"

齐物论言人之心最详,今略引其一段。

"形固可使如槁木,而心固可使如死灰乎?……大知闲闲,小知间间;大言炎炎,小言詹詹;其寐也魂交,其觉也形开;与接为构,日以心斗;缦者、窖者、密者;小恐惴惴,大恐缦缦。其发若机括,其司是非之谓也;其留如诅盟,其守胜之谓也;其杀如秋冬,以言其日消也;其溺之所为之不可使复之也;其厌也如缄,以言其老洫也;近死之心,莫使复阳也。喜怒哀乐,虑叹变慹,姚佚启态,乐出虚,蒸成菌。日夜相代乎前,而莫知其所萌。已乎已乎?旦暮得此,其所由以生乎?……其有真君存焉!如求得其情与不得,无益损乎其真。一受其成形,不忘以待尽。与物相刃相靡，其行尽如驰，而莫之能止，不亦悲乎？终身役役，而不见其成功，苶然疲役，而不知其所归，可不哀耶？人谓之不死，奚益？其形化，其心与之然，可不谓大哀乎？人之生也，固若是芒乎？其我独芒，而人亦有不芒者乎？夫随其成心而师之，谁独且无师乎？奚必知代，而心自取者有之？愚者与有焉。未成乎心而有是非，是今日适越而昔至也。"

关于上文所引庄子之言，吾之本文，不拟逐字解释。吾人只须略识其大义，便知其所言之心，与孟子墨子所言之德性心理智心，为迥然不同之另一种心。吾人亦可直觉到庄子之所言之心，至少与吾人之心某一方面，能相印合。吾人生于今世，尤更易觉到庄子所言人心之状，远较孟子墨子所言人心之状，对吾人为亲切有味。然此庄子所言之人心，毕竟指吾人之心那一方面，则人恒苦难明白指出。是否人心全部如此，亦恒难断定。然吾今将庄子所言之人心，与孟墨所言之心加以对较，则吾人可首指出：庄子所讲之人心，乃吾人之心暂停对外在事物之感应，亦暂不求对外物之知识，而回头反省时，乃真觉其存在者。亦即惟赖吾人在外面环境中之一般活动，暂时停止时，而后此种"偾骄而不可系"、"日夜相代乎前而不知其萌"、"行尽如驰而莫之能止"之心，乃真为吾人所觉。当吾人正在工作时，恒不觉有此心。唯人在一闲暇时，便觉各种闲思杂念，更迭而起，行尽如驰，莫之能止，此心即现。人在夜间梦魂中，一切境象之呈于两者，变灭如常，起伏万端，亦如全不由我作主。即见此作梦之心，亦为一如是之心。人如更能在无事时，作静坐默想与禅定之工夫，则对此人心各方面之复杂变化，不可方物，即有各种不同程度之深入之认识。故章太炎氏之齐物论释，以庄子所说之心，其所具之内容，为人之无尽藏之藏识所具，实亦可说。唯谓庄子所言此心之本身，即同于佛家之藏识之心之本身，则未必是。以佛家之藏识与意识为二层。前者为不自觉者。而庄子之人心，则为自觉具有此喜怒哀乐虑叹变慹等一切心态者。庄子并未明言此人心之下，尚另有一藏此一切之心，与此有意识能自觉之人心为二而与以二名也。

此种由吾人暂停对外活动，而回头反省自觉得之各种闲思杂念之坐驰，在易传中称为"幢幢往来朋从尔思"之思。佛家或名为情识，其根在吾人今生之生活习气或前生业障者。今之心理学家，则或名之诸联想、诸想像，或意识之流，或名之为下意识中之欲望或驱迫 Drives 之各种化身，各种象征之意象。而宋明儒者则或名之为意念之起伏之不由自主者，为习气之流行，为私欲之萌动。此心除心理学家视之无善无恶者外，佛家及宋明理学家与庄子，同以为之当加以超化、止息者。克就庄子而言，则庄子之学之所向往，亦即先在求此心之止息。吾人所以生出欲止息此心之要求，亦唯在吾人暂停一般人在世间之活动时，乃真正发出。盖在吾人暂停其在世间之一般活动时，吾人之心即不复在其一般活动中作主，而对外面世界，亦暂无所施其主宰之功者。此时吾人之心，坐见此诸憧憧往来之闲思杂念，无端而来，无端而去，全不由自己作主，则足使吾人自觉"怵心"，而涌出一大不安。此时吾人觉此心之本身，如只为一舞台，任上面之人物，自由践踏蹴踢者。又如一无声之江水，任上面之船舶往来，风吹雨打者。此时吾人心中，彼念才去，此念又来。"乐出虚，蒸成菌"，"莫知其所萌"，才"排下而进上"。下排彼念是"杀"，再来此念，则心又入"囚"。去者如"绰约"而"柔"，来者则"刚强"而肆。杂念往来，此心乃苶然疲役。忽而万念俱灰，杀若秋冬，溺不可复，厌也如缄，是谓其寒凝冰。忽而死灰复燃，大知小知、大言小言、大恐小恐，其发若机括，"其疾俯仰之间，再抚四海之外"，是谓"内热"、"其热焦火"、与"生火甚多"。纵尔不发，而诸杂念之存于心底者，仍"留若诅盟"。深闭固拒，是曰成心。诸杂念之"心斗"，针锋相对，谓之"廉刿"。交错穿插，乃为"雕琢"。而凡此等等，皆对吾人能反省此等等之心，如为不受命而自来者，以役此心，而使此心若"悬于天地之间"，四顾无依，而有"近死"之患。于是此能反省之心，乃觉不甘被役使而致"心死""心殉"，遂望起死回生，而为真君以作主。此处之工夫，则要在消极的去除此一切不由自主之闲杂思念，情识往来。此诸闲思杂念，情识往来，析而论之，不外各种"死生、存亡、穷达、贫富、贤与不肖、毁誉、饥渴"之念。而庄子之学，向往"无功""无名""无己"之境，则首须使此等等"事之变命之行"，"不入于灵府"（德充符）而求"以明"、"葆光"（齐物论），"以其知，得其心，以其心，得其常心"（德充符），以进而使此心为"天地之鉴，万物之镜"（天道），"心有天游"（外物），"游心于德之和"（德充符），"游心于淡，合气于漠"（应帝王），"游心于物之初"（田子方），"以虚静心通于万物"（天道），再进而言各种"事心之大"之道（天地篇举"不同同之之谓大，行不崖异之谓宽，等十项为事心之大之道"），此整个言之，亦即庄子之所谓道之第一义也。

吾昔年本西方形上学之观点，以求了解庄子所谓道之果为何物，初以为庄子所谓道，乃宇宙万化之即有而无即实而虚之道。后知此乃庄子之道之第二义。其第一义之道，当自其人生政治文化思想中求了解。意其思想，乃周代礼文虚伪化形式化后，反人文而就自然之化之思想。然尚不知其所以重自然之化之所本。最后乃知其思想核心，在其对人心之认识，而对其人心最重要之认识，则初在其见得人心中"行尽如驰""憧憧往来"之念虑之"莫之能止"，而致此心之"苶然疲役"。遂知庄子之所求，初即不外求其心，在此等行尽如驰之念虑中超拔。而庄子之道者，其初义亦即望有此超拔，而解此心之桎梏，以自求出路，解此心之倒悬，以安立地上之道也。唯此等等行尽如驰，而足桎梏倒悬此心之念虑，初皆吾人之心，暂息其外在世界之一活动而回头反省时之所见。而人初见得此心为此诸念虑所役时，此被役之心之本身，乃初显为一被动而疲弱无力之灵台，以观照此念虑之往来者。由是而庄子所谓道，初皆不外一套负面的，减担法的，虚心、静心、解心、释心、洒心、剋心之工夫。此近老子所谓为道日损之工夫。损之又损，而驰者息，宇泰定、天光发、灵台见。而此天光、灵台之本来面目，则实毕竟无有具体之内容。故庚桑楚篇曰"灵台者有持，而不知其所持，而不可持者也。"此是言灵台之心，如一能持之灵光之照耀，然此照耀中，另无所持之物。此照耀之本身，亦初为不可执持之物。是之谓"滑疑之耀，圣人所图"（齐物论）。此后一语，古今之解者至分歧。吾意此滑疑之耀，宜取王船山庄子解、憨山庄子内篇注之意，释之为似滑滑不定，而疑有疑无之耀，即"光矣而不耀"之耀也。故人于此欲知之，即复见，其超溢乎此知，而为不可知。此正所以见此灵光照耀之为不可持。人由虚心、静心、洒心，而见得此灵光常在，是谓"以其心，得其常心"（德充符），"以心复心"（徐无鬼），然此复得之常心，或灵台心，初仍当只是一虚静之观照心，亦可名之为一纯粹之虚灵明觉心。因吾人之灵台在其被役时，初乃一被动的观照此念虑往来者。则息此诸念虑往来时，所显之心，亦初只是一虚静的观照心。此心如映放电影之银幕，原只为被动的接受人物之影像者。则影像之放映暂息，电光直射银幕，虚室唯生一白，初仍是静而不动者也。此心即与孟子所言之感物而动之仁心，仍非一心。如以譬喻明之，则庄子之由虚心释心以修养此心之工夫，要为一心门以内洒扫庭除之工夫，而孟子在感物而动之仁心上，所下尽心工夫，则如出门前道上迎客，而致蔼然之礼敬之工夫也。

　　自一方面之,庄子之工夫,亦可为后儒之所涵。易传所说"以此洗心退藏于密",荀子之解蔽,及宋明理学家之主静,养心之虚灵明觉,皆包含庄子一类之工夫在。然此中儒者初自是儒者,庄子初自是庄子。或问由庄子之洒扫庭除工夫到家,岂亦不可如孟子之开门迎客?吾意:此乃由庄义亦可通于儒处说。然庄学之下手处,或初所感之问题,毕竟在觉心之受桎梏而求解,亦觉人生不能无待,处人间世之难,兼感于当世之教人以仁义礼乐者,无救于天下之乱。庄子根本用心之方向,在求逍遥洒脱而无待,以虚为心斋。而其内心修养之工夫,亦即可止于如上所谓之洒扫庭除而止。若言再进一步之事,则初当如洒扫庭除即毕,再举头望月,开门见山,观"天之不得不高,地之不得不广,日月之不得不行,万物之不得不昌。"此即指庄子之"神与物遇","不将不迎,应而不藏","游于万化而未始有极","万物毕罗,莫足与归……与天地精神相往来","畜天下而受天乐"之一套"原于天地之美"之艺术精神。其充实而不可以已之言,盖皆言此精神中之各种超越之理境。吾人忽之固不可,然以之皆可直契孟子之出门见客之教,则非也。如欲由庄子之学至孟子之教,必须在其学问之始,下手便兼在成己成物之事业上方可。此即儒家之所以尚志,否则便须于庄子所谓灵台天光中,另有之一物事说方可。此则非庄子之言心之重点所重,虽未可谓无,亦可暂存而不论者也。

　　循庄子之学以言心,其对于心之认识,自必不同于孟子,而其高明则远过于墨子。墨子只知"以有知知",而不知"以无知知"。以无知知者,"知止其所不知"。知止其所不知,非如西洋哲学所谓知止于已知之现象,而本体不可知之谓也。亦非知皆有涯,尚有无涯未知者待知,吾之知即止于此待知者前之谓也。乃谓吾人知"知之无涯",即转而不逐无涯之知,不重知物,而求此知超拔于物之上,以达"未始有物"之"无","未始有无"……之境,而将此知之灵光自外撤回而自照之谓也。"吾所谓聪者,非谓其闻彼也,自闻而已矣;吾所谓明者,非谓其见彼也,自见而已矣。"墨子之学全幅精神,在向外用知,而求闻彼见彼。庄子之学,则与之正为一对反;而重在以心复心,而自照自闻自见。故绝不肯任心之逐无涯之知,以火驰而不返。此一则由于逐无涯之知,终不能免于有所不知,"计人之所不知,不若其所不知"(秋水),"无知无能者，人之所不免也"（知北游）。二由于心之外用多者，则内用者少，"凡外重者内拙"。三则由凡向外之知，皆"有所待而后当"（大宗师）。有待也而然，亦有待也而不然，则然否不定。求其定于所待，则非所以自得。至于执所知而成乎心，依成心以为是非，则更见心之为知所役。如再进而求知之所以成立之故，离于然而求所以然，"以故自持"，又益复为心之自入于桎梏与形役。故庄子之学，势必归于视世俗之"知为孽"求"去智与故"（刻意），而以"知忘是非"为"心之适"（达生），而尚"知彻为德"（外物），此即与墨子之求"齐知之所知""以知穷天下""以辩饰知""以知穷德"，自苦而苦人者，正相对反。而其所以相对反之故无他，亦即以墨子所重之心，原为知识心、理智心，而庄子所重之心，原为超一般理智心、超一般知识之心故也。

　　唯庄子之超理智心超知识心之对物，自亦另有一种知。此知之要点，一在知物之然，而"不知其所以然"（秋水田子方），"知为为而不知其所以为"（盗跖），即不求理由原因之故之知。二在直知物，而不经印象观念文字符号以为媒介。遂非"求故"之心，亦非"止于符"之心。此心之知物，"瞳焉如新生之犊，而无求其故"，"天下莫不沉浮，终身不故""不以故自持"（三语皆见知北游）以"忘乎故吾"（田子方）；其"不忘者"，乃恒"虚而待物"，才知物而知与物冥、与物化，即才知而忘知，有心复如无心。此知此心，乘物之化而往，游于物之虚以行，是谓之神。此之谓"官知止而神欲行"。此即如其所谓庖丁解牛之知，轮扁斲轮之知，皆直接"得之于手而应于心"，中间更无印象观念之滞留，亦不经文字符号与思想理由为间隔；亦即超越于墨子所谓"貌物"及抽象普遍之规矩法仪、大故、小故，与一切言说之外者。故曰"工倕旋而盖规矩，指与物化，而不以心稽，故其灵台，一而不桎"，（达生）与物化而不以心稽者，直依于灵台天光之发，以神遇物，而忘心忘知之知也。此乃庄子所谓"知之能登假于道"（大宗师）。亦即今所谓直觉之知也。

　　至于循庄子言心、言知、言道之思想之发展，其必归于政治上之尚放任无为，亦势所必至。盖庄子之问题，不自人民之具体之饮食男女之问题着眼，亦原不汲汲于治天下。其视天下之乱，正在人之争欲治天下，而各以其所谓仁义是非，黥劓天下人之心，乃使人各失其性命之情。在庄子之时代，人以其私欲，与其言仁义是非之心，相夹杂而俱行；亦盖实有愈言仁义，而愈陷于不仁不义，愈言是非，而是非愈淆乱者。故庄子天运篇言，古之治天下者曰："黄帝之治天下，使'民心一'……尧之治天下，使'民心亲'……舜之治天下，使'民心竞'，禹之治天下，使'民心变'。"至今"'而人有心而兵有顺'，'天下大骇，儒墨皆起'"，是则愈言治天下，而杀伐之兵愈起矣。故墨子之欲一同天下之义，强聒而不舍，以"上说下教"，固为庄子之所笑。儒者之言仁义者，"若击鼓而求亡子焉"者，自亦为庄子所视为多事。而"一心定而王天下，一心定而万物服"，"游心于淡，合气为漠，顺物自然，无容私焉"为应帝王之道之言，亦在所必出。庄子言心之论，既重在去心之桎梏，则其论政治重在解除人民之桎梏，而以不治天下治天下，以无为为无不为，固理之所必至，无待于详说者也。

五　荀子之统类心及其与孟庄荀之思想之所由异

荀子为儒家，然其言心不特异于孟子，亦异于墨子、庄子，而另开出一套人心之理论。世之论者，恒谓孟子之思想之中心在性善，荀子思想中心在性恶。孟子之言性善，吾上文既已明其所据，即在其言心矣。至荀子之言性恶，则吾当说明其非荀子之中心思想之所在。盖由孟子之言性善，吾人即可由之以引申出孟子尚存养重扩充之修养理论，以仁心行仁政之政治思想。而直接由荀子之言性恶之理论，则只证明荀子之视性为待变化者。然其所以当变化之理由何在，及变化之力之自何来，与荀子整个政治文化之思想，全不能由其性恶观念以引出。则谓荀子之思想中心在性恶，最为悖理。以吾人之意观之，则荀子之思想之核心，正全在其言心。彼虽未尝自其言心之论，以推演出其全部理论。然吾人观其言心之论，异于孟墨庄诸家，则足以使吾人了解荀子之整个思想系统，何以异于他家，而可将其思想系统之特色，加以照明。

荀子之言心，自一方面观之，颇有同于孟墨庄之处。其与墨子相同，在墨子重心之知之接物，荀子亦重心之知之有所合。故谓"知有所合谓之智"。墨子重辩类明类，求人之思想言论之"以类行"；而荀子亦言"心有征知"。彼谓征知为"天官之当簿其类"，又谓"心征之无说，人莫不然谓之不知"。（正名）"说"即说出："定所知者为某类"之"故"或理由，以成推论也。故墨子重辩，荀子亦然，而谓"君子必辩"。荀子与庄子所同，则在庄子重心之虚静，而荀子解蔽篇亦言虚静之功夫。庄子言心，有一般人心与合乎道之心之分。荀子言心，亦有中理不中理者之分。而征引道经"人心之危，道心之微"之言，加以申释。荀子、孟子所同，则在孟子言养心，养浩然之气，荀子亦重治气养心之术。孟子言思诚之工夫，荀子亦言"养心莫善于诚"。孟子言作圣之功，归于"大而化之之谓圣，圣而不可知之之谓神"，荀子亦言"神莫大于化道"，"尽善浃洽之谓神"。然荀子之言心，毕竟有大异于墨庄者，则在荀子言心之知，不只是一知类心，而兼是一明统心。荀子言心，亦不只为一理智心及有实行理智所知者之志之心，如墨子之所说；而实兼为一能自作主宰心。荀子言心之"虚静"之工夫，必与"壹"之工夫相连。而荀子之虚壹而静之工夫，则又不只成就一个灵台之光耀，且为本身能持统类秩序，以建立社会之统类秩序，以成文理之心。荀子之异于孟子者，除其所以言"诚""神"之不同，后当论之外，则要在孟子之言心，只重对心之直养工夫，以使此心性之流行，如源泉滚滚，不舍昼夜。荀子言性恶，言人心之危道心之微，言心术公患，在有所蔽惑而沦于混浊。故荀子言养心，特重自加澄清之工夫，以使"湛浊在下，而清明在上"，堪能知道而守道。自此而言，则荀子之言心，正是一方有类于前三家之说，则又有所增益。其论心之所以为心，与修养此心之工夫，皆有较三家为加密处。唯其裂心与性情为二，贵心而贱性情，未能真认识孟子之性情心，遂不能直由心之善处，以指证性善，则荀子之大缺点所在耳。

今先引荀子解蔽一段荀子言心之论，然后对上来所说荀子言心之特色所在，再加以说明。

"人何以知道？曰心。心何以知？曰：虚壹而静。心未尝不臧也，然而有所谓虚；心未尝不两也，然而有所谓一；心未尝不动也，然而有所谓静。人生而有知，知而有志。志也者，臧也；然而有所谓虚。不以所已臧害所将受谓之虚。心生而有知，知而有异。异也者，同时兼知之，……两也；然而有所谓一。不以夫一害此一谓之壹。心卧则梦，偷则自行，使之则谋。故心未尝不动也，然而有所谓静。不以梦剧乱知谓之静。未得道而求道者，谓之虚一而静。……虚则入……一则尽……静则察……虚一而静，谓之大清明。万物莫形而不见，莫见而不论，莫论而失位。坐于室而见四海，处于今而论久远，疏观万物而知其情，参稽治乱而通其度，经纬天地而材官万物，制割大理而宇宙裹矣。恢恢广广，孰知其极？睪睪广广，孰知其德？涫涫纷纷，孰知其形？明参日月，大满八极,夫是之谓大人。夫恶有蔽矣哉。心者,形之君也,而神明之主也,出令而无所受令;自禁也,自使也;自夺也,自取也;自行也,自止也。故口可劫使墨而云,形可劫而使诎申,心不可劫而使易意,是之则受,非之则辞。故曰心容:其择也,无禁,必自见;其物也杂博,其情之至也,不贰。……曰:心枝则无知,倾则不精,贰则疑惑。以赞稽之,万物可兼知也。身尽其故则美。类不可两也,故知者择一而壹焉。农精于田而不可为田师,贾精于市而不可为市师,工精于器而不可为器师。有人也,不能此三技,而可使治三官;曰:精于道者也。……精于道者兼物物。故君子壹于道,而以赞稽物。壹于道则正,以赞稽物则察,以正志行察论,则万物官矣。昔者舜之治天下,不以事诏而万物成。处一危之,其荣满侧;养一之微,荣矣而未知。故道经曰:'人心之危,道心之微。'危微之几,惟明君子而后能知之。故人心譬如槃水,正错而勿动,则湛浊在下而清明在上,则足以见须眉而察理矣。微风过之,湛浊动于下,清明乱于上,则不可以得大形之正也。心亦如是矣。故导之以理,养之以清,物莫之倾,则足以定是非决嫌疑矣。……至人也,何强?何忍?何危?故浊明外景,清明内景。圣人纵其欲,兼其情,而制焉者理矣。夫何强?何忍?何危?故仁者之行道也,无为也;圣人之行道也,无强也。仁者之思也,恭;圣人之思也,乐。此治心之道也。"

关于荀子上来一段言心之论,吾人所首当注意之一点是:荀子此处之言心,一方为重心之虚静,而一方则重心之能一;而其能一,则见于其能"不以夫一害此一。"其不以夫一害此一,一方使心能专精于一事,如为农、为工、为商;一方亦能使人专精于道,"不能此三技,而可治三官。"故人心之一于道,即能赞稽物。此一道,以赞稽物之心,即为一纯粹之统摄数一而贯之之心。唯以人心能虚能一,又能不以梦剧乱知而静,故人心能大清明以知道。而荀子之所谓知道者,即使"万物莫形而不见,莫见而不论,莫论而失位,疏观万物而知其情,参稽治乱而通其度……"此整个是一对于万物万事各得其位,而通于度上,兼加以综摄贯通之心。此中不只有一类事物,为吾人之所知,而是吾人之心之同时肯定各类事物,求知各类事物,而心为各类事物之知所辐辏。依于心"处于今而论久远,坐于室而见四海"之大,更知进而求"以类度类",而能"以微知明","以一知万","以近知远""古今一度",则可直下在人之当下之心中摄天下古今之"仁义之统"(即德性之统),"诗书礼乐之分"（即人文之类）于其内，以成"天下之大虑"，"长虑顾后而保万世"，如其荣辱篇所言。心之大虑，即包裹宇宙大理或道而制割之之"大虑"。道或大理，即能兼赞稽各类事物而权衡其轻重者，故解蔽篇曰："兼陈万物而中悬衡焉。何谓衡？曰道。"正名篇曰"人无动而不可以不与权俱……道者古今之正权也。"谓之制割者，言心中之此道或大理，非只显为一抽象的统一之理，而是诸"如相分割而互为制限之各类事物（如诗书礼乐之类）之理"所合成之具体之统一之理。故吾人能本此大理为仁义之统，以制节吾人之情欲也。而此知道行道之心，亦即能制割大理或道，而为"道之工宰"，能知类兼能明统之统类心也（统类心本为知类兼明统之义，此处先就其统诸类以言）。

　　荀子此处所言之统类心，所以能统摄多类事物，而制割大理，为道之工宰；其关键正在荀子之心，一方为能依类以通达之心，一方又为至虚之心。以其心能虚，故能知一类事物之理，又兼知他类事物之理，而综摄之，心乃成能统诸类之心。墨子之心之知，能依类以通达，而不能由是以成统类心者，其故正在墨子之心之知，只顺一类以直往，而对于心之至虚，能使此心超越于一类，以兼摄他类之一点，无真了解之故也。

　　由荀子之心能同时兼统摄数类，而荀子论正名，即一方能建立一共名别名之层叠，而有次第之大小共名、大小别名之论。再一方则由荀子能知一物之兼属于各类之义，而特言二名之一实，同所异状者之为一实。由此即可见一特殊个体物，不能只化为一类中之一物。而其引申之义，即于我之为一具体之个人，亦自不能只当作人类中之一分子以观，兼当视作我之国家中之一分子，我之家庭中之一分子以观。夫然，而我与其他人类之一分子关系，即不同于我与国中之他人之关系，更不同于我与我家庭中人之关系。故于此即就"类"而观，我与其他人类一分子之关系，只在一点上同类；我与我同国中他人之关系，于此乃在二点上同类；而我与我家庭中人之关系，于此乃在三点上同类也。因而我之依同类之观念，由爱己以爱人，亦即不当爱家中人同于爱国人，爱国人全同于爱人。而儒家之伦列之爱，则即可在荀子之能同时注意此各类之统类心中成立，而一往平等之兼爱之教，在此统类心中，即为自然不能成立者。则荀子之能知统类之心，与其明伦类，固有其相应之义，亦可见矣。

　　由观个体之兼属于数类，而综摄之，以知一个体之何所是，为统类心之知之一面。而由观此诸类之概念之交会于一个体，乃以一个体统摄诸类，亦理宜为统类心之知之一面。夫然，而以一个体，为诸多个体依同类关系而交会之中心，亦即理宜为统类心所涵之一面。故家庭中之父母，为"诸子女对之有同类之亲子关系"之统之所在，先祖即为"一切后世子孙对之有同类之后裔关系"之统之所在。君师即一切人民对之"有同类之社会政治之上下位分关系"之统所在，而天地即为人类与万物，皆与之有"同类之由之生养之关系"之统所在。由是而先祖、君师、天地即为三统之所在，而礼之三本之义以成；君师之责在明分使群之义以成；为政之道，在建立各方面之条理秩序，重"正理平治"之义以成；而重"百王之无变足以为道贯"之历史文化之统绪之思想，亦由缘是而出。此即荀子之所以特称仲尼子弓之能"总方略，齐言行，一统类"，而迥异墨子之一往平等而"僈差等"、"不足以容辨异"者也。而上述荀子之言礼之三本，君之明分使群等义，亦皆孟子之所未能言及者。而荀子之所以能及者，亦正与荀子言心重知统类之义相因而至者也。

至于荀子言心与庄子之异，则在荀子一方承认人心之有不由人自主之一面。此即荀子所谓："心卧则梦，偷则自行""无禁，必自见"一面。此即庄子所言之"乐出虚，蒸成菌"、"行尽如驰日夜相待乎前"之心也。然另一方面，则荀子不仅求心之静，且知此心之自能求静。此求静，即心之自禁自止之事之所涵。而其既静，则又能自使自行，以有所用其心。夫然而心能自作主宰之义，在庄子尚未显出者，在荀子，则由其明言心为"出令而无所受令"而大显。故在庄子齐物论，谓"百骸九窍六藏，吾谁与为亲？"言"其有真君存焉！"以此真君意指能自作主宰之心。而又视此真君在人，恒为"不亡以待尽"者。故不免为疑叹之辞。而在荀子，则明言"心为天君"，谓"心居中虚以治五官"（天论）矣。庄子之言无心、虚心、静心、洒心，皆清心之意。而荀子亦言"清其天君"（天论）。然庄子尚未明言能用心、虚心、静心、洒心等工夫之心，为自作主宰之心。则其由此工夫，以得之虚静之常心，似只为工夫所显。而荀子则直下以心原为"中虚则以治五官"，而明言心之活动，皆为自使自行。则清其天君之事，即为心之自清之事矣。至于庄子言"水静则明烛须眉……水静犹明，何况精神？圣人之心静乎？天地之鉴也，万物之镜也"，固与荀子言大清明之功同。然荀子之言"心如槃水正错而勿动，则湛浊在下而清明在上"，此中既涵人心之原有湛浊之意，亦涵人心之清明，能自动向上浮起，而此湛浊自沉之意。而循荀子言心"出令而无所受令"之论，以观此清明之上浮，湛浊之下沉；则此亦即心之自令其清之浮起，自令其湛浊之下沉。此处即见荀子之心，乃能自己上升者。故在认识方面，荀子并不以知物识物，则心必为物所桎梏。盖因心之自己升起，其清虚即升起，便可知物识物，而不彼其所役使桎梏也。此即荀子所以言"心未尝不臧，然而有所谓虚"也。而在道德生活方面言，荀子之心即为一自己能上升，以求而道而合理之心，此即心之能虑之"能"。而此能之为能，则非庄子所曾自觉的指出，而归诸心之本身者。夫然，故庄子之心，明有一般世俗人心与得道者之心之相对，因而有"人之君子，天之小人"之言，天人与一般人之别。而在荀子，则虽有人心道心之二名之别，然实则自人心为天君，而能自清自升言，即自能合于道，乃更见其只为一心矣。

至于荀子之言心与孟子之不同，则要在孟子之言心，乃与性合言；而荀子之言心，则与性分言。故孟子言性善，而在荀子，则以人之性有耳目之欲，好利好声色与疾恶诸方面，而言性恶。然荀子性恶篇言，人生而有疾恶，顺是故残贼生，是使孟子所谓恻隐之仁心亡。又言人生而好利有耳目之欲，顺是故争夺生、淫乱生，是使孟子之所谓辞让、羞恶之礼义之心亡。然荀子犹未言人性之能使人之是非之心亡。此由荀子虽不承认人之有天生之恻隐、辞让、羞恶之心，然实未尝否认人终有能知是非之心，即求合于道而中理之心。荀子性恶篇，承认"人之欲为善"。夫人性既恶，欲为善者谁耶？则此只能是指人心之自有一超拔乎恶性，以求知道中理而为善之"能"也。此处岂不是反证人心之性善耶？然荀子之所以终不说人心之性善者，则以彼说人之欲为善，不过"可以为善"，如"涂之人可以为禹"。可以为，未必实为，则欲为善亦不必实善，故终不说人心之性善也。于此，吾人如依孟子之教言，则欲为善，虽不必实为善，然此欲为善之心，毕竟当下实已是善。其所谓不能为善，不过谓此善心之不能相继，而或至梏亡耳。人以此心之梏亡而不善，依孟子言之，则正证此心之为善也。然此中孟荀异同之关键，自深处言之，则一在荀子之心，其根本性质在知道。知道之为道，在通统类。由心知统类，加以实践，斯有善行；而心实不能直欲为善，而只能直欲求知道。故说心欲为善是间接说，而非直接说。因而荀子本不必直说心之善。二在孟子之看心，乃在就心之本身看，心之梏亡即不算。如依后来承孟子学者，如王阳明之意而言，则可由心能自知其梏亡，见心终不梏亡，以言心无所谓梏亡,心在斯善在。而在荀子,则就心之对治人性之恶,而在人生所表现之力量看,便觉心能升亦能降,能知道中理而欲善,亦可不知道中理而不欲善。而荀子遂有诈心奸心之名(非十二子),心淫心荒之别(乐论),乃不言心在而善在。此如以孟学之观点评之,即不免在心之外,观心与其外者之关系。而其不免在心外观心,正以其所谓心,乃以智为主。智之为智,即可宛若自立于此心外,以观此心与其外者之关系。而智之为智,亦本为照烛此心外之物者。则只依智观心,必不免将心与其外之人性之恶之关系,相对而观,而心亦终只是一可以为善以去恶者,不得为实善者矣。

荀子虽未尝明言心善,然循荀子所谓心能自作主宰,自清其天君,以知道体道而行道上说,则仍不得不承认荀子之所谓心有向上之能,如上所说。所谓向上之能,乃由下直升,至其所谓性情之上,以知统类之道;而实行此道,以转而制性化性,以成善行者。由是而荀子之心,即只在第一步为一理智心,而次一步则为一意志行为之心。此意志行为之心,乃能上体道而使之下贯于性,以矫性化性者。由是而荀子之心,即有如原为一伞之直立,而渐向上撑开,以铺陈出统类而下覆者。于是荀子养心之道,遂不似孟子之重在念念充达,而要在念念积累,以使之趋于坚固。荀子之言诚,亦不似孟子之重在直继天道之诚而思诚,以为人道之反身而诚。而要在由知道而守道行道,以措之于矫性化性之行。而此诚之工夫,则为致诚固诚笃之工夫。由诚固诚笃之工夫之彰著,而人之精神即下化自然之性,而心之知道之知,亦下贯而条理此自然之性,此知之明,亦彻于此自然之性。故孟子之思诚,乃直明此诚。荀子之致诚,乃由致诚而明(唯此诚而明,又异于中庸所说由诚而明之近乎孟子者)。荀子曰:"君子养心莫善于诚,致诚则无他事矣。唯仁之为守,唯义之为行。诚心守仁则形,形则神,神则能化矣。诚心行义则理,理则明,明则变矣。变化代兴,谓之天德。"而此天德者,则人之变化天性之人德之所成也。夫然,孟荀之言诚虽同,而其所以言诚则异,而其言神化亦异。孟子之"所过者化,所存者神,上下与天地同流","浩然之气……塞乎天地之间"者,乃可欲之善,既有诸己,以充实于外,而精神洋溢于天地之境。而荀子之"诚信生神","尽善浃洽之谓神","神莫大于化道",则精神凝聚,而使人之自然生命之本始材朴,由蒸矫而变化,与善浃洽,以化同于道之境也。是皆有毫厘之差而千里之隔。而孟荀与庄子所言神化之别，则在孟荀之神化，皆由德行上之工夫所致。而庄子之言神化，则神与物遇，与化同游，乃为一种艺术性之心境。此较易明。而其所以致此，则追究原本，皆在诸家言心之异，是不可不深察者也。

六　总论四家之言心，并说大学中庸之德性工夫论

吾于上文分别论孟墨庄荀四家之言心，并略明缘诸家言心之异，相应而有之其他思想之异。吾意孟子之言性情心，墨子之知意识，庄子之言情识心与超知识之心，及荀子之言统类心，实各言一种心。亦可谓各言吾人今所谓人心之一方面。由是而诸家虽同重心之德行或人之行为，而其所以成德之道，所尚之人之行为，及所言之治道，皆靡不有毫厘千里之差。综而言之，则孟子之言性情心，墨子之言知识心，要皆在正面直指心之活动之所向以言心；而庄荀之言心，则兼自心之正反二面看，乃有一般人心与常心或灵台真君之心，中理之心与不中理之心之相对；而要在由修养之功夫，以达于此心之纯一。孟子之德行，皆为直承性情心之充达而成；而庄子之道德之德，则由虚心、静心、大心、洒心、释心而得。孟庄所言之德，皆为属于人物之人格自身者，故二家皆尊崇其所理想之人物。墨子则重人之实行其本理智心依类而推得之一同天下之公义或法仪，不惜以自苦为极。然而于此由自苦所成之德，乃属于人格自身之义，则未能言之。故其尊崇古代之圣王人物，亦只重此人物之为法于后世，功见于百姓万民，死而其鬼神在天者，亦可施赏罚于人之功利价值。墨者乃不言厚禹而厚禹，只言为"天下而厚禹"（大取）。荀子亦重实行人由心所知之道，唯其所谓道，乃"总方略、齐言行、一统类"之道。此与墨子之道为一抽象之公义或法仪异。故人行此道而形成之具体之人格，亦为荀子所尊尚。荀子之推尊古代之圣王与仲尼子弓，则非复自其功利价值上着眼。荀子言修养，重在矫饰扰化人之性情。而其重笃实诚懿之行，亦有类于墨子。其工夫，亦坚苦之意重，而和乐之情轻，亦即礼意重而乐意轻。是则异于孟庄之诗乐之意较重者也。至于诸子之言政，则孟子之言，重在教居上位者，直本仁心，以推恩四海，而行仁政。而仁心之流行，乃自然形成一由近及远之条理。墨子则依抽象之法仪公义，以成其一往平等之兼爱及尚同之教。至荀子乃本一统类之心，伸君为明分使群之义，为政重正理平治之义，言天地、君师、先祖为礼

第四章　原心下：庄子之灵台心荀子之统类心与大学中庸之德性工夫论

之三本。此则重在由一统类之心，以建立社会政治之礼法制度而成文理；是又与孟子之言仁政，重在省刑罚，薄税敛等，政治上之具体措施之事为者不同。而庄子则鉴于世之各欲以其所知治天下者，皆"德荡乎名，知出乎争"，愈治天下，天下愈乱，乃以"不治天下"治天下。此则在政治上偏于放任无为，而与三家异者也。

此四家之言心，吾人今平情论之，实亦皆各有所见，而各重及吾人今所谓人心之一方面。如就四家言心之重点之异，更分别为之作喻。则吾人前喻孟子之德性心，如为直下出门迎客之心，庄子之心初如洒扫庭除之心；则墨子之依类而行之知识心，可喻如人之出门，顺直路一往前行，可径赴无人之野之心；而荀子之言心，重在提挈此心，以知贯乎古今四海而一统类之道，则如登楼眺望四达之衢之心也。至于克就孟子之言性情心，较重人在具体生活中与他人心相感应之际而见，及孟子之重举斯心以加诸彼，为政重得民心诸义而说；则孟子之心，又可喻如人心之自开前门，以与对门之他人，相望相呼之心。庄子之言一般之人心，乃由此心回头反省其喜怒哀乐虑叹变慹等心态之相代乎前，偾骄而不可系以说，而于此加以洒心、释心、虚心或静心之功夫。是可喻如心之自开后门，而自求清洗心后之沟洫者。墨子言知识心之重知抽象之公义法仪与公利公害之所在，而以兴公利除公害为事；则如心之自开旁门，以修整与他家之门往来之道路，而行其门或未见其人者也。荀子之言心，重在知统类之道，上文喻如登台眺望四达之衢，则要在开心之四窗之门也。试为此诸喻，以助好学深思之士，会通前文，更有一亲切之直觉之理解。惟望勿引喻失义，则幸甚矣。

吾人如能了解孟墨庄荀四家言心异同，则礼记大学中庸二篇，所言圣贤之修养功夫或心性之学之旨，亦皎然易见。而人知此二篇之心学之旨，亦可对上列四家言心同异之了解，更有所助。故今亦略提此二篇心性之学之义之数要点于下。其所以不别立一节者，因宋明儒对大学中庸之异释甚多。如别立一节，势须学而加以讨论，则将溢出写此文之原计划。唯此下所提之数点，其涵义或引而未发，然其重要性，则不亚于上文所说。亦望觉者垂察之。

大学中庸二篇之言圣贤修养功夫或心性之学，皆同本孟子心性之善之义。大学首言大学之道，在明明德于天下，中庸首言率性为道，修道为教，皆必本于心性之善之义，而后可解。此即与余三家之言迥别。汉人旧说，以中庸为子思作，朱子承之，复意大学为曾子所述。后人疑者甚多。吾今亦假定此二篇，除明征引孔子曾子之言者外，盖皆为七十子后学，宗孟子之学者，经墨庄荀三家言心之思想之出现，因而照应其若干问题，并亦用其若干名辞，而变其义，乃引申孟子之言心之旨，以继孔孟儒学之统者之所为。唯朱子之以大学中庸与孟子为一贯之传，仍未尝误。故谓大学为荀学，中庸为孟学，及谓中庸为儒道合参之论，皆非本文之所取。

　　大学之言明明德，其表面上与孟子之不同，在孟子惟言明善，然重德固为孔孟之教，而明德一辞，时见于左传国语中。文王周公之明德，尤为周人所称，亦儒者所尊崇。至先秦诸子中首提"明"而论之者，为庄子之言"以明"。墨子喜言明类，荀子亦重明。三家之重明，皆由其言心较重知之一面。庄子之不知之知，仍是知也。而大学之言明明德，则扣紧德以言明，显系申孟子明善之义，而谓明德为心所固有。明德之明，乃以表此所固有之德之光明状态。而非复如"以明""明类""明善"之明，只为一活动。此即为一思想上之大转进，而又上承周以来重明德之教者。如以宋明理学之名辞论之，则墨荀之所谓明，仍多属闻见之知；庄子之以明之明，则心之虚灵明觉之明；而孟子之明善，大学之明德，则是德性之知。至孟子之明善与大学之明德之不同，则在孟子之明善，乃在功夫上说，或即功夫即本体之事。而大学之明德，则直表心之本体之光明。而明明德方是显此光明之德于外，而属于功夫旁之事，或即功夫即本体之事也。是大学之明德，不如诸家所言之明之向内收进，以扣紧善德，以为明德。而大学之明明德，则为充内而形外，以显内外统体是一明之义。一明在大学开为内外之明明，而未尝出乎一自明之外。其为承孟子之学而引申之论，又不亦明乎？

　　大学与孟子之言，表面上又一不同之点，在大学特重言止，故言"止于善"，"知止而后有定"，"定而后能静，静而后能安，安而后能虑"。言止、言定、言静，初亦为庄子所重，而荀子继之。墨子亦言"止类以行之，说在同"。然墨子言止类，无修养功夫义。庄子言止，乃所以求心之虚静而不动。荀子言"止诸至足"，亦未言"止于至善"。大学乃由明明德于天下，以言止于至善。至善者非他，即依明明德而亲民，而"为人君止于仁"，为人子止于孝，与国人交止于信……"以使明德实明于天下，彰明吾本有之明德而已。则所谓止于至善，非止于外在之至善，非止于人之明德善性之外，亦明矣。此亦即所以申孟子之旨，以摄诸家言止之义者也。至大学言静安虑，置虑于最后，即异于墨子置虑于最前者。大学于静虑之间，间之以安，尤为孔孟之旨。孔子言"仁者安仁"、"汝安则为之""老者安之"。孟子言"仁，人之安宅"重"居之安"、"安民"。此皆自人生活上内心上说安。凡言心重性情重德性者，皆理当重人心人生之直接之安与不安处之觉察。大学言止于定静之前，言止于至善，于其后继之以安，则墨庄荀言止定静之工夫，重在成就知识或心之虚静者，在大学皆一变其义，全成为自觉之德性生活或性情中之事矣。

　　大学之言致知格物，亦表面上有似于荀子，而荀子之重知，则有类于墨子。荀子尝言"以知，人之性也；可以知，物之理也"，又论"观物有疑则中心不定"之故。是荀子已有人之求知当格物之意。然荀子之所谓物，虽要在指人间之物，亦可泛指一般自然外物。大学之言致知格物之知与物，依大学本文解释，当即"物有本末"之物，"知所先后"之知，则物即天下国家身心意也。而知所先后，即知"欲平天下必先治其国"，知"治其国必先齐其家……先修其身，……先诚其意……"也。（另详本书第九章大学章句辩证文）果其"知"与"物"作如是解，则其所谓物，非泛指一般外物，其所谓知，亦非泛指一般之知，而物为有关性情之物，知为有关性情之知矣。此便明是承孟子之学而来。纵大学之致知格物，不作此解，而另作他解；吾人只就其言致知格物之后，即继以诚意正心以观，仍可见大学摄他家所重之知物之义，以归向于孟子所言之德性之学之旨。大学所言之诚意正心之功夫，在根本上，正依于孟子之性善之旨。大学言人之诚意正心，皆言人能自诚其意，而自正其心。亦即意能自求诚，而好善恶不善，心能自求正，能自安于喜怒哀乐之得其正者，而不安于其不得其正者之谓。此当为大学言诚意正心之本义。此心此意之能自正自诚，颇有似于荀子言心之能自禁自使，自行自止，恒出令而无所受令，以自作主宰之义。其异则在荀子只知心之能自求"可道"、"知道"、"行道"，而不言心之涵明德而涵善。而大学之言心之能自求正，意之能自求诚，则此本身为明德之自明，而自求止于至善之事。是显为依孟子性善之旨。而大学之言明，上承孟子而进于孟子者，则在吾人前论孟子时所言孟子之言明善思诚、诚身，皆重在正面之工夫，而忽反面之毋自欺去不诚之工夫。孟子言人之自正其心之工夫，唯重在正面之操存此本心而勿失。而大学之诚意正心之工夫，则重在正反二面之双管齐下，而尤重在毋自欺以去意之不诚，使好善如好好色，恶恶如恶恶臭，毋"有所"以去此心之不得其正者。故在大学言诚意正心，乃直下肯定意之有不诚者，及心之有不正者。此为人由真正反省自觉，而实见得之内心之病痛。儒家夙重改过内省之义，自当求去此内心之病痛。然先秦诸子详言内心之病痛者，则始于庄子。人之厚貌深情，不精不诚之病，喜怒哀乐虑叹变慹等之扰乱人心之病，皆由庄子乃畅言之。然庄子于心为天君，能自令自主之义，尚不如荀子之明白言之。于心之能自诚其不诚，自正其不正之义，更未能识。故其言人内心病痛等处，虽言之深切，而继之者或为一无可奈何之叹惋，乃归于求畸于人而侔于天。而大学则不仅知心之能自诚其不诚，自正其不正，且言心之喜怒哀乐，所以不得其正，亦只在其"有所好乐""有所忿懥"、"有所忧患"之"有所"。去其"有所"之处，则喜怒哀乐，亦即未尝不可见性情之正。是见庄子之不免言无情忘情，正由其所谓常心或灵台之心，能上同于天，而尚未能为自正自主之性情心。而大学所言之能自正自主之心，无待于无情，正见其为申孟子所言之性情心之义者也。

　　至于中庸之言圣贤之修养工夫，则尤密于大学。中庸虽只言性，未用心一字，然亦非无心上之修养工夫。大学之道，要在合内圣外王之道为一。而中庸之言修养工夫，则要在贯天道人道而为一。中庸之中心观念在诚，其以诚为天之道，非如孟子之偶一言及，乃直言天之道亦只是一诚。此即使孟荀所偏自人工夫上言之诚，正式成为一本体上言之诚。思诚诚身，孟子言之。人之不诚而求诚，心之自出令而自禁自使之义，荀子思想中有之。去其自欺之不诚而诚，求存于中者与形于外者之合一，大学言之。中庸之要义，则如顺此再进一步，由人心之能自求诚自令自命之处，见我之性；并由我之自命，见天之以命我，而祝我之性，亦为天之所命。人之性为天之所以与我者，本为孟子之义。然孟子书中之所谓天命，尤可只以指一在外或在上之天之命，抑尚不免古代宗教思想之遗。在古代宗教思想中，主天叙有典，天秩有礼，以人之道德标准，及各种动作威仪之则，为天之所命。而孟子之学之时代意义，则要在于一般所谓缘于天命而为人之典常之仁义礼智，实见其本于人之恻隐、羞恶、辞让、是非之心，而为此心之性。故曰"仁之于父子也，义之于君臣也，礼之于宾主也，智之于贤者也，圣人之于天道也，命也，有性焉。君子不谓命也。"而人生之功夫则在由尽心知性，存心养性，以直契此世所共信之天命所存，以知天而事天。而人行此人性所存亦天命所存之仁义礼智，即须顺受由此而遭遇之一切。于是一切莫之为而为莫之致而致之得失祸福寿夭，遂同可谓为天所命我者，而为人所当修身以俟，方为真正之立命。而后之墨子，则言天有志能施赏罚，然又不欲规定人力之所限极，故尊天而非命。庄子则尚自然之性命之情而任之，以天为自然之化。天之自然之化之所行，亦即命之行。天与命不二，而人亦当随所遇而安之若素，而尚安命。安命即任天，而与天游也。荀子亦以天为自然之化，谓"节遇谓之命"，命乃纯为人在环境中之遭遇。而因其重人道，遂主"制天命而用之"。则天命与人成相对，而凡属于天之自然物与人性，皆为人所治之对象。此后使天与命若全成为一外在于人心，在人心所治之下者。是见先秦之思想愈进，而距原始之人上承天命受天命之宗教性思想愈远。（详论先秦诸子之言命，见另篇先秦思想中之天命观）然中庸之标出天命之谓性一语，直接溯人性之原于天命，人性乃上承天命而来，此正是墨庄荀以来天与命之分离，及天命之自然化之思想潮流之一扭转；而上契刘康公所谓"民受天地之中所谓命"之义，以承孟子于人性即见天所命之教者。而中庸之直下点醒天命之谓性，正为补足孟子言所未及。其与孟子之不同，则孟子思想之时代意义，在收摄墨子与传统宗教之见中，所谓原于天命天志之典常，而指归其本于人性；而中庸思想之时代意义则在：再溯此人性之原于天命，以见人性之宇宙之意义与形而上之意义，乃谓"思知人不可不知天"。而其所以能进至由人性原于天命，更由知天以知人者，则当在其由人心之能继续的自命自令，而自求明善诚身处，透视出人心自有一超越而在上之根源，即无声无臭之上天之载之根源，足以成其道德生活中求自诚之事相续而无息者。于是人心之自命自令，皆天之所以命我令我；此自命自令中所显之性，皆显为天所命之性，人之性德之诚，皆见天德之诚，人之求自诚以尽其人道之事，亦皆为天道之诚之相续于人之事。而自思想史之发展观之，则此中庸之思想，正宜谓为本孟子之性善之旨，合荀子所谓心之能自令自命之义，以成"自成"、"自道"之诚，而又化孟荀以来之工夫义之诚，为兼通性德与天德人道与天道之本体之诚所生之思想。其以诚为天道天德，以达此天道天德之诚，为人至诚者所能至，谓"唯天下之至诚唯能化"，正所以代庄子之只以自然之化言天道天德，只重"应化"、"游于变化"之思想者也。而中庸之言天道天德之诚之形而上学，必由儒家孟子之传之心性之学中求诚之工夫，向上透入，以求了解，亦由此可见。故论中庸而先置定天之诚或天道天德于外，而谓其赋于人以成人之性，则尤是第二义以下之外在之论法。尚不足以显中庸思想之骨髓所在，而明中庸思想与先秦他家思想之异同关键者也。

以中庸之言天道天德之诚，天命之谓性，本是由人心之能自诚而见。故此人之自诚之工夫，亦即自始为在人自己之内心深处，自承天德天命，以自命自令，而自率其性，自修其道之工夫。中庸言诚之工夫，一面是直道而行的顺天德性德之诚，以自然明善而成己成物之工夫，其极为不思而中，不勉而得，从容中道之圣，为"自诚明，谓之性"，言直率此性，便是道也。一面为致曲的，于善与不善或恶之间中庸与反中庸之过不及之间，择善择中庸，隐恶扬善，固执善，惟恐陷于过不及或小人之无忌惮之戒慎工夫。此即吾人之由明以求自诚之事，为"自明诚谓之教"，修此道以为教也。此见中庸之言诚之工夫及人之能自诚之性德，乃一方言其为能直道行，亦一方言其为能兼明正反二面之善与不善，以反反面之恶与不善，而曲成此正面之善者。中庸与大学，同重此去反面之不善之修养工夫，正由其对于人之道德生活之严肃，反面的人心之不善不诚之病等，特有所认识。庄子言人心，特重人心中当解去释去刓去洒去之一面。荀子言人心，亦有不中理不合道之一面。由此而庄荀皆重虚心静心或清心之工夫。而重改过，亦夙为儒家之通义。然中庸之特言戒慎恐惧之慎独工夫，则尤有一深旨。此乃直契曾子所谓"战战兢兢，如临深渊，如履薄冰"之义。此义乃谓人在自以为无过，或无荀子所谓不中理之心时，人仍不当无忌惮，知人仍可于一念之间陷于过恶。因而人不仅在自觉有过时，当有一改过之工夫，而即在人自以为无过时，亦当有一恐惧戒慎其自陷于过之工夫。而人亦惟恃此工夫，可澈入个人内心深处之病痛，而自防其工夫之间断，自求其工夫之不息，冀达至"至诚无息"、"纯亦不已"而"天德圣德不二"之圣境。吾人如观庄子所言之人心中之成心机心之深，人之喜怒好恶之危，荀子所言人心蔽塞之祸之大，人心之贰而难一，与人情之不美；便更易知中庸"君子戒慎乎其所不睹，恐惧乎其所不闻。莫见乎隐，莫显乎微。是以君子慎其独也"之言，其切挚之义所存。所谓不睹不闻隐微之地，可指外面不可见而为人内心所独知之念虑，亦可指自己所不自觉而藏于内心之深处之过恶，亦可指人之时时不免陷于过恶之可能或过恶之机。如朱子注所谓"幽暗之中，细微之事，迹虽未形，而几则已动。"由是而知人才一放肆，无所忌惮，即可陷于过恶与邪僻，而使此心成大不诚之心。故此中必须有一戒慎恐惧之工夫，用于此不睹不闻之隐微之地，知"莫见乎隐，莫显乎微。"求如朱子所谓"所以遏人欲于将萌，而不使其滋长于隐微之中"，求如中庸所谓"内省不疚，无恶于志"。此为"人之所不见"之工夫，方为"君子之所不可及"，亦内心修养之"诚之"工夫最肯密处。是谓慎独。"独"之为一名词，盖首由庄子提出。大宗师篇言"见独而后能无古今，无古今而后能入于不死不生"。此所见之独，即庄子所谓常心灵台之自体。然庄子于此常心灵台或独，未言其为善。荀子则进而言，"不诚则不独，不独则不形"。其所谓独，当即为本知道合道行道之心以化性，而专诚笃实的用工夫，所成之个人心志或个人人格。大学中庸言慎独之异于庄荀言独者，一在大学中庸之慎独，皆只所以求自慊足以"无恶于志"，而非于本有明德性德之外，另有所见，另有所成。一在荀子之独，唯是个人之所见或只以指个人之人格。而大学之慎独工夫，则涵独居时如为"十目所视、十手所指"之义，而如对越人前，如见君子。中庸慎独工夫，上承天命之性，而可上达天德，则有如对越上帝上天。斯大学中庸之个人慎独，即涵具一对于超我个人之他人君子或上天上帝之无忤无愧于其内。中庸以戒慎恐惧之义言慎独，尤密于大学以自慊言慎独者，则在中庸之戒慎恐惧，乃一既知道行道合道之德性心（即中庸之性德）恒自惧其或将陷于非道之情。故戒慎恐惧，乃一能合于道之德性心之求自保自持。唯由此心之能自保自持，方见此心之自身之为一真正之独。此义亦荀子所未有，更庄子所未有。庄子谓"灵台者有持，而不知其所持，而不可持者也。"此所言者，乃人之虚灵明觉心，非人之德性心也。人之德性心之求合于道，即必同时自惧其陷于非道，则此中即有一自然之自保自持。德性心之能自持其德性心之一义，唯在中庸之慎独之教中明见之。因此德性心恒能自持，亦不肯一息停止其自持，停止其戒惧者。故人在接物应事时，固随时有工夫当用，即在独居僻处，外无所事时，仍有一不息之工夫在。是谓"道也者，不可须臾离也。可离非道也。"而此道者，亦即德性心或性德之自保自持而自戒慎恐惧，以自求合道，而不肯一息陷于非道之道也。亦即其此心之自保自持其始终常合道之道也。故曰"诚者自成也，而道自道也。诚者物之终始。"诚之自成者，自成其诚，德性之诚之自保自持而更无不诚，自成为至诚无息之诚也。道之自道者，自道其道，率性之道之自保自持，而更无非道，以成悠久无疆之道也。中庸此处之言德性心之诚，与道之自成自道，即入于作圣之工夫之最鞭辟入里处。而易传之言知几，言"有不善未尝不知，知之未尝复行也"，其要归亦同不外欲人于此心之失道与复道之关键处用心。后世惟诸宋明理学家，能上承此义而发挥之。两汉魏晋及清以来儒者，盖皆望此道如未之见者。然中庸之此义，正为先秦孟墨庄荀言心性之学之结穴处。此乃一方发挥孟子一路心性之学至极精微之境，一方亦即足消融他家对心性之善之疑难者。由中庸所言之德性心或性德，能自保自持，以自成自道，故可为儒家内圣之学，奠立不拔之基。由此性德之充于内而形于外，故可以行天下之达道，成天下之达德，以施教为政，由尽己之性，以尽人之性、物之性，赞天地之化育。斯人之性德，乃实通于上天之载无声无臭之天而无二。然吾人若不自孟墨庄荀之言心之义，次第看来，则尚较不易知其"致广大而尽精微，极高明而道中庸"之义所存，故试一附论之于此。

一九五五年十二月二十九日
新亚学报一卷二期

第五章 原名：荀子正名与先秦名学三宗

一 导论

荀子正名篇论名实，而又关涉及当时名墨诸家之论者，要在下列一段文。

"见侮不辱，圣人不爱己，杀盗非杀人。此惑于用名以乱名也。验之所以为有名，而观其孰行，则能禁之矣。山渊平，情欲寡，刍豢不加甘，大钟不加乐，此惑于用实以乱名者也。验之所缘无以同异，而观其孰调，则能禁之矣。非而谒楹有牛马非马也。此惑于用名以乱实者也。验之名约，以其所受，悖其所辞，则能禁之矣。凡邪说辟言之离正道而擅作者，无不类于三惑者矣。"

荀子此段文论邪说辟言之三惑，皆关涉于当时名墨诸家所标之论题。而今存诸家之言，则残缺难得其确解。昔杨倞注荀子，于此乃多存疑不注。王先谦集卢文弨、王念孙、王引之等之说，为荀子集解，于正名篇颇有文句上之校勘疏证之功。顾又未能与以条贯之解释。近数十年来，以西方之哲学及逻辑，传入中国，学者知名学问题所以为名学问题之性质，乃知将荀子此段之言，与当时名墨诸家之断简残篇，参照比观，以求一条贯之解释。然张皇幽渺，又异释孔多，迄无定论。而数十年来时贤之释此段文者，复多忽此段文与荀子正名篇之前数段文义之照应处，此尤为定论难期之主因。吾今兹所陈，或亦尚不能于此段文中有举之当时之诸论题，一一皆得其确解；然反复求之，亦有年矣。窃以为吾人若将此段文，与前数段之文义，相照应发明之处，一一加以指出，则荀子于此段文，指陈三惑以正名之义趣，及其与当时之名墨诸家言之不同，则皆可昭然若见，而荀子论名实之宗趣，亦于焉可睹。因草此文说荀子正名之旨，及其所反对之当时名学三宗之说，藉以见中国思想中对名实之思想之四原始形态。

二　荀子论所为有名人所缘以同异及制名枢要

　　荀子此段文以用名以乱名，用实以乱名，用名以乱实为三惑，此乃承前三段之文而说。王先谦集解所引郭嵩焘语已指出之。其言曰："此三惑仍承上言之。用名以乱名，则验其所以为名，而观其行；用实以乱名，则验其所缘以为同异，而调使平。用名以乱实，则验其制名之原，而观其所以为辞受。"吾人今如循此段文之承前文而说处看，则"见侮不辱"至"能禁之矣"一段，理应配合前文之"异形离心交喻"至"所为有名也"一段而了解。"山渊平"至"能禁之矣"一段，理应配合前文由"然则何缘而以同异"至"此所缘而以同异也"一段而了解。至"非而谒楹"至"能禁之矣"一段，则理应配合"然后随而命之"至"此制名之枢要也"一段而了解。荀子于正名篇将"所为有名"、"所缘以同异"、"制名之枢要"三者并举之后，即进而以三段文，分释此三者，再进而论此三惑，其文理结构，实首尾相涵。则吾人于此论三惑之段文，若有不得其解之处，亦理当先求之于其前之文，而此正所以使吾人于此论三惑之一段文，得一逐渐了解之线索也。

　　荀子前三段文，其内容乃分别论所为有名，所缘以同异，及制名之枢要。实即不外讨论人之所以有名之目标；及人之能有名之根据，在天官之辨别所经验事物之同异之状；与各言之制立之基本原则。此三者原可相连而论。而在第三段之制名之枢要最后数语中，荀子特提出名与实之关系而论之。此数语尤为其上结前文，下陈三惑之枢纽，今先引此数语，并释其涵义于下。

　　"名无固宜，约之以命，约定俗成谓之宜。名无固实，约之以命实，约定俗成，谓之实名。名有固善，径易而不拂，谓之善名。物有同状而异所者，有异状而同所者，可别也。状同而为异所者，虽可合，谓之二实。状变而实无别，而为异者，谓之化。有化而无别者，谓之一实。"

　　此段文中，关于名有固善一语，当释之于本文结论中。吾人于此首当注意者，则为"名无固宜""名无固实"之语。名之所以初无固宜固实，则当溯其原于荀子之分开事物之"实"与事物之"状"。荀子以"同所"定"实之一"，以"异所"定"实之多"，即以居同一空间者为一实，居不同空间者为多实。状则附于实者，异实者可同状，一实之状又可多而可变，而有异状。此乃荀子之言物之"实"与其"状"之关系。荀子言"所为有名"——即言人之所以有名之目标——乃在喻志而成事；言名之制立之原则，则在顺其所经验之事物之状之同异，而分别次第制立诸表同异之名。故荀子所言之名，乃用以直接表吾人意中之事物之同异之"状"，而非直接用以指事物之"实"者。此乃与墨辩之直接言"以名举实"（墨辩小取篇）之说，及公孙龙直接谓"正其所实者，正其名也"（公孙龙名实论）之说，初不相同者。如依荀子之说，以言名之指实，当是透过名之表吾人意中之"实之状"，而间接指"实"。然依荀子言，事物之"实"与意中之"状"之关系，则又同状者不必同实，异状者不必异实。由是而名之表物之状，乃初可表此状，亦可表他状，而各无固定之所"宜"；而名之指实，亦初可指此实，亦可指他实，而名亦初无固定之"实"，为其所指；遂不可言"固宜"与"固实"。唯由约定俗成，以一名表某意，足以相喻相期，而若有固宜与固实耳。此中名实关系，初非固定，以人意之不同而多歧，亦下文所言之三惑所自生之故。今试先引荀子此三段之文，略加以疏解，再次第释之于下。

荀子言人所以为有名，即人之所以为有名之目标曰："异形离心交喻，异物名实玄纽，贵贱不明，同异不别，则志必有不喻之患，而事必有困废之祸。故知者为之分别制名以指实，上以明贵贱，下以辨同异……"

又言人之所缘以同异——即天官之所以能辨所经验之事物之同异曰：

"然则何缘而以同异？曰缘天官。凡同类同情者，其天官之意物也同，故比方之，疑似而通，是所以共其约名以相期也。形体色理，以目异；声音清浊调竽奇声，以耳异；甘苦咸淡辛酸奇味，以口异；香臭芬郁腥臊洒酸奇臭，以鼻异；疾养沧热滑铍轻重，以形体异；说故喜怒哀乐爱恶欲，以心异。心有征知，征知，则缘于耳而知声可也，缘目而知形可也。然而征知，必将待天官之当簿其类然后可也。五官簿之而不知，心征之而无说，则人莫不然谓之不知，此所缘而以同异也。"

荀子再论制名之枢要——即制名之基本原则，为顺吾人意中所经验之事物之同异之状，而分别次第制立表之同异之名曰：

"然后随而命之，同则同之，异则异之。单足以喻则单，单不足以喻则兼，单与兼无所相避则共，虽共不为害矣。知异实者之异名也，故使异实者莫不异名也，不可乱也；犹使异实者莫不同名也。故万物虽众，有时而欲遍举之，故谓之物。物也者，大共名也。推而共之，共则有共，至于无共，然后止。有时而欲遍（俞樾言应作偏）举之，故谓之鸟兽。鸟兽者大别名也。推而别之，别则有别，至于无别，然后止。……（下接上文所引之"名无固宜"一段，今从略）。

由此数段所言，即见荀子正名篇之名，初不涵吾人今所谓指个体事物之固有名词，而唯包括据所经验事物之性质状态（简名之前文之"状"）之同异，所造成之共名与别名，即——今所谓类名与种名。至吾人之所以为有名，则唯在使志无不喻之患，事无困废之祸。由吾人之既本于所经验事物之状之同处，造为共名，以遍举物，又兼本于所经验事物之状之异处，造为别名，以遍举物；则物之实虽一，而以其状与他物之或同或异，其名遂不一，而可多。如一"实"可名为"鸟"或"兽"（别名），又可名之为"物"（共名）是也。而一表物之某状之名，又可用以表同状之他物，则见名一而所指之实多。由此"名"与"实"之数目，非"一与一对应"（One To One Correspondence）之关系；故吾人于用一名以指某实后，亦可不再用此名以指之，而更易以他名。于是吾于用一名以表吾于某实所知之某状时，他人亦恒可误以吾用此名，乃所以表其于某实所知之另一状；吾用一名以指具某状之某一实时，人亦可以此名为指具同状之他一实。此种种误解之事，荀子谓之"异形离心交喻，异物名实玄纽"。昔人释此二者恒疑有误字。吾意则对此二语：不改原文亦可讲通。形即状也。异形离心交喻，盖即言我与他人之心相离，而我与他人由一名之所喻者相交错，而可由异途，以达于异状也。异物名实玄纽，盖即言一名之可兼指异物，而又不必足表异物之异状，而吾以此名指此物此实者，人乃可以指他物他实；名之指实，乃玄混而如相纽结也。而救病之道，则在使吾人所备有之名，足以别物之实之状之同异；同异别，则吾之意在此状者，人可不至以为他状；吾之意在指此实者，人不至以为指他实。物之实之状之同异既别，而其价值之高下贵贱，亦随之以明，同异别而贵贱明，志无不喻，事得以成，此即荀子之言所以为有名，亦即荀子之言吾人之所以为有名之目标也。

人之所以求备有诸名之目标，在别物之同异；而人之能别物之同异，则在于吾人之天官之能意物，而于物之形色声香之状，皆能分别由征验以知之。是即上文之"缘天官"而"心有征知"，以辨所经验之事物之状之事也。以人与我之同类同情，故其天官之意物也同；而人与我，乃可于其所同知之形色声香之状，由比方进以知其类，由疑似而进以知其通；乃共其约名，同以某名表物之某状，而指某实；而人闻一名，即而期实之状之何若，而共喻成。是则人之所以能备有名而用之，足以成共喻，其根据唯在人缘天官而意物，能辨所经验之事物之同异之状，而人与我之所经验者，又以人与我之同类同情，亦复相类相通之故也。

至于荀子论制名之枢要——即制立名言之基本原则，则不外顺所经验之事物之同异之状，而就其状之同者，与以同一之名，就其状之异者，与以异名；就其状其实之表以一单名，而人即喻者，与以单名，就其状其实之须以兼名表之而后人可喻者，与以兼名；以使异物之同状者或异状之同实者，皆有同名以表之；异物之异状者，或同实之异状者，皆有异名以表之；而用名之或单或兼，或共或别，或多或少，皆足以使人共喻。此则人之制立名言之基本原则，而亦人之制立名言之理想标准所在也。

三　荀子正名之目标及三惑之所以产生

如吾人以上解释荀子之言为不谬，则荀子之正名篇之根本义趣，实唯在使人之志意相喻以成事。唯欲使人之志意相喻，故不得不备足名言，以表人意物后所知之物之状之同异，而分别以之指实；如名言不备足，则不足以别物之状，亦不足以别物之实，而我用一名，人可异喻，相喻不得成。吾人观荀子之作正名篇，见其不重命题之构造与相涵关系之讨论，不重推理之原则规律之提出；而重论名言与其所表之意及事物之状，与所指之实之关系之讨论，及如何成就人与人之相喻；则其名学思想，与其说为属于西方所谓逻辑，实不如说为更近于今所谓语意学者。至求人与人之名言之相喻或语意之相喻，其目标又在成就治道，则又超乎今所谓语意学之目标之上。其言曰："王者之制名，名定而实辨，道行而志通。"制名以使名定实辨，归于道行志通；而"志无不喻"，即"志通"；"事无困废"，即"道行"；乃所以合而成就治道者也。故荀子言正名，亦可谓在"诸个人之主观精神求相喻相结，以树立一社会之客观精神"处，以言人当备有足以指实之名，及名之当定，实之当辨；而非直接就名实之关系上，言名各有其所指之一定之实，而能自然相应。此即荀子之所以言名无固实，名无固宜也。而吾人今若离此由使人志意相喻，以成就治道之目标，而直接就名与实之关系上言，谓一名自有其所指之一定之实，或直往求其相应之处；则此正为人对名之怀疑思想，及荀子之所谓三惑所由生。而荀子之所以破三惑，亦非本于荀子之直往求名实之相应之处；而正本于荀子之能返至此"人之所以有名之目标，及本所经验事物之同异，以言制立名言之基本原则"以立说。是则吾人于下文所当深察而明辨者也。

所谓"离此使人志意相喻，直接就名与实关系上，谓一名自有其所指之一定之实，而直往求其相应之处，正为三惑之所由生"者；吾人可先凌空的或纯理论的指出一义，即：吾人如直接自名与实之关系上看，人之用名以指实，乃恒与一"废名而忘实"之自然倾向相具，而使名实之关系，转而不得相应者。此自然倾向，亦一切直往"以名指实"之人，所同难免之病，而此正为荀子之所谓三惑所由生之根源所在也。兹再分甲乙二者说明之如下。

甲、如吾人直接就名与实之关系上看，则当吾人用一名直往以表实之某状，并以指实时，吾人恒不免将此名定置于此实，而使之固着于此实，由此固着，而名与实则胶结成一体；而吾人即可止于此全体；亦即止于此名表此实之某状，而不另以他名表此实之他状；乃将其他之名，废置而不用。由此转进一步，人即可谓他名，于此根本不能用；谓他名无指此实之义。此即废他名，而忘其亦指实之事。吾人下文第四节，将再详说明此正为荀子所谓"以名乱名"之惑之所由生。

乙、又吾人直接就名与实之关系上看，吾人如不用一名直往以指实，以使此名固定胶结于此实，而将名与名之关系平观；则吾人皆可发现"多名表一实之异状"之情形，及"一名表同状之多实"之情形。由此名与实之一与多之不相应，而人之用名直往以指实时，（一）便可由注目于"实之为一"而忽此"多名之分别"；（二）亦可由注目于"多名之分别"，而忽其所指之"实之为一"；又（三）可由"名之为一"，而忽其"实之所以多"；再（四）可由"实之为多"而忽其"名之所以一"。由此忽名或忽实之事，人更可有种种废名忘实之事，亦更不求备有众名，以兼别实之同异；其他种种用名之病，即由之而生。吾人下文将说明此上之第一项，正荀子所谓"以实乱名"者之病之所自生。第二项，则属于荀子所"以名乱实"之病之所自生。至于第三项，则为西方若干柏拉图式之实在论者恒犯之病，其说即以名所表之共相（即荀子所谓状）为一，而忽个体之实之多与其所以多者。第四项为西方之唯名论者恒犯之病，其说乃以表多物之共相之一共名，唯所以指个体之名之和，另无所表之同一之共相，更无真表同一之共相之一共名，而忽此一共名之所以一者。然此中之三四项，在荀子，则因其先立有一"以同所异所，规定实之为一或多"之原则，人即不易由名之一而忽实之所以多；又立有"共名唯依实之同状而建立"之原则，故人亦不易由实之多，而忽此名之所以一。而荀子之三惑中，亦未包括此二者。然依理而论，则此亦各为人之用名，而必不免于滋生之惑之二种，则共为五惑。唯今文论荀子，只及于三惑而已。

吾人以上所说，以名乱名，以实乱名，以名乱实之三惑，乃依于人之有废名忘实之自然倾向而生之用名之病。人之用名有此诸病，此不特在吾人日常之谈话辩论，随处可证，而思想家哲学家，亦未能免者；或竟为之造作理论，加以维护者。在中国先秦名墨诸家，即尝分别为之造作理论，而有荀子所举之种种论题，为其时诸家学者之所持。而此诸家之言，亦未尝不持之有故，言之成理。然衡之以荀子所谓人之所以求备有名之目标，名之建立之经验根据，及制名之原则；则又皆似是而非，徒足欺惑愚众。此荀子之所必破三惑也。今试再分别对其时诸家为三惑所造作之理论，就其与荀子之言相关涉处，略加说明，并就荀子之所破三惑之文句，加以解释，以明荀子正名之义趣。

四　墨者言名与以名乱名

一、荀子当时论名者所造作之一种理论，吾人可名之为"使共名与别名相掩，而用其一名遂废他名以乱名"之理论。此即如墨辩中所谓"盗，人也，恶盗非恶人，杀盗非杀人"；"其弟，美人也；爱弟非爱美人也"；及"爱人不外己，己在所爱之中"之类。荀子于其以名乱名项下所举者，乃"杀盗非杀人"，"圣人不爱己"，及宋钘之"见侮不辱"之三例。荀子非十二子篇尝以墨翟、宋钘为一派，二人之说固相近也。此中吾人探索杀盗非杀人者所持之理由，要不外盗虽为人，然杀盗乃杀其为盗，而非杀其为人。此即谓于杀盗之时，吾人可只用杀盗之一名，以表此杀盗之实事，便废置"杀人"之一名不用。盗为种名，人为类名，杀盗之事亦原为杀人之事之一种；今用"杀盗"之种名，而不用"杀人"之类名，是使类名为种名所掩，而被废弃也。吾人如再探索持"圣人不爱己"之说者所持之理由，依墨辩之言，是因"己在所爱之中"。其意盖谓己亦是人类中之一个体，亦可视为人之一种，而包括于人类中；故只言圣人爱人即包括爱己，而不须再言爱己。是亦只用类名而不用种名，使种名为类名所掩，而被废弃也。至于持"见侮不辱"之说之宋钘，其理由当类似持杀盗非杀人之说者，盖侮虽可说是辱之一种，即荀子正论篇所谓"势辱"；然荀子于此，亦谓"势辱"非"义辱"。宋子盖不以势辱为辱，则见侮而可不必为辱，不名之为辱。此乃意在证成其"见侮而不斗"之论。是见宋子于侮，乃只存侮之种名，而废辱之类名。即亦种名掩类名，而用一名遂废他名之事也。（按吕览正名篇，言尹文亦有"见侮不辱"之论。在庄子天下篇，固以宋钘尹文为一派也。）

人之用名而以种名掩类名，或以类名掩种名之事，并非毫无理由。依于名之可用可不用，人固可于一事，只名之为杀盗，而不名之为杀人；只名之为见侮，而不名之为见辱也。然吾人于一名，虽可不用，然不可谓其可废而不可用。吾人固可名杀盗之事为一种杀人，见侮之事为一种见辱；爱己之事亦不只当名之为爱人，而复当名之为爱己也。不能言杀盗非杀人，见侮非辱，圣人不爱己也。然此中所谓虽不用而不可废，亦不能言其不可用，其理由又安在乎？吾人岂不可于杀盗之事，永只以"杀盗"名之，而不以"杀人"名之乎？吾人又岂不可说圣人之视己也，只视如众人之中之一，心中根本无己之观念，遂于此撤销爱己之一名，而谓圣人不爱己乎？又吾人见侮之际，吾人又岂不可只名之为侮，而不以之为辱，而亦于此撤销辱之一名，而谓见侮非辱乎？

吾人之问题，追究至此，便知荀子之所以破见侮不辱等之言，非连贯于前文之所说，不能得其正解。荀子谓"见侮不辱"等之所以为以名乱名，关键全在其前文之"验之所以为有名而观其孰行"之语。而将此一语之涵义，连贯于前文而观，则"以名掩名，用一名而废他名"为"以名乱名"之故，即可得而明矣。

盖据荀子前文所言，吾人之所以为有名之目标，乃在别同异而明贵贱，以免于"志有不喻之患，事有困废之祸"。原人之所以兼有类名与种名，即所以别同异。类名所以表一类事物之同，即兼所以表一事物与他事物之相同之处。种名所以表一类事物中有各种之异，即兼所以表一事物与他事物之相异之处。一类事物之各种既相异，遂连带有价值上之高下贵贱可说矣。夫然，故吾人于一实事实物，必须兼有种类之名以表之，乃能别同异而明贵贱。故以"杀盗"名之事，亦可兼以"杀人"名之。"杀人"乃所以名此杀盗之事，与其他杀人之事之同处；"杀盗"乃所以名此杀盗之事，异于其他杀人之事之处。以"见侮"名之之事，亦当以"见辱"名之，以见其同于其他之"见辱"；圣人之"爱己"，既可名为"爱一人"之事，亦同时可名之为"爱己"之事；盖必如此，方能兼见此"见侮"及"爱己"与他事之同异。吾人既能于事物之同异，兼有所知而能辨之，亦必当兼有此表同表异之名，乃能喻人全幅之志意。此即吾人之所以不当以种名掩类名，以类名掩种名，而用此名以废彼名之故。如用此名而废彼名，是用一名而乱他名之位也。而此以名乱名之所以不可，及荀子之所以必说其为"惑"者，则不外验之于吾人之所以为有名之目标，而观此"以一名废他名而乱名"与"兼有分别表同异贵贱之名，而不使之相乱"之二者，孰为能"调"合乎此目标而堪行者而已矣。

五　惠施及道家言名，与以实乱名

二、荀子当时论名者所造作之又一理论，吾人可名为"由观实之一而泯除名之多"之理论。此乃由有见于名之有别者，皆可兼用而相代，乃若无别；遂欲归于一切合同异之名，或泯除一切之名之分别之说。此即当时惠施一派之所持。庄子天下篇所言惠施之十事，其中有"'大同'而与'小同'异，此之谓小同异；万物毕同毕异，此之谓大同异。""至大无外，谓之大一；至小无内，谓之小一"之言。其说盖在言一般之"大同""小同"皆有异，乃小同异，非毕同毕异之大同异；一般之大小皆有外有内，非至大至小。而至大至小毕同毕异，乃超乎一般之别同异、明大小之名言概念之外者。自万物之毕异而观，非名言所能尽表，以一般名言皆表小同与大同，皆属种类之名也。然惠施于此未多及。而观惠施之所重者，则似又在自万物之变化，及其同在于大一中，同属于天地一体，见其毕同处；以谓一般诸别同异之名皆无异，而趋于混一诸同异之名。故十事以"泛爱万物，天地一体也"作结。其十事中有"日方中方睨"，"物方生方死"，盖即是就日之运行，物之变化，人方说为"中"者，旋说为"睨"；方说为"生"者，旋说为"死"；而谓睨与中，生与死，乃异而无异之说。庄子天下篇所言辩者之论，其主卵有毛，丁子（蝦蟆）有尾之类者，亦盖皆同此惠施之论，而自物之变化以观无毛者旋有毛，无尾者旋有尾而生之论。至于庄子天下篇所言，惠施十事中之"今日适越而昔来"，言今昔无异；"南方无穷而有穷"，言有穷无穷无异；"我知天下之中央，燕之北越之南是也"，言南北与中央无异；"连环可解也"，言连与不连无异；"无厚可积也，其大千里"，言无厚与大千里无异。其理由何在，今不能详考。盖皆不外谓于同一之"实"，可以"今"说之者，换一观点，亦可以"昔"说之；以"无穷""南北"等说之者，换一观点，亦可以"有穷""中央"等说之；而诸名之相对相反而分别者，亦可视同无别。缘此以观一切万物之差异，即亦皆属天地之一体，同在大一中；而自此天地之一体、或大一上看，则一切差异亦成无差异矣。而庄子所言十事中之"天与地卑"，"山与泽平"，则正与荀子所谓以实乱名之说中，所举之"山渊平"相类。此则人之观"天地""山泽"之同在大一中，而自属于天地之一体处看者，固可不见此"天地""山泽"之高下之分别；而人自变化之流，以观"洼者盈"（老子），"丘夷而渊实"（庄子胠箧），以见高者之可低，低者之可高，及地之升于天，天之降于地者；或自天地山渊之相连处，观"高""下"之名之于此可不用，而"平""与……卑"之名可用者；亦同可说此"天与地卑""山与泽平"。然要之，皆是谓一切同异之名，一用于观天地之一体及变化之流之实际。或依不同观点所观之同一之实际之自身，则其名之分别者，皆可视同无别，而名之分别者，亦可废而不存之说也。

此种以同异之名，应用于观天地之一体，及变化之流之实际或同一之实际，则诸同异之名，原相分别者，皆可归于无别之说，亦非无理。惠子与道家之老庄，皆同有此义。荀子言物有"状变而实无别，而为异者，谓之化，有化而无别，谓之一实"，是亦未尝否认物之状之变而有化，及物之状之变而有化者，其状之属于一"实"。则吾人以表异状之名，用以指一实，而附着之于此一实之后，即未尝不可由观此实之为一，而谓诸分别异状之多名，义皆无别，而谓此名所指之"实"，同于彼名。如吾人观蚕由蛹之状，变为蛾之状，而观此二状，皆属于蚕之一"实"，即可谓此蚕之"实"，即蛹而即蛾，而蛹蛾之二名所指之"实"无别。然此却非荀子之所许，而正为荀子所谓以实乱名。荀子之所以破此以实乱名之说者，则又在其论名之所以建立之根据：乃在"人所经验之事物之状之同异",而不在此状所附之"实",及此名所指之"实"之说也。

吾人于此须知,如离经验所得事物之状之同异,以言同异之名之所由建立,而唯直接由吾人之用名指实,使名附着于一实上,看吾人所用之名之分别;则当一名所指之"实"未变化,而与他名所指之其他之"实",异"所"而并在于天地间时,此分别容亦暂可以其所指者之不同,而亦得保存。然一旦当吾人将此中所指之"实",纳之于天地之一体或太一,或变化之流中以观,则此诸名之所指之实之分别,毕竟不能保存,而诸名之所指,亦终归于无别。如吾人以蛹之一名指蚕,而使蛹之名,附着于蚕之实,则蚕之实既化为蛾,则蛹之名,即失其所附,而为无所指,成失义之空名。既为失义之空名,则蛹之名即无以自异蛾之名。而对此一实,名之为蛾与蛹,即无分别之可言,而蛾即蛹矣。推之于高山之夷入于渊,则山之高亦成无所指,而为空名,无以自异于渊之低,而山与渊平矣。再推之于百川之入海,则百川之水即海水,而百川之百,亦成空名,而无以自异于一海,而百川即一海,百川之百名,亦毕竟无别矣。故自一切万物皆属于一大一或天地之一体,而视万物若百川,视太一或天地之一体若大海,则表万物之万名,亦同归于毕竟无别矣。此乃东西之一切融万物之差别,入唯一之实际之玄学思想,所同有之一义。在此玄学思想中,则一切名之差别,未有不归于扫荡者。人欲使此名之差别,不被扫荡而得保存,唯有赖于吾人之不只用名以直往指客观之实,使名附于客观之实;而兼能回头反省,名所以建立之主观经验上之根据;以知名之有同异,初唯在吾人主观所经验事物之同异之状,而不在其所附着之实。故蛾之名非蛹之名,不在蛾之状所附之"实",非蛹之状所附之"实",而在吾人所经验之"蛾之状",非"蛹之状";百川之非海,万物之非即天地之一体或太一,亦不在百川之"实"非即大海之"实",万物之"实"非即天地之"实"或太一之"实";唯在吾人所经验之"百川之状"非"大海之状","万物之状"非"天地之一体或太一之状"。如离此所经验之种种或同或异之状,以为同异之名所建立之根据,而徒以名直往指实,附名于实,则天地万物在目前虽森然罗列,各居其所,而表万物之名,若各有其所指之实,以为依恃,而分别宛然;然当洪钧转运,大化流行,物无不变,则无一而可依恃,亦即无名之分别,得以保存。此中,即假定一物之实不变,而人自变其观点,见其可具异状、可以异名说之者(如一事物之可由人之自变其观点,而以"高低"

或"平"、"今"或"昔"、"中央"或"南北"说之），吾人如转而只就其所附之"实"之自身之同一处看；则此异状之分别，即归于相忘而相泯，而此表异状之名之分别，亦可相忘而相泯。至于浑天地万物以为一体或太一以观，则更当不见有森然罗列各居其所之万物，因而一切名之分别，自亦更必顿失所据。此即见直接求名之分别之根据于其所指之实，终不免归于以实之无定"状"，而泯乱此名之分别。吾人真欲建立同异之名之分别者，便唯有自诸同异之名，各表吾人所经验事物之状之同异处看，以见其各有所表，而各有其义，乃知其无一之可废。此即荀子之所以言人之惑于用实以乱名者，唯有验之于"所缘以同异"，而由天官意物所得之经验，而"观其孰调（犹适也）"也。

吾人以上会通惠施及道家之天地一体及观变化之流与事物之实际之说，以释荀子所举山渊平之例，何以为以实乱名之义；而未及于荀子所举"人之情欲寡"，及"刍豢不加甘，大钟不加乐"之二例。此二例之何以亦为以实乱名之例，则古籍散佚，殊难有的解。然如吾人上文于山渊之所释者为不误，则依理而推，如山渊平之说，意在泯"高"与"下"之别；则持情欲寡之说者，当是意在泯情欲之"多"与"寡"之分；而持"刍豢不加甘，大钟不加乐"之说者，则当是意在泯"甘"与"不甘"、"乐"与"不乐"之分。荀子正论篇曰："子宋子曰：人之情欲寡，而皆以己之情为欲多，是过也。"则宋子固意在以寡代多，而使寡无别于多。老子言："少则得，多则惑"，又曰"知足常足"。则亦涵寡同于多之意。今观人之同此一实得之财者，人多欲，则视为寡而不足，人少欲，则视为多而有余，是一实而有二名，而二名同指此一实。自"实"之同而言，则可言"多"与"寡"同，"欲多"与"欲寡"同，人亦可不欲多而欲寡，以使"人我之养毕足而止"矣。此是否为宋子意，固无明文可证；然以理推之，其意盖当如此，荀子方得谓其为以实乱名之例，以与山渊平之说之泯高低之别者并举也。再按荀子正名篇，又载荀子论欲之言曰："欲过之而动不及，心止之也。"其意谓：人固欲多，唯以心止之而后欲寡。则此欲多与欲寡，乃人之不同时之不同经验；其分别乃不可泯，是即"欲多"与"欲寡"之二名之分别之根据。故荀子仍以宋子之言，为以实乱名也。

至于"刍豢不加甘，大钟不加乐"，或谓其指墨子之说，用以证其非乐之论者。此乃想像之辞。按墨子非乐篇，其立论皆不否认乐之为乐，唯以浪费财力，不利于民，故非之。此皆不关于名理。依荀子此段之前后文句与义理而断，此二语盖当如上所说，乃意在泯甘不甘与乐不乐之分者。刍豢者味，大钟者声。老子言"五味令人口爽"，则甘者可不甘；又言"五音令人耳聋"，则乐者可不乐。同此一味之实，而或甘或不甘；同此一声之实，而或乐或不乐。则此味此声，自实而言，亦甘亦非甘，亦乐亦非乐，而甘与不甘，乐与不乐之名之别，在其所指之实上看，亦皆泯而无别之可言；此正是属于荀子所谓以实乱名之类。盖依荀子之论，名之建立之根据，乃在吾人之经验。人食刍豢而加甘，则非不甘，闻大钟而加乐，则非不乐，亦不得言甘与不甘，乐与不乐无别。至口爽而刍豢不甘，耳聋而大钟不乐，则是另一经验，在此经验中，则不甘非甘，不乐非乐。亦不得言甘与不甘，乐与不乐，其义无别。而甘与不甘，乐与不乐之名之别，亦因之而不得泯；泯之者，遂亦为以实乱名矣。

六　公孙龙派之言名，与以名乱实

荀子当时论名者所造作之又一理论，吾人可名之为"由名之相异而多，而意其所指之实，亦相异而非一"之理论。此盖即公孙龙子一派之理论。此理论之要点，不在用分别之名，以直往指实，而使之如附著于实，而在直接就名之分别，而意其所指之实，亦必分别。于是凡名之可相分别者，皆谓其应指不同之实。如公孙龙谓白马非马，其根据即在白马与马，为二分别之名，而各有所表。马之名命马之形，亦所以表马之形；而白马之白，则命马之色，而表马之色。命形非命色，故"白马"与"马"所指之实，各不同。白马所指之实，限于白色之马；马所指之实，则为黄骊白黄诸色之一切马。因此二名所指之实不同，而白马非马。公孙龙又主离坚白。其坚白论曰"坚、白、石、三，可乎？曰：不可。二，可乎？曰：可。""视不得其所坚，而得其所白，无坚也；拊不得其所白，而得其所坚，无白也"。其主坚白相离，亦唯由此坚之名，乃所以表手所得之坚，白之名乃所以表目所得之白之故。盖以坚白二名原相异而为多，故彼实际之石，于以手触之之时，可谓其为坚，而不当谓其为白，以目视之之时，可谓其有白，而不当谓其为坚，乃有坚石与白石，而无坚白之一石。用"坚"与"石"二名，可，用"白"与"石"二名亦可,用"坚""白""石"三名,以结为"坚白之石"则不可。此亦由名之异而为多,以论所指之实不同而非一之论。此外,庄子天下篇所言之辩者之说,其主"狗非犬""火不热","孤驹未尝有母"等之说者,当亦皆是由名之异,以意其实应异之说,而与公孙龙之言同类。而此正皆为荀子所非之"以名乱实"之说也。

荀子所非之以名乱实之说一段之原文,首为"非而谒楹,有牛马非马也"。前四字无确解。梁启雄荀子柬释引墨辩经说上:"坚(孙诒让说下脱白字)异处,不相盈相非,是相外也。"遂谓"谒"为"谓"之误,"楹"为"盈"之误,应作"非而谓盈"云。按墨辩实主坚白相盈不相离,不相外,与世俗常见同。其"相非是相外也",乃斥责之语气。若梁说果是,吾意"非而谓盈",亦应指主坚白相"非",以"论谓"世俗常见之主坚白相"盈"之说,而欲易之者。此当是指公孙龙派之说。故墨辩以相非必归于相外,以斥责之。至有牛之牛字,或谓即白字,若然则此正为公孙龙子白马非马之说。其义上已略解之。或谓"有牛马非马也"原文不误,其解当如墨辩经说下,所言"牛不二马不二,而牛马二,则牛不非牛,马不非马,而牛马非牛非马"。此即谓"牛马"之一名中,涵有"二"义,"牛"之一名,"马"之一名,却皆不涵有"二"之义。涵有"二"之义之名,与不涵"二"之义之名不同,故"牛马"之名,非"马"之名,亦非"牛"之名;而"牛马"所指之实,与"牛"所指之实及"马"所指之实,亦当彼此不同而相异。此亦为就名之异,而谓其所表之实必亦异之说,与白马非马之说同。今按墨辩此言与公孙龙子通变论附及之"羊不二,牛不二,而牛羊二"之言实近似。依公孙龙亦可言牛羊之非牛非羊,如墨辩之言牛马之非牛非马也。而墨辩此言,就其前后文以观,亦不代表其对此问题之主张之全。若单提出而观之,则可纳于公孙龙派之说中;而皆同为荀子之所斥为"以名乱实"之说者也。此说谓"白马"与"马",或"牛马"与"马",其名别而其所指之实亦不同,亦非全无理。因二名所指之实之范围,确是不同也。此说之不当,唯在其不仅意涵:二名之范围之不同,且意涵:二名不能同时交会于一"实",而同指一"实"之所有;亦意涵:一'实'不能同时纳诸二名之所指之范围中之意。即此说意涵:吾人于一"实",名为白马者,不得就其为马,而以"马"名之;而于一"实",名为牛马者,亦不得就其中之有马,而以"马"名之。此即以名之有多,而谓此多名必不能有其共指之一"实"。是即成常识所共知之大妄,而为以名乱实矣。

然此说之所意涵者之为大妄,虽常识所共知;然常识之知其妄,唯本于直觉。吾人真欲自理论上驳斥此说,则亦非易事。盖人之只分别就此二名,而只分别直往观其所指之实者,亦尽可不见此二名之可交会于一实。因此二名既分别,吾人循之而分别观其所指之实,亦即尽可只观此所指之实之分别处,而不见其同处或交会处也。必待人对此二名之分别,更作一反省,以合而观其所指之实,乃知其所指者之共交会于某实,并知吾人于某实,曾以此名表之谓之者,亦尝以他名表之谓之;方见二名之同对一实有所指,及一实之可同时纳诸二名所指之范围中。如吾人必于既知"白马"与"马","牛马"与"牛"或"马",其名所指之实,其范围之相异后,由反省乃知吾人名之为"白马"者,亦尝单就其形,而名之为"马";及吾人合名之为"牛马"者,亦尝分别观之,名之为"牛"或"马";然后吾人乃知言"白马非马"或"牛马非马"之"不可"。此中吾人由反省所见得之此"不可"之理由,亦唯在吾人之先于白马所指之实,确曾就其形,名之为马;于牛马所指之实,亦确曾就其中之一部,而名之为马。故今径谓白马非马,牛马非马,即陷于自相矛盾。依荀子言之,即此为"以其所受,悖其所辞"。盖吾人既先承受此马之名,与牛之名,今又谓其非马非牛,是欲辞去此马之名,牛之名;而与吾人所先承受者相悖,而自相矛盾也。观此"所辞"与"所受"之相悖,而自相矛盾,即足以破白马非马,牛马非牛之说,而禁之;而白马非马,牛马非牛之为以名乱实,亦明矣。

人之为白马非马,牛马非马等,以名乱实之说者,其所以为妄之根源,在其所受与所辞之相悖,亦在其有见于名之多,遂忽略其所指之实之一。人之有此忽略之根源,则正在其分别用多名,以直往指实时,即透过此名之多以观实,乃直往意其所指之实,亦应相别而为多,而未尝反溯此多名之"所以次第制立,而约定以成"之基本原则。此基本原则非他,即前文所谓顺所经验之事物之同异之状,而随之以制立约定诸表同异之名是也。此中,吾人所先有者,为经验事物之同异之状。一事物为一实,而一事物与其他事物之或同或异之状,则为多,而表此或同或异之名,亦因之而为多。如吾人可自一物与其他一切物之相同之状,而皆名之为"物";又可自其与其他动物之相异之状,而名之为"鸟"或"兽"以别之,是即对一实而次第建立之三名也。再如对一物,吾人自其形与他马同，故名之为马，复自其色与黄骊诸色之马异，故名之为白马，是亦对一实而次第建立二名也。再如对一全体之物，吾观其中之一部分，见其与牛同，遂单名之为牛；观其另一部分，见其与马同，遂单名之为马。又合而观其全，而兼名之曰牛马。于此全体中，吾人于马，见其异于牛，可说马非牛；吾人于牛，见其异于马，可说牛非马。然此牛马之名，所指之此一全体中之牛，不异于牛，此一全体中之马，亦不异于马。故吾人不能直言"牛马非牛"，亦不能直言"牛马非马"；而当言牛马之名、马之名、牛之名，乃对一全体之物，加以分观及合观，而次第建立，而所指又共交会于某一实之诸名。然吾人今若忘此诸名，原为依吾人所经验之事物之同异之状，而次第建立者，则吾人将不免于直往透过此名之多，以意其所指之实之相别而亦为多，则以名乱实之事，遂由之而生矣。此即吾人于荀子之破以名乱实之言，必须连于前一段论制名之枢要，或名之如何次第制立约定之言，相配合以了解，而观其立义之相照应之故也。

七　名之固善及本文结论

吾人以上既详释荀子之所以破三惑之理论，则荀子论"名有固善"之言，亦可得而解。荀子之言名之固善，亦非直接由名之指实处看。直接就名之指实处看，不能定名之善不善，亦不能定名之当不当。世之论者，谓名与实相应，则谓之当，不相应，则谓之不当。然何谓相应？则初无确解。如自名多而所指之实一，或名一而所指之实多，此中自一与多相违处看，名与实固不相应也。名依事物之状而立，实依同所异所而定；状无定所，所无定状。自有定无定之相违处看，名与实亦不必相应也。名所表之状或义，乃恒常，而实之状可变化；自常变之相违处看，名与实又不必相应也。故名之当与不当，不能直自其对实之是否相应上核定。相应之义，亦不易定也。如谓名实总有一意义上之相应，此相应，亦非直接之相应；亦不由人之用名之求直接对所指之实负责而来；而是间接由对"吾人之所以有名之目标"，"吾人所经验于实或事物之同异之状"及"制名之原则"，视之为吾人用名之标准，而对之负责而来。用名之当者，亦即用名之能合此诸标准，而又能指实者，即可称为与实相应。而用名之必兼以合此诸标准为条件，则其指实而与实相应，便非直接之相应，而系间接之相应。夫然，故吾人之论名之当不当，即不应直自其指实及与相应处说。而应先看在吾人之用名以指实时，是否能兼合于"吾人所为有名之目标"，"吾人所经验之事物之状"，及"制名之原则"等内在的诸标准；唯合之者，其名乃当，而名亦有固善。反之，如吾人之用名之时，只求对所指之实负责，只就名之是否指实处，说名之当与不当，则必将不免于用此名废彼名，而以名乱名；或不免由观实之为一，其状变而无定，乃疑名之多及其义之常，而以实乱名；再或不免由观名之多，而意其所指之实亦多，而以名乱实。而人之用名必不能皆当而皆善，此亦理有固然。好学者可重观前文以自得之。荀子曰"径易而不拂，谓之善名"，如将此言配合其正名篇之前文以观，此所谓不拂，首当即为不拂于该段制名枢要或基本原则之意。然此基本原则，即顺所经验事物之状之同异，而次第制名，以达吾人所以为有名之目标。故不拂于制名之枢要，即不拂于吾人所缘之同异，亦不拂于吾人所以为有名之目标。名能不拂此三者，是为名之固善。而以名乱名者，用一名而废他名，是拂于吾人所以兼有同异之名，以兼表同异也。以实乱名者，以实之一而状变无定，遂谓名之多者亦无别，是拂于多名之建立所根据之经验上的同异之状也。以名乱实者，以名之分别而多，遂意其无共指之实，是拂于吾人之根据所经验之事物之同异，而次第分别制立多名以指实之原则也。今吾人之用名，能去此三惑，则所用之名，皆径易而不拂，名定实辨，道行志通，"名之定"乃成为"诸个人之主观精神之求相喻相结，以成为一社会之客观精神"之不可少之资，所以使"志无喻之患，事无困废之祸"者，是为名有固善之大用，亦荀子正名之论，其最后宗趣之所在。荀子未尝离名之固善以言名，其破三惑，皆所以成就此名之固善。而其破三惑之言，亦实不能孤立而了解。不特当旁采当时名墨诸家之言，以观其义；亦当由其通于前文所论之"所为有名"，"所缘以同异"，"制名之枢要"，以成就"名有固善"等处去了解。然却不能只由名而直往求其所指之实，直接求名实之相应，及名义之求自己一致等处，以观荀子论名实之义之精微；而今人之徒视其正名之论，为一种逻辑之理论，或知识之讨论者，皆尚不足以尽荀子之意，此即区区此文之所以为作也。

第六章　原辩：墨子小取篇论"辩"辨义

一　缘起

墨子经上下、经说上下、及大取小取六篇，自晋鲁胜名之墨辩，并为作注后，千余年来，竟成绝学。晚清孙诒让，承卢文弨、毕沅等，对墨子一书校释之功，作墨子闲诂，而墨子书乃可读。然孙氏于墨辩六篇之注解，仍多拘于训诂之末，失其义之所存。自章太炎、梁任公、章行严以降，学者以印度因明及西方逻辑之说，与墨辩之言相参证，新知旧籍，比类以明，条理亦远胜清儒之业。顾又多先存他方学术之见，强为附会之辞。墨辩原文，既讹脱兹甚，人皆可以意为之释。而数十年来释墨辩之著，亦无虑数十种。愚于二十年前，亦尝就当时所及见者，遍取而读之，见诸说矛盾散乱，不可骤理，亦无术以定其是非，遂弃置不顾。然年来复读墨辩，念其书既在，后人终有加以阐释之责。臆测固不可免，能得彼善于此之解释，亦复聊胜于无。又见墨辩六篇，唯小取一篇，自成结构，盖为所存原书六篇中，最完整者。乃反复细玩其文义，而有会于墨家之论"辩"。更就此间图书馆所藏，近人如梁启超、胡适、陈大齐、冯友兰、黎毓江、谭戒甫诸氏等，释此篇之著，与己之所见，加以比勘；觉诸氏之所释者，有是有不是，然大皆不免以此篇所谓辩之七事，为并立之七法。而区区之意，则以为此篇所论，实非并立之七法，而为一整个辩论历程中之七事。盖必如鄙见，然后可通于此篇之全文，并通于墨子他篇实际上所采之论辩方式。此论辩之方式，与西方之逻辑及印度因明之所陈，实不必尽同。其特色除以类予以类取以外，兼在本"有诸己不非诸人，无诸己不求诸人"之推恕之道以成辩，兼及于言之多方、殊类、异故等，以见知语意之重要。而诸家所释未当之处，盖同在先存西方逻辑及印度因明之论辩方式于心，故不免比类失当，屈文就义。如我之所见，果有当于墨学之真，而墨子又为中国学者之最重视"辩"者，则亦可视本文之所述者，为中国论辩之思想之一代表形态也。

二 辨小取论"辩"之七事非"辩"之七法

墨子小取篇曰：

"夫辩者将以明是非之分，审治乱之纪，明同异之处，察名实之理，处利害，决嫌疑焉。摹略万物之然，论求群言之比，以名举实，以辞抒意，以说出故。以类取，以类予；有诸己不非诸人，无诸己不求诸人。或也者，不尽也。假也者，今不然也。效也者，为之法也；所效者，所以为之法也；故中效，则是也；不中效，则非也。此效也。辟也者，举他（原作也，依王念孙校改）物而以明之也。侔也者，比辞而俱行也。援也者，子然，我奚独不可以然也？推也者，以其所不取之同于其所取者，予之也。是犹谓他（依王校改）者同也，吾岂谓他（依王校改）者异也。"

此上小取篇文，实此篇要旨所在。就文义观之，此明为前后贯注者。然因其曾对"假""或""效""辟""侔""援""推"七名，分别作释；人遂以为此七名，乃表示不同之立论设辩之法而并立者。故梁启超早年于其墨子之论理学一文，首以"或"为西方逻辑中之特称命题，"假"为假然命题。胡适于其中国哲学史大纲，改而以"或"为西方逻辑中之或然命题，"假"为西方逻辑中之假设。谭戒甫墨辩发微，亦同此意。冯友兰中国哲学史，兼取二说，而以"或"为或然判断，"假"为假然判断。梁氏文又以"效"为西方逻辑中之"格"，"譬"为西方逻辑中之立证。胡氏于其小取篇新诂，又自易其前说，谓"假"为虚拟条件而想像其结果，以"或"非辩之一法，又谓"效"为演绎法，"推"为归纳法。谭戒甫墨辩发微，以"所效"为因明中之前陈，即西方逻辑中之主辞，以"效"为因明中之后陈，即西方逻辑中之宾辞；又以辟侔援推，相当于因明论式中之喻、依、合、结、及喻体，并藉以说明小取篇有不同之论式。陈大齐氏之名理论丛，亦视譬、侔、援、推，为不同之推论法，并以"侔"为西方逻辑中之加辞与减辞。此皆同由小取篇文，曾对此七名分别作释之故，遂视此七名，或其中之数者，乃分别表示并立而不同之立论设辩之法者也。

然吾人今所首当提出之一问题，即只由小取篇之文，曾对此七名分别作释，是否即足论断其以此七名或其中之数者，表示并立而不同之立论设辩之法或论式？此七名岂不可如愚之所见，只为表示一整个之论辩程序中之七事？如吾人视此上所引小取篇文之文义，为前后贯注者，则视之为一整个论辩历程中之七事，岂不较只视为并立而或不相统属之七法为宜？若然，则诸家之所释，岂不尽失其所据？

以小取篇所论为并立之辩之七法之说，其最不可通者，在"或"与"假"，根本不能分别独立，以各成辩之一法。如"或"为"特称命题"，或"或然命题"，"假"为"假然命题"；则一命题之举出，岂即足成为论辩之一法？此不同命题之分别举出，又岂即为不同论辩之法？如"有人为学者"为特称命题，"人是男或女"为或然命题，"如天雨则地湿"为假然命题。今只举出数命题，或可勉强称为各是一论，然要不可称为辩，更不可谓为不同之辩论之法。而墨子小取篇，乃明以辩为论题者。复次，就小取篇之谓"或不尽也"，"假也者今不然也"二语，亦明不足证"或"为"特称命题"，或"或然命题"，及"假"为"假然命题"。故胡适氏继又于其小取篇新诂，谓"假"为虚拟条件，而想像其结果之妄想，以"或"为"疑"，疑为辩说之所由起，而非辩之一法。其说固稍进矣。然虚拟条件而想像其结果，实不必为妄想，且可为人之思维之一法。顾可为人之思维之一法者，却又可不与辩论之事直接相干，仍不必即为辩之一法。谓或为疑，乃本于易传"或之者疑之也"之言。疑若只是个人思想中之事，诚如其言，不能为辩之一法。然如"或"为"疑"，非辩之一法，则七法并立之说破，而此疑若只是个人思想中之事，亦非与辩论之事直接相干者。小取此文，既为专以论"辩"为事者，又何必先及于此个人思想中之"疑"乎？

复次，谓"效"为演绎法，"推"为归纳法，或以"所效"相当于主词，"效"相当于宾词，以"推"为因明中之喻体（相当于逻辑中之大前提）及以譬、侔、援、推，各为一论辩法者，亦皆同于原文无的据，且与小取篇后文所举之论辩之例证，多无所应合。按小取篇于释此七事后，即继以言"譬侔援推之辞"之"行而异，转而危，远而失，流而离本"，而归于谓"言之多方、殊类、异故"，并举物之"或是而然"，或"是而不然"……或"一周一不周"，或"一是一非"者为例。以文义观之，此所举以为例者，应即辟侔援推之辞之"行而异，转而危，远而失，流而离本"者。然此所举以为例者，自"白马，马也；乘白马，乘马也；"以下，从无明白依演绎法归纳法之形式之推论，亦未尝分别为譬侔援推四者举例。然则吾人果何所据，以谓其所举之例，某属于效，某属于侔，某属于推，……或某为演绎法之例，某为归纳法之例乎？吾人岂不可谓其所举之例，乃兼通于譬侔援推之义者乎？

三 辨"或"与"假"

吾于上文，唯致疑难于时贤之说。下文即当就小取篇之宗趣在论"辩"，及辩论历程中之七事之义，以释"或""假""效""辟""侔""援""推"之义。吾今于"或"及"假"，首不以西方逻辑中或然命题，假然命题及假设之观念为说，而以为直就小取篇之原文，及墨辩他篇对此二名之所释，即足以明"或"与"假"乃一辩论历程中首二阶段宜有之二事。

按小取篇原文曰："或，不尽也。"何谓尽？按经上曰："尽，莫不然也。"又经说上曰"尽，俱（依孙诒让校改）止动。"何谓动？按经说上曰："动，或徙也。"何谓止？按经说下曰："彼彼止于彼，此此止于此，"又经说上曰："是孰宜止？（据孙校）彼举然者，以为此其然也，则举不然者而问之。"又经说下曰："止，彼以此其然也，说是其然也；我以其不然也，疑是其然也。"合此诸文以观，则知小取所谓"或"为不尽，即疑其为"不尽然"，或疑其"非莫不然"之义。"彼彼止于彼，此此止于此"，则止为定然不移之义。言若"尽然"而"莫不然"，则定然不移，义不徙动，即"俱止动"也。而人之自以为其言为尽然，而莫不然者，亦即自止于其"以为此其然"，而"说是其然。"反之，则为言之"不尽然"而非"莫不然"者矣。而当吾以他人之言为不尽然，非莫不然时，则吾亦将"举不然者而问之"，而"疑是其然"。则所谓"或，不尽也。"即于人之说是其然者，疑其非尽然，非莫不然而不堪止，此正为与人辩之第一步之事也。

谓"或"为疑人言之不尽然，不仅可通于上引墨辩之经上下及经说上下之文，亦可旁证之于他书。王引之经传释词引管子白心曰："夫或者何，若然者也，"谓或为若然，即似然而不必然，可疑其然者也。故易传曰："或之者，疑之也。"易传语，亦为胡适氏之文所引。彼并本墨辩尽为莫不然之义，以谓立辞不能使人莫不然，遂有疑，是为辩说之所由起。谭戒甫墨辩发微同此意，而皆与吾人之说似相近。然此中仍有毫厘之差，不可不辨。因墨辩所谓"以为此其然""说是其然"，"莫不然"，乃谓人之指其所立之辞或义，而言其"然"，无"不然"之处，而"莫不然"。莫不然，非谓他人之莫不同意其说，而然其说也。此所谓疑，亦非感于人之或同意某说或不同意某说而起，而是直对人之以其所立之辞与义，其自视为尽然而莫不然者；意其不尽然而非莫不然，而"疑是其然"也。则"或"非只为人之主观心理中之怀疑，为辩说之所由起；实即是辩论之第一步，直对他人所立之辞或义，"疑是其然"，拟"举不然者而问之"之事也。

吾人如知"或"为于人之所立之辞或义，疑其不尽然，而拟举不然者而问之之事；则下文所谓"假者，今不然也。"即为由"疑是其然"，而正式举出不然者而问之之事。吾今果能对人之视为尽然而莫不然者，举出"不然者而问之"，则足以证人所立之辞或义之为"假"。经下曰："假必悖，说在不然。"经说下曰："假必非也而后假，狗假虎也，狗非虎也。"此即谓辞或义之假而悖谬者，在其有所不然而为非者。则吾今之正式举出不然者问之，此岂非即所以证其为假而悖谬者乎？此正为吾人在辩论中，于他人之所说致疑之后，应有之第二步之事也。则"假者，今不然也。"一语，意自显豁，固不必以不相干之假言命题或假设之名为之说也。

今试再举墨子非攻篇之论辩为例，以见此"举不然者而问之，以证人之说之为假"之论辩方式，实为墨子之所常用。

按墨子非攻篇，即所以反对当时饰攻战、主攻战之言，而誉攻战为善之说者。墨子非攻中尝设饰攻战者之说曰："我贪……得之利"；而墨子之所以非之，则曰："计其所得，反不如所丧之多"，以明攻战之不利。此其所举之例，即为"举不然而问之"，以证主攻战者之谓攻战得利之说，乃不尽然者也。如其下文曰：

"今攻三里之城，七里之郭，攻此不用锐，且无杀而徒得，此'然'也。"此即谓如主攻战能不用锐，且无杀而徒得，则主攻战者谓攻战得利之说，诚然也。然墨子下文即继而言曰："杀人多必数于万，寡必数于千，然后三里之城，七里之郭，且可得也。……"

此即就攻战之必互有伤亡，而有所丧，而"举不然者而问之"，以明攻战必得利之说为假悖之事也。

非攻下又设誉攻战而视攻战为善为义之说而问之曰：

"今天下所誉善（义）者，其说将何哉？必曰，将为上中天之利，而中中鬼之利，而下中人之利，故誉之与？意亡非为其上中天之利，而中中鬼之利，而下中人之利，故誉之与？虽使下愚之人必曰，将为其上中天之利，而中中人之利，而下中人之利，故誉之。"

此即设誉攻战者为义者之说也。而墨子下文即非之曰：

"今天下之诸侯，……攻伐并兼，则是有誉义之名，（言被誉为义）而不察其实也。……

今王公大人天下之诸侯，则'不然'，……"（下文即举种种攻战之不中天之利，不中鬼之利，不中人之利诸事为证，兹从略。）

此即就为攻战者之所为，实不合乎义，以见誉攻战者之"说是其然"者，今实"不然"，而明其言之假悖之论辩方式也。

四　辨"效"

论辩之事，首在对论敌之说，致疑于其"说是其然"者，"举不然而问之"，以明其假悖，因明所谓破邪，西方逻辑所谓破斥 Distsuction，此在小取篇即"或"与"假"二项中之事也。然因明破邪后，必继以显正，西方逻辑中破斥后，必继以建立，此在小取篇即效以下之事也。小取篇曰"效也者，为之法也。"为之法，岂非使己之所立，足以为法而堪效，以引论敌就己义之谓乎？墨子书恒言"既已非之，何以易之"。"或"与"假"所以非人之言，"效"以下之事，正所以立己之所是，以易人之非也。

小取篇谓"效也者，为之法也"，此"法"字亦为墨辩中之一专门之名辞。按经说下曰："一法者之相与也，尽类，（类字依王校）若方之相合也。"又经说下曰："一方尽类，俱有法而异，或木或石，不害其方之相合也。尽类，犹方也"。是见墨辩中所谓法，实近乎西方哲学中，所谓理型，公式，概念，或原则之类。而小取篇此节之全文为"效也者，为之法也。所效者，所以为之法也。故中效，则是也；不中效，则非也。此效也"；故时贤之释此段文者，多以此所谓效，乃效一抽象普遍之法，或依"故"做法，形成一抽象普遍之原则，视为大前提，以作一演绎推论之谓。然吾于此后说，则不能无疑。其中毫厘千里之辨，亦有可得而言者。

按墨辩之言法，以一"方"尽类为喻。今对各方物，如方木，方石等而言，此方之自身，固是一抽象普遍之公式或原则；而一切堪为法者，或依"故"所做之法，亦当各为一抽象普遍之公式或原则。于此抽象普遍之方式或原则，以语言表之，则可形成一演绎推论之大前提，吾亦无异辞。然此中之根本问题，则在墨辩中是否果有"就一法之自身，如一方之自身，而视为抽象普遍之公式或原则"之思想。墨辩谓一方尽类，乃谓尽一类之方物，无论方木方石，皆有此方之性质或方之法，而于其为方处相合。此实为以"方"为内在于一切具体之方物中之思想。如谓此"方"为一普遍者，乃以方为具体事物中之普遍者，而非离于具体事物外之抽象的普遍者。如以"方"喻其余一切法，则墨辩所谓法，亦宜皆为具体事物中之普遍者，而非抽象的普遍者。则墨辩虽随处言"法"，亦尽可从未有就"法"之自身措思，视为抽象的普遍方式法则之思想，亦可从未有将此方式法则，单独标举而出，立之为大前提，再作推论之意。而此亦无碍于人之在实际上，依于事物之相类处，或内在于不同事物中之普遍的方式法则，以由一类中之事物之情形，以推及同类之事物，如所谓类推是也。

吾人如承认，墨辩所谓法之尽类，唯是谓法为一类中之具体事物之普遍者之义，则法非他，即同类事物间之相类处。此相类处，亦即同类事物间之共同的方式或法则也。而所谓一事物之效法其他事物，亦即一事物之求亦具某方式，以与具某方式之其他事物求相类之谓，墨辩所谓"若之而亦然"也。所谓一事物堪为其他事物之所效法，亦即其某一方式，堪为其他事物所效法之谓。由此而所谓堪效法之辞，亦即其立辞之某一方式，堪为他辞之所效法，而为他辞之所"若之而亦然"者之谓。此某一方式，即堪效法之辞之足以为法处，而堪效法之辞，亦即其足以为法处之所依；固不须将此方式或法，自具体之辞抽离悬空，而视之为抽象之普遍者，或孤立之为一大前提，以为说也。循此以释小取篇所谓"效也者，为之法也；所效者，所以为之法也"之言，则上一句即言立一辞，当使其所依循之方式，可为他辞所效法；下一句则言，为他辞所效法者，即此依循某方式而立之言辞。二者回互成文，是所谓"堪被效法者"或"所效者"，与"往效法者"或"能效者"，同为具体之言辞，而

"法"则内在其间之共同的方式而已。今果如时贤之释此段者,谓所效者纯为一抽象之法,而此法又有其"所以为之法";则若此所以为之法者,又为另一抽象之法,以为其所效;……则所效又有所效,即犯无穷过。反之,若此"所以为之法者",乃指一具体事物之法,则人岂不可直接以具体事物之法,为其所效,又何必中间多此纯效抽象之法之一举乎?是见谓墨辩之所效之法,必为一抽象之法者,于"所以为之法"一语,必进退皆无善解。而吾今谓效法之事,唯是一效法者,求亦依循或具有所效者之法或方式之事,则不特于此二语,轻而易解,而于墨子此节之文,及全篇之义,皆可畅通无阻。兹于下再进而论之。

小取篇论效一节文之核心,在"故中效,则是也;不中效,则非也。"一语。按本篇首曰:"以说出故。",大取篇曰:"辞以故生。"经上曰:"故,所得而后成也",则"故"即辞之所得而成之理由。时贤于此,亦皆无异说;而依某一类之理由,以生出某一类之辞,亦即辞之生成之方式或法也。吾人之辞,果求足以自立,则必当使此辞之依故而生之方式或法,堪被效法——即中效,而后"其是""其然",乃确定无疑,反之则非,而可疑其不然矣。此即辩论历程中,人于经"或""假"二阶段,以对论敌致其疑问,明其不然后,求自立其辞以显正理之要道也。今试再就墨子之论非攻,以见于立辞之求"中效"而堪效法,实为墨子之所赖以正面之树立"攻之当非"之主张者(墨子之非"攻"为反面的反对攻,然墨子之主张"非攻",建立"攻之当非",则为正面的树立"非攻之主张者也"。此二者须辨别。)

据非攻篇,墨子之论非攻,屡言攻为亏人自利之事。亏人自利,即墨子之主非攻之辞,或"攻之当非"所自生之理由,或"其所待而后成者"之"故"也;而依此故、即亏人自利,以论攻之当非之论辩方式,即堪效法而中效者也。何以知其为中效而为堪效法者?今设有攻以外之某事,而为亏人自利者,吾人即可效法此论辩方式,依某事之为亏人自利之故,而亦论其当非也。此在墨子非攻篇,则为进而举出"窃人桃李"、"取人牛马"等亏人自利之事为例。然此例之正式举出,则为"譬"之事,详在下节。克就一辞之立而论,则初只须自其立辞之所依之"故"为"中效",其辞之论辩方式堪效法,固不必将效法之而取以为譬之例,皆举出也。

五 辨"辟"

小取篇释辟曰："辟（毕沅谓辟同譬）也者，举他（据王念孙校改）物而以明之也。"

譬喻生于"直告之不明，故以他物为喻以明之"，此人皆可无异辞。然此中之问题，在譬是否可单独成为一论辩之方法，或只当视为论辩历程中之一事，如吾人之所说。如人不知弹者，今喻之曰："弹之状如弓"。又有人不知人间攻战为何似者，今喻之曰：人间攻战之状如蚁斗。此诚皆为由设譬喻，以使人知己所言之义之道，然其本身却非即是辩论，亦不单独成为辩之一法。小取篇首曰："辩将以明是非……明同异……决嫌疑"，经说下曰："辩也者，或谓之是，或谓之非，当者胜也"。故必或说弹能伤人，或说弹不能伤人；或说攻战为义，或说攻战为不义，方有辩。否则，亦须或说弹如弓，或说弹不如弓；或说人间攻战，状如蚁斗，或说非如蚁斗，方有辩。而此后者之辩，则唯在彼此皆先已了解弹与人间攻战之状后，乃能发生。若在他人尚未了解何谓弹何谓攻战之状时，吾为之譬，以明弹与攻战之状，则此只是自释其言之涵义之事，尚非与人辩之事也。则谓在吾与人论辩之历程中，为使人了解吾言，乃作譬喻，以助人之了解，因而辩之历程中，即包含譬喻之一事，固可；然谓譬喻可单独成为一辩论之事，或辩论中之一法，则不可也。

抑吾将进而论者，则小取之言譬，实尚不宜只视为使人喻己意之一般譬喻。因一般之譬喻，尽可随人之方便，而自由采取，只须其能使人仿佛会意，亦尽可有不同之方式，而漫无定准。如吾喻弹如弓，可，喻弹如虹、如丸，亦无不可。然墨子小取篇所谓"譬"，为"举他物而以明之。"此所谓明之，当为联上文而说，言举譬以明"效"之项下所言之未明者也。此"他物"一名，又屡见于后文之释"援"与"推"中，是见其义亦当连贯"援"与"推"以为说，而非泛说之一般譬喻也。然则此所谓举以为喻之他物，当为何物？曰：此当为在效之项下所立之辞说中所论及之物，之同类之物。此同类与否，依何而定？曰：依吾人是否可对之依同类之"故"，以生同类之辞说而定。今再就墨子非攻篇之设譬之道，以明上文之义。

墨子非攻篇欲证攻战之为亏人自利之非，曾举上节已提及之人之

"入人园圃，窃其桃李""攘人犬豕鸡豚"，"取人马牛""杀不辜人"等为例。此皆对墨子所非之攻战，分别为一譬。此诸譬非自由任取而来，而实为依一定之标准，而选择之同类事物。而其所以为同类之事物，即在同为亏人自利者，亦即同为吾人可依其为亏人自利之故，而立同类之辞，以言其非者也。夫然，故人若能知此诸譬中之诸事之非，即足还证攻战之非。然克就此譬喻之阶段说，则吾人只须举出此——之事，而意在以此明彼，即已尽譬喻之责。至明白之说出其同为亏人自利而同为非，则为此下之阶段之辩论之事如侔援推等也。

六　辨"侔"

小取篇曰："侔，比辞而俱行也。"何谓比辞而俱行？陈大齐先生于其名理论丛中释侔一文，曾详论西方逻辑中之加辞或减辞之属于侔。如小取篇之谓"白马，马也，乘白马，乘马也。"此"乘白马""乘马"，即加"乘"于"白马"与"马"所成之加辞之例。而由"白马马也"至"乘白马乘马也"，亦即可称为比对二辞，相与俱行；今视为侔之例，固亦可通。然吾观小取篇后文，所举之例，恒为二例以上并举之情形，今录数者，并以甲乙丙丁，标之如下。

　　甲　白马，马也；乘白马，乘马也。
　　乙　骊马，马也；乘骊马，乘马也。
　　丙　获，人也；爱获，爱人也。
　　丁　臧，人也；爱臧，爱人也。

如上文之二例并举，乃小取篇作者之有意如此，则所谓比辞俱行，大可非就一例而言，而是就二例以上而言。如上文甲与乙二例，即为比辞俱行；丙与丁二例，亦为比辞俱行。而甲乙丙丁四例，就其构造方式之同有相似而言，亦未尝非比辞俱行也。若然，则单纯的对一辞自身，由加减而引出新辞，未必即可称为侔；必一辞（如乙之骊马马也）比照另一辞（如甲之白马马也）之如何由加减等，以引出新辞（如甲之乘白马乘马也）之方式，以自引出其新辞（如乙之乘骊马乘马也），方为侔也。

吾人上列之说与陈氏之说，对于比辞俱行之解释，似皆可通，则无论谓单纯之加辞减辞为侔，及比照另一辞之如何引出新辞，以由一辞引新辞，似皆可称为侔。然若取陈氏之说，谓单纯之加辞或减辞，即可称为侔，则此虽为一种推论之方式，却可不与辩论直接相干。而如取愚之说，以侔为比照一辞之引出新辞之方式，以自引出新辞；则侔对辩论之价值即至大，而明显为辩论历程中，人求立论时，继譬之事而必然应有之事。今更详录非攻篇，对于其所取诸譬之文，条列于后。下括弧中者，乃愚所加，以便明比对其关系者。

甲　今有一人，入人园圃，窃其桃李，众闻则非之，上为政者得则罚之（即谓为不义），此何（故）也？以亏人自利也（不仁）。

乙　至攘人犬豕鸡豚者，其不义又甚入人园圃，窃桃李者，此何故也？以亏人（自利）愈多，其不仁兹甚，罪益厚。

丙　至入人栏厩，取人马牛者，其不……义，又甚攘人犬豕鸡豚。此何故也？以其亏人（自利）愈多，其不仁兹甚，罪益厚。

丁　至杀不辜人，拖其衣裘，取戈剑者，其不义，又甚入人栏厩，取人马牛。此何故也？以其亏人（自利）愈多，其不仁兹甚；罪益厚。

戊　杀一人，谓之不义，必有一死罪矣。

己　杀十人，十重不义，必有十死罪矣。

庚　杀百人，百重不义，必有百死罪矣。

今至……攻国（杀千万人）……

墨子非攻篇，原文有脱误，文句构造，亦有未严格处。然大体而言，则乙丙丁三者，即皆为比照甲而立之辞，为比辞而俱行者；己庚即比照戊而立之辞，亦为比辞而俱行者。而此比辞俱行，以次第立新辞之目标，则在逐步逼出，攻国之杀千万人，为千万重之不义，而有千万重之死罪之结论，以成就其非攻之说。果比皆为比辞俱行之侔之事，则侔在辩论中之价值实至大。而侔之所以为侔者，则在其比辞而俱行之诸辞，乃对同类而可相譬之事物，依同类之"故"而生者，故可赖以互证其是非也。

七　辨"援"

小取篇曰："援也者，子然我奚独不然也。"时贤多谓援为援例或类比推理。然若吾人上文之释侔之论，果能成立，则吾人毋宁谓侔之比辞俱行，更近乎类比推理。如上文之由一事之为"亏人自利而有罪"，以谓另一事之为"亏人自利之亦有罪"，此正为类比推理之形式也。由"臧之

第六章　原辩：墨子小取篇论"辩"辨义

为人而爱臧为爱人",以谓"获之为人而爱获为爱人",亦为类比推理之形式也。类比推理者，由"此"之如是，以推"彼之同于此者"亦如是，亦即由"我"之然，以推"同于我之子"之亦然，或由"子"之然，以推"我之同于子者"之亦然也。简言之，类比推理者，即由此一然以推彼一然之事也。然小取篇之释援则曰："子然我奚独不可以然也？"则至少自表面上文字以观，并非由此一然以推彼一然之事，而是由此一然以问彼何不然，或由子然以问我何不然之事，亦即求援于此一然，以问彼何不然，或援"子然"为例，以问"我何不然"之事。此所成者遂只为一反诘之辞，而为论辩中之所常用。此反诘之辞，固可进一步，引发一推理；然克就其为反诘之辞言，则尚非推理，而只为辩论中之一事，唯所以引发推理，而过渡至推理者耳。此亦即援之所以可称为辩之历程中之一阶段之故也。今再举子墨子非攻篇之言为例。

按墨子非攻篇，于举窃人桃李，攘人犬豕鸡豚，取人马牛，杀不辜人等亏人自利之事，并谓之为不义后又曰：

"天下之君子皆知而非之，谓之不义，今至大为攻国（大亏人自利），则弗知非而谓之义，此可谓知义与不义之辩乎？"

此上墨子之论辩方式，正为由此然以问彼何不然，或由子然以问我何不然之方式。盖天下之君子，既知入人园圃等亏人自利之事为不义，而自然其说，则何以于攻国之为不义之说，又不以为然乎？此墨子之反诘，正为援之方式之运用也。又非攻篇另有一段文，今亦加以甲乙丙标之如下：

"甲　今有人于此，少见黑曰黑，多见黑曰白，则以此人为不知白黑之辩（辩同辨）矣。

乙　少尝苦曰苦，多尝苦曰甘，则必以此人为不知甘苦之辩矣。

丙　今小为非，则知而非之（谓之不义），大为非，攻国，则不知非，从而誉之谓之义，此可谓知义与不义之辩乎？"

此上三者，前二者为比辞俱行之伴，（甲）为释不知白黑之辩者，（乙）为释不知甘苦之辩者。而所谓"不知……辩"者，即"于少曰如此，于多不曰如此"之谓。则凡"于少曰如此，于多不曰如此"，皆"不知……辩"之类也。然人于此前二者之"于少曰如此，于多不曰如此"者，皆谓之为"不知……辩"；然在第三例（丙）中，人于小为不义知谓之不义，于大为不义，乃不谓之不义，而反谓之义；此正亦为"于少曰如此，于多不曰如此"之例，人却不谓其为"不知……辩"，故墨子乃反诘曰，此可谓"知……辩乎"。此亦正为援之方式之运用也。

又在小取篇后文一段曰：

"盗，人也；多盗，非多人也，欲无盗，非欲无人也。奚以明之？恶多盗，非恶多人也；欲无盗，非欲无人也。世相与共是之。若若是，则虽盗，人也，爱盗，非爱人也；不爱盗，非不爱人也；杀盗，非杀人也。无难矣。此与彼同类，世有彼而不自非也。……所谓内胶外闭与？……"

墨者论杀盗非杀人，不爱盗非不爱人，此如墨经下言"狗犬也，杀狗非杀犬也"，皆与一般逻辑观点不同，亦为荀子正名篇所反对。其意盖在谓盗虽为人，然杀盗乃因其为盗之故而杀之，非因其为人之故而杀之，于是杀盗非杀人。至不爱盗，亦因其为盗之故而不爱之，非因其为人之故而不爱之，故不爱盗非不爱人。此言非无理趣，下文将更及之。而墨家之所赖以证成其说者，则为就世人之共承认"盗，人也；恶多盗，非恶多人，欲无盗非欲无人"为说。此世人之所共承认者，即涵有"就人为盗之故而恶其多，欲其无，乃与恶人之多，欲人之无，二者不相同"之义，亦即涵有"别盗于人"之义。小取上段文之论点，即世人既承认此"别盗于人"之义，而谓"恶多盗非恶多人，欲无盗非欲无人"；何以世人又不承认墨者之依于此"别盗于人"之义，而有之"不爱盗非不爱人，杀盗非杀人"之说？世人既不自非其言。何以又非墨者之所言乎？上段之文，实正涵此一反诘，乃墨者与世人对辩时所宜有，是即问："子然我奚独不可以然也？"之援。至由此反诘，以归于子然亦应然，子亦当承认我之然，承认墨子之杀盗非杀人，不爱盗非不爱人之说，则正为援之下一步之"推"之事也。此于下节再详之。

八　辨"推"

小取篇释推曰："推也者，以其所不取之同于其所取者，予之也，是犹谓他（依王念孙校改）者同也，吾岂谓他（依王校改）者异也。"

时贤之释推，或谓之归纳法，或谓之演绎法，然皆于小取篇本文无确据。此所谓"取""不取"与"予"，初皆当就对辩之人我双方之活动而言。"取"者，于某事物，自取此说，自取此辞也。"不取"者，于某事物，不取此说，不取此辞也。"予"者，于某事物，予以此说此辞，亦以此说此辞予人，而使人取也。兹先再举非攻篇之论辩为证，再及于上段所谓"杀盗非杀人"之辩，以明推之为承援而起之下一步之事，亦即一结束辩论历程之事。

非攻篇于举"窃人桃李"、"攘人犬豕鸡豚"、"入人栏厩取人马牛"，"杀不辜人"等诸例，以论其亏人自利有罪而不义后，尝谓"天下之君子"皆知其不义而谓之不义。此即言："其亏人自利之不义"，为天下之君子之所取也。然于攻国之亏人自利之不义之处，则天下之君子无所知，反从而谓之义，不"谓之不义"，此即天下之君子之所不取也。而非攻篇之全文，则归结于证明：此"攻国之亏人自利之不义"，乃与"窃人桃李……杀不辜人等亏人自利之不义"为同类。此即谓天下之君子，所不取之"攻国之不义"，同于其所取之"窃人桃李，杀不辜人等之不义"也。由此而墨者之论辩，即为：此二者既同为不义，何以于彼谓之不义，于此不谓之不义，而反"从而谓之义"乎？此即"子然我奚独不可以然"之问，上所谓反诘之援也。由此反诘之援之进一步，即必为：既于彼之亏人自利，"谓之不义"，则与彼相同，而同为亏人自利之"此"，亦当谓为"亏人自利之不义"，而将此辞，施予于此之上。此即"以其所不取之同于所取者，予之也。"此予之，乃将此之"为亏人自利之不义"，亦施予于此之上，亦即将墨者之此辞此说，施予于天下之君子，使之亦取此辞此说也。于同类之事物，人我双方，当对之有同类之辞说，乃一切辩论之目标与归结之所在。他与此同，则我不得谓其异，而有异辞异说，故曰："是犹谓他者同也，吾岂谓他者异也。"辩论即止于是矣。

兹再举上文"杀盗非杀人，不爱盗非不爱人"之论辩，以见推之为义。如小取篇于"恶多盗非恶多人，欲无盗非欲无人"之后曰："世相与共是之"，此即言世人共于"恶多盗"，取"非恶多人"之说，于"欲无盗"取"非欲无人"之说也。而此诸说中，即涵有"就人之为盗而恶其多、欲其无，乃与恶人之多、欲人之无，二者不相同"之义，即涵有"别盗于人"之义。此亦即世人所取之"彼"，而不自非者也。然世人虽取上列之说，及其中所涵之义，然世人又不取墨者"杀盗非杀人，不爱盗非不爱人"之说，及其中所涵之"别盗于人"之义。此见世人之不知其所不取之同于其所取，不知此二者同依于"别盗于人"之义而立，亦即依同类之理由，或同类之"故"而立，而忘此二者实为同类之说也。今此二者既为同类之说，何以世人于其所取之"彼"不自非，而于墨者之说，则非之乎？此亦即上节所谓反诘之援也。由此反诘之援之进一步，即必为：既取别盗于人之义，于"恶多盗"，取"非恶多人"之说，于"欲无盗"，取"非欲无人"之说；则亦当本其所取，于"杀盗"，取"非杀人"之说，于"不爱盗"，取"非不爱人"之说，而承认墨者之所论。此亦即依于吾人于同类之事物，人我双方，当对之依同一之理由或故，以有同类之辞说："他"与"此"同，则不得谓其异，而对之有异辞异说也。

九　辨"辩"之七事

如吾人以上对或、假、效、辟、侔、援、推之解释为不误，则此七者，实乃论辩历程中次第相生之七事，而非并列之七法。此论辩之历程，非一人独自运思之事，而是在说者与为论敌者之人己双方间进行之事。此双方论辩之根本原则，不外乎小取篇首所谓"以类取，以类予，""有诸己不非诸人，无诸己不求诸人"。大率在己与人论辩之始，恒以他人之说为不尽然，故"或"之而疑之，进而举不然者而问之，就其不然处，以谓人之所言为"假"；于是乃依故，或理由，以自立一辞说，并使此自立辞说之道，足资效法。乃进而举其他与所欲论者同类之事物为譬，以见吾人于此诸同类事物中之此一例，可依某一故或理由，以立如何之辞说者；于彼一例，亦可依同类之故或理由，而立同类辞说，由此而有比辞俱行之侔。至当人于同类事物中一例，取如此之辞说，而于另一例，不取如此之辞说时，则反诘其"子然我奚独不然？"而有援。由此再示人以对此另一例，亦当对之取如此之辞说，而取其初所不取；以使人我共取同类之辞说，以予于同类之事物。此即推之所以为辩论之归结，而使人我于同类事物之辞，皆"以类取"而"以类予"者也。施何辞说于何事物，以示诸人，谓之予；于何事物采何辞说，以有诸己，谓之取。然人之大患，正在于所知之一事物取何辞说者，于另一同类之事物，不取同类之辞说；乃反而对人于此另一事物，取同类之辞说者，谓之为非，而忘其先实已于其所知之一同类事物自取同类之辞说矣。故论辩之道，要在"有诸己而后求诸人，无诸己而后非诸人"，若无诸己，则不当求诸人，若有诸己，则不当非诸人。今吾既于"窃人桃李""杀不辜人"等事，知其为亏人自利而不义，并实有此见，存之于心；则吾当依类而知攻国之亏人自利为不义,并求他人亦依类而视攻国为不义。此即有诸己而后求诸人也。至于世人承认"恶多盗非恶多人""欲无盗非欲无人",而又非墨者"杀盗非杀人""不爱盗非不爱人"之说者,则忘其自己正存有与墨者同类之见,是即非"无诸己而后非诸人",乃"有诸己而又非诸人"矣。非推恕之道矣。夫然而论辩之功,一方在将吾所知,而兼为人之所能知之其他同类事物,举以示人,以便人之依类而推,得于论辩中之同类事物,亦取同类之辞说;一方在反躬自省,当吾反对他人于某事物,存某见作何说时,吾是否从未尝对同类之事物,存某见作何说;而非在为自己之所言,寻求重重叠叠之前提,以建立一形式之论证,如西方逻辑之所重;更非只在指出对方所立之言所犯之"过",如印度因明之所重。唯由此而后吾人可进而了解小取篇下文所论之譬侔援推之辞,所以"行而异,转而危,远而失,流而离本"之故,及其对言之多方殊类异故,何以并无西方逻辑印度因明之形式的说明,而亦不可以逻辑因明之法式衡之之理由。此当于下诸节详之。

十　言之多方殊类异故——或是而然,或是而不然

小取篇后半之文,论譬侔援推之辞之"行而异,转而危,远而失,流而离本",及言之"多方、殊类、异故"其所举之例多琐屑,义蕴亦不多。却为今之西方逻辑释墨学者所喜论。然实则以西方逻辑之法式,衡此所举之例,多不可通。而可通之者,盖惟一原则,即就世人或对辩之他方,立辞时之主观心理中,其辞所指之"实"如何(即察名实之理),如何取"故"(即依何理由),及其所已承认之"类"之同异,以定其所生之辞之当否而已。同辞以所指之实异,而辞亦因以异,盖即言之"多方";取故不同,斯有"异故";依异故而立之辞,其类亦异,盖即"殊类"。今先照录原文,再加以申释如下。

"夫物有以同,而不率遂同;辞之侔也,有所至而止。其然也,有所以然也;其然也同,其所以然不必同。其取之也,有所以取之;其取之也同,其所以取之不必同。故辟、侔、援、推、之辞,行而异,转而危,远而失,流而离本,则不可不审也,不可常用也。故言多方、殊类、异故,则不可偏观也。夫物或乃是而然,或是而不然,或不是而然(此句依胡适校增),或一周不一周,或一是而一非也。……

"（一）白马，马也；乘白马，乘马也。骊马，马也；乘骊马，乘马也。获，人也；爱获，爱人也。臧，人也；爱臧，爱人也。此乃是而然者也。

"（二）获之亲，人也；获事其亲，非事人也。其弟，美人也；爱弟，非爱美人也。车，木也；乘车，非乘木也。船，木也；入（据孙诒让闲诂所引苏时学校）船，非入木也。盗，人也；多盗，非多人也；无盗，非无人也。……此乃是而不然者也。

"（三）夫且读书，非书也；好读书，好书也。且斗鸡，非鸡也；好斗鸡，好鸡也。且入井，非入井也；止且入井，止入井也。且出门，非出门也；止且出门，止出门也。若若是，且夭，非夭也；寿，夭也，（此三字不可解，或疑寿字为止且夭止四字之讹，否则寿字下当脱止字）。执有命，非命也；非执有命，非命也。……此乃不（依胡适校增）是而然也。

"（四）爱人待周爱人而后为爱人，不爱人，不待周不爱人；不失（疑衍）周爱，因为不爱人矣。乘马，不待周乘马，然后为乘马也；有乘于马，因为乘马矣。逮至不乘马，待周不乘马，而后为不乘马。此一周一不周也。

"（五）居于国则为居国，有一宅于国，而不为有国。问人之病，问人也；恶人之病，非恶人也。人之鬼，非人也；兄之鬼，兄也。祭人之鬼，非祭人也；祭兄之鬼，乃祭兄也。

"之马之目盼，则谓之马眇；之马之目大，而不谓之马大。之牛之毛黄，则谓之牛黄；之牛之毛众，而不谓之牛众。一马，马也；二马，马也；马四足者，一马而四足也，非两马而四足也；马或白者，二马而或白也，非一马而或白。此乃一是而一非者也。"

此上所举之例，分五类，今以一、二、三、四、五标之，合以证成"言之多方殊类异故"、"辞之侔也，有所至而止"、及譬侔援推，可"行而异，转而危，远而失，流而离本"之义。此五类之例，似可截然分别；然如何分别，则小取篇，并无严格之形式化的说明，而吾人如以西方逻辑之形式的法则衡之，即明有不可通者。

如以（一）与（二）中之例言之，"白马马也"，"获之亲人也"与"其弟美人也"，三者之形式同为 a⊂b（即 a 包涵 b 中）。"乘"之加于白马与马，亦当无异于"事"之加于获之亲与人，及"爱"之加于其弟与美人，其形式同为（ac⊂bc）。则乘白马固为乘马，获之事其亲，亦应为事一人，而人之弟果为美人，则人爱其弟，亦即爱一美人也。仿此，则车船果为木，入车船即入一种木也；盗为人之一种，多盗即多盗之一种人，无盗亦即无盗之一种人。此方为合乎西方逻辑之形式规则之推论。然则何以小取篇谓（一）中之例为是而然，而（二）中之例，则为是而不然乎？

时贤多谓此（二）中之例，所根据之规则，乃依于种名（如车盗）个体名（如获之某亲）与类名（如木与人）之不同；故连于种名之辞（如乘车、杀盗）与连于类名之辞（如乘木、杀人、事人）不同；连于个体名之辞（如事获之亲）与连于类名之辞（如事人）亦不同。然果如此说，则在（一）中之例，"白马"种名，"马"类名，"获"个体名，"人"又类名，此中亦有个体名，种名，类名之不同；则乘白马亦应与乘马不同，爱获亦应与爱人不同。然则小取篇何以独谓（二）中之例，为是而不然，于（一）中之例，又谓之是而然乎？

由上文可知（一）中之例与（二）中之例，实不能依西方逻辑中同一之形式规则，加以说明。则二者之分别，果何所根据？曰：此根据，实非纯为逻辑的，而实兼为心理的。所谓兼为心理的，即谓此二者之分别，乃初由人于此二类之例中，就其辞所抒之义之分别言，可见人心于事物之如何取故，在事实上之有所不同，故此二类之例为相异。此中，既已如何取故，而依之以再进而引生某辞，其故与所引生之辞之关系，可为纯逻辑的。然人对不同之事物，如何取故，则并无逻辑上之必然法则，而纯为心理的也。

吾人今如依人之心理上如何取故之分别，以说明（一）中之例与（二）中之例之分别，此实甚易。譬如在（一）之例中，吾人问：何以乘白马是乘马？此即以吾人之乘白马，乃依白马之实为马之故而乘之，乘骊马之为乘马亦然。即此中吾人在心理上，乃就白马骊马等物之为马之故，而取此故，以引生"乘白马为乘马"及"乘骊马为乘马"之辞也。又问：何以吾人爱臧与获是爱人？此中之臧与获，或谓为奴婢之名。无论是否，要之吾人爱臧与获，非因其与我有何亲戚关系，而纯因其实为人之故而爱之，故爱臧与获即是爱人也。

至于在（二）之例中，何以获之亲为人，而获事其亲非事人？又何以其弟是美人，而爱弟非爱美人？则此由于获之亲，虽为一人，然获之所以特孝事其亲之故，却非由于彼为一人，而实由彼为其亲之故；而获之爱其弟之故，亦因彼实是其弟之故，亦非以其为美人之故也。仿此，故车船为木，然吾人之乘车，入船，乃因车船之为物之某种形构，而实能载人之故，而非因其为木之故，故乘车非乘木，入船非入木也。又盗虽为人，然吾人言多盗时，所思者实乃关于"盗"之"多"、盗之"无"，而非此为"人"者之"多"与"无"，故多盗非多人，无盗非无人也。

由上即知（一）中之例，与（二）中之例之所以不同，并非由其辞之形式之不同，而唯由于吾人在心理上于此二类之辞所指之事物，实际上就何方面去看，而如何取故之不同。此如何取故之本身，实无必然逻辑之法则。惟在人既已如何取故之后，乃可说此一定之故，与依此故所引生之辞，有一必然之逻辑关联。如吾人既由彼为吾弟之故，而爱之，非以彼为美人之故而爱之，则吾之爱之，即为爱弟而非爱美人。此中之前陈与后陈，或前件与后件间，确可说有一必然性之逻辑关联。然吾人之何以须就彼实为吾弟之故而爱之，而不就其彼实为美人之故而爱之，则纯为主观心理的，并无逻辑上之必然理由。世间上亦尽可有一艺术家，觉其弟为美人，而唯就其弟之为美人之故而爱之也。则此中人之毕竟依其弟为其弟之故而爱之，或依其为美人之故而爱之，亦无必然之逻辑法则也。

（一）（二）中其他之例，可依此类推，不另一一释。

上文所谓吾人之心理上对事物如何取故之分别，亦即同时是：吾人在心理上对所用之语言之意义，或重此一方面与或重彼一方面之别（自此而言，亦可谓小取篇为今日所谓语意学或内包逻辑 Intentional Logic 之前驱）。譬如问：何以乘白马是乘马？此是因吾人乘白马，乃依其物为马之故而乘之，亦同时是因吾人在说乘白马时，吾人所重者，在白马之为马之意义，亦即白马一语之中，所涵之马之意义，而非其中所涵之白之意义——故说乘白马是乘马，可，说乘白马是乘白不可。又如问：何以爱臧与获是爱人？此是因吾人之爱臧与获乃因其为人之故，亦同时是因吾人在说爱臧与获时，吾人所重者，在臧与获之为人之意义，亦即臧与获之二名中，所涵之"为二人之名"之意义。再如问，何以获事其亲非事人？此即亦是因获事其亲一语，吾人所重者，非其亲之为人之意义，而唯是其亲为亲之意义也。更如问：何以爱弟非爱美人？则因弟之一名，在一般义原无美人之意义。在一人之弟为美人之情形下，对此一人，以"弟"名之，并视"弟"如一专名时，此"弟"之一名，固亦可在外延上涵有指某一美人之义；然在其爱弟时，尽可全不思及其为美人，则其所用之"弟"之一名中，乃可无美人之意义，故爱弟之一辞，亦不涵具爱美人之意义也。其余乘车、入船、多盗、多人之例，可以类推，不另释。

十一 言之多方殊类异故——不是而然，一周一不周，一是而一非

吾人如知（一）（二）中之例之别，乃依于人之心理上之如何取故之别，与人于其语言所重之意义之别，则对于小取篇（三）中所谓"不是而然"之例，（四）中所谓"一周一不周"之例，及（五）中所谓"一是而一非"之例，亦当知其立辞之方式，皆不能以西方逻辑之形式规则衡之，而其表面上之似相矛盾之情形，皆唯有依于人之心理上如何取故之别，或人于其语言所重之意义之别，方能加以解消。

在（三）中之例，如依逻辑上加辞法言之，则如 a 非 b, ac 即非 bc; ab 即非 b, abc 亦非 bc。读书既非书，好读书即不同于好书而非好书；斗鸡既非鸡，好斗鸡亦非同于好鸡；且入井既非入井，止且入井亦不同于止入井。其余仿此。然则小取篇何以言"读书，非书也；好读书，好书也。斗鸡，非鸡也；好斗鸡，好鸡也，且入井，非入井也；止且入井，止入井也……"？依吾人之意，好读书之所以为好书——或吾人之所以可由好读书之辞，以引生出好书之辞——唯由人在好读书时，人在心理上确对于书与读，皆有一好，因而好读书之辞中，即包涵好书之意义。故吾人即可依"好读书"中，所包涵之对"书之好"或"好书"之"故"，以生出好书之辞。依此"故"立为前提，以生出之辞，为结论，其间之关系，固亦为逻辑的。然于"好读书"，何以只取其所包涵之"对书之好"之一义，而不只取其"对读之好"之一义，则纯为心理的，而非逻辑的也。今吾人若于好读书中，只取其"对读之好"之一义，则由好读书引出之结论，应为"好读"，非"好书"矣。好斗鸡之例与好读书之例相似，可不另释。至于"止且入井"之一例，所以能成立，则由于吾于"止且入井"时，兼有"止其入井"之义。今取此义，故可以"止且入井"为前提，以生出"止入井"之结论。然若吾人承认"且入井，非入井也"，吾人于"止且入井"中所重者，在"止且"之意，则"止入井"中，无此"止且"之义，则"止且入井"，即非"止入井"矣。唯在常

人之一般心理中，于"好读书"，恒取其中之"好书"之义；于"好斗鸡"中，恒取其中之"好鸡"之义；于"止且入井"中，恒取其中"止入井"之义；此即小取篇所谓"不是而然"者也。

在（四）之例中"爱人待周爱人而后为爱人，不爱人不待周不爱人，不周爱，因为不爱人矣。"一段，依俞樾释，"周犹遍也"，盖谓爱人者必待遍爱人，乃得谓为爱人；不爱人，则不待遍不爱人，而后谓之为不爱人；即只须于人有所不爱，即为不爱人矣。此释正合于墨家之兼爱之教。然（四）中之下一例，为"乘马，不待周乘马，不乘马待周不乘马。"以逻辑之形式规则衡之，此二例明互相矛盾。因若爱人，必待周爱人而后为爱人，乘马亦应待周乘马而后为乘马；若乘马不待周乘马，则爱人应亦不待周爱人。因此二辞之形式构造为全同也。胡适氏小取篇新诂，于此遂谓上一例中之小取篇原文，亦应为"爱人不待周爱人"，以合于下一例之"乘马不待周乘马"。然果将小取原文，如是加以校正，则于其下所谓"一周一不周"一语，便无所交代。因此一周一不周，明非就一例内部言，而为就二例之相似而不同处言。爱人之例乃周之例，乘马之例，则不周之例也。胡氏谓依俞氏所释，则小取篇无异自作一互相矛盾之说，此不应有。胡氏不知小取篇此文于各节所举之例，表面观之，正皆为在逻辑形式上，可说为互相矛盾者。其所以实不相矛盾者，则由于人之取故之不同。在此爱人及乘马之一周一不周之二例中，人于乘马时，或立乘马之辞时，可只注意于其有所乘之马，而只取"有乘于马"之义，故乘马不待周乘马也。至于在爱人时，或说爱人时，则人非复只注意于其有所爱之人，而重在"去爱人"；而爱人之词，亦不只涵有所爱之人之义，且涵"于人皆爱"之义；依墨家兼爱之教，更必须重此义，以求尽人而爱之。故小取篇谓爱人必待周爱人也。

在（五）中所举之诸例，如依一般逻辑之形式规则衡之，亦明表面上有互相矛盾之情形。如谓"人之鬼，非人也；祭人之鬼，非祭人也。"又谓"兄之鬼，兄也，祭兄之鬼，乃祭兄也。"此二者即互相矛盾。因如人之鬼非人，则兄之鬼亦非兄；如兄之鬼为兄，祭兄之鬼为祭兄，则人之鬼亦应为人，而祭人之鬼亦为祭人，方能免于逻辑形式上之矛盾。然小取篇之谓兄之鬼为兄，祭兄之鬼为祭兄，而人之鬼非人，祭人之鬼非祭人，却自另有理趣，而为常识之所首肯。即人在祭兄之鬼时，人在心理上，恒如觉其兄之尚在，因而于兄之鬼之意义中，人乃重其实为我之兄之意义，而不重其为鬼之意义。至在祭人之鬼时，则吾人心理上，乃觉其已非人而为鬼，人此时乃重其实为鬼之意义，而非其曾为人之意义。缘此人在心理上，对兄之鬼与人之鬼所重之意义各别；于祭兄之鬼时，乃取其兄之故，依其为兄之义而祭之，故由祭兄之鬼所引生出或推得之辞或结论，遂为祭兄；而于祭人之鬼时，乃取其为鬼之故，依其为鬼之义而祭之，故由祭人之鬼所推得之结论，遂非祭人，而为祭鬼矣。

在"问人之病，问人也；恶人之病，非恶人也。"一例中，亦有同样之问题。因问人之病，乃问属于人之一事，恶人之病，亦是恶属于人之一事，此二者之逻辑形式全同，此中并无"一是而一非"可说。而小取篇之所以说一是而一非者，唯以在问人之病中，人所关心注目者，实在人而不在病；在恶人之病时，人所厌恶者，实在病而不在人；故以问人之病为前提或理由或故，所生之结论或辞，为问人；而以恶人之病为前提或理由或故，所生之结论或辞，非恶人也。

在"居于国为居国，有宅于国不为有国"之例中，如谓居于国为居于国之部分之土地，则有宅于国，亦为有宅于国之部分之土地。如居于国之一部分土地，可称居国，则有宅于国之部分之土地，亦应可称为有国，方合逻辑规则。而小取篇之言二者之别，则唯有就人一般人之心理上，语言意义上，说居于国时，人所思者，实乃所居之国之全体之土地，此全体之土地，似皆为人之行旅所及，故居于国即居国；而说有一宅于国时，人所思者实乃宅之只占国之一部分之土地，除宅所占之此一部分土地外，其余部分之土地皆在其外，故有宅于国非有国也。

复次，"之马之目盼，则谓之马盼"；"之马之目大，而不谓之马大"。二辞之不同，亦不在二辞外表之形式构造，而由于在此二辞中，吾人对马与目盼及目大二者之关系，所了解之不同。于马之目盼中，吾人所了解于马目者，乃其活动，吾人视此活动可实属于其目，亦可实属于整个之马；故吾人可依马之目盼为理由，以说马盼。（或谓盼为眇，眇为一目之活动之停止。此活动之停止，仍可属于全马，故马之目眇即马眇。谓盼谓眇，皆不关大体）于马之目大中，了解于马目者，乃其形相，此目之形相之大，乃实只属于目者，不能说属于整个之马。此即二辞之所以不同也。

至于"之牛之毛黄，则谓之牛黄；之牛之毛众，而不谓之牛众。"之例，与上者略同。此二例之别，则在吾人对"牛"与"毛黄""毛众"

等之关系之了解不同。在吾人了解牛之毛黄时，即同时知毛之附于牛之形体，其黄亦实如在其形体之上，故可以牛之毛黄为理由，以说牛黄。至吾人了解牛之毛众时，吾人所思及者，惟是此毛之众。此毛之众，实乃止附于此一牛之毛之众，而非可用以指牛之形者，故不能以此为理由，以说牛众也。

小取篇之最后一例为"马四足者，一马而四足也，非两马而四足也。"及"马或白者，二马而或白也，非一马而或白也。"此二者之异，可说由于此二马字，实代表不同之概念，在逻辑上为二名辞。亦可说此二马字虽皆是马字，然吾人于此乃思及其不同之意义。吾人说"马四足"时，吾人乃就"马"之一字，实指一马之意义而思之，由"一马四足"之辞为故或理由，固不能引出"两马四足"之辞也。至吾人谓"马或白"时，吾人乃实就"马"之一字指两马以上之意义而思之，由"两马或白"之辞为故或理由，固亦不能引出"一马或白"之辞也。

十二　小取篇之论辩之宗趣

吾以上二节，不厌觊缕，于小取篇后半篇，所举之诸例，皆一一就其对偶成文处，以明其外表上皆非依同一之逻辑上推论形式而立，而吾人如以同一之逻辑上之推论形式衡之，将见其正为互相矛盾冲突者。今吾人所赖以消解之之道，则在于此对偶成文之辞，知其不同之义，并知吾人对外表形式上相类之辞，在心理上所思及之意义，而所立之为理由或"故"以引出他辞者，尽可实不相同。因而此外形式上相类之辞，实非真正相类。此即所以明辞之多方殊类异故也。自小取篇后半篇之意，在明辞之多方殊类异故以观，则此不特非意在建立逻辑上之普遍的推论形式，且正在证明外表上同一之推论形式，在实际上恒不能普遍应用，所谓"不可常用"是也。

然吾人虽谓小取篇后半篇之宗趣，不在建立逻辑上之普遍的推论形式，然却又不可说小取篇无逻辑上之原则之提出，更不可说小取篇意在明世间无真正相类之辞。其所欲人注意者，唯是辞之似相类者，可实非相类；而使人知"辞之侔也，有所至而止。其然也，有所以然也；其然也同，其所以然不必同。其取之也，有所以取之；其取之也同，其所以取之不必同"。此上对偶成文之诸辞，即皆其例也。由此而依小取篇意，吾人欲定二辞之是否相类，欲知吾人可否由一辞之然，以知他一辞之亦然，要在知吾人以此二辞为然而取之时，其"所以然"或"所以取之"之是否相同。简言之，即吾人于此二辞，其所取之故或所依之理由，是否相同。辞若异故，则殊类，必同故而后其类同，此即小取篇所提出之逻辑原则。至于依故所生之辞，其本身之是否有效，而堪效法，亦在此故，与由此故所引生之辞，是否有逻辑上必然之关系。若立此故，必有此所引生之辞，是谓大故。经说上所谓"大故，有之必然，"是也。若立此故，不必有此所生之辞，而不立此故，必不能有此所生之辞，是谓小故，所谓"小故，有之不必然，无之必不然"是也。大故相当于西方逻辑中所谓充足之理由，小故相当于必须而非充足之理由。时贤论者已多，吾于此亦无异辞。此大故小故之名，虽不见于小取篇，亦为小取篇之依故生辞之逻辑原则之所涵也。

然小取篇之宗趣，复不能说其只在提出上列依故生辞之逻辑原则，实又在指出吾人之如何"取故"，乃兼属于人之心理中之事，并不能只由二辞之外表形式上之相类，即谓其所取之故为相同。外表形式上之相类，乃"其然也同""其取之也同"；而"取故"，则是就其然之"所以然"，而有"其所以取之"。此人之如何取故，乃不必为人所自觉，亦不必表现于辞之外表形式上者。吾人欲定人之所言之辞之是非，则要在就人在实际上所取之故，与其所生之辞，是否有必然关系而观，而非在就其外表之形式以观。故祭人之鬼与祭兄之鬼之二语之形式同，然人于祭兄之鬼，乃取其为兄之故，是为祭兄，而祭人之鬼时，则乃取为鬼之故，遂非祭人矣。

依小取篇之义，人之如何"取故"之事为心理的，而不必表现于辞之外表形式中者。此即同于谓人之如何"取故"，并无事先之规定，亦无逻辑上之必然理由，如上所已论。而此依何故以生何辞之本身，亦可不必皆以语言加以形式化的表达者。如在前文所举之杀盗非杀人之论辩，其所以能成立，唯在人于杀盗时，乃就盗之为盗之故而杀之，非就盗之为人之故而杀之。此中，如将所取之故，另以语言加以形式化的表达，即可形成一西方逻辑中之普遍原则，或印度因明中所谓"因"及"喻体"。此普遍原则即"'就盗之为盗而观，及待之以何道'不同于'就盗之为人而观，及待之以何道'"之原则。此原则复可依于一更高之普遍原则，如"'就一类（如人）中之一种（如盗）而观此种之特性，及比特性所关联之事（如杀）'不同于'就一种之属于一类而观此类之公性，及此公性所关联之事，"之原则，或"'种名辞、种概念之内包之意义，及其所联系之意义'不同于'类名辞、类概念之内包之意义，及其所联系之意义'"之原则。唯依此等普遍原则，墨者方能谓盗人也，而又别杀盗于杀人。然此普遍之原则，在墨者之杀盗非杀人之论辩中，并无形式化的表达，即唯是隐涵的原则。至在墨者之其他论辩，如上述之非攻之论辩中，其"亏人自利而当非"之原则，固非隐涵的，而为明显的表出者；然墨者之逻辑思想，终未进至了解：一切推论中所隐涵的原则，皆宜有明显的形式化的表达之义，此即其不如西方逻辑印度因明者也。

　　墨者对于论辩中所隐涵之原则之形式化的表达，虽未能重视，然缺此表达，亦尽可无碍于辩论之进行。此乃由于辩论之双方，可为在实际上同承认此隐涵之原则者。而实际上若辩论之双方，不同承认若干隐涵之原则，则其言不能相喻，亦不能有共同之结论可得，抑亦可根本无相辩之必要。如在杀盗非杀人之论辩中，墨者诚未如上文之指出其"别杀盗于杀人"所根据之原则，然墨者之论辩，亦正可不必待乎此。墨子于此只须指出世人与之对辩者，既承认"恶多盗非恶多人，欲无盗非欲无人"，则亦当承认墨者之"杀盗非杀人，不爱盗非不爱人"之论。其理由即在此与彼同类。此同类之根据，自在其依同类之故而立，亦即在其隐涵同一之"别杀盗于杀人"之原则。然此原则之未有形式化的表达，并不碍于人在知二者之同类时，即在实际上依于同一之原则，由承认其一以承认其二。此即小取之论辩，特重举例为譬，以比辞俱行，外表观之，若皆为西方逻辑中之类比推理之故也。

　　综上所论，故知小取篇之中心问题，实不在建立逻辑上之推论形式，而唯在述论辩历程中之或、假、效、辟、侔、援、推之七事。此中之要点，则在"立辞必明于其类"，辞之相类者，亦即依相同之"故"而立者。凡依相同之故而立之辞，则此然彼亦然，承认其一，即当承认其二，而取其一，即当效之以取其二，是之谓以类行。而人之心术之大患，则在于辞之相类者，不明其为相类；恒承认己之一，而不承认他人或其他之二。乃于"窃人桃李""攘人犬豕鸡豚"等，亏人自利之事，则知非之，而于攻国之亏人自利，则不知非；于"恶多盗非恶多人，欲无盗非欲无人"则是之，于"杀盗非杀人，不爱盗非不爱人"则非之。此皆蔽其于"己之内"之一，而不能以类行，以通达于"其外之他人或其他"

之二，所谓"内胶外闭"是也。由此而有辩中之七事，以解此胶闭，以使人之立辞，皆明于其类。然辞有相类相侔，而实非相类相侔者，此即由其所指异义，实乃依于不同之故而立，原为殊类者。由此而有小取篇后一半篇之杂取诸似相类而实非相类之辞，而并举之；以见凡异故者，其辞之形式虽相类，亦实为殊类，因而人亦不当于此取其一以取其二；此即小取篇论辩之宗趣也。大约大取篇所重者在人之如何取行，小取篇所论者，则皆在如何取言。盖依墨子之教，重行过于重言，故于行曰大取，于言曰小取也。

新亚学报四卷二期
一九六〇年九月二十六日

第七章　原言与默：中国先哲对言默之运用

一　导言

中国思想之传统中，对人之如何立论、推论之形式之研究，未能如西方与印度之逻辑因明，早成为一专科之学。此为中国学术之短，毋容为之讳言。然于如何运用语言以表意表义，语言运用与行为之关系，语言运用之价值，与其限制何在，则自始有不断之反省与论述。此大体上略同现代西方所谓语意学之问题。吾前于荀子正名及先秦名学三宗与墨子小取篇之论辩二文，已指出先秦名家及墨子、荀子之论名实关系，辩论之程序，及言之多方异故等问题，皆由语言之如何指实表义，人在对辩时，如何使己意喻诸于人而引起，并尝谓其问题，与其说为逻辑的，不如说为更近乎语意学的。吾本文将更进而论者，则在说明中国思想，对语意之问题之反省，乃自始注意及语言与语言之外围之默之关系，并视语言之用，唯在成就人与人之心意之交通。此中可说有一中国之语言哲学之传统；并拟进而续对墨庄孟荀之言辩之异同，作一总持之讨论与分析，以言此传统中之语言哲学中诸基本形态之思想。

二　先秦儒墨道法四家对言默态度之不同

常言语言之用有指客观之事物，表主观之情志，及通达人我之意三者。指客观之事物者，如科学之语言。表主观之情志者，如文学之语言。通达人我之意者，如人伦间与社会中人之相告相命之语言。然人类之原始，尚有一种对客观之事物之语言，即咒语。如咒彼"土反其宅，水归其壑，昆虫无作，草木归其泽"之类。此乃一方依于人之主观之情志愿欲，一方又视彼自然之物，亦能知人意，或有神能使之知人意，乃视人之语言，亦能对之有所命，如其对他人之能有所命然。此乃混合另二种语言所成之对事物之语言，而盖亦人类之原始所共有者。作此种语言者，乃既信语言能指物，亦能表情达意，并完成此情意中之目的，而有其实作用。缘此发展，而人有一对语言自身之崇拜，并可有种种之诅盟与魔术中之语言，亦可进而视一语言之自身为一形而上之存在，而自有种种之实作用者。如印度弥曼差派有声常论。谓声常，即谓若干具神圣性质之语言，能永恒存在，人念之而有实作用，则成咒语。佛学初虽反对声常之论，亦不重咒语，然大乘佛经如般若华严中，亦附有咒语，密宗之口密，更纯为咒语。在西方，则希腊之Logos之原义，即言Word，即道。犹太教之旧约谓上帝创造天地，乃先说宜有光，即有光，说宜有天地万物，即有天地万物；是一切物，皆直接依上帝之语言而生。基督教亦重上帝对人言语上之启示。自约翰福音，而以希腊之哲学中之Logos与上帝同在。Logos即言即道，此道即上帝之圣子。此道之成肉身为耶稣，亦即无异于此"言"之成肉身。犹太教徒与基督教徒之视新、旧约为上帝之语言者，亦若视此语言之本身，即具一种神圣之实作用。此亦实皆遥承原始人类之咒语中语言崇拜而来。至在中国，则古之祝盟，亦皆有咒语之意义。纬书言仓颉造字，孔子作春秋而天雨粟、鬼夜哭、天降血书等，亦由信语言有实作用而来。后之道教佛教，亦皆有咒语。吾今亦无意作此咒语之必无效之臆断。然在中国思想之传统中，则此咒语之地位，显然较在印度与西方为低。中国无印度之声常论。原始宗教思想中，虽亦谓天帝与人言语，如诗言"帝谓文王"。然孔子则明谓天何言哉，孟子亦谓天不言，纬书中之说，多不为后之儒者所取。老子为道教所宗，而老子之"道"，乃不可道亦不可名者。中国佛教于第一义，例以言语道断、心行路绝为说；中国佛经中之咒语，并不为佛教学者所重视。重咒语之密宗，唐代传入后，竟归断绝。今乃再由西藏日本传入。即中国佛徒之信咒语有效者，对其所以有效之故，亦另有解释。如以作咒语时之心识之感应，解释咒语所以能感动人及众生与其所共变现之世界之故，便非只对咒语自身作语言崇拜也。故吾人可说中国人对语言自身之崇拜之心习，远较西方印度为薄。中国人盖极罕相信语言自身能对实际事物有实作用者。缘是而于语言之指事物之用，亦不直对事物而言，于语言指物记物之事，亦即可不说为直接对实际事物说话之事，而可只视为方便他人亦了解此实际事物，或使自己之未来，亦能记得此实际事物之事。由此而语言之指物记物之用，亦即可包摄于"对他人或自己之未来达我今日之意"之中。表情志之语言，其中亦必有意存焉。则无论对人对鬼神表情志，皆兼为达意之事。即一人之自嗟自叹，亦可说为自己对自己达意。自己对自己，亦是人对人也。于是上文之三种语言，皆可以"达人我之意"之一语以说之。而语言亦即唯存在于此人与我之心意交通之中，或人与我之主体心灵之交通之间；即唯存于今西方所谓 Inter-subjectivity 之中。然人之多存原始之语言崇拜之心习者，因其初信语言对事物，直接能有一实作用，故彼虽已不信语言之有实作用，仍将重语言之指物之用，而以语言存在于我与物之间，乃唯重语言与客观事物之切合相应之一面，未必真能重语言之达意之用。而重语言达意之用者，亦可更不重在求语言与客观事物之切合相应之一面，如尽可以语言提醒人自怀某一意、或自往注意某事物而止。此则其机甚微，而差别至大。以吾观西方印度人之用语言，即在今日盖仍为直接重视语言之指物之一面者。而中国思想，则早将语言指物之用，包摄于达意之用之中，而于语言之指物之用，容有未尽量加以发展之处；故早有一视语言唯存在于人我之心意之交通中之一传统。然语言固可成就人我之心意之交通，而语言又或不足以成就此人我之心意之交通，乃不容不默，而默又可为无言之言，反能助成此心意之交通者。然彼重以言指物或对物与神作咒语颂赞者，则未尝不可言无已时，乃反不知真默之意义，与其可以助成人我之心意之交通何在。旷观中国先哲对言与默之运用，而后知中国之重此语言之达意之用，确为一传统也。

　　中国思想之重言与默之关系，乃初由重言行之关系而来。中国古代之思想，皆在位之哲王哲臣之思想，在位之人，原重在行而不重在言。此与西方希腊人，初为侨居殖民地，而惟务在仰观俯察彼天地万物之理者固不同；亦与亡国之犹太教、基督教之徒，只能以言教人者不同；更与原出自祭师之颂祷之印度宗教思想相异。行在言外，行即由默而后有者也。然特提默之一名，为言行之枢纽，则盖源于孔子。孔子有默而识之之语，又尝谓予欲无言，并举"天何言哉，四时行焉，百物生焉，天何言哉"以自况。则知言外之有默，言外有无言，乃始于孔子。而谓言皆对人而有，亦孔子之旨。故孔子曰："可与之言而不与之言，失人；不可与之言而与之言，失言。智者不失人，亦不失言。"盖言既对人，即必一方有我为说者，一方有人为听者，语言唯存在于此说者听者之间。则无其听者，或听者非能听，自当归于默；而听者既能听，则说者亦即当说。故失言不可，失人亦不可。失人不可，故颜渊于孔子之言，无所不悦，而孔子乃与回言终日。失言不可，故孔子有余欲无言之叹，而默与天契。人称孔子之"时然后言，人不厌其言"，故孔门之教，亦有言语一科。子贡善言语，然子贡以言语方人，孔子又曰："赐也贤乎哉，夫我则不暇。"冉有季路为季氏辩，孔子又曰："君子疾夫，舍曰欲之，而必为之辞。"此则谓言而不当，不如默也。孔子固亦能侃侃言，便便言，然又谓"辞达而已矣。"吾意此辞达，当如"立己立人""达己达人"语中之达。孔子之此言，即谓只须言辞能达己意于人，以使人知此意，而通达人我之心意，则可更不言而归默矣。至若言而不得其听者，人我之心意，不能相通达，是谓言之穷。依孔子之教，人之立身行己，有进有退，有见有隐。合则进，不合则退；有道则见，无道则隐。孟子亦言孔子"可以仕则仕，可以止则止，可以久则久，可以速则速"。又曰"穷则独善其身，达则兼善天下"。行道有穷达，而出处有异；言亦有穷达，而语默有异。故易传曰："君子之道，或出或处，或默或语"，二者对举成文。行之有出处，言之有默语，依时而定。此即孔子所以为圣之时。而亦见孔子于言默之际，最能执其两端而用其中，未尝陷于一偏，而为中国思想中对言默之思想之一最高之典型也。孔子后之孟子尽心篇曰："未可以言而言，是以言餂之也；可以言而不言，是以不言餂之也。皆穿窬之类也。"荀子非十二子篇谓"言而当，智也；默而当，亦智也。故知默，犹知言也。"易传既言"当名辨物"，"鼓天下之动者存乎辞"；又言"吉人之辞寡，躁人之辞多"，"默而成之"。中庸言"邦有道，其言足以兴；邦无道，其默足以容。"凡此孟荀以及儒家之传，皆兼重言默，而同承孔子之教而来者也。

然孔子以后之墨子，则迫切于行道以救天下，乃知进而不甘于退。故墨子之行，如禹之形劳天下，三过其门而不入，乃有出无处。而其卓绝之精神，亦可说有胜于孔子之处。墨子重行，然起天下人之行，必待于言。墨子重言之足以起行，故上说下教，而尚谈辩。墨子之耕柱篇谓"为义……能谈辩者谈辩，能说书者说书，能从事者从事。"能谈辩说书者不必能行。此即今所谓实行家与宣传家之分。是见在墨子之教中，言行之事亦可分为二。而事谈辩者，其任务在谈辩，即有言而无默。墨家之谈辩，非只表己意，亦意在服人，且必服人而后已。故庄子谓墨子强聒而不舍。墨子又信其言之必足服人而人莫能非。贵义篇谓"以其言非吾言者犹以卵投石也，尽天下之卵，其石犹是也。"又可见墨子自信其言之必能服人。然服人必有理由，必立故，而本之以成推论。墨子之言，乃皆具头尾成体段，亦咸归于一定之归结，又为人之所可清晰把握而持循之教条，把柄，如兼爱非攻尚同是也。缘是而墨家乃有一谈辩之术，而有墨辩中对谈辩之本身之谈辩，以与当时之辩士相酬应。孔子知时然后言，亦知言之不当不苟；故重辞达，亦论正名之要。孔子之正名，乃意在使人由其名之所在，而知其义之所当为。孔子言辞达，只在表己意以使人喻。据论语记孔子语，孔子盖亦唯直就义理之当然者而举之，以告弟子，而罕有说辩。故陆象山谓论语一书中多有无头柄底说话。无头即无明显之理由，无柄即无一定之结论为把柄，作教条。如论语首谓学而时习之，不亦悦乎。孔子未尝言何以当学而时习之，亦未尝言学而时习而心自悦之外，有何把柄教条之可执也。论语阳货篇载，宰我以三年之丧为期太久，更自述其所以疑之之理由。孔子则只径答以"食夫稻，衣夫锦，于汝安乎！"宰我曰"安。"孔子则唯曰"汝安则为之。"是见孔子知重辞重名，而未尝重说与辩。先秦重说辩之风与名家之流，谓皆开自墨子之教可也。

至于道家之老子庄子，则不似孔墨之徒，皆志在用世，盖皆处士之流，期为圣之清，而不期为圣之任者。故宁退而不屑进，亦宁默而寡言。而其默也，非必待时而动，乃藉默以寄情于妙道之体证，而其言，乃唯所以指点其默中之所体证，及此所体证者之超于言意之外。于是老子有"道可道，非常道；名可名，非常名"，"行不言之教"，"善者不辩，辩者不善"，"大辩若讷"之论；庄子谓"辩也者，有不见也"，"孰知不言之辩，不道之道"（齐物论），而期在有得意忘言之人与之言。此则明与墨家之流，重言辩以上说下教者，大不相同。墨子以言教行，以言论谈辩之术，足以言立言，以言益言也。道家以不言为教，以言教人证无言之境，是以言泯言也。此与孔子之言默相代以为用者，又明为另一形态之语言哲学。然其期在以言与忘言之人，互通心意，以相视而笑，莫逆于心，或期在万世之后，得知其解者，以相遇于旦暮（齐物论），则又与孔墨之以言通达人我之意之旨，固未尝不同也。

至于法家之流，则如韩非子谓"言行者，以功利为的彀者也。"故于言行之价值，皆衡之以功利。功利者国家之富强。故法家于无益于国家之富强之言行，皆在所必禁；然视法令之言，又不能不有。循名核实与形名参同，以生赏罚，乃为政之一端。则名言之要，唯见于"法令之规定人民之所当行与不当行"，与"考核有其名有其言者之是否有行"之中。法令期在民之行，而不期在其心悦而诚服，故可无事于辩说。观名实形名之是否相应，操之者在人主之心术，而不在言。故法家不尚谈辩，与道家相类；皆不似墨子之重对天下人施其说教，复不同于孔子之正名之意，在使人自知其名之所在，而知其义之所当为者。法家唯以法令之言，与循名核实为工具，以使人民之不得不有如何如何之行；而足以必此行为之有者，则在为政者之赏罚之行，固不在法令之言之自身也。赏罚行，而以谈辩议赏罚之辩士与儒生，亦在所必诛。故循法家之道，必归于焚书坑儒。此乃以政治之行，制谈辩之言，使天下默；便不同于道家之以言泯言而独默，不同于墨子之言多无已，以说服人而起人之行；亦不同于孔子以言默相互为用，以正名达辞，唯使人依其名之所在，义之所在，以自起行者矣。

  法家虽恶辩士之谈说，然其书具在，固亦未尝无谈说。然其谈说，盖初非如墨子对天下人而谈说，亦非如儒者之对学者而谈说，复非如道家之徒之感举世无所知者，乃对自己而谈说。法家之言，盖皆初只对君主一人而谈说，冀得见用而行其道。故申子说韩昭侯，商鞅说秦孝公，李斯说始皇。韩非口吃，不能道说而著书。始皇见其书，而恨不见其人。韩非书中，屡叹息于法术之士之不见用，则其著书，亦冀见用。其书之说与辩，盖亦皆意在说服其心所想望之明主一人耳。然韩非见忌于李斯，终下狱以死，则见欲说服者虽只在一人，其道亦终有时而穷。韩非又著说难，更痛言虽善说者亦不能期当道者之必喻，亦不能杜绝听言者之猜疑。盖说者为我，听者为彼，彼此异心而异情，则听者对说者之所言，无不可另自作一解释，以成一误解，而心怀疑虑。说者之言无穷，听者之误解疑虑亦无穷。庄子固尝论言辩之际，是无穷，则非亦无穷矣。而韩非之说难一文，则更彰显听者于说者之言之误解与疑虑之不可无之义。此则无异于谓以言达意之事，有极限存焉。此则原于听者恒能于言者之言所达之意外，能更自另生其意而来。此亦正可证明心意不通，则言说必穷，人势必归于默，言说唯存于心意之交通之际。是见韩非与儒墨道之言虽皆异，然在以言说唯存于心意之交通之际，亦未尝不同也。

三 汉人之以言益言，与王充之辨言虚，及魏晋清谈中之言默相望以俱存

先秦之韩非，怀法术而不见用，著说难而终死于狱。李斯焚书坑儒，以裁抑天下之善口辩之纵横游说之士，亦终不能尽绝之。故秦亡而纵横之士再出。汉初如蒯通、邹阳、主父偃，皆习纵横之术。即儒道之徒，如陆贾、贾谊、淮南王之伦，其著书皆未尝无为说以易天下之志。及贾谊被黜，晁错见杀，淮南王被诛，而当世乃知徒以其言说思想，以易当今之天下者，其道终穷。而传经之儒，独抱遗篇，以传授学者，反为世所尊信。说经以求致用当世者，如董仲舒，乃得略行其道。经学既列于学官，通经致用为世之所趋，而说经不能致用者，亦尽可说尧典二字，累十余万言。此说经之儒，其初意当在通圣贤之经传之意旨，此乃以说经者之心意，求通昔之圣贤之心意。其通经致用，则是更以此为媒，以通当时之君主与世人之心意。此即大不同于先秦学者之求直与当世人之心意，彼此相与"横通"；乃其时之说经者，求与昔圣贤之心意相与"纵通"者也。然经书残缺，口传不同，而说者亦异，于是有今古文之争。今古文中又有各家之争。弟子承师，能传其师说，斯亦可矣，乃有经师之家法。家法者，又一家之师弟相承，以纵通其说经之旨意者也。然以今说古，而古人已往，则终有死无对证之患。党同门，妒道真之祸，固势所必至，而于昔人之言，若一一皆加以尊信，又必矛盾错杂，积为虚妄之谈。王充于此，乃自言于世书俗说，多所未安，而畅论"语增""艺增"所致之传言之多妄，载籍之多虚。乃本耳目之所实知，当世之所亲见，以为辨古昔传来之虚妄之所资。此则初重在语言之指物之用，及其心意与客观之事物之相通，而不重在以己之心意通古人之心意矣。王充自纪篇言"幽处独居，游必择友，不好苟交"，则行类道家。人谓其书"稽合于古，不类前人"，当世殆无知者。然彼又谓"言恐灭遗，故著之文字"，又谓"文多胜寡"，故其书累卷不休，冀"名传于千载"，则其重言说之多，亦同于说经之儒；而其所欲通之心意，则为来世人之心意。此亦仍是以语言文字唯存于与人心意之相交通之中者也。

王充著书以待后世之知者，而魏晋人之清谈，则求人与人之心意之

相契于目前之交游聚会之际。此盖源于汉末之清议。由清议之品评，而人之物望有其高下，即足为政治上察举人才之所资。不经察举而声名在世，便只为名士。人于名士，恒求亲接其风仪言论。浸至名士与名士相接，而清谈兴焉。清谈之所谈者，恒玄远而不及实际之事务，乃成名理玄理之论。谈者之晤言一室之内，既可忘情于远古与方来，亦可暂置天下事于不问。于是一朝之会，亦可快然自足，如当下绝待。清谈固以义理为归，而谈者之风仪之美，与言谈中音声辞采之美，其花烂映发，皆可使人披襟解带，对所谈之义理，更流连不已，而自然了悟，亦使人与人之心意，更易得相通。盖义理在于心意，心意见于言谈，而谈者固自有其风仪音声与辞采。此数者固原不相离。然能知其不相离，而使之相互为用，以使人之心意中所怀之义理，更易得相通，则唯魏晋之清谈中有之，而为昔之所未有者也。

魏晋人之谈家，固或终身标一理或数理，然亦或有更互为主客者。如世说新语文学篇载：王弼见何晏，"晏问此理，仆以为理极，可得复难不？弼便作难……自为主客数番。"文学篇又载许掾询与王苟子，共决优劣，许复执王理，王执许理，更相覆疏。此则谈者中虽或有较量辩才之高下之意，然亦意在曲尽一义理所涵之正反之诸面，并见当时人以谈义理之本身为乐之兴趣。世说新语文学篇又载："支道林许掾诸人，共在会稽王斋头……支通一义，四座莫不厌心，许送一难，众人莫不抃舞。但共嗟咏二家之美，不辩其理之所在。"又载傅嘏与荀粲共语，"有争而不相喻，裴冀州释二家之义，通彼我之怀，常使两情皆得，彼此俱畅。"此则见当时清谈之风，乃以能互通心意，各畅其怀，其本身即一价值，故大可忘情于胜负，能兼嗟叹二家之美，而不辩其理之所在。亦唯人能知此谈之互相心意，各畅其怀之本身，即具一价值者，然后更能自为主客，而无所不可也。魏晋人之清谈，须整饰音节，并修饬文辞，且四座有他人正待机而言；故言者不能多言无已，恒须言简意赅，而智者亦自能默悟。乃或妙语解疑，数言而足。故王夷甫问阮宣子，老庄与圣教同异，曰：将无同。世称三语椽。卫□嘲之曰："一言可辟，何假于三？宣子曰……亦可无言而辟，复何假一？遂相与为友。"（世说新语文学篇）或但喜闻人言而唯以默应。如殷荆州与慧远谈易，远笑而不答，乐广闻裴頠之论，笑而不言。支道林造即色论，示王中郎，王中郎都无言。缘是而魏晋清谈中，人之言外之意，乃得大多于言。而多言是否即必能尽意，使人必喻，亦原是一问题。韩非有说难，则见言不必能尽意，使人必喻。秦延君以十余万言说尧典，而后世无传，则言多未必胜寡。而魏晋人于此，又有言是否能尽意之辩。昔之谓言不尽意者为庄子，而庄子则期在忘言。魏晋人既有清谈，即未尝必欲忘言。不欲忘言，而谈言是否能尽意，则"言尽意"，与"言不尽意"，皆在言谈之中。言若不尽意，则待言外之默，以心知其意。言若尽意，则即言而人已可默识其意，更不待言外之默。今谈言之尽意与否，则言与言外之默，与言内之默，又皆在讨论此问题者之心意中。心意中存此问之意为默，今答此问，无论主言尽意或言不尽意，又皆为言。此中即有意与言，言与默之相望相涵以俱存，而意在言中，亦在言外；意在言与不言之间，而言亦可在有意与无意之间。世说新语文学篇又载，庾子嵩作意赋成，从子康问曰："若有意邪，非赋之所尽；若无意邪，复何所赋。"答曰："正在有意无意之间。"此即谓言在有意无意之间也。此与庄子之直言"言不尽意"，或"非言非默"或"言无言"者，又更多若干翻曲折矣。

四 佛家之科判与判教，与极言说之量以超言说，及禅宗之以言破言

至于魏晋南北朝隋唐之佛学家，则初承清谈家之风，以自标宗趣，继学汉儒之注疏，以释佛家之经论。此后者意在通佛与菩萨之心意，有如汉儒说经者，其意在通中国圣贤之心意。佛家经论，皆有组织，故为之科判。佛家之经论，义有同异出入，则又为之判教。科判判教者，皆以判者之言，判所判之教之言中之义理之次第、方面、层级之言也。然循科判判教以读经论，以通佛菩萨之心，又必以超思议之境为归。欲达此境，赖于修证，亦由言而默之事。然佛学家之论疏，又皆卷帙浩繁。智𫖮、法藏、窥基、湛然、澄观、宗密诸大师，尤力求充言说之量，以祛疑破执而显正理，方更指示彼超言说之境。即佛经之较简者，如维摩诘经，言入不二法门，亦须先列诸菩萨于入不二法门之诸说既尽，然后有维摩诘之嘿然无言，以见此无言，即所以入不二法门者。佛家必先畅说可说，然后及于不可说，则又与魏晋清谈者及诸玄学家之言默相望俱存以为用者异矣。

佛家之判教，在定诸经所陈教理之位次。然佛以一音说法，而众生各得其解。天台有同听异闻之秘密不定之教，而天台华严，又皆有不历层次以绝言会旨，顿超直悟之顿教，澄观华严玄谈谓"天台四教皆有绝言，四教分之，故不立顿……贤首意云……欲顿诠言绝之理，别为一类之机。"故华严五教，特标顿教。而禅宗之惠能，则直下对上上利根人说顿悟为宗，于经教言说，皆重当机之自由运用，而不重其原有义理层次之解说。盖众生之机感，原自不同，一语固可对不同众生为异义，而众生有异闻；则相异之语，亦即可未尝不同有引致其开悟之用。坛经付嘱品，言"法相语言三十六对，若有人问汝义，问有将无对，问无将有对，问凡以圣对，问圣以凡对……二道相因，生中道义。"由此而后之禅宗大德教学者，乃或言即心即佛，或言非心非佛，或言"青青翠竹，总是法身；郁郁黄花，无非般若"；或言"黄花若是般若，般若即同无情，翠竹若是法身，法身即同草木？"① 或言凡夫即佛，或言佛即凡夫，以致逢佛杀佛，逢祖杀祖。要在当机破执，更不容人如狗逐块，以指为月。而禅宗之应对，又必须以语接语，机锋迅捷，不待安排，不容拟议。又佛之说法，维摩华严等经皆谓，扬眉动睛，微笑声欬，现种种相，无非佛事。故禅宗施教，于语言之外，又有嘘声绘相，棒喝交驰，斩猫烧庵之行事，皆可代语言之用。而学者于此既会得宗旨，则此一切惊天动地之事，又皆归于寂，唯留师徒之默然以心相印，是为以心传心。此佛家宗下之对谈，异于教下之诠教，正如玄学之清谈，异于两汉经生之说经。而禅宗之对语，亦非印度之所有，乃远承孔门师弟之对语，近承清谈之风而来。然清谈家之谈言尽意与否，仍在言中，其言皆清言娓娓，奇文共赏。禅宗之五家，宗风虽各有不同，然皆喜以言破言，意在直指本心，而临济以下，其破言之言，尤简截峻烈，如相呵骂。又清谈中只有雅言美言，皆如为精金美玉，又语皆有义；而在禅宗，则粗语与无义语，尽可杂然并陈。然以禅宗观清谈家之雅言，则言必求雅，正为大俗，言必如精金美玉，以更不异粗恶之粪土；言必有义，义理为障，即成无义。今以粗俗无义之语，杂然并陈，以无义破义，以粗俗语扫荡雅言美言，人乃更能得其言外之意。又禅宗以棒喝助言之所不及，亦有似魏晋人之以麈尾，助言之所不及。世说新语文学篇所载，"客问乐令旨不至者，乐亦不复剖

---

① 传灯录慧海禅师语录。

析文句，直以麈尾柄确几曰：至不？客曰至，乐因又举麈尾曰：若至者，那得去。"即此以明"指不至"之义。此正与禅宗之用棒为语言之助无殊。然魏晋谈家或终身执麈尾，或竟以麈尾送葬，无放下时。① 禅宗之禅，则时时可提起，时时可放下，麈尾雅而棒俗，麈尾无力而棒有力。此亦如魏晋人之言有音节善长啸，而不能大喝。百丈对黄檗言当日被马祖一喝，直得三日耳聋，黄檗闻言吐舌。音节啸声更何有哉。至于斩猫烧庵，更为贵游子弟之谈家所骇闻。要之，魏晋之谈家，虽即能知言外之意与默之为用，以使言默相望而俱存，而尚未有如禅宗以言与言相斫杀，棒与喝相斫杀，以归于寂天寞地之大默者。此大默中有心与心之相接相传，而意也俱无。而此正所以显语言棒喝之大机大用，而为昔之谈家所未尝梦见者也。

五 禅宗之传心，与宋儒之道统及心同理同之义，与宋儒之本自得以正面立言之态度

禅宗之机锋应对之言，以及参公案话头，皆意在使人会得言外之宗旨，与话外之无话处，故只参话头，而更无话尾。话尾是能传心之心，而非话。然禅宗之语录，又将此应对之话，与昔人所参之公案话头记下。后之禅宗之徒专治语录，并为之分别宗旨，此则又无异于经生之业，于是昔人活句，亦皆成死句。又事过境迁，后世之人不知昔人当时之机感之所应者何在，而"拈古""颂古"，谈昔人之公案者，亦或几同射覆。于是后之禅宗，乃不能不转入禅净合参一途，以求归于平实。而在禅宗极盛之际，不求播弄语言上之精彩，而务在以语言平实说理者，则为宋儒。宋儒以语言平实说理，始于周濂溪之太极图说与通书，继有张横渠之正蒙。此皆自成一家之言，而又志在契昔圣贤之心。是则又不同于汉儒之说经。汉儒之说经，乃以己言注古昔圣贤之言，而周濂溪、张横渠，则是自说其所见之义理，此似先秦诸子，而又志在为往圣继绝学者。宋儒亦可谓是志在以己之心，传古圣贤之心。然又不同禅宗之传心，乃师徒觌面，直接相传。禅宗自言自迦叶于灵山会上，得教外别传，以至一花五叶，越祖分灯，皆未尝断。而宋儒言道统之传，乃上承

---

① 如世说新语伤逝篇，载王长史病笃，转麈尾而视，及亡，刘尹以犀柄麈尾著棺中。

韩愈之说。韩愈原道尝谓，尧舜禹汤文武周公孔子之道，自孟轲死而不得其传。而程伊川为明道先生墓表，亦谓"孟轲死，圣人之学不传。学不传，千载无真儒。先生生于千四百年之后……"云云。实则濂溪、横渠，同志在遥接中庸与大易之旨。此皆同承认儒学之传统之已先断，而更使之续。此便不同于禅宗之不承认其传统之有此断，而自始相续者。故禅宗可自谓有真正在历史上相传之传统，而宋儒则无此义之传统，而只有道统。道统者，以道为统。道无今古，故虽晦而能显，虽断而续之则在人。豪杰之士，无文王犹兴，故一朝而可顿接于千载不传之道，以接圣贤之心。禅宗虽言顿超直悟，然不喜言独觉禅。故必言传灯。而宋儒言道统之传，则直可平地拔起。禅者言匹夫顿登辅，一念相应，便成正觉，此不可思议之事。则居千载之后，而接千古圣贤之心，更为不可思议之事也。陆象山于言东海西海南海北海有圣人出，此心此理皆无不同之前，先说"千百世之上，有圣人出焉，此心此理同也；千百世之下，有圣人出焉，此心此理同也。"——圣人皆可自出，而同契一心一理，"孩童知爱长知钦，古圣相传只此心"能推此心，则人皆能成圣；则世之相去，地之相距，皆不足以成限隔。此义乃同孟子之言文王与舜之或为东夷之人，或为西夷之人，"地之相去，千有余里，世之相距，千百余岁"，而"先圣后圣，其揆一也"之言。陆象山于此，固亦喜举孟子之此言，然亦由陆子之所自悟，而自契孟子之旨。此与佛家之或言十方诸佛之各本无师智、自然智，而自成佛者之言无异。然佛家仍不许此一世间别有一佛，必谓其诸宗之教，皆自释迦一人出。则与儒者言先圣后圣，原可异地异时而出，不相师而自心同理同者，又不同矣。

　　依孟子与陆子之言，则人之知先圣后圣东南西北之圣，其心同其理同，此中门亦应有心与心之相印。而孟子、陆子，亦自能知此中之心与心之相印。然孰为证？此则终不可答。此中盖只有内证而无外证。文王与舜，犹是实有之人，可举其言行为证。然对其外表之言行，皆未尝不可另作解释，则亦终不能证矣。陆象山之泛言古今四海之圣人之心同理同，尤无外证可得。然此内证又在何处？则要在由义理之无古今四海之别，以言其心之无古今四海之别而已。人之知义理无古今四海之别，则又唯由人自知之，亦人自证之。是亦初只能为一默然之自证也。人能自证此义理之无古今四海之别，则亦能自证古今四海圣人之同知之，而知彼同证此义理者，其心之同；而此人之自证，亦尽可不待他人更为之证，即能由自证而自信自肯，以更无所疑。禅宗之悟道者，固亦未尝不可有同一之自信自肯，然要不肯明说其自信自肯，皆本于其无师智、自然智，此则终有依傍在。陆象山之此言，则更绝诸依傍以直说，则至少自其言而观其义，固亦有所进矣。

宋儒之自著书，以为往圣继绝学，或接道之统绪于千载之后者，固与古先圣贤之言，或同或异，其所默然自证而自得者，亦有浅有深。宋儒之说经为经作注疏者，亦或得其真，或徒以己意为之。然顺此各求有以自得之态度，而将其所自得者，告诸学者，则人与我间，尽可无事于辩争，亦不必求人之必信己之所言。故朱子与陆子辩太极图说，往复数书，而朱子终于谓"各尊所闻，各行所知"斯可矣。此则不同于汉儒之各本家法，以自谓能传经者之必□□相争。亦不同于名墨诸家之必以说辩，求人之信己。宋儒之言，皆称心而谈其所自得，以告学者，又不同于魏晋清谈之士以谈论本身为乐。而凡言之唯就其所自得以为说者，则不可均视同于一可破之执着。盖凡言之所以成执着，而可相破者，以所说之某一境界，原非片面之言之所能尽，故言之乃成执着。若吾今所言者，非只对某一境界而说，唯是言我自己趋赴某一境界之行程，或已行者有几何，以谓所自得者有几何，则非同于对一境界之妄拟，而对一境界，亦初无所执着。我言我今之所自得者如此，而果又未尝自限我之即止于此，即我对我之所自得者，亦可无所执；则我之自言其所自得，亦非他人所能破矣。又人之自言其今所自得如此如此者，亦不能自己旋说旋扫，因所自得如此如此，便是如此如此也。此中，纵他人之所得者，远胜于我，然登高自卑，行远自迩，亦当许我今日之所自得者之如是，为学者所必经之一程也。夫然，故人之称心而谈其所自得之言，则其言莫不可相望以俱存。其间以人我所自得者，有浅深同异，固不能期一时之共喻。然人与我，皆不期一时之共喻，而共喻此"各尊所闻，各行所知"，共喻于"不期一时之共喻，不强求同于一旦"，则人我之心意，亦未尝不交会于此所共喻之不期共喻之中，以俟有朝一日之共喻。此即宋明儒者之所以分别讲学，各具宗旨，而所成之文与所留之语录，皆各正面分别言其所自得，咸可并行而不相悖，亦咸可分别为后世之所能解；而不似禅宗语录，多为当机破执之论，后世之人既不知其机感之所应者何在，或乃宛若无之之流矢，解之皆如射覆者矣。

六　清代学者之重辗转互证以训诂，与以言释言

至于清代之学之异于宋明儒者，则是清人多以圣人之道，乃存于圣人所制作之礼乐制度之中，而见于所传之载籍者。记载由文字之积累而成，字义依乎训诂而定，而训诂或又本于音声。清人因重由音声训诂，以通文字，由文字以通圣人载籍，而冀得明圣人制作之意，此则大类汉儒之求通经。然清人之治音声训诂之学，又必辗转互证以求通。故其实事求是之功夫，又过于汉人之固守家法，以成其章句之业者。清人之治汉学者，固亦重述汉学之家法，言宋学者，亦或守程朱家法，或守陆王家法。然其所归，仍在以东汉之学还东汉之学，西汉之学还西汉之学，程朱还程朱，陆王还陆王，孔孟还孔孟。乃至于老庄墨韩，皆各就其书，为之诂释。此则不同于汉儒之为今古文者，各自信其家法之所存，即孔子之道之所在，乃本此意以为章句者。又不同于宋儒之自著书为论，以遥契绝学于千载之后者。此乃是分别求通古人之各家言之义理与心意之所存，而各求还其本来，亦不期其必归于一统。章实斋文史通义朱陆篇，尝谓朱陆之同异，为千古不可绝之同异，亦千古不可无之同异。又谓成家之学皆相异，而不可相无，故谓"业必期于专精，道必抵于全量"。焦循作无讼解，释论语"攻乎异端，斯害也已"曰："必攻治于相异之两端，而后其害可已。"是可见清人之学，盖亦有"其默足以容"之一面。清人于义理之学，殊乏创见。然戴氏之徒，欲由通声音训诂以通义理，或谓离训诂则别无义理。章实斋重知言，谓"知言者，知其所以为言"，又谓古人皆不离事以言理。是见清人于训诂及事外之义理，皆无心于究思，此其逊于昔贤之处。然训诂者言"言"之事，必知言而后能言"言"，而知言要必知言所表之意。意之所在，无论在事或在理，或在不离事之理，要皆不离人之意。故知言即知意，舍知意亦更无知言之学与训诂之学。故戴东原亦尝谓："六经者道义之宗，而神明之府也。古圣哲往矣，其心志与天地之心协，而为斯民道义之心。"则其求通故训，亦即欲通古圣哲之述作之心意也。① 唯清儒之为朴学者，虽欲得圣人述作之心意，然不同于汉儒之恒抱通经致用之志。唯晚清之公羊家，乃有此志。

---

① 见戴东原集卷十古经解钩沉序。

又清儒亦不似魏晋人之能欣赏言谈义理之美，又讳言心学与宋儒之道统之说，故无以心传心，或依理同心同，以通四海千古之圣之说。然舍所短以观所长，则其由辗转互证，以通声音文字训诂，而缘训诂以求义理，冀得圣贤制作之意；固亦为一代之学风所存，而未尝非本语言文字以为媒，以求通古今之心意之学也。

七　总述中国思想对言默之态度与儒墨道之三型

上文总述中国各时代之思想对言默之学术态度之变迁，固代有不同，然要皆环绕于如何以语言成就人我心意之交通共契之一问题而生。唯此中于人我心意之交通，或兼重言默，如孔子；或重在言，如墨子；或归于默，如庄子。又或以为人我心意之交通之事，乃真正可能之事，如上述之儒墨道三家；或以为此事有其极限存焉，如法家之韩非。或重在变易当世人之心意，如先秦诸子；或重在以今人通古人之心意，如多数之汉儒；或重在通来世之心意，如王充。或人各著书，如先秦两汉之学者；或重当面对谈，如魏晋之谈家。或以言达己意而止，如谈家之言简意赅；或必穷言之量，以显正破邪，乃由言归于默，如佛家之为经论作注疏者。或为科判与判教，以定义理言说之位次，如在佛家之教下；或自由运用经教，当机言说，不历位次，如佛家之宗下。或以言破言，如宗下之机锋问答；或以言称心而谈，直示其正面之所自得，以教学者，如宋儒之语录，非人之所能破。或志在上承道统，见古今四海之圣人之心同理同，如程朱陆王之徒；或唯由辗转互证，以通文字之声音训诂，而由训诂以明义理，以冀知圣人制作之意。而此中各时代之人之学术态度之异，皆应有其对言与默及如何成就此心意之交通之理论，足资吾人之探索。然此所牵涉者至广，亦非吾今之所能多及。约而论之，此中之基本问题，唯在言说对心意之交通之效用，何所至而止？大凡重观其所至者，则必尚言，重观其所止者，必兼尚默。兼观此二者，则兼尚言默。先秦墨家为尚言者，道家为偏尚默者，儒家盖得其中。此即为三种基本形态。后之汉儒尚注疏论说之言，魏晋清谈则兼重默识言外之意。六朝隋唐之诸言佛教教理者尚言，禅宗则扫言以归默。宋明儒之自得于道，赖默识心通，而又称心而谈，以告学者，是最得孔子之意。清儒则以言释言成训诂，以知圣人制作之意，而讳言默识。是皆不出儒墨道三基本形态之外。

至在言之中，在先秦有名辞说辩之分，荀子正名篇尝分别为之释。名以表单义，如今之名辞。辞以表一整全之意，如今之所谓语句或命题。说乃以一理由说明一辞之所以立，如今之所谓推理推论。辩所以明一辞之是非，此中更有双方对辩者之各举故或理由以说。孔子重名正与辞达，而未尝重辩说，孟荀则皆尝论辩说。墨家之墨辩与庄子齐物论皆论辩。唯辩能包括名辞与说。辩者，己之言与人之言说相遇而相争，以冀归一是或同一之言说，而期在达人我心意之交通之事也。故人在思想上之反省，恒由与人辩论而获致。盖在人与人对辩之际，人之心意即自然与一对反之心意相遭遇，乃不能不折回而自作反省。人对其言说之反省，又必至于对此人与人何以会相辩之本身，亦作一反省，乃能极其对言说之反省之至。至于人在皆对此辩之本身作反省，而对此辩之本身之意义与价值，有不同之意见主张时，则人更有对辩之自身之论辩。如由尚言而尚辩，与不尚言不尚辩，而求归默者，或兼尚言辩与默者，即各为一意见主张；而将不免对"辩"之自身，亦有论辩也。此在先秦，则可以墨家代表尚辩而维护"辩"之一型之思想；庄子代表求超辩之一型之思想；而孟荀之论辩，则上承孔子兼尚言默之教，而为上二者之一综和形态。此下之一文，则拟对此四家之论辩之言，一一分别加以解析，而由此四家之论辩，以见上述之对"言默与心意之交通"之思想之三型。而人真能知此三型之思想，则中国思想史后此之言默之论，亦皆不难循序而通，亦可暂不烦更一一为之解释矣。

第八章　原辩与默：墨庄孟荀之论辩

一　墨家之论"辩"

吾于中国先哲对言默之运用一篇，已言墨家重上说下教，期在以言起行。儒家之立说先子墨。墨家之说起，与儒家之说相遇，即不能不有辩。墨子书中，固屡载其与儒者之对辩之言矣。如儒家重礼乐，而墨子薄葬非乐，即为一儒墨对辩之大者。至于墨家之论"辩"，则当在墨家思想发展之晚期。盖亦因墨者屡与人相辩不休，乃转而论辩也。墨辩一书中论辩者，其涵义最富之一文为小取篇，吾已于本书第六章申释其义。此小取篇，要不外言论辩当有之程序，及语言之多方异故等所引起之问题。小取篇言人在辩论之际，应守之一基本原则。即"有诸己而后求诸人，无诸己而后非诸人"，以"以类予，以类取"。盖辩之所以成立，乃由欲吾之所是者，人亦是之，吾之所非者，人亦非之，此即求人与我有同一之是非，以互通其心意。然吾欲人是我之所是，则我必须先确信此是；故必"有诸己而后求诸人"也。又吾欲非他人之所是，则我必须先确未尝有彼非，故必"无诸己而后非诸人"也。此所谓我之确信此是，确无彼非云云，即指我之能恒持此是，我之思想与言说，能前后一贯自相一致，以持此是，而未尝有自相矛盾而言。此即依于一逻辑之律令之遵守。我既信此是，则望由辩以说服他人，而此又赖他人之能知我言之所依以建立之理由、或故。此则合为"由语言达己意，使人就我之语言，以知我意"之一"语意上之相互了解"之问题，或如何以语言成就心意之交通之问题。此皆墨子小取篇之所涉及，而可见墨子之论辩，初未尝不扣紧人之心意之交通问题而论者也。

然墨子小取篇之言辩论之历程等，尚不能概括其对辩之全部思想。小取篇所谓有诸己而后求诸人，无诸己而后非诸人，及以类取以类予等，唯在示人以在辩论时当遵守之律令，以自求其思想之一贯或一致，而免于自相矛盾。其谓当知言语之多方异故，以免除对人意之误解，亦只是吾人了解语意时，所当注意之诸点。墨辩之重由辩以决是非嫌疑，亦不过言辩论之目的要求之所在。然在人与我相辩论时，何以有是非不一之情形，又最后毕竟如何加以决定以归于一是，则非只是人之言能不自相矛盾，或能知人之立言之理由，并有求归一是之要求，即能必达者。因人尽可各执一内部自己一致，或一贯之思想系统，亦互知其相异，而终不能决定孰是孰非也。

如墨辩主张"盗人也，杀盗非杀人也"，缘是而谓"狗犬也"而"杀狗非杀犬"。此为一能内部自己一致之说法。然公孙龙一派，则依其白马非马之说，更可主张盗非人，狗非犬，而仍为一内部自己一致之说法。而常识之谓杀盗亦为杀人，如杀狗之亦为杀犬，亦为内部自己一致者。则试问持此诸说者如皆能自己一致，各皆从未尝持不同之说，而互相对辩；试问将由何术以定其是非，又如何可归于一是？此中持盗非人之说者，乃就盗之内容，不同于人之内容而观。持盗为人之说者，乃就盗之外延，包括于人之外延中而观。而墨辩于盗之为人，则自外延观，而于杀盗非杀人，则又自内容而观。此三者皆未尝不可说，则亦无是非之可言矣。后唯有荀子论正名，乃直探人之所以立名之本，而对诸说，咸加评论，其详已另见吾之荀子论正名与名学三宗。今观墨辩之小取篇，其持盗人也，杀盗非杀人之说，亦实只能自道其说之如是如是，并谓他人之非其说者，既承认"欲无盗非欲无人"，故亦当承认杀盗非杀人云云（参考本书第六章）。然今假定他人谓：盗即为盗之人，谓"欲无盗即欲无为盗之人，""杀盗即杀为盗之人，"而亦一贯的自持其说，则作小取篇者又将奈之何？是见小取篇虽持"杀盗非杀人"之说，然若与持"杀盗为杀为盗之人，亦即杀一种人"之说者相辩，固不能期其辩之必胜也。此中如只循墨辩小取篇之所陈，自求思想言说之内部一致之原则以观，则凡为此其他异于墨子墨辩之说者，只须能自己一致一贯，即亦只能谓之皆是，或无所谓是非，而亦终不能由辩论以决定是非，固断断然也。

上文所谓持杀盗非杀人之说者，与持杀盗为杀人之说者之异，及持盗为人之说者，与持盗非人之说者之异，皆可能纯为属于今所谓逻辑上之观点之异，或对名词自身之意义之规定之异，或各自约定之逻辑原则之异；而非对客观性之事物之真，求有所决定时之是非之异。然墨辩于经上，则又明谓"辩为争彼也，辩胜，当也。"经说上又释曰："辩，或谓之牛，或谓之非牛，是争彼也。是不俱当……必或不当。"问某一对象毕竟为牛或非牛，即为求对客观之事物之真，有所决定。而此中对辩之双方，既有同一之客观之事物为其所对，而人或谓是或谓非，客观事物一，而是非有二，故必不俱当，而或不当。而人欲于此定是非，或欲于是非之二中去其一，以定于一，而合于事物之一——便只有求决定于此事物之自身，此即须看说是说非者之何者，能真当于此事物而定。故墨辩曰"当者胜"。而此"辩：争彼也"之言，于是亦为一极恰当之"辩"之定义。必有"彼"为争论之焦点，乃有辩，必有超于两造之是非之外之客观事物，为之标准，乃可有一是之可归。只言人在辩时，各当求其内部之思想言论之一致，或只是诸相辩者之各一贯的遵守"有诸己而后求诸人，无诸己而后非诸人"之原则，故尚不足以使辩论必有一是之可归，以结束完成一辩论。而此则皆小取篇所未尝及者也。

墨家于客观事物之辩，乃以言之是否当于客观事物，为决定是非之标准。而于人生社会之理，则以天为义，天志为决定是非之标准。天志在兼爱，墨家即本之以斥不兼爱而攻战等说之为非，而谓兼爱非攻及天子之尚同于天之为是。是见墨家乃信有客观之标准，以决定辩论之是非胜负者也。

因墨家信有客观标准可决定是非胜负，故重辩。墨辩经说下又言"谓辩无胜必不当，说在辩"，又谓"以言为尽悖悖，说在其言"，"非诽者悖，说在弗非"。第一语谓辩必有胜者，其理由即在辩之本身。"辩"何以可为辩必有胜者之理由，其意或是由"辩即求胜，求胜即已预设有胜者"以说，或是由"主辩无胜之说者，必自为其说辩，而求'辩无胜'之说胜"以说。或即是因：辩必有一客观之论题，对一论题，或说是，或说非，不能俱当，而只有一当，而当与否又有一客观之标准；故必有胜负也。至于第二语，以言为尽悖悖，说在其言，则是谓主张一切言皆悖谬者，其说本身即悖谬。此亦可即由其言，以知何以其本身即悖谬之故。此盖谓：以言为尽悖者，必不自谓其此一言之本身为悖，则言非尽悖矣。第三语中之诽，即反对之辞，非诽，即反对一切反对之辞。非诽者悖，即谓人如反对一切反对之辞，此亦为悖谬。因如人反对一切反对之辞，则此一辞本身，即为一反对之辞，而此亦不当有，则人亦不当反对一切反对之辞，而"弗非"之矣。于此三语中，辩必有胜，则言非尽悖；言亦必有可非可诽者，而不能非一切诽。言若非尽悖，即言非皆妄，则辩论中之人之言，必有可当者，而辩亦必应有胜者。又言有可诽，即谓言非皆真，则辩而相非之事，即不可非。故此三语，可相依为用，以言"辩中之是非之当有"，"辩之必有胜"及"言之必有当"。辩中之相非，既当有又必有胜者，则一同天下之义之事，即有可能。此盖即墨者所以上说下教，强聒不舍，以与他家辩，以求一同天下之义也。而此上之论辩之必有胜之言，亦即所以自为其尚谈辩之态度，更自为辩护，而生之后期墨学之论也。

二　庄子齐物论之言"辩"与成心

然此墨家之论辩，谓"辩必有胜，人我可同意于一胜义以一同天下之义"之说，正为道家一流之老庄，所不能同意。此同于谓"由辩可达人我之同意，或由辩必能达人我之同义"之一义，其本身非老庄一派所同意。而老庄之意，则毋宁在说：辩不能使人达同意，而人亦不当由辩以求同意，而当另求人我之所以达于同意之方；或归于：不求人之必同我意，而任天下人各有其意，不互求其同意；或相忘于其意之异，而皆无必求同意之意。是即所以使天下人之意，皆不见其异而无不同者。此即一道家一流之归于忘辩忘言之另一思想形态也。此则可由庄子之论辩之言，略加分析明之。

庄子之所以论辩，而归于忘言忘辩，盖亦正有鉴于墨者之持其言与儒者相辩无已，终不能决而发，齐物论所谓儒墨之是非是也。墨家固信其言之有进于儒者之处，而墨子之书，亦屡载其与儒家之公孟子等对辩之言，以自见其言之胜于儒者。然墨子亦终不能服儒者与天下人之心。此则由于墨者虽善辩，儒者与天下之人之言辩，或亦皆不足以拒墨者之论；然儒者与天下之人，不可以言辩拒墨者，仍可以其默与不言为拒。此默与不言，在一切言之外，即非一切言之所能胜。而此默与不言，又不必皆为一超言语之境界，如孔子之无言之境；而亦可是一在人之言语之后面之成见与成心，或种种不愿接受所闻之言之种种之内在的嗜欲情识，此皆为可使一切言语辩论，到此皆成百无一用者。而此种种在言语后面之人之成见成心与嗜欲情识，正为可深藏于天下人之心中，亦深藏于世之为儒者之徒、与墨者之徒之心中，足使之互拒其言，各自以为是，以他为非，致彼此之是非无穷，终不能归于一是者。此即墨家之所未及知，而为庄子所深观而深识者也。

依庄子之言，以论辩论中人之自是而非他之事之所以起，其要并不在人所自觉的持以自是而非他之"故"，或人所自觉之"理由"，如墨子辩说时之所着重者；而是在人之自觉之理由之后之下之不自觉的成心、成见、习见、嗜欲或情识。此方为人之自是而非他之真正理由所在，而人在辩论中则常并未持之为理由，或亦根本不知其存在者。而在庄子，则首溯人在辩论中是己而非他，于此人之成心。故齐物论曰："未成乎心而有是非，是今日适越而昔至也"①。此中今日适越而昔至一语，可作二解：一解谓今日适越而昔至，乃绝无之事，此即意谓人之是非，皆由其成心之先在。另一解，今日适越而昔至，乃惠子之言，意在泯今昔之分者，而今之所往即昔之所至。庄子即藉此以言人今日之有此是非，正是由其成心之在昔已成而已至。成心在昔已成而已至，则今日之是非，亦不过其成心之表现而已。成心已定，其自是而非他，亦终不可免，而不可挽。则未尝作夫。因人有成心以自是而非他，故在辩论之中，人亦永不能见彼之是。故曰"自彼则不见，自知则知之。"又曰"辩也者，有不见也。"

此中如进一步言之，则墨子与庄子之观点之不同，乃在墨子是以辩论之问题，为一客观之问题，最后可由吾人之言，是否当于一客观之标准，以决定是非。而庄子则以辩论之问题，乃恒源自人之主观之成心所向之异而生。故不能真有一客观之标准，以决定是非。因人即有一客观之标准，尚有此标准是否真为辩论双方所同意之问题。同意与否，仍为人之主观之事。如墨子视天志为义，为一客观之标准，此则非不信天志者所能同意，便仍只为墨子思想中之主观标准而已。即墨子所谓客观事物，是否真可作为决定是非之标准，亦看吾人对此共同客观事物，是否先有一共同之了解为定。今即就墨子之所举之牛与非牛之例，而以庄子之意观之，便见墨子以为有一客观事物即可决定是非，以使人意归一是之言，仍不免于肤浅。今设有一人，在其主观之成心中，于一客观之事

---

① 此语中之成心，郭象视为可加以任顺，憨山内七篇注以为即真心，实皆不合庄子原文意。庄子后文亦明言无成与毁，言物与我无成，则成乎心，以有世之所谓是非，其非美事可知也。

物，决不望其为牛，则彼虽见之为牛，亦尽可谓之为非牛也。如在印度之拜牛教，即不以牛为牛，乃为神而非牛者也。此中人谓此牛为非牛之成心已定，则无论他人举若干之理由：如此物有角，能耕田，能负重以谓其为牛，此牛之仍可兼被视为非牛之神也如故。而人亦尽可不见此牛之有角，能耕田等，而只视如神明。或乃于此牛生种种之错乱感觉，如实见其为非牛之神明等。再或人于此，亦可于一切谓其为牛证明其为牛之言，皆充耳而不闻，或闻之而不知其义，或知其义而加以曲解；则其中一切证明其为牛之辩论，即皆归于无效，终不能得他人之同意，亦终不能自证其"当"于他人之前。而此亦世间一切善辩论者，皆同可遭遇之穷途也。

今吾人更克就墨子小取篇所论，由辩论以说服人之道而观，此要不外：人既能确信于己之后，更求诸人，望他人之亦能以类取以类予，使人自知其所取者之实同于其所不取，进以取其所不取。如使人之由自知其于一切伤害人之事，如窃人桃李等，皆尝取一反对之态度，今又知攻战之为最伤害人之事；遂进而对攻战，亦取反对之态度是也。由此言之，则一切由辩论以说服人之事，即皆唯是使人自知其所原已承认者，而本之以作推论，以使人更承认其初所未承认之事。此即同于谓：一切辩论，皆只能止于使人由知其原所已知者之本身，所具有之涵义，而不能更溢乎其外；亦不能于人原所已知者所具之涵义之外，另予以新知。则若吾人之所欲告人者，乃自始原在他人所已知者以外者，吾人既不能更引绎其涵义，以使人知，则一切辩论，到此即皆对人无效，亦终不能使人与我同意矣。

即如以儒墨之对辩而论。墨子反对儒者所尚之礼乐，其意是以儒者之厚葬与音乐为无用。此见墨子之只承认社会功利之价值，而不承认厚葬之使人子之心得安，与音乐之陶养人之性情之价值等。墨子书公孟篇载，墨者问儒者何以为乐，儒者答曰："乐以为乐"，墨子即不以为然，而举何故为室为喻，而更自释"何故为室"，曰："乃所以冬避寒焉，夏避暑焉，室以为男女之别也。"此即见墨者之问"何故为"，即问其功利之价值何在之谓。于此吾人试问：儒墨将何以相服？在墨者之心目中，既不认识乐之功利以外之价值，而彼又见为乐之种种之害，则彼自必可举出种种理由以非乐。而在儒者，则既能认识乐之其他非功利之价值，如审美之价值，使心安和之价值，则无论墨子本社会功利上之观点，说出多少非乐之理由，儒者亦不能心服，且亦尽可充耳不闻。此中之儒者尽可说不出理由，而只能说乐以为乐。然儒者仍可不被墨者所说服。反之，即儒者能将其重厚葬与重乐之理由说出，如后之孟子荀子礼记之所说，而墨者心目中却只承认社会功利之价值，则儒者亦终不能加以说服。是即证辩论之效，必有时而穷。除在人已有共同承认之前提情形下，一切辩论，势必皆为无效。人唯在有共同之前提中，乃能辩论，此是东西逻辑家所公认，亦墨子小取篇所意许。然实则此共同之前提之承认，正为最难之事。如墨子不承认功利以外之价值，而儒者承认之，或竟视非功利之价值高于功利之价值，则儒墨虽辩论一世，仍不能达彼此之同意也。此中唯一可达彼此同意之道，唯待双方之能承认其所原不承认之价值，或承认其原所反对之价值。亦即待于人之对其原来之所是所非者，有一自我之超拔，以观他人之所是；而假他人之所是，以自见其是中之非，而自非其对他人之所非。此又惟赖于人之自拔于其成心之外。然人之成心既有，又有深植根于人心，则亦能使人心自死于成心之中，所谓"哀莫大于心死"也。今欲人自拔于成心之中，以更见于其成心所及者之外，即为一至难之事。故庄子叹曰："岂惟形骸有聋盲哉，夫知亦有之"（逍遥游）。然人欲自去其成心，于此又唯有勉为此至难之事。而人之去其成心，亦固有其道者也。

三　以明、两行与道通为一

去成心而使人我意通之道，庄子即名之曰"以明"。此"以明"，非人在辩论之际，自证明其说之证明，欲以此证明"明之于彼"之心知之明；而是自超拔于其成心所执，而为其辩论所据之前提者；以将其原欲对他人证明，而欲"明之彼"之明，离于"明于彼"之愿望之外，以先"照之于天"，而更求往明彼之明也。所谓照之于天，即照之于人我之相对境界之上。唯由吾人能将此明，照之于天，乃能再由上彻下，兼明人我，以知吾之视为非而谓之彼者，彼亦自以为是，而是"是"；吾之视为是而是"是"者，彼亦未尝不可以为非，而视之为彼。乃知：凡是皆彼，凡彼皆是，方能知我与人之同有所是，并因之以为是，以通人我之意也。故曰：

"物无非彼，物无非是。自彼则不见，自知则知之。故曰彼出于是，

第八章 原辩与默：墨庄孟荀之论辩

是亦因彼。彼是，方生之说也。虽然，方生方死，方死方生。方可方不可，方不可方可。因是因非，因非因是。是以圣人不由而照之于天，亦因是也。是亦彼也，彼亦是也。彼亦一是非，此亦一是非。果且有彼是乎哉？果且无彼是乎哉？彼是莫得其偶，谓之道枢。枢始得其环中，以应无穷。是亦一无穷也，非亦一无穷也。故曰莫若以明。"

此段之意，即言我固可自知我之是，而彼则不见我之是；我以彼为彼，亦不见彼之是。而彼自视为我，亦自知其我之是。则人我皆可视为彼，而为非；亦皆可自视为我，而为是。盖物无非彼，物无非是，而人与我亦皆物，皆可为彼，亦皆可为是也。然我之谓彼为彼而非，乃缘于我之自是；我之自是，亦缘于我之谓彼为非。此即见我之是与彼之非，乃相待而立。既相待矣，而彼又自知其是，而不自以为非，彼唯自知非我，而以我为非，则我亦待彼之非我，而更自以为是。今彼不自以为非，而自知其是，则我不能定彼之必非。我不能定彼之必非，则亦不能定我之必是。我自以为是，而彼又谓我非，我亦不能定我之必是，更不能定彼之谓我非之为必非。此即同于谓：我说为是者而可者，同时对彼为非而不可，我说为非而不可者，同时对彼为是为可。如死于此生于彼，生于此死于彼。则说是说非，乃相因而旋转，永无定期。故圣人乃照之于天，乃唯有兼明人我，因人我之所是以为是，则亦可无非可非，而人我之意通矣。此人我之意既通，则可说于此有人我彼此之分，亦可说无人我彼此之分。人与我，彼与此，不相对为偶，亦不合与第三者为偶，更无彼此相对之偶可得。而我之心乃得往来反复于人我彼是之间，以由人至我，由我至人，由彼至于此，由此至于彼，以为此心之往来反复之道。而此中之超人我彼此之相待之境，则为此往来反复相明之道之一中枢。唯因有此中枢，人乃能循之，以往来反复于人我彼是之间，如自成一环。人亦唯由宅心于此中枢以为始，方可自得于环中，永不落于彼是人我之一偏；乃能双照彼此之是非，而俱知之，以俱应之。则彼此之相是相非，虽无穷，而此心仍居于环中，以兼照而并存之，以知其非不碍是，是亦不碍非；则此心之所知所明所应之非无穷，是无穷，而此心实未尝为是所穷，亦不为非所穷矣。

庄子齐物论，既由以明而照之于天，以通人我彼此之是非，其进而论者，则为就当时之辩者之论题，以见其是非之观点，皆可旋转而相更易。凡依于物之所然，而说其然者，亦皆可依其所不然，而说其为不然。

人皆依然而说然，依可而说可，而物皆有所可，则吾人可就一切物之皆有所然，皆有所可，而并可之并然之；则万物即可通为一。然此非劳神明以求为一。劳神明以求为一，乃先执一偏，而更往执其他之一偏，有执而不免于窒碍，则劳矣。庄子之下一段文曰：

"以指喻指之非指，不若以非指喻指之非指也。以马喻马之非马，不若以非马喻马之非马也。天地一指也，万物一马也。可乎可，不可乎不可。道行之而成，物谓之而然。恶乎然？然于然。恶乎不然？不然于不然。物固有所然，物固有所可。无物不然，无物不可。故为是，举莛与楹，厉与西施，恢恑憰怪，道通为一：唯达者知通为一。为是不用而寓诸庸，庸也者用也；用也者，通也；通也者，得也。适得而几矣，因是已。已而不知其然，谓之道。劳神明为一，而不知其同也。谓之朝三。何谓朝三？曰狙公赋芧，曰：朝三而暮四，众狙皆怒；曰：然则朝四而暮三，众狙皆悦。名实未亏，而喜怒为用，亦因是也。是以圣人和之以是非，而休乎天钧，是之谓两行。"

按此段文以"此之谓两行"终，与上一段以"此之谓以明"终者异，不宜视为同义之两节。盖上节言以明，乃重在超己之是，以照之于天，而知彼亦是，以拔于人我彼此之是非之上，而兼知之明之，兼因之应之，以不落于对辩者之两边。此节当是说：人既拔于人我彼此是非之上，不落两边，而兼知兼明之后；再本此心，以观天下之万物之无不然无不可，而通之为一，以和是非，而休乎天钧，为两行之道。此和是非，乃如此心由上降落，以再澈入于一切所兼知兼明之两端之是非之中，以使之浑化和融，为一天然之均衡，以成其往复之无碍，而即往即复，不相为异，故谓之两行。如吾人谓前节为由相对者之互明，超相对以达于绝对，以应相对之事；则此节为居于一绝对之观点，以观一切可能有之相对之是非之全体，而通之为一，本此通为用，"知其同"，而更不劳神明以为一之和融境界也。

本节文之大意，如上文所说已足，至克就文句大观，则此中不无窒碍，而指马一段更异释纷如。吾意此段文明似藉公孙龙之指物论白马论之问题为说。而公孙龙子在庄子后，似又非指公孙龙子之问题。然此一问题，亦可能是在公孙龙前之庄子时人，已先讨论者。又此齐物论一篇，亦可能非完成于庄子之手，而为公孙龙之后之庄子之徒所补入。如此一段之问题，即今存公孙龙子辩指与马之问题，则按公孙龙乃由马与白马范围之大小不同,而说白马非马。马中包含白马,而白马非马者,以马中尚包含黄骊等他色之马也。马为全,白马为分,分小全大,故白马非马。以此例之,则其所辩"物莫非指而指非指"中之下二指字,亦应自有其所涵者之范围之大小之不同。公孙龙之意盖是谓物莫非能指之所指,而所指非能指。所指非能指,可自能指之所能及者宽,实际为所指者狭说。亦可自能指之实际上已及者又狭,而堪为其所指者又宽说。至于庄子之意,其异于公孙龙子者,盖谓吾人若以马为全,白马为分,以言白马为分,以喻此白马为非马;不如径就马中之有非白马者,喻此白马之非马。又若以"实际上为能指所已及之所指者"狭,喻其不如"能指之所能及,而堪为其所指者"之宽,而说所指非能指;不如谓因"能指所能及而堪为其所指者"有非实际所指者,喻此所指非能指也。此即谓分之所以别于全,唯在全中之有他分,而非此分者。若合此分与非此分者,以归于一全,如合白马与非白马,以成为一马,合所指与非此所指,以成"能指之所能及,而堪为其所指者"之一全;则只有此全,而分皆和融于其中。吾人能去此"一分"与"非此分"之相对,以观天地万物,则天地即为一"能指之能及之所指"之一全,而为一指,万物亦可视同一马,以包括众色之马矣。

  此节之下文,以归于道通为一为宗。故庄子先就当时之辨者之问题,以引出天地可视为一指,万物可视为一马之旨。此简言之,即天地万物,原可自其全而观,而视为一者。而人之所以不视为一者,唯因人之有可有不可,即有所是而有所非,则一全分为二矣。然人之所以有"可",乃依物之有所可而可。人之所以有"不可",亦依物之有所不可而不可。此可与不可之分,乃由吾人分之。吾人既观物之所可,又观其不可,乃有此分。而此由观"可"至观"不可",即为吾人之心思所循之道。唯循此道,乃得次第观物之所可而可之,而有诸所可者之成。诸所可者之成,皆由于吾人以言谓物,而见物之有其所然,有其所是之故。自客观上说物之有其所然,有其所是,自主观上说即为吾人之对此所然所是之加一肯可。故"道之行而成,物谓之而然"对举成文也。至于吾之谓物之有所不然,又初依于物之本有其所然,而然于然,方见及物亦有所不然,而不然于不然。不然依然而有,而人之心思循道以观物者,即由物之不然于其所不然,而更知其所不然者之自有其所然,而更然于其所然。则吾人于一切物,皆当谓其然,亦皆当加以肯可,是谓无物不然,无物不可。能如此，则于一切异类之物，如楚与楹，厉与西施，恢恑憰怪，皆可不见其为异类，则吾人之心思，可循一"一往然物""一往可物"之道路，以通万物于一矣。在此循一道，以通万物为一之心思之下，其见物之相分相异，即同时见其各自成。而于物之各自成处，又见此成由于彼毁，其分异而相非，与各自成而各有所是，二者乃相具。"自成而各有所是"，亦与其"有所毁而亦有所非"相俱。遂知在物上，成毁原通为一，而能循道以通达者，知此通为一，即可存之心而不用，而唯寄寓之于日用之庸。此庸亦即一无用之用，为人所赖以通物为一，而时时当几以有其适得者，亦即时时当几，以因其是而是之者也。人既因物之是而是之，亦依于物之原有所然而然之，乃更忘其所然，不留此对其所然之知，以使居道枢之心，得循道而更通达于他，以更应于他之然，而亦然之可之，方为真知通为一。故曰"因是已，已而不知其然谓之道。"此真知通为一之心，不能有窒碍。而人不知其所往来通达者之同者，则其通达之事，又不能无窒碍，乃唯劳神明以求为一。此则如众狙之不知朝三暮四之同于暮四朝三，不知芧之名实皆同，而妄生喜怒。而真知道通为一者，则知由朝三以至暮四，由暮四以至朝三，不相为异，乃能循此通彼，循彼通此，以往来无碍。此即同于使一切可能有之是非相对，皆和融为一，乃能兼怀喜怒以为用，休止于一相对而不相为二之一天然之均衡，以成"此心思之往来无碍而两行于一绝对之全体"之事。此即由上节之"以明"，见道枢之绝对而得环中，以应相对是非之无穷之后，更本此道以观无物之不然，无物之不可，"道通为一"，而视"天地如一指，万物如一马"之一更高之智慧境界也。

至于齐物论中下一段，则更由天钧两行之旨，言"古之人之知之所至所尽而不可以加"之境，是即为一未始有物之境。此乃相应于庄子所谓真君灵台自身之虚灵明觉而说，亦即相应于上节所谓"知通万物为一"之"知"之自身之初无物而说。次乃言由未始有物之境，降下至有物而无封之境。此实即上节所谓知通物为一，而不见有封界畛域之境，再降为有封疆畛域之境。此即天地之开为不同类之万物，或各有其规定之性质之境。然在此境中，吾人之明照，仍可由此而及彼，兼观于彼是，而未尝是此以非彼，故曰：其次以为有封焉，而未始有是非也。再降为缘彼此之封畛，而以彼此为相对，乃是此而非彼。于是人乃执于相对之是非彼此之一面，而亏于通为一之道之全，以自成其是非之偏爱矣。故曰

"是非之彰也，道之所以亏也。道之所以亏，爱之所以成。"然此有成而有亏，乃初依于无成与亏之前境而来。自其依于"无成与亏之前境"而观，则人可问"果且有成与亏乎哉？果且无成与亏乎哉"？此二问，乃所以使人注目于此无成与亏及有成与亏之交界处，以为下文之地步。在此交界处，二者实相依。如昭氏能鼓琴而有成有亏，亦能不鼓琴而无成无亏，即见二者之相依。此中有成与亏之昭氏之鼓琴，师旷之枝策，以及惠子之据梧，以与人相是非而相辩，皆属于下一层次之境之中。此时惠子固自觉有其成而自好之。既自好其成，以异于彼或他人，乃欲将其所成所好所是者，以"明之于彼"。然惠子原与彼相对而相非。彼原非惠子之所明，惠子乃必欲以其所说，明之于彼，而亦即终不能使彼明，故惠子与彼，乃相辩无已，而仍以昧终，而归于终身无成。若谓此辩而归于昧终，仍为成，则我不与彼相辩，不求明之彼，亦为成也。若此不能明之于彼，即不可谓成，则此辩，亦正为使物与我皆无成者也。则欲去此"无成"，即当不求有成于此。亦不当唯自好，以求"明之彼"；而当由对此中之有成无成之"两皆可说，如滑昏而不能定之疑中，所呈之心灵之光耀，非此上之有成，亦非此无成"，而知此"滑疑之耀①为圣人之所图"；而更存此光耀而不用。此即为求自拔于彼此是非之相对之上，以照之于天，以通彼此人我之是非，而缘其知通为一之境，以寄寓于当几之用，以兼明人我也。此即正赖于前文所谓以明之工夫，及前文所谓寓诸庸。故此节更终以"为是不用而寓诸庸，此之谓以明"之语。即见此节所言者：乃由上节更推一层，以达于未始有物之灵台真君之自是，更顺下以达有物、有封畛、有是非之三境；乃再本"以明"之工夫，由有是非，至超于是非对辩，而通观封畛中之彼此，更上达于"道通为一"，以化物之封畛，以寄寓其灵台之光耀神明，于庸通得之中。此段之重言"以明"之工夫，意在以"以明"转化彼只求"明之彼"之是非之辩，成就此上达之途，故其义与前文所言者虽无异，归趣则向在无封畛以至"未始有物"之境，而更高一层矣。

---

① 王船山庄子解曰：滑疑之耀，以天明照天均，无可成之心，以为己信，昏昏然其滑也，泛泛然其疑也。""可无成，可有成而滑疑无非耀矣。"按大宗师言道溯源于疑始，则疑非劣名，故今略取王意为释。

四　言与无言

　　至于庄子齐物论下一段文，则盖意在更客观的讨论上所言之境与人之言语之关系。依庄子之论，则一般是非之言辩，乃当加以超拔，以达于道通为一无封畛，以至未始有物之境界者。则人可问庄子之所述亦为言，亦有所谓。则又将何以自异于一般人在言辩之中，于物各有所谓，而自域于其封畛之见，以自是而非彼者乎？庄子此一节，盖即所以答此问题者。故首曰："今且有言于此，不知其与是类乎？其与是不类乎？类与不类，相与为类，则与彼无以异矣。"此语亦古今异释。吾意此段中之是，盖即上文为是不用之是。① 此乃庄子之所主张，而人亦可视为与庄子所反对之"重是非之辩之他人"之"彼"相对者。今庄子对其"因是"之"是""为是不用"之是，固有言，则人固首当问此言与此"是"有何关系。此言与是相类乎？不相类乎？如又相类又不相类，合此相类与不相类，以为此言之类。则此言既可与此是相类，又不相类，则庄子与彼重是非之言辩者，亦无分别矣。② 此即为一更深之问题，而庄子即由之以引出其通"言"与"不言"，通"有谓"与"无谓"之论。然仍归于不以一般之是非之辩中之言为然，以回应其通篇之主张。故其下文答上列之问曰：

　　"虽然，请尝言之。有始也者，有未始有始也者，有未始有夫未始有始也者；有有也者，有无也者，有未始有无也者，有未始有夫未始有无也者。俄而有无矣。而未知有无之果孰有孰无也。今我则已有谓矣，而未知吾所谓之其果有谓乎？其果无谓乎？天下莫大于秋毫之末而泰山为小，莫寿乎殇子而彭祖为夭。天地与我并生，万物与我为一。既已为一矣，且得有言乎？既已谓之一矣，且得无言乎？一与言为二，二与一为三，自此已往，巧历不能得，而况其凡乎？故自无适有以至于三，而况自有适有乎。无适焉，因是已。夫道未始有封，言未始有常，为是而有

---

　　① 王船山庄子解径谓"是"指道；憨山内篇注，谓"是"指无是非之圣人。与本文所释可相通。

　　② 王船山庄子解曰"既有言矣，则虽恰与是合，而亦儒墨之类矣，故唯无言则绝对而与道类，而有言固不能与道不类。"此与吾所臆释者合。然船山则以为庄子自言其非一定之论者。吾则谓此乃庄子自设难以更于下文自答之语耳。

第八章 原辩与默：墨庄孟荀之论辩

畛也。请言其畛，有左有右，有伦有义，有分有辩，有竞有争，此之谓八德。六合之外，圣人存而不论；六合之内，圣人论而不议。春秋经世先王之志，圣人议而不辩。故分也者，有不分也，辩也者，有不辩也。曰何也？圣人怀之，众人辩之以相示也。故辩也者，有不见也。夫大道不称，大辩不言，大仁不仁，大廉不嗛，大勇不忮。道昭而不道，言辩而不及，仁常而不成，廉清而不信，勇忮而不成，五者园而几向方矣。故知止其所不知至矣。孰知不言之辩，不道之道？若有能知，此之谓天府，注焉而不满，酌焉而不竭，而不知其所由来，此之谓葆光。"

今欲对此一大段文作解释，而不使之与前文所论相重复，并使之有哲学意味可寻，而又不如郭注成疏之过多翻折；吾意宜谓此段文，乃自人之心灵之能自拔于其所知之境，以回复于其虚灵明觉之灵台天君处说来。盖当此心灵之知有物，即可更思其物之始，至物之先。然彼既思及其有始，彼即复能及于未始有此始之际，初无此有始之思。若其既及于未始有此始之际，则彼又能兼及于未始有夫未始有始之际，亦不思此无思，而亦无此无思。当心灵思物之"始"，此"始"乃物之有与未有之无之交界，故思物之"始"，即由一物之有，以及于其未有之际之无之谓。思物未始有始，即及于其未始有此无之际之谓。至此心之及于"未始有夫未始有始"，即同于其及于"未始有夫未始有无"之谓。约而论之，此中三层次之言，唯是说心灵之能超拔其所思之物之有，以及于其始之无；又超拔此始此无，以及于无始无无，而无"对此始此无之思"，以无思之后，复不"思此无思"，故亦无上述之"无始""无无"，而无"无思"之可思也。此亦可简括之于："此心灵乃能超有亦超无，达无无之境而不言"之一语而已足，或"此心灵能超出其思与言之一切境"之一语而已足。则成玄英所说之离百非超四句，皆在其中。然此中之心灵，能超有超无，而达无亦无，而不言之境；亦可自降而有此无，以言此不言；再降而之有，而唯有言。此中之"俄而有无矣"一句，既下文连于"有谓"，吾意不必如成玄英疏之更上翻一层，以说体说用，而无据于本文。此当是由上顺下，以指通上下二层之中际之境。此之"有无"即有上层之无无之境之"无"，故通于无言无谓，亦复是"有"无，而下通于有言有谓。如吾人今试问在"有无"之际，毕竟孰为有？孰为无乎？今试思之，若谓有为有，则所有者"无"也。若谓所有者无，故无为有，则所有者既只此"无"，何得谓之有？若谓有为无，则孰为"有"无者？若谓无为无，则何以又言"有"无？此即辗转皆不能定。是见此中由超有无之境，所降之"有无"之境，乃不能更分别单以"有"或"无"，以说此中之"有无"者。由此而吾人之说此有无之境之语言，即一方看似有所谓，其所谓者即人所"有"之无。此所有之无，即上通于于无无之境之无者也。然此言之所谓既为无，则可谓之以"无"为所谓，亦可谓之无所谓。则吾之说此无之言，可谓"有谓"，而谓之为"有"，亦可谓之"无谓"而谓之为"无"。此义思之自知。而能自知此义，则庄子之言其超是非辩论之言之境，虽是有谓，是言，而此有谓，即同时为无谓，此言同时为无言；而其谓亦即谓"无谓"之谓，其言亦言"无言"之言，如由无言之境而流出之言也。

至于其下文，即不外由大小夭寿之为相对而不通，进而言天地万物与我可通而为一。大小者空间之分，夭寿者时间之分，亦皆依心与物相对，并将物相对比较而观时，所有之观念。然相对为大者，对更大者为小；相对为寿者，对更寿者为夭，故对比泰山大者而言，泰山亦小；对比彭祖寿者而言，彭祖亦夭。若心不与物相对，亦不将物相对而观，则无大于秋毫可言，而"莫大于秋毫"，亦无比殇子更寿者可言，而"莫寿于殇子"。故人能泯绝我与天地万物之相对，亦不将天地万物相对，而观其大小久暂之别，则我与天地万物，即并生而为一。此并生而为一之境，即上所谓道通为一之境。在此境中，即可于我与天地万物，更无分别。更无对其所然或所不然之想，则亦即无言之可说。故曰"既已为一矣，岂得有言乎"。然当吾人思此道通为一之境，而谓之为"一"时，则又不得无言。则此所言之"一"，与"言"成二；此二，与此"一"之言，所指之"道通为一之境"本身，则合为三。而此三之一言，与此三之所指，又可合则成四；四之一言，与此四之所指再可合成五；则可推至无穷，而为巧历不能尽。此见吾人对此"天地与我并生，万物与我为一"之无言之境，如加以反省而观，即可出一之言与二三之言。此即自无适有由言适言之例。无适有而出言，可至三至无穷，则由有而言有，其言之无穷可知。此中人若停止其反省，止于无言，固可无一切问题，寓言篇所谓"不言则齐"也。而由无言以出言，则必有此言与无言之境不一致。寓言篇所谓"齐与言不齐，言与齐不齐"是也。然人之言，既有由无言而出者，则人皆当用之，还以反指此无言之境；而人亦可由言，以还向无言之境，而自得之，即因之以为是，更不他适，以出言。则言皆所以导人归于无言，一切由无言而出之言，亦同于未尝言矣。故寓言篇曰"终身言，未尝言；终身不言，未尝不言。"则阳篇曰："言而足，则终日言而尽道；言而不足，则终日言而尽物。道物之极，言默不足以载。非言非默，议其有极。"道物之极，非言非默。非言非默，谓言即不言，言亦可同于不言之默也。此皆与齐物论之旨通。言与不言，能由此所说以通，则吾人亦不得以庄子之有言，而疑其离于无言之境；更不得以庄子之缘其"道通为一"之境而有之言，同于有一般是非之辩论之言，以疑庄子之言与彼等无异矣。庄子之有言，与一般辩论之有言，固亦无异，若亦有其是非者。然其乃本无言以出言，其所言皆能还反指此无言之境，而导人达此境，则此仍以无言之境或默为本，与世俗之徒事辩论者之尚言者，固仍不同矣。

五 葆光与物化

知庄子之有无言之境，而不碍其有言此无言之境之言，则知庄子可不去言而只谴辩。故其下文曰道未始有封，即指道通天地万物为之一境，初无封畛。而人之更位于其外，以自作一反省，以思此道，而言此道之境界，则初不能免于由无适有，以至于三，更至于巧历不能尽。此即见人之由反省之心思，与人言之恒自孳生，而自离无言之境，以有适往。有适往，则不能常在此境，而无常矣。而人之一般之言，顺人之心思之所驰，逐于此则离于彼，逐于彼即离于此，亦言之有适往，而无常之证也。言有顺心思之所驰，以有适往，而孳生，而或在此或在彼，乃于无封畛之一境之中，必求见其封畛而说之。而世间之封畛，则初为一大全中之物，空间上左右并立之封畛；次为成伦类各有意义性质之封畛；进而有知识上之分别，与有是非而相辩所成之封畛；再进而有行事上之各欲先得其所求而相竞，或其所求者交会于一物而相争，所成之封畛。此可合称为八德。然此一切封畛，并在于此六合之内。此六合乃天地万物之全。而天地万物之为一全，则唯赖人之天君灵台之心之"以明"，而依道以通之以为一全，则此天君灵台与道，即实际能包括此六合，而在其外者。然此六合之外之道或灵台天君之明，则又为圣人之所存之于无言，而不言不论之者。六合以内之封畛，如物之相对而有之左右之畛，则圣人固言之论之说之，然亦唯直就其所见之畛如是如是，而并观之并论之，而未尝试为之另作拟议。至春秋经世先王之志，则非目前现在之事，圣人不能不对之有所拟议，而明其经纬人伦之志义。然议其志义之所在，即直如是如是议之而已。未尝执此议以分别人我，以与世人相辩也。是则见圣人虽有论有议，而有分别，然亦知一切分别是非之辩之上，有超此分别是非之辩之道之全在。此即圣人之所怀之于内，不如众人以辩相争，以言相示者也。至众人之好辩，则正由于其不能怀道之全，乃只见于其一分，而余皆不见之故。故曰"辩也者，有不见也。"众人好辩，则在其自谓其是其善之时，彼即与他人为相对，以是其内以慢其外，而其是即有所不是，其善即有所不善。故人有道而自昭其道于外以临人，则其道为不道。言辩以服人，则见人有未服者，而亦见辩之有所不及。仁爱而限于其所常爱，则仁爱不能周遍普及，而其仁不成。廉者自清而避世人之浊，则其廉尚未能自信，或未见信于世。勇有忮心，则知有在其勇之外者，则其勇即未能成大勇之无敌。故大道不自昭，亦不自称，大辩则知辩之有不及而不言，大廉不自清，而不嗛于人，大勇无忮于他人；则五者皆浑然圆通，而无外矣。若自昭自称其道，以言辩为美，自务于仁之常，廉之清，尚不免于勇之忮；则人我彼此相对相峙，其德即由浑然圆通，而滞迹（据成玄英疏）以有定向与定方矣。由此即见人之知，当求止于不知。能知止于不知，则能兼怀人我彼此之封畛，而不辩之以相示。此之谓不言之辩，不道之道。人存此不言之辩，不道之道，则能兼怀万物之封畛，如天府之能无尽藏，注万物于其中而不满，酌取其所怀之道，而用之于世，以永无穷竭。人于此亦不知其何以能竟不竭无穷之所自来。此正是其灵台天君之光，能自保于内，方成其不竭。故曰此之谓葆光。据成玄英疏曰："葆，蔽也。韬蔽而其光弥朗。"亦即自保其光，以自成其不竭之谓也。

　　至于齐物论此下一段，尧问舜曰十日并出万物皆照一节，不外喻此能葆光而德进乎日者，其光之照，犹有甚于十日。至啮缺问乎王倪一节，则不外言物之各有其所是所非、所好所恶，而至人则超乎死生之外，更无由偏是偏好而生之利害之见。瞿鹊子问乎长梧子一段，则不外言圣人之知通为一，故能旁日月挟宇宙，为其吻合，置其滑涽，一天下之尊卑，不役役而愚芚，以参万岁而视为一以成纯，于万物尽然之，而使之相蕴积于一是。并言及至人之超乎好生恶死之偏孰之情之外，而自知其好生恶死之偏见之不去，如人在梦中之方其梦而不知其梦。必大觉而后知梦,故亦必能以天地万物与我并生为一者,乃能去此好生恶死之偏执也。此好生恶死之偏执,亦正由人在一大全中,以彼此是非之见,分别我之生于万物之外,而后有之情也。此上言好恶、利害、生死、梦觉,皆是缘人之在一体之大全中,分彼此是非处说来,亦本篇之引申义。至于其后之一段,又似为明论"辩无胜",以抗墨家之辩必有胜之说者,其言曰:

"即使我与若辩矣。若胜我,我不若胜,若果是也,我果非也邪?我胜若,若不吾胜,我果是也,而果非也邪?其或是也?其或非也邪?其俱是也,其俱非也邪?我与若,不能相知也。则人固受其黮暗。吾谁使正之?使同乎若者正之,既与若同矣,恶能正之?使同乎我者正之,既同乎我矣,恶能正之?使异乎我与若者正之,既异乎我与若矣,恶能正之?使同乎我与若者正之,既同乎我与若矣,恶能正之?然则我与若与人,俱不能相知也,而待彼也邪?"

此段之要义,非纯谓是非永不能定,而我若与人永不能相知;而是谓在我与若之相辩争之心境之下,以"或同或异来分我若与人"之观点之下,则同异于异,异异于同,则俱不能相正,人与我与若,亦终不能相知。而人与我与若之相知,唯待人之先不作此同异之对分,乃能通彼是人我之意,以使之相知。此即应由前文所论以得之。若只取此节之文,而谓庄子为诡辩论,或只言其为言是非无定之相对论者,则未识庄子之意者也。故其下文又曰:

"化声之相待,若其不得相待。和之以天倪,因之以曼衍,所以穷年也。何谓和之以天倪?曰是不是,然不然,是若果是也,则是之异乎不是也无辩。然若果然也,则然之异乎不然也无辩。忘年忘义,振于无竟,故寓诸无竟。"

化声之相待,若其不相待二语,盖言辩论中之应对之声之变化相待而有者,吾人亦可视为各自所发而不相待。若能视为不相待者,则依辩论而相是非之纠结解。人于此所当为者,则为知有是者,必有其所不是,有所然者,必有其所不然。则此虽是,而与异此、非此是而不是者,可无辩。此虽然,而与异此、非此然而不然者,亦可无辩。而皆可就其自然之分倪,自然之义畛,如圣人兼怀之,而不以相示。乃可并因之以为是,随之以曼衍,以至无尽而穷年,以进而忘其分倪与义畛之不同,以振畅寄寓其所怀于无竟。无竟,可释为无尽,亦可释为无境。无境即知道之通为一，而泯化畛域境界之差别之谓也。

齐物论最后二段，一为罔两问景曰："曩子行，今子止，曩子坐，今子起。何其无特操欤？"景曰："吾有待而然者邪？吾所待又有待而然者邪？吾待蛇蚹蜩翼邪？恶识所以然，恶识所以不然。"成玄英释曰："待与不待，然与不然，天机自张，莫知其宰。"其解尚不切。今按景之行止坐起，固可说有待而然，有待而不然；但今不识其所以然与所以不然，则然者唯然于然，不然者唯不然于不然，而有待同于无待，相待者各为绝待。此亦即上文所谓相待若其不相待之旨。能于相待者见其不相待，而皆成绝待，然后乃可言其行止坐起，皆天机自张，莫知其宰。此中之恶识所以然所以不然，即不更如墨子之"以说出故"以自辩其何故之谓也。必有此"恶识"，不以说出故，乃能知相待之同于无待，此即进于上一段之文之义也。

齐物论最后一节"昔者庄周梦为蝴蝶，栩栩然蝴蝶也，自喻适志与？不知周也。俄而觉则蘧蘧然周也。"按此段中谓庄子梦为蝴蝶，则自为蝴蝶，而适志于其为蝴蝶，觉为周则蘧蘧然自为周。吾人说周梦蝴蝶，蝴蝶梦周，两无不可。周与蝴蝶既若相分为二物，而又相化，当其既化，更不知化之者，如蝶之不知周，是为物化，物化者，全物而化也。故二物可相化，即此为彼，彼为此。"此是此"通于"彼是彼"，而彼此乃各是其是而皆是，亦只为一是。本只为一是，而由化以各是其是，而以更使彼是相忘；以使此忘其外之有彼，彼忘其外之有此。此即于上文所谓和之以天倪，以兼怀彼此，及于有待者皆见其无待之后，更任彼此之各畅其怀，以全其无待之情，以极其"自得""自因其是"之极致；以使分即是全，偏无非正，有化而不见有化之者，而化皆成独化之境界。是亦即由不辩而解除一切是非之纠结，其功之通乎逍遥游篇之无待而自适之旨者也。

庄子一书除齐物论篇畅论言辩之外，其余论及言辩之处亦多有。然要皆随文散见。唯齐物论一篇之各节之言，层层转进，直造渊微，亦为庄子整个思想之基干。而昔人为此篇作释者，皆未能扣紧言辩之一问题以透入，以观庄子之义趣所存。故上文不厌觊缕，于各节之文理，略加分别，以便学者之更深入此中之义趣，则对庄子他处之文，皆可不烦言而可自得其解矣。今不更述。

六 孟子之论"辩"

此上所述庄子之论辩之宗旨，乃本于其知人之相辩者，皆不免于先受蔽于其成心，而有所不见，故人必自超拔于以辩求胜之心，乃能自拔于其成心之外，以通物我于一是。乃归于虽有言有谓，而又当忘言忘谓，以因天下人之各是其是，彼此之各畅其怀，以全其无待之情；故能与天下人相忘于是非，为"心之适"，如鱼之相忘乎江湖，以相忘乎道术。此庄子之思想之所怀，不能不谓之能稠适上遂，宏大而辟，深闳而肆。然庄子之论辩之言虽善，亦尚有其未能思及之问题。此即其所视为原于人心之"成心"与"不见"而生之辩，亦尽可只为人类之辩论之一种。人类固亦可有非出其成心，亦非原于有所不见而生之辩。人亦尽可有导人由偏邪之见，以入于正见之辩等，而此辩与庄子之所谓言，亦实难分。庄子自谓其有言，乃言无言，故不同于世间之辩。然言无言之言，亦可视作辩。如庄子之齐物论之言一般之有成心之是非之不当有，而主去成心，以忘此一般之是非之言等，在外人观之，仍可说为一辩论也。言可归于无言，则辩亦未尝不可归于无辩，如以辩去偏邪之见以立正见，正见立亦即可不须再辩是也。若言辩亦可归于无辩，则非庄子之说之所得而非。而庄子之必欲举天下之辩与是非而并忘之，而唯有其言无言之辩，视外此之儒墨之是非，皆为不值辩之辩，则亦推类过当之言，而有其所不能尽者在也。

此中人之为去偏邪之见而生之辩，其一种为使吾人得如实了解他人之言——如吾人所崇敬之古圣贤之言——以及其行事志业，以去除彼由偏邪之见所加之诬枉，而有之辩。人谓孟子好辩，而孟子书所载其论辩之辞，其最多者，即为万章篇等其弟子之举时人之致疑于尧、舜、禹、武王、伊尹、周公、孔子，与其弟子之言行志业之言，而孟子皆不惜一一为之辩者。孟子为尧、舜之禅让之事辩，为舜之所以对其弟象之行事辩，为人谓"至于禹而德衰"辩，为武王伐纣至血流漂杵之事辩，为伊尹之割烹要汤之事辩，为周公之杀管蔡之事辩，为孔子之出处辩，为曾子、子思之行事辩，亦为其自己之出处进退、辞受取与之事自辩。此孟子之诸辩，皆由于其不愿其所崇敬之古圣贤，为世俗之偏邪之见之所诬枉，亦不愿其自己之行事，为其弟子之误疑为失道。此即一意在使一切古今人物有价值之行事心志为天下人所共见，不对之更生偏邪之见之一辩。而此辩，乃从孟子之对古先圣贤之崇敬与笃信而发出，即依于一极敦厚而庄严之道德情感而发出。而此则正为庄子之所缺乏。庄子固未尝如魏晋名士之非尧舜薄周孔，其内篇于孔子，亦尝致叹服之意。外篇则其门下之著，书中除盗跖等篇类小说家言外，亦未及于轻薄古人。庄子之书中，又多有所谓"重言"。其藉历代公认之古人之言以自重，则亦非不知古先圣贤之言行，自具一客观之价值者。然庄子则未尝如孟子之视此为古先圣贤之志业之辩为必须，而唯引古人之言以自重。并或为古人造作故事，以成寓言，自寄其意于古人之口，以使其言得见重于天下。此虽不同于藉兹以邀名，或以作辩论求胜之资，然要非直以崇敬之心对古人者。故亦未能如孟子之闻有诬枉其所崇敬之圣贤者，必为之申辩之事。庄子齐物论言"春秋经世先王之志，圣人议而不辩。"圣人于春秋经世先王之志，固可议而不辩，然于世之人之误解此先王之志与此圣人之议者，庄子又将若之何？此则必非"议"之所能尽，而有待于为此先王圣人之后者，对此先王之志、圣人之议，更有所辩明。而庄子则徒见于圣人于此止于议，而不知真由此议而知先王之志者，若见他人之妄议此圣人之议与先王之志者，则必不能已于辩。故孟子必为孔子作春秋之志辩。而庄子则知春秋经世先王之志，而不知于世之误解此志者，亦当为之辩。此乃为圣贤之志业之真实所在辩，非为一己之成心成见辩。是即在庄子所论之辩之外之辩，而为孟子之所及者也。

除为吾人所崇敬之古先圣贤之志业所在辩之辩，在庄子所非之辩之外，又有为义理自身之是非之辩，亦在庄子所非之辩之外。庄子之齐物论所言者，亦为一套义理。彼之著齐物论，亦即所以自道其所见之义理，亦实无异为其所见之此一套义理辩。而人类亦皆可为所见之义理之得伸而辩，固不必皆因此义理之为其成心所执，方为之辩也。此中人之自谓其为义理辩者，固亦可实因其成心所执在此，方为此义理辩；亦可因其成心之限制，而彼所见之义理乃止于此，其所见之义理，遂偏而不全。如儒墨之辩中儒者墨者之所见，皆可由各为其成心所限，以至皆偏而不全是也。然人于此若能真全心向在义理，则此人之心向在义理，亦即可使人自拔于其成心之外。此即因天下之义理本身之可相连，以由狭以及广，由浅以至深，由偏以达于全之故。人之心真在得义理，即可自扩大其于义理之所见，而即此所见义理之扩大，以自拔于其成心之外。不必先自拔于其成心，以忘彼此而通人我之分，方能由偏以达全，开蔽以成通也。人诚能念念在义理之本身之是非，或念念为义理本身之是非而辩，则其言虽或当或不当，人亦可逐渐自矫其所不当，以自得其所当。而于凡他人与之辩之言，彼亦只须真以求知一义理本身之是非之心，与之相遇；亦将能随处得益，以他人今日所言之是者，易其自己昔日之所见之非。则人之辩，不必如庄子所说，皆依于人之有所"不见"，而亦正所以使人由不见至见者也。此中之关键，唯在人之辩是否以求知义理之本身之是非之目标为定。然人固可有由知此一目标而生之辩论，此亦即在庄子所非之辩之外之辩者也。

此为求知义理自身之是非，亦即所以伸义理之是者于他人之心，亦使他人之心亦得知义理之是者正者，而得自正其心之辩。故此种辩，亦即为正人心之辩，而孟子所不能自已之辩之第二种，亦即为求伸义理之正者是者于他人之心，以正人心之辩也。庄子虽自言其齐物论之义理，亦未尝不望其义理之为人所知，而皆能如庄子之能本道通为一之旨，以齐物我，而去其成心之是非也。然庄子则未尝期人之必喻其所言之义理，而申辩其说于天下，以正天下之人心，唯望万世之后之有一人能知其解者，相遇于旦暮；若唯赖念此，聊以自安者。此即缘其以天下皆为沉浊，而世人皆为不可与言者之观念害之。而此亦即其不免于宁为失人之智者，而不肯为失言之仁者之故。智者固可如孔子之不失言，亦不失人。然仁者则大可宁失言而不失人；则纵以天下为沉浊，仍当与之庄语，而望此天下沉浊之世之人心，得正于万一。此即孟子之所志之恳切之处，而非庄子之所及。今诚只顺庄子之态度，于自申其所见以言无言之后，即更不言，以与天下相忘；则亦将任天下之人，各自本其成心为用，各为是非，以相荡无已，则天下将日沉浊而不可救，而庄子之言，亦将万万世不遇一人能解。此则徒自违其言无言之初衷，而彼又何必慨叹于天下之人之以成心为师乎？于此即见庄子自道其所见之义理之初衷，与其对世间之态度，终将构成一不可解之矛盾。此矛盾，亦将与为此庄子之学者之心情，长与终古，以徒增加其慨叹而不能自拔者也。不能自拔，而视为无可奈何之命，而自安之，斯亦已耳。若欲拔之，则盖必学孟子之辩，以求正人心为事矣。

孟子之所以不得已于辩，以其志在求正人心。而孟子之所以善辩，则在其能知言。盖吾心所见之义理之正者，固赖吾之言，以与天下与人共见；而他人之心之所见者之不正者，亦可即缘他人之言以知之。故知人之言，即我之所以知人之心。我由人之言辞之偏邪之所在，即可以知其生于其心，而将害于其政之偏邪之所在，使我得更为辩说，以得而正之者。人心既正，则偏邪之辞说自息。故正人心，即能息邪说。非谓孟子之说盛，能将邪说压倒而息之也。孟子公孙丑章曰："我知言……诐辞知其所蔽，淫辞知其所陷，邪辞知其所离，遁辞知其所穷。"吾意对此四者，不当取赵岐之注，宜取朱子之注，连为一串以说之。诐者偏蔽，淫则由偏蔽而更陷溺，邪则由陷溺于一偏，而离其本以失正，遁则既失正而姑造作理由，以自欺欺人，而自饰其偏邪之见。总而言之，皆偏邪之辞，依于人心之所见义理之偏邪而发者也。

七　孟庄之相异与二家可有之契合

孟子固知言，庄子亦未尝不知言。齐物论一篇之讨论言辩，即知言之论也。然庄子之知言，乃就天下之人之言，而总论其与成心、人我彼此之是非、与天地万物、道、无言之关系。此乃语言哲学上之知言，泛论一切之言而知之之知言；而非克就一一所闻之人之言，或与我对辩之人之言，而具体的个别的闻其言，而知其所以为言之存心，以定其之是否为诐淫邪遁之辞之知言也。观庄子于古今人之重言，皆自由加以引用，以自寄其意，并擅作寓言，而无当于史实之真。则其兴趣，盖于古人之一一之言之分别，皆不必一一求个别的具体的知之。则其于当时人之言，或所遇之人之言，盖更无意个别的具体的求一一知其偏邪之所在，而劳唇舌以与之辩，以正其人之心，息其人之曲说。即就庄子之只以古人之言为重言，而擅作寓言以观，已可知其于世间之言语，乃随意加以运用，而对他人之言，亦初无郑重之意；更无必欲由其言，以求知其生心害政之所在，以正人心而息辞说自任之志，固皎皎然矣。

至于庄子之所以不欲自以言辩申其所见之道或义理，以之正天下之人心，息天下之曲说，而孟子则必欲正人心息邪说，自信人心之可正、邪说之可息者；则在庄子深知人之知之有聋盲，人之成心之难去；亦深有见于人心之喜怒哀乐虑叹变慹之种种情感之不齐，与其意见是非之种种之不一。故庄子虽信有道通为一之道，而此道之是否为人所知，亦初视为无必然，故期之于万世之后之得遇其解者。然孟子则更有见于人心之自有其所同然。口之于味有同嗜,耳之于声有同听,目之于色有同美,而人心所同然者,即理也义也。故曰"理义之悦我心,犹刍豢之悦我口。"人心既同然同悦于理义,则一切义理之正者,皆人所可同以为然而悦之者。圣人先得我心之所然之义理,而我亦即可本此我与圣人之心之所同然之义理,以申之于天下,并知天下之人心,亦将于此义理皆同然而悦之,则人心即可得而正,邪说可得而息矣。唯此人心于义理有同然能同悦,方为孟子之必欲正人心息邪说,并信人心必可正,邪说必可息之最深之理由之所在。然此人心之所同然同悦在理义,则盖非庄子之所识。故庄子之道,虽自视为一至极之标准,然庄子于其内篇,未尝言及人人之心亦皆有"同于彼之有得于道",而"然此道悦此道"之心性。庄子盖于人心之必悦必然于此道,未尝有深信,而只见人之各有其成心,以自然其所然,自是其所是;庄子即不信人心之皆能契于其所说之道,而由此以得其正矣。然孟子则深信人心之同然于理义,而同悦此理义;此乃依于其信圣人之与我同类,一切人之与我及圣人同类之故。孟子之信人心之有同然,又依于孟子之只自视为人之一,而先有上承孔子之学与尧舜文武周公之行事之志;而不似庄子之不免自视为能独与造物者游,而自超于世俗尘垢之外者之故。庄子之自视弥高,则见世人之心之与之同然者弥寡,庄子乃益不敢自信其道,可为人所共知共见,为人心之所同然同悦,乃不敢言以其道易天下而正人心矣。孟子则承儒者之传,而先自居于守先待后之地位,亦自处于人群之中,以入孝出悌为先务,无以自异于常人;故反得深知此人皆可以为尧舜,人之心性之有所同然,而敢以正人心息邪说自任也。庄子以自视弥高,而于自申其心于天下之事反怯,乃归于忘言忘辩;孟子初承儒者之传,以上有所承,自处在人群中,而其勇于以正人心息邪说自任,乃更有当今之世,舍我其谁之概。自视之高下异位而勇怯异情,此又天下之事之至诡者也。

　　庄子虽未尝言理义皆人心所同然同悦,然循庄子所言,而推极其义,亦将与孟子之言此理义为人心之所同然同悦之义,有相契之处。因庄子虽有见于人心之复杂万端,然庄子亦言人之真君灵台之心之至虚至静,足以成其明照。唯人有此真君灵台之心,乃能自超拔于其成心之是非之外,以知道,而知天地与我之并生,万物与我之为一。然人能知道,则道应不外于此真君灵台之心。人能与天地万物为一而并生,则人之真君灵台之心,自能明照及天地万物之种种义理。而此道与天地万物之种种义理，既为人之真君灵台之心所明照；则此真君灵台之心，应有此能明照之性。对此明照之所知，谓由外在之天地万物而来固可，谓其直由其真君灵台之明照所呈现，而初内在于此明照之中，亦未尝不可。此道此义理，既内在于此灵台真君之明照之中，则谓为其性中之道之义理，而与此明照之呈现，俱时而由内而外以呈现者，又何为不可？此固皆非庄子之所以已言。然顺庄子之言以推极其义，亦自可生出此义。此义若成，则庄子所见之道与所知天地万物之义理，皆化为孟子之心中之理义；庄子之悦其道，即同于孟子之心之自悦其理义矣。由是而庄学即可通入孟学。如庄学通入孟学，而承认其所见之道所知之义理，皆原为其灵台真君之心中之道或理义或性；则庄子亦将承认他人之心中，亦有此道或理义为性。则人之知虽实有盲聋之时，而亦有能自去其盲聋，而自开通，以自推扩，以知道或义理之性，而亦将能如庄子之自悦其道。若然，则庄子亦即可深信其道之可以易天下，而必为人心所同然同悦；庄子亦将自信其言为一切人之所解，不必待诸万世，而将亦以正当世之人心自任矣。

或谓依庄子之言而推极其义，庄子固可承认人皆能知其所谓通天地万物为一之道，人心有能知此道之性；然未必承认人皆能知其他种种义理，如仁义礼智，或孟子所与人讨论之种种义理之性。因此道乃一统体之境界中之道，故人皆理当有知此道之性。而其他义理，皆特殊之义理，人于此可并无同然，则不能皆以之为性，今欲由辩说以使人心归于同然，便终归无效。然吾人则以为诚顺庄子所重统体之道，以观世间种种特殊义理，纵不以之为性，仍将必承认其亦可为人心所同然之说。因即就庄子之所谓统体之道，能使我与天地万物为一而并生以观，此道即无"阻止我之见彼天地万物中之种种特殊义理"之义理。就庄子之真君灵台之心为至虚至静而说，亦更不当有任何特殊之义理，必非其明照之所能及，而非兼能内在于其明照者。若其有之，则真君灵台中自有障碍，非至虚至静者矣。又此诸特殊义理若可永在我之心之外，则我心为有外之心，所谓我与天地万物并生合一以成一大全之说，亦为虚言。庄子将陷于自相矛盾矣。若欲不陷于自相矛盾，唯有谓天下之义理，无非能内在于此至虚至静之真君灵台之明照之中，亦莫非人心之所可同然者。而世人之于庄子所谓统体之道与种种义理之知与不知，见与不见，便只有先知先觉后知后觉之不同，此外更无差别。若然，则先知先觉者，既已知而以言说之，以辩喻之者，终必为后知后觉之所同然同悦之义，即无所疑。而庄子诚知此义，即仍当同有此孟子之辩，而本道亦本其他种种义理以正天下人之心。则庄子纵仍不必全同于孟子，因其或仍将退而谓此诸特殊之种种义理，虽能内在于此心之明照中，可为人心所同然，而仍非自其内心所发出，人心未尝具此特殊之义理以为性。然彼至少将亦有契于孟子之正人心息邪说之旨，而亦将有相视而笑，以莫逆于心者矣。世人尝憾孟子之雄辩，未尝遇庄子之狂言，或者想像二人相遇，必将翻江倒海，风云变色。然以吾人观之，则如孟庄相遇，此中可并无播弄精彩之戏可看。孟子盖必先契于庄子之狂言，而庄子盖将不待孟子之雄辩之已及，即可进而径本其能知道之真君灵台之心，视为"以知道为性而具此道于心"之道心，以谓孟子所言之理义，皆不外此道心之明照中之条理；庄子亦可言人人皆有道心，种种理义，皆天下人之所得而同然而同悦者。夫然，则庄子所期遇之于万世之后者，当及身而遇之；孟子之守先王之道以待后之学者，亦并世而得之。其将有相视而笑以莫逆于心之处，乃必然之事。试为此解，并学庄子之不更辩，以待人心之所同然。

八 荀子之论"辩"

　　荀子与孟子同重辩，而宗旨不同。孟子之辩，乃本人心之所同然，而以先知觉后知，先觉觉后觉，以正人心而息邪说。荀子之辩，则在维护礼义之统，即文武周公孔子之政教之统。此乃纯本于其历史社会文化意识而来，故孟子之辩论，要在使人自反而求之于心，或举事喻以使人由此事喻，以得其心。此即孟子尽心篇所谓"言近而旨远，不下带而道存焉"之善言。孟子与墨者辩葬礼，唯举"上世尝有不葬其亲者，其亲死则举而委之于壑他日过之，狐狸食之，蝇蚋蛄嘬之……而其颡有泚……乃盖归返蔂梩而掩之"，以言人之情必有葬。孟子反对墨家之非乐，亦以人之"乐则生，生则恶可已，恶可已则不知手之舞之足之蹈之"为说。此皆直指出人性情之表现于事以说，而使人知有此事，即自知其有此心、有此性情，以自契于儒者言礼乐之义。此处不管听者初是否承认礼乐之价值，孟子只须将此中之事实，用具体之言，加以描述烘托，直陈于人之前；人亦只须有同一之心，有同一之性情，便可自然见得。此处孟子论辩之方式，实大不同墨子之论辩，必先以他人所已承认者为根据，以从事推论,以逼使人不得不然其说者。孟子固亦言推心推恩。然此亦唯教人直就其已知之恩,已有之心,而推之于人,并度他人之同有此心而已。此亦不同于墨子之就人所承认之命题或辞,以本之而作之推论。而孟子之言推恩推心,所重者唯在望人由自知其恩其心之所在,即本之以推及他人。故望人之有此自反而自知,即孟子之辩之目标所在。至于实际上之推恩推心,则为每人自己之事。非如墨子之所谓推论之推,乃言辞或判断之推,可由对方代为者也。吾人能识得此义,便知孟子之一切辩说,亦如其辩礼乐,多是举事而述之,以使此事直陈于人之前,惟赖人之反求其心,自见得义理之所在。故孟子之辩,皆可称之所以使人自反求其心之指点之语。而此亦即可达孟子之"使人自知自觉理义原为人心之所同然同悦,以正人心"之目标。然荀子之目标,则在维护历史文化中"先王之礼义之统类",故其辩论,亦以历史社会文化之事实为根据而说。其辩礼乐,亦重在自此礼乐之社会文化之意义,或对天下国家之政治之功效为言。其尊周公孔子之为大儒,亦自此大儒之对社会国家天下之功效说来。此即不同于孟子对孔子之心悦诚服,对先圣先贤之崇敬,乃直接原自觉其先得具心之所同然而来。由此而荀子之为孔子周公辩、为礼乐辩、为一切礼义法度及儒者之富国强兵之道辩,皆分别有历史社会文化政治上之理由,可自多方面一一加以举出。于是荀子之辩,即亦同于诸子之辩之为持之有故,言之成理者。荀子之注重有故或有理由,以成一推论之前提,亦大同于墨子。然此作为推论之前提,皆由对历史文化政治社会上之事实等,加以反省而发现者。此其所根据之历史性之经验事实等,乃自始为古所传,人所共认,而具公共之客观意义者。此即不同于墨子所言之天志等,初非人之历史性经验事实,亦不同于墨子之"牛"之类,只为一外在之自然物,而待人之说之,乃知其为何物者。历史性之事实必为人所已共认,因若非共认,即不能成历史性事实故也。故荀子之本历史性之事实为根据,而本之以反省出之理由与义理,即亦不同于庄子之所谓出自成心之是非,只以个人之主观之情欲等为根据而无客观之意义者。于是荀子所持以立论之理由与故,与本此理由与故,而作之推论评论或是非,亦即非庄子之论所针对,而人亦不能本庄子之说,以言其为当超拔或当忘之是非矣。荀子之辩是非,乃以历史性之事实等为根据,并本之以立故成理而辩说。然即为荀子所反对之他家之论,亦未尝不皆持之有故言之成理,即亦皆可有其承于先王礼义之道者。则此中欲辩其所持之故与所见之理之是非,便须更有一标准。此标准,即在所见之理之是否全而尽。"凡人之患,偏伤之也。"(不苟篇)如所见之理,偏而不全,或有见于此而蔽于彼,则其理有所是而亦有所非,如"慎子有见于后无见于先,老子有见于诎无见于信,墨子有见于齐无见于畸,宋子有见于少而无见于多。"(天论)以及"墨子蔽于用而不知文,宋子蔽于欲而不知得,慎子蔽于法而不知贤,惠子蔽于辞而不知实,庄子蔽于天而不知人。"(解蔽篇)等是也。夫然,故荀子之辩是非,遂重在使人之去其蔽,以见其所不见,"兼陈万物而中悬衡",不自限于道之一隅,进以知全尽之道。此即合各方面而综合统贯之所成之道也。道备各种类之理谓之类,各种类之理之综合统贯谓之统。荀子最重一统类之道。而其评他家之是非,即以此统类之道为标准,以谓其对此道之全之所见之处,即其是处之所在,其对此道之全之蔽处,即其非之所在。人言之是非,皆由对照此道之全之标准而见。而此道之全,则为依于具客观性之人类之古今历史事实为根据,由反省之所发现,而与此事实同具有客观之意义者。本此客观之道所论之是非,亦即应为人之公是公非之所在。人能知此公是公非之所在谓之智。人之所赖以有此智者,则又为人之先自其所蔽之一偏一曲之理,解放超拔而出。荀子之重心之虚壹而静,亦大类于庄子之教人知道,必先自成心拔出,以致虚守静,使其真君灵台,得本其内在之光耀,以成其明照。然庄子唯由此致虚守静,以见"道通为一"之道,而荀子则由此以见包涵各类之理而统贯之之一道,则其不同也。

  由荀子之有一客观之统类之道为标准,而荀子之学即在使人知此统类之道,而心与道合,以行此道,以守此道。故荀子之论他家之所见所蔽,而明其是非之辩,即皆一对此道负责之表现,亦为其知道守道之精神,一必然有亦富有之表现。由此而荀子乃主君子必辩(非相)。君子之所以必辩者,既以"君子之于言也,志好之,行安之,乐言之"之故(非相),亦因唯赖辩,乃能守此道于天下,以继之于当今及未来之历史社会政治文化之中也。而此辩既为君子之知道守道之精神之表现,故荀子特重言君子圣人辩说时,所表现之风度与人格。此风度人格本身,亦有其客观为世之模范之意义与价值者。荀子于非相篇,尝分别小人之辩、士君子之辩、与圣人之辩。于正名篇又分别论士君子之辩说,与圣人之辩说,并及于其辩说之异于一般之辩说者,纯在其辩论乃来自其对客观之道，求有所负责之义。若孟子之辩，因其务在使人自反而求之于心，则尚可不讲求其辩论时，其所表现之风度人格，与为世之模范之意义与价值也。

荀子非相篇论圣人之辩曰：

"不先虑，不早谋，发之而当，成文而类，居错迁徙，应变不穷。"又论士君子之辩曰：

"先虑之，早谋之，斯须之言而足听，文而致实，博而党正。"又正名篇论圣人之辩、士君子之辩曰：

"心也者，道之工宰也。道也者，治之经理也。心合于道，说合于心，辞合于说，正名而期，质请①而喻；辨异而不过，推类而不悖；听则合文，辨则尽故；以正道而辨奸，犹引绳以持曲直；是故邪说不能乱，百家无所窜；有兼听之明，而无奋矜之容，有兼覆之德，而无伐德之色；说行则天下正，说不行则白道而冥穷，是圣人之辩说也。

辞让之节得矣，长少之理顺矣；忌讳不称，袄辞不出；以仁心说，以学心听，以公心辨；不动乎众人之非誉，不治观者之耳目；不赂贵者之权势，不利传辟者之辞；故能处道而不贰，吐而不夺，利而不流，贵公正而贱鄙争，是士君之辩说也。"

此中荀子论圣人之辩，乃纯从其心之能为道之工宰，而本道以成就治国治天下之常法条贯处说。圣人之道能成治；心能合说；其一切提出故或理由之言说，合乎此心；其言说中之一一命辞，皆在一推论之线索中，而合为一说；一一命辞中之名项，又皆有其确定之意义，而可本之以期其所指之情实或实事，以为人之所可喻，是谓"心合于道，说合于心，正名而期，质情而喻"。总而言之，即不外谓圣人之辩，乃治、道、心、说、辞、名与名所指之情实，皆相从而互相贯彻之谓。而圣人之辩，又能分辨各种之差异而皆得其当，其依一定之义理，以推及于其同类之事物，亦适当而无过或不及以生悖谬之事。此即自圣人之言之有统类而说。荀子非相篇之所谓"发之而当，成文而类也。"故当其听人之言，则能合其言之义之各方面，而求加以了解，而其辩论，亦能尽各方面之义理或理，居错迁徙，应变不穷，由此以明全正之道，以辨言之奸而误者，遂如本一定之绳墨标准，以定他人之言之正直或歪曲。由此而其辩说，

———
① 请王念孙说应作情。

则非偏邪之说之所能乱,而百家之偏蔽之见,亦无所逃窜于天地间,以得为人之所共见。此圣人之辩,其能兼摄兼听他人之所言之是者,而贯通之,而无奋矜自是之容,有如天地之兼覆万物,以兼覆道与义理之各方面,而未尝自伐其功德。故此圣人之辩说能行,则天下因之而正,如说不行,亦能于明白此道之后,以自处于穷约,而独善其身也。

至于士君子之辩之不及圣人者,则在其心之未必能知道之全,并依此道之全,使辩能尽故,亦不能如圣人之不先虑不早谋,复不能如圣人之能兼听兼覆;唯自勉于圣人之途,以自别于一般之争胜之辩而已。故当其辩也,首能得辞让之节,而以少敬长,次则不称人之所忌讳以伤人,不以祸福之袄辞以惧人,而唯本自己向道之仁心以说,以学于人之心听他人之言;然后以公心辩是非。而在此辩是非之际,其心之所向者,唯在道或义理。故"文而致实,博而党正",不为众人之毁誉所动,不求以辩说冶媚旁观者之耳目,亦不为贵者之权势所货赂,不利用一切传说譬喻之词以为据;故能自处于道而无二心,其言皆能吐实而于实无所夺,亦皆通利而足以自达其意,不流荡于偏邪。唯以公正为贵,而贱鄙陋之求胜之争。此则言士君子之辩之异于圣人,唯在其不能如圣人知道之全,而只能自勉于向道,以循道,而守道,以不离道也。

九　孟荀之辩与默

吾人以上谓孟荀皆重辩,而不同于庄子之既言其无言之境,则以天下沉浊不可庄语,而归于只为谬悠之说,荒唐之言,不屑与世人辩者。然孟子荀子亦未尝不承孔子之教,而有不言不辩之时,则言辩与默,皆可为孟荀之所重。此正如在立身行己上,孟荀与孔子皆同有进有退,有出有处。盖依儒家之思想,道无不可行于天下之理,故必悒悒惶惶以求行道,然亦承认道有不能行之时。人于此,如枉尺以求直寻,则身与道俱弊。故孔子有无道则隐之言,孟子有独善其身之语,荀子亦有白道冥穷之言。而在言辩上,则依孟子义,固可说一切道或理义,亦皆本为人心所可同然同悦,依荀子义,道亦为人心之可知可从者。然人于道,亦有尚未表现其然之悦之,而未能知之从之之时,此则亦非骤语于人,人即必能相喻者。孟子于此乃有守先待后之言。言守先待后,固见其以先知觉后知,以先觉觉后觉之事自任,而非如庄子之姑寄情于独唱。然既言待后，则亦承认其道之有非当世之人之所能喻者在，而荀子亦唯有著书以贻后世；此则皆与庄子之待万世之后遇其解者，亦五十步百步之别耳。由此而孟荀同有不言不辩之义。孟子虽善辩，而于他人之横逆之言行之及于身者，则不与之争，不与之辩，而唯先自反省其对人之是否忠，是否有礼。孟子对人之教诲，有不屑教诲之一方式。不屑教诲，以待人之自知自觉，亦为教诲之一方式也。孟子又言"不可与言而与之言，乃以言餂之"之不可。如上文第二节之所提及，则孟子固亦有不言不辩之义。荀子非十二子篇曰："辩说譬喻，齐给便利而不顺礼义，谓之奸说。"非相篇曰："凡言不合先王，不顺礼义，谓之奸言，虽辩，君子不听。"儒效篇论君子之所能所知，止于礼义，君子之辩与察，亦非能"遍辩人之所辩之谓也，遍察人之所察之谓也。"修身篇曰："夫坚白同异，有厚无厚之察，非不察也，然而君子不辩，止之也。"非十二子篇曰："信信，信也；疑疑，亦信也；言而当，知也；默而当，亦知也。故知默，犹知言也。故多言而类，圣人也；少言而法，君子也。多言无法而流湎然，虽辩，小人也"此则或以言不合先王礼义之统，故不辩不说宁默，或以"默而当"故默，皆兼以默教也。孟荀皆重修身以自见于世。修身要在行。以行事自见，即不以言辩自见也。孔子曰：予欲无言，而以天之唯使四时行百物生之行事自见为喻。孟子承之而谓"天不言，以行事示之而已矣。"荀子既言天行之有常，又言君子之行之可参天地。吾于原言与默一文第二节，已谓儒家于天，皆不似西方之宗教之重其在语言上之启示，唯重天之以行事自见；而人在天地间，亦当重在以其行事与天合德，"存心养性以事天"，"人有其治"以"参天地"。儒家无论在其"达则兼善天下"之行，或"修身以见于世"之行中，皆有其不事言辩之时。孟子曰："君子深造之以道，欲其自得之也。"又曰："博学而详说之，将以反说约也"（离娄）。朱子注以"默识心通，以归至约"之义。荀子所谓"君子至德，嘿然而喻，未施而亲，不怒而威"（不苟）。固皆有孔子之重默识之旨在也。

至荀子之论言辩，尚有二义，使其言辩之事有所而止者。第一、荀子在一方面固力言谈说之术，须全部精神贯注。如其非相篇曰："谈说之术，矜庄以莅之，端诚以处之，坚强以持之，分别以喻之，譬称以明之，欣驩芬芗以送之，宝之，珍之，贵之，神之。"实能极状谈说之庄严之论。然在另一方面，则荀子又更明言君子之所贵之神之之言辩，唯所以自白其志义，以通人我之意之旨。故其正名篇曰：

"君子之言，涉然而精，俯然而类，差差然而齐，彼正其名，当其辞，以务白其志义者也。彼名辩也者，志义之使也。足以相通，则舍之，故名足以指实，辞足以见极，则舍之矣。"

此即君子之言之深涉而精当，俯就事实而有类，差别而齐整，皆由其言语之目标之纯一，而唯务自白其志义而来。盖言惟在以白志义为目标时，方能以其志义，统其言之多端，使归于精当，有体类而齐一也。然亦正因其言惟在白志义，故其言辞，皆为其志义所主宰，名能指实，辞能见极，则舍之，而更不务于名辞之多与繁。荀子有此舍名舍辞之义，则其不同于当时之辩士之惟务言辩者可知。第二、荀子于正名篇，又言如明君圣王在位，则邪说辟言自止，而无事于君子之辩。此亦使其言辩之事有所至而止者。故其正名篇又曰："凡邪说辟言……明君知其分，而不与辩也。夫民易一以道，而不可与共故。故明君临之以势，道之以道，申之以命，章之以论，禁之以刑。故其民之化道也如神，辩说恶用矣哉，今圣王没，天下乱，奸言起，君子无势以临之，无刑以禁之，故辩说也。"

荀子之此段文，意在言明君之政，唯以道一民，而不期于人民皆共知此政何以如此行之故或理由。盖此故或理由亦本不能为人民之所同喻，而亦不待于事先对人民而辩说。明君之政，可只以其势、道、命、论、刑等，使邪说辟言不得起，则亦可无事于辩说。今唯因圣王没，士君子无势以临，无刑以禁，而天下之邪说辟言起，乃不得不从事于辩说。此即谓辩说在圣王之政下，有废而不用之义。荀子此言，固有流弊。因以势以刑临人而禁人之言，正为下开李斯韩非之以政摄教之说，导致焚书坑儒之祸者。荀子于非相篇，亦已有奸人之辩，圣王起，当先诛之之意。孔子之杀少正卯，正缘荀子此意而为法家学者所传，为孟学者，盖绝无此唯以势与刑临人之论也。然荀子谓民不可皆与共故之言，则亦不可谓为全非。墨子上说下教，初意在与人人共故，乃强聒天下人之耳而无已。而实则圣王之政，固可只以行事自见，使人民自然一于道，而不必求人人皆共知此故也。观荀子之言，盖亦非愚民政策之谓。而是依荀子之意，人所重者本只在其行之合于道，而不在皆能自知其行为之合于道之理论上之理由；以知原不如行之重要之故也。孟子言"行之而不著焉，习矣而不察焉，终身由之而不知其道者众也。"易传言"百姓日用而不知。"

此皆就事实以为说。知此事实之不可免，以观孔子之言"民可使由之，不可使知之"，与荀子"民不可与共故"之语；即非谓为政者另有诡秘，必不欲使人民知之意，而同是重在使人有合于道之行，而不在使人知何以当有此行之理由之论。能知此理由，乃为政者之智。然为政者固不必期人人皆有此智也。在今日能知合于道之行之理由者，即为学者、思想家或哲学家之智。此智固人人所可有，如人必欲知此中之理由，亦固可自思而得之，或由他人以言相告也。然世人之行若皆自然合于道，则亦不必皆有此知。因此中之知，既原只所以导入之行为合于道；行能合于道，则知即在行中，亦能自其行中，以自然生起。故荀子之谓民不可皆与共故，与孔子民可使由之，不可使知之，孟子终身由之而不知其道，易传百姓日用而不知，皆藏知于行自行起知以摄智归仁即仁成智也。能若是，则又何必日日以言辩与天下人论"故"乎。故思想家哲学家之喜论"故"者，亦世衰道丧，人之行既离于道，欲导之合于道之不得已之事也。儒者不幸生在乱世，乃兼为思想家哲学家，而不能不有事于言辩，以去诐淫邪遁之辞或荀子所谓邪说辟言，亦不得已而为之事也。诚当天下有道之时，则孟荀将同归于无言。君子之道，不动而敬，不言而信。易传曰：默而成之，不言而信，存乎德行。此则与庄子之全德忘言，而以归于无思无虑之旨，未尝不遥相契合。此又吾人之不可不善观儒道之殊途，而未尝不同归者也。

第九章　原致知格物上：大学章句辨证及格物致知思想之发展

一　导言

礼记大学一篇，自朱子并中庸列入四书，八百年来之学者，盖无不童而习之。中庸一篇，虽亦原在礼记中，然唐五代以前，已有别行本。如汉志有中庸说，隋志有戴□之中庸传，梁武帝之中庸讲疏是也。宋学初起，如周濂溪、张横渠之思想，皆主要原于易传与中庸。宋初虽已有大学单行本，及失传之司马光大学广记等书，然至二程子，乃始特表彰大学。朱子乃订为四书首卷，视为学者入德之门。吾昔尝观宋明至今中国儒学之发展，实大体有类于绕大学中所谓八目之次第一周。盖司马温公、程伊川、吕与叔、谢上蔡、杨龟山、尹和靖、胡文定、胡五峰已各有其格物说。①朱子承伊川而大论格物穷理之义，而缘之以言致知、诚意、正心、及修、齐、治、平之事，可谓以格物为始教。而以朱子观周濂溪、张横渠、邵康节之论天人万物之道，亦格物穷理之事也。故朱子尝以濂溪之太极只是理字，谓张子正蒙是尽穷万物之理，又谓康节能尽得事物之变。自陆象山以发明本心，为先立乎其大者，王阳明乃于吾人本心之知善知恶，好善恶恶而不昧处，指出良知，而以良知即天理即本心，而单提致良知之教，以摄格物之义，及儒学之诸要端。此可谓改而以大学之致知标宗。王学之流，枝分派衍，虽不无异同，亦皆同本此致知之教。直至东林学派顾宪成等，疑于阳明之良知本体无善无恶之言，

---

① 御纂朱子全书卷九页二四四书或问中近世大儒格物致知之说曰：格犹扞也、御也，能扞御外物而后知至道。（温公）必穷物之理，同出于一，为格物（吕与叔）穷理只是寻个是处。（上蔡）天下之物，不可胜穷，然皆备于我，而非从外得。（龟山）今日格一件，明日格一件，为非程子之言。（和靖）物物致察，宛转归已。（胡文正）即事即物，不厌不弃，而身亲格之。（五峰）

刘蕺山继于良知之好善恶恶之几上，指出意根，谓此意为知之主宰，而言学圣当以诚意慎独为宗，遂由格物致知之教，转而以诚意为宗。初、王一庵已别意为念，谓意为心之定向所存，亦知善知恶之良知之所根。至蕺山乃完成此以诚意慎独为宗之教，为宋明心性之学内圣之学最后之一大师。先是，王龙溪尝以诚意为后天之学，其所谓"意"乃意念，不同刘蕺山之"意"。龙溪以正心为先天之学，则重在正心。又王心斋、李见罗及明末之高攀龙，皆重安身修身之义，而皆本大学以立教。至明末清初之大儒，如王船山、顾亭林、黄梨洲等，则其精神所注，皆由内圣之学转至外王之学。其中如船山、梨洲，虽亦深究理学中问题，然皆意在以内圣之学为立本之资；至言达用之学，则宗在经史。亭林以经学即理学，虽遥承考亭之教，然理学中之诸问题，则非其所究心。唯于古今治道，郡国利病，辛勤加意。诸儒立教，如船山之畅发志为一心之存主之义；别人禽，严夷夏，端在正其心志，亦无异于以正心之功，统致知诚意之事。而亭林之言行己有耻，更不详析一一所当耻，及此中内心修养工夫之历程，此亦无异统言人当修己修身。诸儒身当鼎革之际，其关心乃在天下之兴亡，治道之隆污，国族民命之绝续，则皆外王之学之所摄，大学中之治国平天下之事也。明末清初，学风既转，亭林、梨洲倡经学史学于先，而清儒之业，又未能继其志，以建制立法；乃群趋于考订经史之名物制度，重事纂集注疏之功，再及于训诂、文字、声韵、校勘、版本之学。然清之学者，其工力所在，虽若与治平之业，直接不相干；然由其自居于儒者之林而言，亦未尝不自谓其志在：由声韵文字之学，纂集注疏之功，校勘版本之业，以使先圣先贤之书可读，明训诂以明义理，考名物制度，以知治道，而为致太平之资。则清儒之学，亦顾黄之流风余韵之所贯也。清儒之足以言思想者，如颜元之重安天下、富天下、强天下，戴震、焦循之重遂民之情，同民之欲，及公羊家之经世致用之学，康有为之言大同，孙中山之言民族、民权、民生，以及于民国以来人之喜言政治上之主义，实皆以天下国家、社会人民之问题，为其用心之焦点，与顾、黄、王之精神，遥相照映，亦不出大学之治国、平天下及古所谓外王之学之范围。惟此清学，重外王而忽内圣，颜元、戴震首反对宋儒心性之学。凌夷至今，则凡言正心诚意之学，乃皆被视为迂远，即修身齐家，亦人所不屑道。唯天下之扰攘，国族之危亡，则悬于中国人心之前，而又莫知所以拨乱而反正。溯自清季中西文化接触以来，国人初反省中国之所以弱，首归于坚甲利兵之不如人，次归之科学知识之不如人，乃竞尚科学之新知。而清末人名自然科学曰格致，即有取于大学格物致知之义。朱子释格物致知，为即物穷理，而科学正为格物穷理之学。于是大学之格物致知之名，即为百年来之中国人，赖以摄取西方科学之凭藉。而今日中国人，皆知尊尚科学，亦即大学八条目中首二条目之再被重视也。综上所言，是见八百年来中国思想之发展，实有如循大学八条目之次序，由程朱之以格物为始教，至阳明之以致知为宗，刘蕺山之以诚意为宗，历顾、黄、王而由正心修身之内圣之学，以转至重治国平天下之外王之学。既历大学之八条目一周，乃再归于清末以来，以格致之学之名，为引入西方科学之资，宛若二千数百年前之为大学一文者，及朱子之列大学为四书之首卷，即意在预定此规模次第，以供此八百年来中国思想之潮流，循之以进行。虽曰偶合，亦足为奇，而大学一文之重要，亦可姑假此以言之。

然此上所陈，唯是谓八百年来中国思想之发展，大体言之，如历大学八目之次第一周。实则八百年来，中国思想之发展，其所以如是如是，自另有其历史上之理由。而吾人若据此以谓八百年来中国之学者之思想，乃唯依大学一书预定之规模，以依模作彩，或谓其思想唯盘旋于此大学之一二千字之文之内，亦断无是理。而程朱之言格物穷理，阳明之言致良知……以及顾、黄、王以降之言修、齐、治、平之道，就其具体之思想内容而说，匪特与大学一书之所说，繁简相距，不可以道里计；而此中更明不断有新思想之络绎而出。今言此中有思想相承之迹，亦有一贯之儒学之传说可见，人固无异辞。若谓后儒之思想，唯是先儒所言者之翻版或注释，则匪特有悖于思想演进之实，抑亦将忽视后儒之新义之所以立，及其对思想史之贡献何在。以吾人今日之眼光观之，朱子之论格物穷理，阳明之言致良知，以及顾、黄、王以降之言修、齐、治、平之道，虽皆恒自谓不过发明古人之遗意，实亦诸贤之谦德使然。就中朱子与阳明二家之释大学之争，若各还归于二家之思想以观，皆自有千古，而各在儒学史上，树立一新义，亦未尝不与大学之思想，有相衔接之处。然若视之为大学一文文义之直接注释，则皆不免于枘凿。而其思想与大学相衔接之处，亦皆不在大学之明文，而惟在其隐义。此隐义之提出，亦实一思想之发展，而非必即大学本文或大学著者之心中之所有，实不当徒视为其注释。朱子、阳明，本其谦德，必欲归其新义于先儒，而二家之后学，又各或为朱子、阳明争其言之独得大学之本意，或另为大学之言作释，于是宋以来言大学格物者，全祖望已言有七十余家。八百年之公案，乃至今未决。实则吾人今若知朱子、阳明，皆各于儒学，有新义之树立，皆本不当视为大学之注释；则二家之争解，而朱子、阳明对儒学之贡献，亦更彰显其千古不磨之处。此亦即吾人之所以兼尊崇大学及朱子、阳明之道也。爰本斯旨，草为此文，就吾人对大学之章句之重订，以见朱子、阳明，若自视其说为大学本文之注释，则皆非；而若转而视之为大学思想之隐义之引出，或进一步之儒学思想发展，则皆是；再及于清末以来以格致之学为自然科学之说，其渊源所在，以及由此而导致之当今儒学思想发展中之一问题，合以证成八百年来儒学思想之关联于大学格物致知之教者，实不断有新思想之孳生，咸超轶于大学明文之所及。则世之谓儒者之思想，唯以注疏为事，恒停滞不进者，即以此一例，已足证其妄。而由此一例，亦足见儒者之论，其自谓承诸古人之所在者，亦恒为超轶古人之明文可征之思想之外者。盖此由承继以超轶，以超轶为承继，正为儒学发展之常轨，是治中国儒学之思想史者，所不可不深察而详论者也。

至于克就本文之内容而言，则吾人上文，既言朱子、阳明于大学之思想有新义之树立，朱子、阳明之自视其言，为大学本文之注释皆非；此亦即同于谓：吾人欲彰朱子、阳明之功，当先明朱子、阳明之过。然舍过无以见功，吾亦将不得已而为是。故下文当首论朱子大学补传及所订章句，不合大学本文之所需，与原文之文理，次说明阳明以致知为致良知，亦不合大学本文之系统。再次则更就朱子及晚明儒者，所疑于大学章句者，加以抉择，以重订大学之章句，并略疏贯其文理。此为本文上篇，主要以辨证大学本文之文句为主，所论较为繁碎。至于本文下篇，则首当说朱子之章句虽误，然朱子之思想，仍与大学相涵接，而其即物穷理之说，亦实有进于大学之新义在。次论阳明之直接以大学之知为良知虽误，然通大学之言"明明德"及"知"而观之，则必引出致良知之说，而此亦为大学思想之一新发展。再次则略论清儒颜元、戴震之言格物致知，其异于宋明儒之说，及其演进之势，必归于清末人以自然科学为格致之学之义；并见此义之实为由大学本文之格致之原义，辗转引出之新义，而亦表现中国思想之发展之一端者。最后二节，则论由此而导致之当今中国儒学思想发展中之一问题。枯即为如何将此今人皆知重视之科学知识之知，与中国传统所重之德性之知，加以配合之问题，而此亦为中西学术思想如何融通中之一问题。足见此八百年之格物致知之老问题，实直贯注至今。乃于此最后节中更述及师友之说，兼略陈愚见，以作结论。此合为本文下篇。要以证成八百年来直接关联于大学之格物致知之思想之发展，而义理之疏解较多。读者不耐上篇之辨证之繁文者，亦可先阅此下篇也。

二　朱子大学补传之得失

朱子重订大学章句，并作大学补传，其异于大学古本者，在以大学古本，为有颠倒错乱，及缺佚。故除改篇首之"在亲民"为"在新民"外，更移置"康诰曰克明德"至"与国人交止于信"三章，于"其所厚者薄，其所薄者厚，未之有也"一段之前，又移动古本原属于诚意章之"诗云：瞻彼淇澳"至"没世不忘也"一段，及古本之"子曰：听讼吾犹人也"至"此谓知本"一段，并置之于"与国人交止于信"之后，及古本之"此谓知本，此谓知之至也"之前。于是此两个"此谓知本"，遂相连接。朱子乃据程子言，谓此中之一个"此谓知本"为衍文，而既删去下一个"此谓知本"之后，则"此谓知之至也"一语，又上无所承，朱子遂于其大学章句曰："此上应为传之五章，盖释格物致知之义者，而今亡矣，间尝窃取程子之义以补之曰：

"所谓致知在格物者，言欲致吾之知，在即物而穷其理也。盖人心之灵，莫不有知，而天下之物，莫不有理；惟于理有未穷，故其知有不尽也。是以大学始教，必使学者，即凡天下之物，莫不因其已知之理，而益穷之，以求至乎其极。至于用力之久，而一旦豁然贯通焉，则众物之表里精粗无不到，而吾心之全体大用无不明矣。此谓物格，此谓知之至也。"

按朱子所编章句，移动古本之次序者三，改字一，删字四，新作补传，共百三十四字。此于原文之改动，不可谓不大，而使人不能无疑。故王阳明必欲复大学古本，而宋明以来学者，凡非墨守朱子之言者，及清儒之宗郑康成注者，亦同皆不能无疑。而朱子之论大学之有阙文，并非全直接根据于原文之必不可通，初唯由其重订章句后，使两个"此谓知本"相连。一个"此谓知本"接上文，再删去一个"此谓知本"，乃见"此谓知之至也"一语,上无所承,遂见阙佚。是此阙佚之见,乃朱子重订章句之所为也。而其重订之章句,除将"康诰曰克明德"至"与国人交止于信"三章,移置于前,确乎有据,吾亦印持外;其余将诚意章之"诗云:瞻彼淇澳"至"没世不忘也",及"子曰:听讼吾犹人也"至"此谓知本"二章,移置于前,则并无坚强之理由。而不移置此二章,致使两个"此谓知本"相连,则不致使大学原文,见有阙佚,亦即大可无作补传之必要。故吾人今论朱子补传之非,将首论其将诚意章此二段文移置于前之不必要,及古本原文,原自可通,次将论其补传与大学本文,不相贴切之处。

今按古本诚意章,除"康诰曰克明德"至"与国人交止于信",吾人亦以为当如朱子意,移置于前文外,其余文如次。

"所谓诚其意者,毋自欺也。如恶恶臭,如好好色,此之谓自谦(自慊),故君子必慎其独也。小人闲居为不善,无所不至,见君子而后厌然,掩其不善而著其善;人之视己也,如见其肺肝然,则何益矣。此谓诚于中,形于外,故君子慎其独也。曾子曰:十目所视,十手所指,其严乎。富润屋,德润身,心广体胖。故君子必诚其意。诗云:瞻彼淇澳,菉竹猗猗,有斐君子,如切如磋,如琢如磨;瑟兮僴兮,赫兮喧兮,有斐君子,终不可喧兮。如切如磋者,道学也;如琢如磨者,自修也;瑟兮僴兮者,恂栗也;赫兮喧兮者,威仪也;有斐君子,终不可喧兮者,道盛德至善,民之不能忘也。诗云:于戏,前王不忘,君子贤其贤而亲其亲,小人乐其乐而利其利,此所以没世不忘也。子曰:听讼吾犹人也,必也使无讼乎。无情者不得尽其辞,大畏民志,此谓知本。"

郑康成注,"诗云"以下,全是释诚意之功。朱子则以为"诗云:瞻彼淇澳"至"没世不忘也"以上,皆属于传之三章,乃所以释止于至善者。而听讼以下,至"此谓知本",为传之四章,乃释本末者。今按上文"诗云邦畿千里,为民所止"至"与国人交止于信",已是释"止于至善",则亦不须又以此"诗云:瞻彼淇澳"至"没世不忘也"之一段,以属于传之第三章,再释"止于至善"。若然,则此古本亦不须改动。如人问曰:若此皆当依古本,视为释诚意者,则诚意章何以如此之长,而下文之正心章,又何以如此之短?则须知古人文章之长短,本不一定,此乃问非所问。而吾人如依朱子将诗云"瞻彼淇澳"至"没世不忘也",移于释"止于至善"章中,则吾人亦可问:何以释止于善者,又如此之长？而上文之释同为三纲领之"明明德"及"新民"者，又如此之短？此亦同为问非所问。此中重要之点，唯是"诗云"以下，是否必须分属于朱子所谓三四章，而不可并属于诚意章？则此必须先证明其属于诚意章，于文理必不可通。然吾人殊不见此中有必不可通之处；则古本既属之诚意章，朱子即无加以改动，而分属于三四两章之理由矣。

按此诗云"瞻彼淇澳"一段，所以原属于诚意章者，盖诚意章前文所讲者，原是由"无自欺""慎独"之工夫，以"诚于中"而"形于外"，而使"德润身，心广体胖"。此段中之道学，自修，正为慎独与修德之事，而恂栗威仪，亦正为德润及于身，"心广"而彰于礼貌之征。郑注谓恂栗之恂字，或作峻，读如严峻之峻，言其容貌严厉。朱注虽释恂栗为战栗，亦谓恂栗威仪，言其德容表里之盛，则与郑注，亦大体不殊。至于言"盛德至善，民之不能忘也"，"君子贤其贤而亲其亲，小人乐其乐而利其利，此所以没世不忘也。"则正谓君子诚意之功，至于充内形外，则其所知、所止之至善，亦充内形外，而足感人化民，使民不能忘，而君子之风，乃化及小人。此正与前文相发明。至于"听讼吾犹人也，必亦使无讼乎？无情者不得尽其辞，大畏民志"一段，郑注谓"圣人之听讼，必使民无实者，不敢尽其辞，大畏其心志，使诚其意不敢讼"①。朱注谓"圣人能使无实之人，不敢尽其虚诞之辞……有以畏服民之心志，故讼不待听而自无也。"此中朱注又实与郑注，大旨无别。今依古本将此段仍属诚意章，即谓人能诚意至于盛德，至善，而化民，则人之无实而兴讼者，亦不敢尽其欺罔虚诞之辞，而不敢不诚。故朱子语类卷十六亦谓"大畏民志者，大有以畏服斯民自欺之志"，是与郑注全无别矣。故此听讼一段，亦与前文之"小人闲居为不善者，见君子而后厌然，掩其不善而著其善"，同为诚意之极，至盛德至善，而民莫能忘之效验；有如孟子之言君子之"所过者化"，中庸之言"至诚而能化"，实文从而字顺者也。而朱子之注，原与郑注大体相同，唯以其必欲将其中一段，移置于释"止于至善"之第三章，再分出一段，成为释本末之第五章；乃凡于郑注视为诚意之效验之处，皆改视为"明明德而止于至善"者之效验。此中唯就义理而观，如朱子之谓"恂栗威仪，民莫能忘"，及"使无情者不得尽其辞"，为"明明德而止于至善"者之效验，固未尝不可。然谓为

---

① 礼记郑注，孔颖达疏 六十。

诚意之极之效验，又何尝不可？而此二段文，古本既原在诚意章中，顺上文之解释，又本无不可通之处，则朱子又何据而必移置于前，以分属三四章乎？王船山读四书大全说，因曲顺朱子之意，谓"朱子谓恂栗威仪，为成就后气象……又云严敬存乎中，光辉著于外。'存'字但从中外上，与'著'字为对，非若存心存诚之存，为用力存之也"①。其引朱子此二语，盖谓朱子释此段，乃视为圣学之极功，不同大学诚意章所论者，犹在存心存诚之勉力之阶段，故不属于诚意章中。然此二段所言者，是否即圣学之极功，殊未可定。②即视为圣学之极功，亦未尝不可附诸诚意之一阶段而论也。盖存心存诚，固为用力之事，然用力而至德润身，心广体胖，岂不亦为成就后之气象，而同于"严敬存乎中，光辉著于外"？朱子、船山于"德润身""心广体胖"二语，既不疑其属于诚意章，则于下文之恂栗威仪之气象，又何疑其属于诚意章乎？

　　吾人上文，既已详辨古本诚意章之一段文，朱子无必须加以移置之理由。而不移置此二段，即不见大学原文，在文理上之有阙文，亦无必须另为之作补传之理由，如上所述。今再指出朱子作补传之内容，与大学本文不相贴切之处，以论补传之不必作。

　　朱子补传，就上所征引之原文观之，其所欲讲明者，乃在"致知在格物"及"物格而后知至"二语。大学言"致知在格物"，未尝言欲致其知者先格其物。则致知格物，虽为二名，而可说为一事，故朱子于此，不分为二补传，无可訾议。然大学本文言"欲明明德于天下者，必先治其国；欲治其国者，必先齐其家；欲齐其家者，必先修其身；欲修其身者，必先正其心；欲正其心者，必先诚其意；欲诚其意者，必先致其知。"此中明有先后之序，而大学本文，亦重在处处说明，何以必先有此而后有彼之义。故以"所谓平天下在治其国者"，"所谓治国在齐其家者"，"所谓齐其家在修其身者"，"所谓修身在正其心者"，各为一章之始。唯于诚意章，未明言所谓正心在诚其意者。然诚意章前言诚意，继言心广体胖，即下接正心，义亦无缺。果如朱子之意，谓大学有阙文，而为之为补传，则朱子首当补释"所谓诚意在致其知者"，以明大学所

---

① 王船山读四书大全说卷一，太平洋书局本第八页。
② 按朱子语类（应元书院本），卷十六第七页朱子唯谓"瑟兮僩兮，则诚敬存乎中矣，未至于赫兮喧兮，威仪辉光著见于外，亦未为至善。"则朱子乃将恂栗与威仪并较，并不如船山所言之恂栗威仪，为成就后气象，以与诚意章之存心存诚对较，则船山亦未全得朱子意也。

谓"欲诚其意者先致其知"之义，而不当只补释"致知在格物"之义。因格物致知为一事，则释得"欲诚其意者，必致其知"，不另释"致知在格物"，实未尝不可。然释"致知在格物"，而不释"欲诚其意者必先致其知"，则万万不可。因此事，乃与其余者同在一线索中之思想也。朱子乃不此之图，唯以补传释"致知在格物"及"物格而后知至"二语，而未尝释"欲诚其意者，必先致其知"及"知至而后意诚"二语，是轻重倒置也。（朱子语类中，多有言知至而后意诚者，然皆未包括于补传中。①）又克就其补传之内容而论，则朱子言知，首谓"人心之灵，莫不有知"，其言物也，则曰"天下之物，莫不有理"；遂谓惟于"理有未穷"，故其"知有不尽"。至穷理致知之效，则朱子言其在"豁然贯通"，以使"众物之表里精粗无不到，吾心之全体大用无不明"。此可说为正心之始，而非诚意之始。朱子之释格物，又初不直以物为所对，而以物所自有之理为所对，则朱子之言格物致知，即为一方冒过与诚意之关联，而一方又冒过物，而直达于物之"理"者。朱子又未尝于其补传言，人必知理而后意诚，亦未尝言惟其理有未知，故其意有不诚。则朱子补传，实未尝补其所当补，而其所补，亦未尝贴切于原文也。

吾人以上论朱子补传之不当，乃纯就文理而说。至于克就此补传之思想，而加以评论，则或如阳明之谓其为求理于外，乃告子义外之说，泛求物理而少头脑之论。或如阮元之论语一贯说，以"一旦豁然贯通焉，此似禅家顿宗，冬寒见桶脱大悟之旨"。而大学本文，亦明不见"理"与"穷理"之字。凡此等等，固皆不足以难朱子之学之本身，下篇当及之。然要之，亦足见朱子补传中之义，非必大学原文所有之义，而有其不能使人无疑者在也。

三　王阳明以大学之知为良知之说之得失

至于王阳明之说大学之致知为致良知，其说与朱子相较，实更易解

---

① 按朱子语类常将知至与意诚连贯说，多见语类卷十五第十七页至廿三页，卷十六第十六页至十八页。如卷十五第十七页谓知至则道理坦然明白，安而行之。今人知未至者也——然临事不如此者，只是实未曾见得，若实见得，自然行处无差。然朱子大学补传，却未将致知与诚意扣紧说。

释"知至而后意诚"及"欲诚其意者必先致其知"二语。盖依阳明之言良知，原为知善知恶，而好善恶恶者。好善而如好好色，恶恶而如恶恶臭，是即诚意之实功。故人能真致其良知者，即必能诚其意；而人不能知善知恶，即不能好善恶恶，亦不能好善如好好色，恶恶如恶恶臭。故欲诚其意者必先致知，而致知之教，即贯彻于诚意。此实较朱子之惟论致知之待于格物穷理，而未及于致知与诚意之关系者，更能应合于大学之文句所涵之义。至其思想之高明，是否过于朱子，则可暂存而不论。

阳明虽以致知为致良知，而异于朱子，然其以致知格物为一事，又同于朱子；于是其说格物，亦不得不与朱子异。阳明谓"格物"之物为事，朱子亦尝训物为事。然朱子之说格物，重在即物而穷其理，而阳明之训物为事，则同时以事为意之所在。而凡意之所在皆为事，亦为物。由是而"吾意在于事亲，则事亲便是物；吾意在于事君，事君便是物"。意之所在，知即随之，"知"随"意"之所在之事，而知其善恶，并真切的好善恶恶，以为善去恶；则知至而意念之不正者归于正，而事亦得其正，此即格物而致知矣。故阳明四句教曰："知善知恶是良知，为善去恶是格物。"此物格处，即知至处，故曰致知在格物。此亦与大学之文句，亦未尝不在大体上相契合也。

然阳明之以大学之致知为致良知，虽与大学所言之致知，与诚意格物之关系之文句，未尝不可在大体上相契合，此又非唯有以大学之致知为致良知，乃可与大学之文句相契合之谓。如大学之致良知之知，非指良知，而别为一义，亦未尝不可与大学之文句相契合也。而克就大学之本文言，大学明未尝有良知二字。先儒唯孟子言良知良能，阳明又何得径谓大学之知，即必为孟子之良知或其所谓良知乎？

如更严格言之，则上文谓阳明之言，可与大学上之文句在大体上相契合云云，亦即谓其非能全相契合之谓。今循大学言知至而后意诚之意，虽可说为知真至处，即意诚处，克就二者之相关处言，亦无先后，而格物致知，亦原可无先后。然大学立言次序，要是先格物、次致知、次诚意、次正心。大学言物格而后知至，知至而后意诚，而未尝言意诚而后知至，知至而后物格。如依阳明之说，循上所论以观，实以致"知善知恶，好善恶恶"之知，至于真切处，即意诚，意诚然后方得为知之至。又必意诚而知至处，意念所在之事，得其正，而后可言物格。是乃意诚而后知至，知至而后物格，非大学本文之序矣。①

依阳明致知之教，必不能合于大学之先后之序，而其言乃归于以格物、致知、诚意、正心、以及修齐治平之事，实为一事而异名之说。故罗整庵依于大学之有八条目，而致疑于阳明单提致知之说为不尽之后，阳明乃答之曰："若语其要，则修身二字足矣，何必又言诚意？诚意二字足矣，何必又言致知？又言格物？唯其功夫之详密，而要之只是一事，此所以为精一之学。……故格物者，格其心之物也，格其意之物也，格其知之物也。正心者，正其物之心也，诚意者，诚其物之意也，致知者，致其物之知也。此岂有内外彼此之分哉；理一而已，以其理之凝聚而言，则谓之性；以其凝聚之主宰而言，则谓之心；以其主宰之发动而言，则谓之意；以其发动之明觉而言，则谓之知；以其明觉之感应而言，则谓之物。故就物而言谓之格，就知而言谓之致，就意而言谓之诚，就心而言谓之正。正者，正此也；诚者，诚此也；致者，致此也；格者，格此也。"②此论诚可谓圆融之极矣。然此合为一事，无分先后之说，果大学之本义乎？即谓此先后，非时间上之先后，岂无义理次序上之先后乎？若义理次序上，皆无先后，任举其一，皆足概余，则阳明又何不以正心为教，以诚意为教，而必以致知为教乎？如致知一义居先，则将何以解于大学之以致知与格物、诚意、正心之并重，及格物之宛然为八目之首，又何以解"致知在格物"之一言？则谓大学之致知，直接与阳明之致良知之分量相称，人诚不能无疑矣。

四 重订大学章句及朱子阳明释物为事之误

上文既论朱子补传之不当，及其所订章句，有是有不是，则阳明欲全复大学古本，亦无当于理。盖循上文第二节所论，足见朱子疑古本大学有错乱，初未尝无理。据二程遗书，明道、伊川，皆有大学改本，而彼此不同。朱子再加改订，亦无庸非议。原大学一书，有纲有目，明为一条理之作。理当顺其文义次第，及章句先后所宜，为之编订。而克就

---

① 按高子遗书卷三第八页亦尝疑阳明之言颠倒格物致知之序曰："阳明谓为善去恶是格物。夫事物各得其正者，乃物格而非格物也。为善去恶，乃诚意而非格物也。事物各得其理，格物也。是格物在致知，知至而后物格也。"

② 阳明全书四部备要本，卷二第二六页至二九页，答罗整庵少宰书。

朱子章句之移动"康诰曰"以下,至"与国人交止于信"三章说,其功实大。盖此三章,明为分别释明明德、新民、及止于至善之义者,实当移置于前文也。即其改亲民为新民,亦非无理。因大学本文,原有释新民者,而无释亲民者也。若依古本,将此三章,皆置于诚意章中,则对篇首所提三纲领之解释,反落在释诚意之第一段文后。而诚意章中,夹入此三段文,乃致首尾失黏。古人行文虽疏略,应无如此颠倒失序者。况大学原为一有纲有目之作乎?

唯大学本文,既有错乱,则其错乱之处,亦当不限于朱子之所发见。据四库全书总目提要,经部四书类中有毛奇龄著之大学证文。① 提要谓其书备述诸家之大学改本之异同。其中除二程改本,为朱子所承外,尚有王柏改本、季本改本、崔铣、高攀龙改本、葛寅亮改本。提要又列胡渭大学翼真②及邱嘉穗考定石经大学经传解③,与李光地大学古本说④皆尝重编大学各章次第。毛、胡、李、邱诸家书,未见单行刻本。毛氏所言,诸家改本如何,愚亦未尝及知。唯见高攀龙之高子遗书卷三附录,尝引崔铣之说。⑤ 崔说谓大学之诗云"瞻彼淇澳"至"与国人交止于信"一段,即是格物致知之传文。高氏极然其说,并引申之而作大学首章之约义及广义。⑥ 高氏又谓董文靖公槐,叶丞相梦鼎,王文宪公柏,皆谓传未尝缺,特简编错乱……遂归经文"知止"以下,至"则近道矣"以上,四十二字,于"听讼吾犹人也"之右,为传之四章,以释致知格物。又引蔡氏虚齐说,谓当先以"物有本末",续以"知止"一条,续以"听讼"一条,以释格物,终以"此谓知之至也,"云云。⑦ 又顾亭林日知录,亦引董文靖槐说,谓大学"知止而后有定"二节,当在"子曰:听讼吾犹人也"之上,并谓"其说可从"。⑧ 毛奇龄口说王锡所纂之四书索解,于"知止而后有定"一段之编次,亦尝致疑曰:"试观先后二节,其功次秩然,累累如贯珠,而搀此节于其中,何以解之?"又谓"其后群儒竞

---

① 四库全书总目录提要八经部类二,商务版第七五一页。
② 同上,四书类二,第七八五页。
③ 同上,四书类存目第七八〇页。
④ 同上,四书类二,第七四九页。
⑤ 高子遗书,原刻本卷三第十三页。
⑥ 同上,第九至十三页。
⑦ 高子遗书,原刻本卷三,第一至九页。
⑧ 顾亭林日知录卷七,潘氏刻本第三三页。

起，如王柏、叶梦鼎、董槐、吴澄辈，皆不契章句补传，欲挽此节于'知本知至'之前"。① 毛氏所举诸人，除同于高氏所举者外，又有吴澄一人。是疑大学章句之有错乱者，匪特二程、朱子为然，明末清初之学者，不慊于朱子补传者，亦同多有此疑。而阳明之径欲全复古本章句之次第，固未必当也。

吾尝据高攀龙、顾亭林、毛奇龄所引诸家之说，一一按诸大学原文之文理，加以勘对，而鄙见亦有不能全同任一家之说者。如高崔二氏于"克明德"一段，"汤之盘铭曰苟日新"一段，"邦畿千里，为民所止"一段，皆视为释格物致知者。此乃大反于朱子之章句，而使三纲目中之明德、新民、知止至善、皆无传为之释，而皆与格物致知，相混为一事。吾实未见其可。于此吾宁宗朱子。高氏及蔡氏、董氏、叶氏、王氏之以"听讼吾犹人也"一节，直连于"知止"一段，而不以之属诚意章，亦不同于本文上节，视之为释诚意章，而不将古本原文，加以移动者。然诸家之疑及"知止而有后定"，至"则近道矣"一段，不当如古本之编次，则大有契于鄙怀。愚亦先于此有疑，乃继见诸家之说，遂证此中确有疑点。唯诸家所重编定之次序，又不能全惬于心。因不揣冒昧，以古本为据，为大学之首二章，另为之编订如下文，再一加疏贯。窃以为有差胜于上列诸家之说，而又足见大学之本无阙文者。但未知此所编订，于愚所未及知之吴澄、胡渭、邱嘉穗、李光地之说，如何耳。

"大学之道，在明明德，在新（依朱子改亲作新）民，在止于至善。古之欲明明德于天下者，先治其国；欲治其国，先齐其家；欲齐其家者，先修其身；欲修其身者，先正其心；欲正其心者，先诚其意；欲诚其意者，先致其知；致知在格物。物格而后知至，知至而后意诚，意诚而后心正，心正而后身修，身修而后家齐，家齐而后国治，国治而后天下平。"

此上为大学之三纲及八目之次第，如朱子说为大学之经文亦可。

"康诰曰：克明德。太甲曰：顾諟是天之明命。帝典曰：克明峻德，皆自明也。"

上释自明其明德。

"汤之盘铭曰：苟日新，日日新，又日新。康诰曰：作新民。""诗

---

① 毛奇龄四书索解卷二，商务、丛书集成本，第十七至十八页。

曰：周虽旧邦，其命维新。是故君子无所不用其极。"

上释新民——即由自明其明德而明明德于天下也。

"诗云：邦畿千里，惟民所止。诗曰缗蛮黄鸟，止于丘隅。子曰于止知其所止，可以人而不如鸟乎？诗云穆穆文王，于缉熙敬止。为人君，止于仁；为人臣，止于敬；为人子，止于孝；为人父，止于慈；与国人交，止于信。"

上释止于至善，即谓明明德新民之事，在止于至善也。

"知止而后有定，定而后能静，静而后能安，安而后能虑，虑而后能得。物有本末，事有终始，知所先后，则近道矣。自天子以至于庶人，壹是皆以修身为本。其本乱而末治者否矣。其所厚者薄，而其所薄者厚，未之有也。此谓知本，此谓知之至也。"

上释致知格物。

"所谓诚其意者，无自欺也。……大畏民志，此谓知本。"

上释诚意以下全据古本。

吾人以上重编订大学章句，对古本大学原文之牵动，远较朱子为少，亦不较他家为多。盖只将古本"康诰曰"以下，至"止于信"，移于"天下平"之后，再接以"知止"以下四十二字，复遵朱子之改亲为新而已。此外另无更动，今循之以论大学之三纲八目之宗趣，可先以图表之如次：

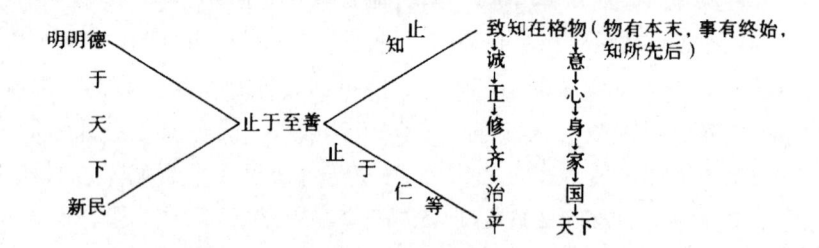

```
                        止        致知在格物（物有本末，事有终始，
明明德                知  ↓              知所先后）
    于               ↓   诚      ↓   意
     天              ↓   正      ↓   心
      下    止于至善  ↓   修      ↓   身
     新民            ↓   齐      ↓   家
                    ↓   治      ↓   国
                 止于仁 等  平      天下
```

依此图以观大学之三纲八目，则其间之关联，实甚易明。八目中之致知格物二者，朱子、阳明皆同以此二者为一事，吾则以为说为一事，或说为二事而相连，或说为一事为二义皆可。故列之为一行。吾人之作此图，与上文所重编章句，其目标在显出致知之"知"，乃包涵"知止"之"知"，"知所先后"之"知"，及"知本""知至"之"知"，此皆同为一"知"。所谓"知止"，即"止于至善"，（下文即将"知止至善"视为一名看）如"为人君，止于仁；为人臣，止于敬；为人子，止于孝；为人父，

止于慈；与国人交，止于信"——之类。此中"知止"之"知"与"止"，乃从主观方面说；君臣、父子、国人，则为客观所对之对象或物。至善，即主观之当知、当止之"对客观对象之物之当然之道也"。主观对一一之对象，皆止于一一之当然之正道而不移，则定、静、安、虑之功，于是乎见。由是而大学之致知之要点，即在于能知此"止"，以知止至善。进而就吾人所对之客观之物之不同，而知其本末，因而于吾人之应物之事，亦当就其连贯，而知其终始，乃先其本始者，后其末终者。人能知先事其本，后事其末，是谓"知本"，而达于"知之至"矣。

所谓物之本末者，如天下之本在国，国之本在家，家之本在身，……上文所谓父子属于家，君臣国人属于国。本末之物，皆物也。事之终始者，如大学所谓治国为平天下之始，即平天下为治国之终；齐家为治国之始，即治国为齐家之终；修身为齐家之始，即齐家为修身之终；正心为修身之始，即修身为正心之终；诚意为正心之始，即正心为诚意之终等等是也。吾人能确知此中物之本末，事之终始，并知所先后，由本而末，由始而终，由近及远，由小而大，以自明其明德，而明明德于天下；并知无本始，无以成末终，知末终即所以备本始，此即"知本"而"知之至"，亦即知之致也。然此知之致，唯由于吾人之先有接于天下、国、国中之君、臣、国人、家、家中之父子等物，明其分别与本末之序，而后方知吾人所以应之之"修、齐、治、平，以及事父、事君、与国人交"之正道（即当止之至善之道），故曰致知在格物。格物之格，朱子训为至，郑康成训为来，格又训为感通（如书云格于皇天），训为量（如格高五岳），此皆有可通。礼记缁衣篇谓"言有物而行有格"，此盖为古籍中唯一以"物"与"格"相连之句。郑氏于此句曰：格同比式，又谓行有格，如行有类。合此格之诸义以言，则格物者，即吾人于物之至，而来接来感者，皆加以度量，而依类以有其当然的所以应之感之之行事而不过之谓。故礼记哀公问有"孝子不过乎物"，"仁人不过乎物"之言。物来接来感者，有其本末之序，吾人应感之行事，乃依其先后，各有当然之正道，为吾人所知。故曰物格而后知至也。

至于诚意正心以下诸段，则所言者为：吾人既能于一一之物，知所以应之感之之正道——即至善之道，而又于止于此正道后，即使之真实内存于中，而自诚其意；真实为主于中，而自正其心；乃见于身行，而得实修其身；以进而为一一齐家治国平天下之事，终归于以"絜矩之道"、"与民好恶"、"上好仁而下莫不好义"。斯可谓能新民而明明德于天下矣。

　　如循吾人上文所编订之大学章句,及吾人之解释以观,即见大学之言致知格物,实与其整个思想系统,及前后文之文理,丝丝入扣,而无待乎增损。大学中之知之一字,只须兼包涵"知止至善"及"知本""知之至"之义而说,亦无待于以良知释之,而可自通。故朱、王二家之说皆非。然朱子之所以必视大学原文有佚文,阳明之所以必以良知释大学之知,其共同错误之原,亦有可得而言。此即在二家对大学本文中之事物二字,皆未能得其正解。二家皆以物同于事。此盖上沿郑康成之注谓:"物犹事也"而来。而朱子于"物有本末,事有终始,知所先后"二语,乃不连于修身为本以说,亦不视为解释格物致知之文;而以为是解释三纲领之语。故其言曰:"明德为本,新民为末;知止为始,能得为终。本始所先,末终所后"。此亦惟因朱子谓物即是事,方有此说。如依吾人上文之说,则德与民,可说是物;明德、新民,乃事而非物。大学物有本末,事有终始,乃相对成文,以言物与事之本末终始之相关。而朱子乃分物之本末为二,以说"明明德"与"新民",以"事之终始"为专说"知止"以下事,则二语失相对成文之义矣。然朱子既视物为事,又将"物有本末,事有终始,知所先后",视为说三纲领者,则大学之格物致知,即与此二语不相干。而此四字,乃益见其为虚悬无释,遂更不能不有补传之作矣。然如实而论,则物有本末之物,实应指家、国、天下等,而不同于齐家、治国、平天下之事。此不特有上文所引孟子"天下之本在国,国之本在家,家之本在身"之言可互证,亦有大学本文之言可互训。大学末章言:"有德此有人,有人此有土,有土此有财;德者本也,财者末也",德、人、土、财之序,即物之本末之序,则德、人、土、财,皆物也。是见大学之物,应即指在内在外之种种具体之物。此具体之物之间有本末关系,而吾人对之有所事事时,即当先事于本,后事于末。此即物有本末,事有终始之所以相对成文也。而事之当先者,其所对之物,既为事之当后者,所对之物之本,则事之当先者,亦可说为事之当后者之本。故身为家、国、天下之本,意与心为身之本;而修身亦可说为齐家、治国、平天下之本,诚意正心,又即为修身之本也。依此义,则朱子以明明德之事为新民之本,亦可说。然要必先分开物与事,勿使淆乱,然后方可依物之本末,以说"事之始而当先者",亦可称为"事之终而富后者"之本。此非谓"物"与"事"自始不可分,而随处皆可互训也。如随处互训,物皆为事,则物之一字落空,而格物之一言亦落空。此盖即朱子讲格物,不直对物讲,而冒过物字,而以物之"理"为所对之故。阳明承朱子而亦以物为事,并以事为意之所在,故阳明讲格物,亦不对物讲,而以正意念之不正,使归于正,而使事得其正,即为格物。故在阳明谓意在于事亲,则事亲即是物,而亲乃非物。如以此释大学,亦将使大学之物之一字落空。① 物字在于二家,既皆落空,则物之本末之次序,与事之始终之先后之次序之重要,即亦为二家所忽视。缘是而大学本文之知所先后一语,亦视若无足轻重,非致知之要义所存,亦不视为释致知之语者矣。

然循吾人上来之说,则物与事固有别,而于物之本末,事之终始,能知所先后,实为大学之一要义所存。故篇首"古之欲明明德于天下者"一段,全以论八目之先后为宗旨。而世人之欲明明德者,其患亦恒在于不知先后,而欲一步跃过,其志其情,遂虚枵庞大而无实。大学于此,乃于所以明明德于天下之事,由小而大,由本而末,由始而终,层层加以划开,而工夫则步步加以收进,以底于当前所可遵循实践,而下手落足之处。此即于物之来接来感者,先知吾所以应之感之,之至善之正道,而止于是,即以此自诚其意,而正其心,修其身,以立本;再达于齐家、治国、平天下以成末。故必先自明其明德,乃有新民之功,以明明德于天下,使人皆止于至善。斯乃大学本文之要义所存,则"知所先后"一语之重要,不亚于知止。人亦必致其知,乃能实知此中之先后,而时时处处,知其所止,使不相乱。则致其知于"知所先后",即为以下之诚意、正心、修身等一切事之先之一事,而致知亦自成一段工夫。此工夫,亦即于物之来接来感,及吾所以应之感之而格之之事,皆知止于至善,而知所先后,故曰致知在格物。此具如前释,兹不再赘。而朱子、阳明则皆释物为事,将大学之物字落空,于知所先后一语,加以轻看;于是朱子乃意"物有本末,事有终

---

① 阳明之辨格物,详在答顾东桥、罗整庵、聂文蔚等书,皆以事为格物之物,均见传习录卷二。又传习录卷一第四页徐爱录曰:"如意之所在便是物,意在于事亲,即事亲便是一物;意在于事君,即事君便是一物;意在仁民爱物,即仁民爱物便是一物;意在视听言动,即视听言动便是一物",此为一最简明之以事为物之说。但在此中,如依阳明说而以仁民爱物之事为物,则所仁之民、所爱之物,皆不足言物,而视听言动之所对,皆不足言物矣。此乃明与大学之所谓物之原义不合者。

始,知所先后"之言,与知止一段,同不堪为格物致知之补传,遂更不得不别之为传,而阳明乃必另以良知之知,释致知之知,方见知之重要矣。

五 附论朱王二家以外与本文所陈者相类似之格物说

上文吾人既评朱子、阳明之释大学,其共同之致误之原,在物事二者之不分。此实非吾一人之私言,而昔贤之不契于二家之说,而又分别物与事,大体如吾人以上之所陈者,亦不乏其人。今就所知,列其数说,并较其与吾人所言者之同异于下。

(一)泰州学派王心斋所倡淮南格物说,明儒学案谓其主"格物即物有本末之物,身与天下、国、家,一物也。格知身之为本,而家、国、天下之为末,行有不得者,皆反求诸己。反己是格物底工夫。"① 其语录又有言曰:"安身而得止至善也。……知止,知安身也。物有本末,故物格而后知本也。"② 心斋之学以安身标宗,知安身即知止至善,又以身与天下国家,整个合为一物,虽与吾人前文所论不尽合;然其以天下、国、家、身为物,亦格物之物之所指,则固的然而无疑,同于吾人之说,以异于朱子、阳明之以物为事者也。

(二)阳明学派之不慊于阳明之以物为事者,又有江右学派之罗念庵。其言曰:"莫非物也,而身为本;莫非事也,而修身为始。知所先后,而后所止不疑。吾与天下感动交涉,通为一体,而无有乎间隔,则物格知至,得所止矣。"③ 又曰:"物者,知之感也,……感而正曰格。"④ 又曰:"于家国天下,感无不正,……乃可谓之格物。"⑤ 念庵论学,与聂双江,同重归寂以通感,此非必直承大学之义以说。其以知为良知,乃直承阳明之教。然其分物与事,并重"知所先后"之义,以物为所感,则与本文上之所陈,若合符契。

(三)楚中之阳明学派有蒋道林,高氏遗书言其谓"大学之道必先知止,而其功则始于格物。格物也者,格知身、家、国、天下之浑乎一物

---

① 明儒学案卷三十三,四部备要本第七页。
② 同上,第八页。
③ 念庵此段言,据高子遗书卷三第十一页转引。
④ 明儒学案卷十八第二十三页。
⑤ 同上,第十八页。

也，格知身之为本，而家、国、天下之为末也。格知自天子以至庶人，一是皆以修身为本也。"① 蒋氏亦以大学之物，指身、家、国、天下等。又谓大学之格物，重在格知身之为本，皆与本文之意同。其谓格知身、家、国、天下之浑乎一物，乃同于上述王心斋之言，及下述之李见罗之言；则此在大学之文义上无确证。因不说家、国、天下合为一物，而说或为本或为末之多物，亦非不可通也。

（四）明儒学案止修学案，述李见罗之学。见罗不契于阳明之以致良知标宗，而以止修标宗。其所谓止即止至善，修即修身，此皆直本于大学。彼又通"孟子道性善，大学说至善，中庸要明善。"三者②而为言。其言修身，又与王心斋之言安身相近。其大学约言谓："大学之物有本末，即教人知止之法。物虽有万矣，本末分焉；事虽有万矣，始终判焉。……本归于修身也，本在此，止在此矣。"③又谓"浩然一身，通乎天地万物，直与上下同流，而通体浑然一至善矣。故止于善者，命脉也；修身为本者，归宿也。"④又论大学之格物致知之所以无传曰："除却家、国、天下、身、心、意、知，无别有物矣；除却格、致、诚、正、修、齐、治、平，无别有知矣。"⑤今按见罗以"知"即在格、致、诚、正、修、齐、治、平之中，而另无"知"之说，及其以知亦是物之说，与大学之致知格物无传之说；虽皆与本文之说不契；然其以家、国、天下、身、心、意等为物，并言知止至善之一义，则固与本文所论者同也。

（五）明末儒者，凡不满于阳明所谓"无善无恶即至善"之言者，皆同重标出大学止至善之一义。李见罗以外，东林学派之顾宪成、高攀龙，尤重此义。顾高二氏，谓大学"知止一条，明系止至善。"又谓"自天子以至庶人，壹是皆以修身为本。"……二条，正发明物有本末之义。⑥ 故二氏之说，亦不同于朱子之以"物有本末"，直指明德新民二者之说。高氏又谓"谈良知者，致知不在格物，……吾辈格物，格至善也。以善为

---

① 蒋道林此段言，据高子遗书卷三第十一页转引。
② 明儒学案卷三十一止修学案，四库备要本第六页。
③ 明儒学案卷三十一止修学案，四库备要本第十二页。
④ 同上，第十二页。
⑤ 同上，第十三页。
⑥ 高子遗书卷三第十一页述顾泾阳说大学，而高攀龙之大学首章约义，正本此义而作。

宗，不以知为宗也。"① 又谓"格物即致知。书不云乎，格知天命。"② 是见顾高二氏之言，乃谓于物格其至善而止之，为格物，以释"致知在格物"一语，此亦正大体上与本文之说相类。唯其以格物为格至善，以格物即致知，则有语病在。盖格物之义，唯是直就物之来接来感，而吾又有所以感之应之之事上说；而至善则自吾人之所以感之应之之正道上说。知止于此正道，兼知所以行此正道之本末终始先后之序，则为致知之功。故不可径以格物为格至善，以格物即致知也。唯可言知止至善与行之之序，在于格物。即所谓"致知在格物"也。

（六）李二曲四书反身录亦论格物之物，为物有本末之物曰："大学本文，分明说物有本末，事有终始，其用功先后之序，层次原自井然。古之欲明明德于天下，与物有本末，是一滚说。后儒不察，昧却物有本末之物，将格物物字，另作的解，纷若射覆，争若聚讼，竟成古今公案。今只遵圣经，认定身、心、意、知、家、国、天下之物，从而格之。格物原以明善。大人之学，原在止至善，故先格物以明善。"③ 二曲之言，与上引李见罗之言，若合符节，亦与高、顾之言相类。盖由诸人各自同见得此义。二曲与见罗，同谓知、意、心等皆为物。中国古所谓物，原为一切存在者之通称，非同今所谓物质之物之狭也。依此故训，知、意、心，与家国天下等，自咸可称为物。大学原文固只明言修身为本，及德为人、土、财之物之本，未明言心、意为身之本。然据理推之，则大学中之事之终始，与物之本末，既相对成文，则事中有正心、诚意等，则物中亦应有"心"、"意"等。身既为家国天下之本，则"心""意"自应为身之本；修身既为齐家、治国、平天下之本，正心诚意，亦应为修身之本。在正心、诚意二者中，亦自应以诚意为正心之本。而修身之本，亦即当归在诚意。大学诚意章之末，结以"此之谓知本"，盖亦涵有诚意为修身之本之意。四库全书总目提要，载毛奇龄大学知本图说，谓"格物以修身为本，修身以诚意为本"。④ 毛氏言格物以修身为本，不合大学本文之意，大学有"修身赖于格物"之言，无"格物以修身为本"之言也。然其言大学之修身，以诚意为本，依理固当如是说，不可以人废

---

① 明儒学案卷五十八第十八页。
② 高氏遗书卷第七页。
③ 李二曲四书反身录卷一，扫叶山房本第四页。
④ 四库全书总目录提要第七七六页，四书类存目大学知本图说。

言也。

然二曲与见罗，于谓"心"、"意"为物之外，又谓"知"为物，则此未必合于大学本义之意。因大学之"知"，乃以物为其所对所觉。如"知"亦是物，则孰为知物之"知"？诚然，知亦可以知为对，则所对之知，亦是物。然大学本文，未必有如此曲折之想法，则以知对物言，知不可说是物，如知亦可说是物，则致知即致物，大学之教，有格物而无致知矣。今大学之教，既兼有格物及致知，以知与物相对成名，则不宜直下将二名相混，径说知亦物也。

（七）戴望颜氏学记，引黎立武大学发微曰："格物，即物有本末之物，致知即知所先后之知"[①]。此言亦与本文之意合，唯吾人论致知，除知所先后之知外，兼摄知止至善之知耳。

（八）阮元研经堂集，有大学格物说一篇，谓"格有至义，即有止义。小尔雅广诂曰：格，止也。……譬如射然，升阶登堂，履物而后射也。仪礼乡射礼曰：物长如笴，郑注云：物谓射时所立处也，谓之物者，犹事也。……凡国家天下五伦之事，无不以身亲至其处而履之，以止于至善也。格物与止至善、知止、止于仁敬，皆是一义……必变其文曰：格物以格字兼包至止，以物字兼包诸事"。阮氏谓格物即知止，止至善，并以物字兼包诸事。吾人虽以为不须如此广泛说，当说格物是事而物非事，又当说知止至善是致知，非即格物。今若更略变其文曰：格物，即于国家天下五伦中之物，亲至其处而履之。则与本文之说格物为至物而感物之说，亦相通矣。

此上所引诸家之说，并与本文前二节所陈，可相参证；故明其同异之际如上云。

[①] 戴望颜氏学记卷四恕谷一。

第十章　原致知格物下：大学章句辨证及格物致知思想之发展

一　朱子论格物致知与大学之止至善

吾人于本文上篇，力辨朱子、阳明之论致知格物，皆无当于大学本文之文理，及朱子重订章句，与阳明一派固守大学古本，皆非是。其意皆不在指摘昔贤之误，而实在由此以说朱子、阳明之思想，虽其精神之归趣，与大学无二，然克就其所言者之内容而观，咸有其进于大学所陈而自立之新义在，而见儒学思想之向前发展者。唯此下所陈，尚非就二家之整个思想而论，唯是就二家之释大学格物致知之言，不视之为大学本文注释，而视为一独立之思想之表现，以观其进于大学本文之所及者何在。

依吾人上篇，所重订大学章句，已可见大学之文，原自具首尾，而文义完足。其所陈者，简言之，即"由止于——对物之至善之正道，而知止、知所先后，由诚意、正心之功，以达于修、齐、治、平之业"之一系统。然大学本文所举之人当止之至善，如为人君，止于仁；为人臣，止于敬；为人子，止于孝；为人父，止于慈；与国人交，止于信等；皆儒者之公言，亦在原则上为人所共认之善道。依此善道之先定，则人之修为之功夫，自不出乎知止于此善道，而知所先后，以措之于行践。吾人于此亦可说，凡人于已知何者为善道之处，而直自求循道而行，以立志存心，充内形外者，则于大学之教，可切合。人果能本于吾人所已知为善者，即止于此善，据为标准，以勘验判断吾人之生心动念，及日常行事，而迁善改过，亦即希贤希圣之方，而足成就吾人笃实贞固之德者。然吾人在实际生活中，从事修养，亦时有种种问题，非直下为定然无疑者。此一在人于已知为善者之所以为善之理由，人或未知，因而亦未能真知善道之所以为善道。一在人纵已真知当然之原则性之善道，而人在一具体情形下，亦尽可不知其真可在当下实践，而又当止之善道为何；则进一步之知止，及知所先后以实践之之工夫，皆可在一时用不上。此中，人所感之问题，恒为当然之原则性之善道，如何应用于现实存在之具体情境，而如何加以表现，以成具体之德行之问题。亦即抽象普遍之善道，如何转化出次级之具体特殊之善道之问题。吾人须知，此次级之具体特殊之善道，仍是一善道。此中之问题又有二，一为"何种抽象普遍之善道，当于一具体情境中表现"之问题，一为"以何种具体之行为，应具体之情境，此某一种之善道之具体表现，方成为实际可能"之问题。

关于何种抽象普遍之善道，当于一具体情境中表现之问题，即如为人子，止于孝；为人臣，止于敬（或忠）；便皆为抽象普遍之善道。然人当同时有两种以上之抽象普遍之善道呈于心，而所在之情境，似只能容许实现其一时，如志士仁人，处忠孝似不能两全之情境时，则彼毕竟将于此行忠道，以表现忠道，或行孝道，以表现孝道；则人即初恒不能无疑。而当其有疑时，则在彼之心，虽已兼止于此二善道，然在其外表之行为上，则不知其所当止之至善为何。此时人之初不知此外表行为上，所当止之至善，亦无碍于人之于此，必求有一决定。由其必求有决定，而彼亦必信此中仍有一当止之较善、或至善之道，为其所能知。然彼此时，虽可自信其能知，而又尚未知，则此较善或至善之道，即为超越于其现实之心灵之上，而非现成的内在于其心知的，亦如虚悬于上，尚未从天而降者；则家、国、天下之物，虽来接来感而呈于前，彼亦将暂不知所以应之感之，一时不免于手足无措，而于家、国、天下之物，即不得而格。此问题，乃明在大学本文所陈之系统之外，而论其如何解决，亦在大学明文所及之外矣。

即在上一类问题解决，吾人尚有第二类之问题，此即为以何具体行为应具体情境，使已决定之某种善道，得其具体表现之问题。如吾人之孝父母，为一已知或已决定之善道。然吾人如何在实际生活中尽孝，如何养父母之体，如何养父母之志，此皆关联于我所处之具体情境，如贫贱、富贵等等，而有种种之具体特殊之尽孝之善道，而非只抽象普遍之"止于孝"一语所能包含。今如只有此尽孝一语，亦实尚宽博而无当。依大学之系统，此问题之解决，在人之先知止于孝，缘知止而有定、有静、有安，则人之心即定静而安于孝。既安于孝矣，则人自将思虑如何孝，以求得此具体特殊之尽孝之道。由此"虑"以求"得"，即可答此问。然吾人于此，仍有一再进一步之问题：为人于此当如何去思虑？此思虑，当以何者为其所对？吾人于此唯有说，此思虑乃以次级之具体特殊之尽孝之道，为其所对。而当此道，尚未由思虑而得,此道亦为超越而非现成的内在于人之心知者。如吾之心虽已止于抽象普遍之孝道,尚未知其所当止具体特殊之尽孝之道为何,则吾人之心,仍未全幅得其所止;而父母之为物,虽来接来感,吾亦未知所以应之、感之,之全幅之至善之道,而于父母之为物,亦即不得而格矣。此问题,亦非大学之本文之所及者也。

  吾人如知大学之思想系统未及之问题,亦即可知朱子之说格物穷理,所以进于大学本文之义者之所在。朱子说格物,其要义在扣紧物之理以言,并指出人唯于"理有未穷",而后"知有不尽"。朱子之所以重穷理,盖一方意在使人知一切人所止之至善之当然,与其所以为当然,而使人于已知之善之为善,当然者之为当然,更知其初所不知之理由,而决定无疑。① 此即使人由知之真而达于行之切。再一方即在使人由知抽象普遍之道,以进而求具体特殊之道。朱子尝言道字宏大,而理字细密。故人言道,恒就抽象普遍之原则性之道言;而言理,则可兼指种种具体特殊之应物感物之道。人于原则性之道,不觉有问题者,恒于更具体特殊之道,或觉有问题。道若不待穷而后知,故无穷道一辞;理则若恒待穷而后知,而有穷理一辞。朱子之言格物,重穷理,亦即意在归向于"对一一具体特殊者,而初为人所未知之应物感物之道"之寻求②,而此寻求之不能不有,

---

  ① 朱子之穷理,重知当然者之所以然之理,朱子四书或问中尝屡及之。如朱子全书卷九第七页,"郭兄问莫不有以知夫所以然之故,与其所当然之则曰:所以然之故,即是更上面一层。如君之所以仁,盖君是个主脑,人民土地,皆属他管。他自是用仁爱。试不仁爱看,便行不得。……又如父之所以慈,子之所以孝,盖父子同一气,只是一人之身,分成两个,其恩爱相属,自有不期然而然者。其他大伦皆然,皆天理使之如此。"

  ② 关于朱子之重在具体特殊情境,求应物感物之道,而以此为穷理之要,朱子书中屡及之。今略举数段文为证:

  今按朱子语类卷十五第三页:"问格物最难,日用间应事处,平直者却易见,如交错疑似处,要如此则彼碍,要如彼则此碍……"此可见朱子之格物,乃要在于具体情境中似冲突矛盾难于两全之处用心之义。

  朱子全书卷七第二十八页:"但若以格物为法度之称,而欲执之以齐天下之物,则理既未穷,知既未至,不知如何为法而执之。但守此一定之法,则亦无复节节推穷,以究其极之功矣。"此即言只抽象普遍之法或道,不足以为格物也。

  又语类卷十五第十页曰:"人谁无知,为子知孝、为父知慈,只是知得尽。须是要知得透底。且如一穴之光,也唤做光,然逐旋开划得大,则其光愈大。物皆有理,人亦知其理,如当慈孝之类,只是格不尽。但物格于彼,则知尽于此矣。"此即言只初步之知理为不足也。

  语类卷十五第六页:"大学不说穷理,只说个格物,便是要人在事物上理会,如此方见得实体。"又"问道之不明,盖是后人舍事迹以求道,曰:所以古人只道格物,有物便有理,若无事君亲底事,何处得忠孝。"又七页"大学说格物在里,却不言所格者为何,学者欲下工夫处但看孟子便得,如说仁义礼智,便穷到恻隐、羞恶、辞让、是非之心;说好货好色好勇,便穷到太王、公刘、文、武;说古今之乐,便穷到与民同乐处。"此即言道与理之须表现于具体之事也。

即对上文之问题,而不能不有者也。

对上文之问题,吾人已言:人当求此具体特殊之应物感物之道或理时,此道或理,初必显为超越于吾人心知之所及,而非只内在于吾人现实之心知者。此道此理,为善之所存,即此善之具体内容,初亦为未知。此未知之善,非是原则性之孝慈忠敬之类;而是在上文所谓:在一具体特殊之情境中,毕竟以尽孝或尽忠为至善,或如何尽孝尽忠,方能具体特殊的表现此忠孝之类。须知在一具体情境下,纵然吾人已知忠知孝,而此知忠知孝之心,无一毫自欺,惟见一片真诚恻怛;此中仍有一具体特殊之表现此忠孝之道或理,初为吾人所不知;而非只顺已有之知忠知孝之心之自然流行,即必能求得,而待于吾人之先自认于此无知或未知,而思虑以求之者。至吾人之求知此道或理,则恒赖吾人之先知吾所处之情境之为何所是,吾欲对之尽忠尽孝之亲、君、家、国之何所是,我之所实能为、实能施及于亲、君、家、国者何所是,亲、君、家、国之所需要于我者为何,及我之所实能对之而为而施者之中,何者实为其所堪受而能受等;然后方能决定吾之所当以感之应之之具体特殊之善道,或当然之理之何所是。由是而此中之善道或当然之理之决定,乃赖于对具体情境中之"我之为物"、"君、父、家、国之为物"之种种"实然及其所以然之理"之知①,而受其规定;而此中所决定之善道与当然之理,亦即包含物之实然及其所以然之理于其中,而互相交错,因而亦可以理之一名统称之。然因此中,吾人欲求知此善道或当然之理时,必需先知众物之实然与其所以然之理,便恒须经一复杂之思虑历程。物之表面如是者,里面未必如是;粗如是者,精未必如是;一物如是者,众物相连,未必如是;而此中人于所当,知之善道或当然之理,初恒知之不尽或为其表而非其里,或为其粗而非其精,或只可据之以应一物,而不当据之以应众物交织成之情境者。于是人必缘其所已知者,进而深思熟虑,得其表如是,里亦如是,粗如是,精亦如是,足以通贯众物之表里精粗之"物之实然与其所以然之理",与吾之"所以应物之当然之理"或"堪止之善道";而后吾人之尽忠尽孝之心,乃得循此理此道,以由内而彻外,

---

① 朱子之所谓所以然兼二义,或为当然者之所以然,或为今所谓实然者之所以然。全书卷九第二二页,"或问有当然之则,亦必有其所以然之故如何?曰事亲当孝,事兄当弟之类,便是当然之则。然事亲如何却须要孝,从兄如何却须要弟,此即所以然之故。如程子云天所以高,地所以厚。若只言天之高,地之厚,则不是论其所以然矣。"

由体而呈用，而有其具体特殊之至善之表现，以成吾人之忠孝之德。此即朱子之格物补传，所以言穷理之事，必待人之"据其已知之理而益穷之，以求至乎其极"；必"至用力之久"，方能"豁然贯通""于众物之表里精粗无不到"；然后"吾心之全体大用无不明"也。

吾人于朱子格物穷理之教，循上文所释以观，便见其实起于大学本文原有其所未及之真实问题，其所言之格物穷理，亦希贤希圣者，不能不随时应用之工夫。其言"人惟于理有未穷，而知有不尽"，亦一实事之叙述。当人感其"理有未穷、知有不尽"时，此理之为超越而非内在，理如尚在心外，亦为一实事。吾人于物之理，如已全知，固可不以物为外。然当吾人于物之理，有所未知时，则物理如在外，而物亦即如为外在。故此中言众物之为外在，亦为一所感之实事之叙述。然吾人却又不可说朱子之认理为外，同于告子义外之论，如阳明之所评者。因此理之在未知时为超越，并无碍于其在已知时之为内在；吾人之初感众物之为外，亦不碍其理之继为吾人所知时之内在的呈现而为内在；而当物之理内在的呈现时，则物亦不得说为只在外。由是而吾人即物穷理之历程，便是一求知彼原能内在的呈现之理，成为实际之内在呈现者之历程。于是其初之为超越而如外在之理，自其本性而观，亦未尝非内在。而一切超越而未现实之内在于心，而初如在外之理，皆当视为超越而又内在之理。① 是即朱子所谓性理也。由是而依朱子所说格物穷理之事，虽似为致知以求理于外，亦同时是尽心以知性于内。固不可视同告子义外之论也。

至于朱子之言"豁然贯通"，如循吾人上文所解释，亦不得视为近禅，如禅宗之桶底脱之大彻大悟之类。而是"吾人于初不知所以应物感物之善道，而思虑以求之之后，蓦然见得一善道，足以通贯众物主表里精粗时"之一实感。有此豁然贯通之实感，而知及此善道，而吾得循此道以尽心，即心之全体大用之明。朱子或自释其穷理之说曰："或读书讲明义理，或论古今人物，而别其是非，或应接事物而处其当否，皆穷理也。"朱子又或约其说为四言曰："或考之于事为之著，或察之于念虑之微，或求之于文字之中，或索

---

① 朱子全书卷七第二十八页："孝述窃疑心具众理，心虽皆蔽，而所具之理，未尝不在。但当其蔽隔之时，心自为心，理自为理，不相叠属。如一物未格，便觉此物之理与心不相入，似为心外之理，而吾心邈然无之。及既格之便觉彼物之理为吾心素有之理。夫理在吾心，不以未知而无，不以既知而有。然则所以若内若外者，岂其见之之异邪？……曰极是。"此即言心之虽未知，而仍未尝不在内也。

之于讲论之际。"①是见朱子之格物,仍同伊川之"今日格一件,明日格一件",要在于一一具体特殊之事物上,即物而穷其理,而其格物补传所言之豁然贯通,亦即人之具体特殊之穷理历程中,时时可有者。一度豁然贯通,则一度有吾心之全体大用之明;时时有豁然贯通,则时时皆有此明,而可进至无不明。此固非必即禅宗之顿悟心体,而一了百了之类。故阮元之据此以言朱子此言近禅,实为无理。儒佛自有会通,近禅亦无不可,然不能动以近禅为责斥之具也。清人戴震为阮氏所宗。戴氏孟子字义疏证权字条,尝论"一以贯之",亦有"一事豁然,更无余蕴……心知之明,进乎圣智"之语,阮氏不以为近禅,何独以朱子之言豁然,即为近禅乎?

至于阳明评朱子之格物穷理为少头脑,如以朱子之言与象山阳明之教,处处先扣紧立乎其大,或良知本体以立言者,互相比较而论,此评非即不当。观下节可知阳明□绝处。但其谓朱子不当将上文之"察之于念虑之微",与余三者并举②,则亦未得朱子之意。盖朱子之格物穷理,要在对具体事物之理,尚为吾人所未及知者而说,故随处于应接事物上穷理,即其思想之归趣。念虑与文字书籍与讲论之事之呈于前者,皆事物也。故依朱子之教,以言其格物穷理之头脑,则"于应接事物时,沿对事物之已知之理,而进求知其未知者,并求决定的知之"之一原则,或"即凡天下之物,莫不因其已知之理而益穷之"之一原则,即其格物穷理之头脑。而朱子之所以言察之于念虑之微,亦是视吾之念虑,为吾内心所对之事物而说。③ 吾之念虑之显为如此者,乃恒为表面上粗看是如此,故必就其隐微而察之,乃得其里与精。当吾人自察其念虑时,此念虑之为如何如何,有为吾人所未及知者,而吾人之如何对症下药,以何种之善道自励,亦实有吾人所未及知者。④ 唯此

---

① 朱子全书卷九第八页。阳明尝就约成之此四言,加以批评,如下文所述。
② 王阳明全书四部备要本卷三第七页。
③ 朱子全书卷三第一页,论察念虑曰:"当一念虑之发,不知是属恻隐邪?羞恶、是非、恭敬耶?须是见得分明,方有受用处。"此明为以念虑为我心中之所对,而求明其为何物之说也。
朱子语类卷十六第十七页论诚意之功曰:"君子谨其独,非特显明之处是如此,虽至微至隐,人所不知之地,亦常谨之。小处如此,大处亦如此;显明处如此,隐微处亦如此;表里、内外、精粗、隐显,无不谨之",此即与补传所谓致知"当表里精粗无不到"之言配合,以由知表与粗,而知初所未知之隐与精之致知功夫也。
④ 朱子全书卷九第二二页言察念虑:"念虑才动,须要辨别哪个是正,哪个是不正……所以当精微要眇,不可测度者,则在真积力久,熟识心通之中。"此明谓察念虑之功夫,乃初不知其正与不正,而进求其正与不正,以及于精微要眇,不可测度者之功夫。

未知而求知，方是格物之功夫。故此中之念虑，亦心之所对之事物之一，与其他事物，未尝不平等。而察念虑，与察其他事物，实亦未尝不平等，不能居于头脑之地位。此朱子之察念虑，亦不同于阳明之致良知。阳明之致良知，重在人悟及其原有知善念知恶念之良知，此良知乃居于善恶念虑之上一层次；乃进而循此良知所知之善恶之辨，天理人欲之辨，与缘知善知恶而俱时有之好善恶恶之心，去着实好善恶恶、为善去恶、存天理、去人欲，以彻知彻行。所谓"今日良知见在如此，只随今日所知，扩充到底；明日良知，又有开悟，便从明日所知，扩充到底。"[①] 是也。而朱子之格物，即至于察念虑，亦是重在往知吾人之初所未及知者。此吾人之初所未及知者之存在，乃至少为吾人在一一具体特殊情境下，所必加以肯定者。吾人于此，即必须循朱子之教，以格物穷理。此处朱子之教，亦有其原则性之意义，而有一永恒之价值。阳明之教，虽重在识得良知，以正本原，然其言自悟良知之所已知，以为扩充之资，言致良知于事事物物，亦即意涵必须表现良知之流行，于具体情境中之具体之事物之义。故不能离"节目时变"，而言致良知。如致孝之良知，不能离冬温夏清，晨昏定省之事是也。然由良知之知孝，至知行孝之节目时变，却可并非只为一直顺良知之自然流行之事。阳明谓"良知之于节目时变。如规矩尺度之于方圆……规矩诚立，则不可欺以方圆；良知诚致，则不可欺以节目时变。"[②] 而未言及此中人之求知节目时变，须先自认"其先之未知或不知此节目时变。"而由良知之知孝，至知孝之节目时变，亦并非只是以良知之所已知为标准，即必然能知者。故阳明之规矩方圆之喻，亦不谛当。因有规矩必能成方圆，而以良知之已知者为标准，未必能知节目时变也。阳明喜言良知之无不知，此乃将良知流行之全程一滚说。实则良知之流行，亦自有节奏与段落。在每一段落上，皆有所不知，人亦可知其有所不知。而朱子则正是就人知其所不知处，教人以格物穷理。只须人真能知其有所不知，则见得朱子之教，自有其确乎其不可拔之处，而亦非阳明之致良知之教所能废者也。

---

① 传习录四库备要本卷三第五页。
② 同上，卷二第八页。

二　王阳明之致良知与大学之知止及明明德

　　上文言阳明致良知之说,不能废朱子之说。然阳明致良知之说,又自有其进于大学之教,及朱子之言者;此即在上文已提及之阳明之良知,乃重在就人之所已知,以彻知彻行而说。所谓就人之所已知以彻知彻行,亦即重在人之真知其所已知,而更亲切于其所已知;而不同于朱子之重知其所不知,以更扩大其所知之说者。夫大学之言止至善而知止,与知所先后,此初乃是就人之所共认所已知之至善,如慈、孝、仁、敬等而言。然人之真知其所已知之善,则属于更上一层楼之自知。克就大学之知止至善之文句而言,其句法正有似乎荀子之言知止,求"止诸至足"(见荀子解蔽篇)。故近人或谓大学为荀学,斯言固不当,下文当及之。然克就大学之此文句而言,亦实不能断定大学之所谓至善,毕竟只为人知之所对,或兼为此知之本性。然吾人若能进而反省:吾人在知止至善时,此"知"与其所已知之"善"之关系;则吾人将见得:此善,非特可视为此知之所对,而实为此知之自身之内容或本性。如吾人在见父知孝,对人知仁时,此知之全幅内容或本性,即是此仁、此孝,而此知与仁孝,浑然不二。此中,仁孝之善,亦即此知之本性之善,而善与知亦浑然不二。吾人亦惟在知此"善",与知善之"知",浑然不二时,乃可言真知其"知",真知其"已知之善"中之"善"与"知"之不二。此与善不二之知,即阳明之良知也。

　　阳明之良知,即"知"而即"善",亦同时知好善而恶不善或恶。如知仁知孝者,必知仁孝之为善而好之,亦知不仁不孝之为不善而恶之是也。我有知仁知孝之良知,亦可有原于私欲之不仁不孝之意念。然我知我有此原于私欲之意念,我亦知缘我之良知,以恶此意念而去除之;则我不能据此意念,以疑良知之善。而唯当据此良知之"恶此不善之意念",以更证"良知之不容不善"之至善;并知此不善之意念之不容于良知,非良知之真实表现,为我顺良知之知而行时,所必加以去除者。此顺良知之知而行,即阳明所谓致良知之工夫。而有此致良知之工夫,正赖于吾人之知:此良知之自身、或良知之本体之于"知此不善时,即恶之而不容之"。故良知之工夫,赖于知此良知之"好善而恶不善"之本体;而真能知此良知本体之好善而恶不善者,则良知本体之至善,即已呈于前,而不善则渐自销化于无形。故此知本体之自身,亦为工夫。夫然,故致良知之工夫,亦非以另一心,去致良知,而实只是良知本体之自致,而自呈显,以为工夫。致良知,实即良知本体之自己流行为工夫或用。此中如即本体而言,则工夫或用,皆属于此本体,所谓"即体而言用在体"是也。如即工夫或用而言,则其中全幅是本体之呈现,所谓"即用而言体在用"是也。推而言之,则即流行,即主宰,即动即静,即寂即感,即知即行之义,于是乎在。其中精义络绎,非今之所能详。然要之,吾人欲了解阳明致良知之学,首待于吾人之反省:在已知止至善时,其"知"与"善"之关系,是如何一同事,而悟及此中"知"与"善"之不二。此则赖于人之不仅能知止至善,且须更上一层楼,以知此"知"与所止之"善",而摄之于一良知,此方为人之真知其所已知之学。是即阳明之学,超溢乎大学之"知止至善"之文句所表之义者也。

然阳明之言良知之义,虽超溢乎大学之"知止至善"之文句所表之义,然又未必即能出乎大学全文之精神以外。此缘于吾人欲了解大学全文之精神,尚不能直就大学言知、言善之明文所及者,以为说,而当就篇首即举出之明明德之涵义为说。据大学之释明明德,乃以人之明德,上原于天之明命,而为一内在人心之光明之德。所谓明明德,亦非另一以明,明此内在之明德,而只是明德之自明。由是而大学之全文之精神,乃以内在于心之明德之能自明,为第一义,即绝不同于荀学之重学于外者。而大学所谓明德之能自明,亦正同于阳明之良知之本体,能自致而自呈显。大学之三纲领,先言明明德,继言新民,及止于至善,则亦意涵:人之能知止于至善,其根据,在明明德之义。果人之止至善,其根据在明德之自明,则人之知止于至善,亦即明德之自明中所涵之知,或此自明之所发之知,而与此自明为一事者也。故通大学全文之精神而观,则见阳明之言致良知,实无大异于大学之言明明德。故传习录载蔡希渊疑阳明之说,为以诚意反在格致之前,与大学之次序不合时;阳明唯有以"大学工夫即是明明德,明明德只是诚意"为言。① 是阳明已自觉其言致良知,乃直契于大学之明之明德义者。夫然,故良知之知,就文句而言,虽不同于知止至善之知,然吾人若将知止至善之知,视同大学之明德之自明中之所涵或所发言,则阳明之良知之知,固亦通于大学之所谓知止之知矣。

然循上文之解释,吾人虽可说阳明之致良知,与大学明明德之相类,及良知之知,与知止至善之知之相通;然不可以此而说阳明之良知之说,只为

---

① 传习录四库备要本卷一第二十九页。

大学之教之注释,而仍当说阳明之良知之说,有进于大学者在。此乃由于于大学中之知止至善,虽可说为明德之自明中之所涵与所发,然"知"与"明德""自明"之语,在大学中之涵义,仍有所不同。大学言明德,初唯是就在于内心之光明之德上说,而大学之说知,则是对一一之至善,兼所接所感之事物说。谓由大学所谓天之明命、明德、而自明,能发出止至善之知,此固可说。然此只见一由上而下贯之纵的历程。至于就人之知之所对,有种种之事物,人亦各有其所以应之感之之至善之道言,则人于此一一求知之,便为一由内而外展之横的历程。依大学本文,于前一历程中,言明德与自明,而唯在后一历程中言知。吾人上文谓大学本文中可具有:此知为"明德"自明中之所涵与所发之旨,是乃将此知直隶属之于前一历程言。然吾人之所为,仍只限于将此知之义与明德之自明之义,直接相通贯而止。吾人仍未能使此知之义,与明命、明德直接相通贯,以说明德之自身,只是一知或良知也。而依大学之用名,此亦为不能容许者。其故在大学之所谓明德,乃纯就其内在于心而立名,德之一字,固原指为己所得而内具于己者;则固不可径以知称德也。依大学之系统,吾人可说明德为本体,其自明,及自明中之知,是其用。此中可以体名为用名,故明德之自身名"明",其所发之"自明"之用,亦可名"明"。然大学未尝容许以用名为体名,故其明德自明之用中,虽可有知,而不可以"知"名"明德",或以"明德"为"良知"。此亦即大学之所以只列到知,为明明德于天下之历程中之八目中之一事,而亦终不得与明明德并举之故也。

  然依阳明之言,则不特吾人可依体以说用,而以体名为用名;吾人亦可依用以说体,而以用名为体名。由是而吾人不特可由明德之体为"明",以说其发出之用为"自明",吾人且亦当由此"自明"中之所涵所发之"知",名为"知",而以"知",名此明德之体,而谓之为良知。阳明所以能为是,而大学未能为者,则在大学之由天之明命、明德,说到自明及知,皆为一由上而下贯之事,亦即由形上之体,至其表现贯注于用之事。故此中可容人之依体以说用,以体名为用名。而大学未尝说及:就吾人当下之知与自明,以见天之明命、内心之明德之在此呈显;亦未尝说及:由下上溯,以即用见体之事;故亦不容人之依用以说体,以用名为体名。因而明德之自明,虽发而为知,然致知之事,只能为八目之一;更不得说明德即知德,或良知。然阳明之所优为者,则正在合本体与工夫,而彻体彻用,彻上彻下,故既可以体名为用名,亦当以用名为体名,如"知"果为明德之自明之所发,则明德,亦即知德,亦即良知,而不得更有异。此中之兼彻体用上下之义,亦即阳明之进于大学之一义也。

　　阳明之将大学之知止之善,上溯至明德之体,而以良知指明德,于是阳明之所谓致良知,遂亦不止如大学中之致知之为八目之一,而成为涵盖一切修养之工夫历程者;正如大学之"明明德于天下"为涵盖大学中之一切修养工夫历程者。然此中即以阳明之"致良知"与大学之"明明德于天下"对勘,仍见阳明之说,有简截于大学之言者。此即源于大学之所谓"明德",原只为内具于己者,而"天下"则初乃视为外在者,此中惟赖明此明德于外,以贯通内外。然阳明之良知,则以其为"知",乃自始即以通物为性,而其本身,即具自由内外展、以摄外于内之义。故阳明之致良知,直下为一合内外之道。于是大学之由内而次第及于外,以散为八目者,阳明皆凝聚收摄于"致良知于事事物物"一语之中。此致良知于事事物物,乃合内外以成浑然之一体,而此一体,则无前后内外之可分者。此又阳明之进于大学者也。

　　上述阳明之学之进于大学之教之二端,一在彻体用之本末,一在合内外之先后。于是大学之由体达用,由内而外之三纲八目之铺陈,经阳明之手,即化为本末内外、一以贯之圆教。阳明之说不同于朱子者,则在朱子之格物穷理,皆由人之知其所不知者,以开出;而阳明之致良知,则由人之知其所已知者,以开出。人由知其所不知,乃日趋于广大;人之知其所已知,则所以日进于高明。广大所以切物,高明所以切己;广大者方以智,高明者圆而神。此即朱子、阳明之格物致知之教,各有千秋,而实未尝相犯。圣二家之心与理,是否合一之争,则虽牵涉较多,然亦非必势同水火。盖循阳明之言,以知吾人之良知之天理,而致此知,则此中之天理,皆呈现于心之天理,心与理自当合一。而自朱子以求知未知之理为格物而言,则此中之理既初未被知而呈现,即初为超越,则心与理自初非合一,此亦非阳明之所得而否认。唯依朱子言,心与理之初非合一者,既可由格物,而使理呈于心,以使心理合一;则其初非合一,亦无碍于其自始具有一超越的合一。此亦应为朱子之所许。则二家之争,仍可有其可疏通而见其各有所当者在,此当于原太极一文中更略及之。

三　德性之知、闻见之知,及以格物致知为致知识之知之说

　　吾人于上文二节,论朱子、阳明之言格物致知之说,皆各有其价

值，亦皆为将大学本文之思想，再引进一步而生之创辟之见。故二家所言之格物致知，咸非大学原文之格物致知之旧。至于阳明以后，既不契于朱子补传，又不契于阳明之全复古本，及徒以致良知标宗者，则有如本文第五节所陈之王心斋及李见罗之格物以安身为本之说，高攀龙、李二曲以格物为格至善之说，以及王柏、叶梦得、董槐、崔铣、高攀龙之谓大学本文无阙佚，而文句有颠倒，应加重编之说。此于本文第五节，已加以评述。然诸人之思想，盖皆未能于大学本文，及朱王二家之说外，自树立一独立之规模。今不备论。而由清初至清末，逐渐引出之一关于格物致知之一新义，则为以格物致知之学，乃是客观之穷究事物之理，以获得知识，而渐同于西方所谓自然科学之中之求知者。

溯此以格物致知为客观的求知识，而同于自然科学中之求知之说，其来源，盖亦甚远。自宋学初起，即有闻见之知与德性之知之分。闻见之知，始于感觉之见闻，而及于外界之自然、社会、历史中之事物之实然，与其所以然之理。德性之知，始于自觉吾人之一切意念、情欲、心志、行事之善恶，以及一切内在外在之行为之当然之理。依先秦儒学之传统，所重者乃在德性之知。汉人重注疏之业，而重闻见之博，记诵之广。魏晋玄学，不重闻见记诵之广博，而重谈玄理。然于德性之知及当然之理之讨论亦略。宋儒之周濂溪、张横渠及二程起，乃分德性之知与闻见之知，以徒事闻见记诵，无当于希圣希贤之学。周、张重中庸，已重其言诚而明，中庸之明即德性之知也。程子提出大学，则盖因大学以明明德为始事，并重言正心诚意，又较中庸由天命说到人性者，尤为能直下以德性之知，为学者所先务。而大学所谓致知，如依本文所释，亦要在知止于至善，如知仁敬孝慈信等，而知所先后，以明明德于天下。朱子承程子，以大学为入德之门，则归宗仍在德性之知。唯伊川已言穷理，朱子更重此义。穷理固以当然之理为要，而知当然之理者，固唯是德性之知也。然吾人应具体事物，以何者为当然，恒有待于吾人先知事物之实然及其所以然，由是而吾人知实然与其所以然之理，亦可助成吾人之知种种具体行为上之当然之理。此即朱子言穷理，而于当然之理与实然之理，未严加分别，而其注大学，唯统之以一理字之故。缘是而朱子于德性之知与闻见之知，亦平等加以重视。然陆象山尊德性，言先立乎其大者，王阳明言致良知，则明重在以德性之知为体，而以闻见之知为德性之知之用。①而闻见之知所知之节目之详，则为良知天理流行之节目。然阳明又言体用合一，则体上既只一德性之知或良知，如何用上又有一不同于德性之知之闻见之知？又如德性之知，必需闻见之知为用，则人亦似未尝不可以闻见之知为首务。则学者自亦可转而徒肆其闻见之知，而或乃趋于以致闻见之知为致知，知种种实然与其所以然之理，为格物。此即清儒之渐以格物致知，为纯粹求知识之论所由生也。

至于溯此清儒以格物为纯粹之求知识之论，亦逐渐演变而形成。盖自顾亭林将"行己有耻"与"博学于文"、"多学而识"与"一贯之方"并列，即已意涵此二知并重之意，而非复宋明儒以德性之知为主之精神。而清儒之业，于"博学于文"、"多学而识"上，多下工夫，而开为清代之注疏、考据、名物、训诂之学，其精神即为重闻见之知者。至清代思想家之反对宋学者，则首有颜元、李塨。其学虽亦重在实践力行，然其实践力行，乃重在习事方面。颜氏尝谓格物之内容，为格周礼之三物，即六德、六行、六艺，曰"孔门之学而时习之，即此也，所谓格物也。……盖三物之六德，其发见为六行，而实事为六艺"②。故习斋之格物，乃归于以习六艺为格物。李塨亦谓"孔丛子谏格虎赋，颜先生以格物之格如之，谓亲手习其事也。……格物者，谓大学中之物，如学礼学乐类，必习其事。"③是见颜、李言格物之格，原重在身体之习事。然人之习六艺之事，又须人先对礼、乐、射、御、书、数之学中，种种节目之详，先有闻见之知。故李氏下文又释致知格物曰："行先以知，而知在学。故学记曰：人不学，不知道。董仲舒曰：勉强学问，则闻见博而知益明。徐干曰：白日照，则所求见；学者，心之白日也。"④此其以学求"闻见博"，以使"知明"，如"白日"之"照而有所见"，此正是重闻见之知之致知也。故格物致知之义，经颜、李之解释，乃逐渐化为为身体上之习事之工夫，与闻见之知之工夫矣。

清儒之反对宋儒者，继有戴东原。戴氏亦承认人有仁义礼智之知，为人心所同然，是彼亦未尝废除德性之知。然戴氏之言理义曰："理义在事情之条分缕析，接于我之心知，能辨而悦之，心之精爽，钜细不同，如火光之照

---

① 传习录卷二第四四页答欧阳崇一 "良知不由见闻而有，而见闻莫非良知之用，……良知外，无别知矣。……"
② 戴望颜氏学记卷三，习斋三，商务本，第六十四页。
③ 同上卷四恕谷一，商务本，第七十九页。
④ 戴望颜氏学记卷四恕谷一，商务本，第七十九页。

物,……光小者,其照也近,……光大者,其照也远,……所照者,……不谬之谓得理。"①其释致知格物曰:"事物来于前,……不审察无以尽其实也。……格之云者,于物情有得而无失,思之贯通,不遗毫末,……此之谓致其知。"②此则正宜于论闻见之知,而不宜于论德性之知。彼以仁义礼智之知,为人心所同然,语本于孟子,而意在本此反对以一人之意见为理之论,此亦未为不是。然若只于此"人心之同然",视为一经验上之事实,或自然界中之实然,则大异于孟子及程、朱、陆、王之传统,初由"每一人之自己内在之本心、理性或良知对当然之理之知上,先立定脚跟"之说。而观戴氏之力反对一切以理为"得于天而具于心"之说,及其由"自然"以说"必然",以及理之"当然"者之论,如谓"实体实事,罔非自然,而归于必然,天地人物事为之理得矣"③;则其所谓人心之同然,亦盖不过谓经验事实上,如此如此而已。至就其喻心之知理义,如火光之照物之言而观;则此正为近于荀子之"以知,人之性也;可以知,物之理也。"以理唯在外物之论者。就戴氏一生之务在考据名物而言,则戴氏之所重者,明在闻见之知。盖唯由闻见观察,见人心皆同然于仁义礼智,故亦不废仁义礼智之知耳。此实为以闻见之知统德性之知之说,而直下开启以格物致知为穷究外在事物之理,为获得纯粹之知识之论者也。

颜元之格物,重在格礼、乐、射、御、书、数等文化物。戴氏及清儒之考据训诂之业,如皆谓之格物,则所格者要在文字历史之物。格文化物以富强天下,而安天下,以及由训诂以明自然而兼当然之义理,由考据以知古先圣王所立之文制,此与德性之知之关系,仍尚密切。至于专以格物致知为格自然物,致吾人对于自然物之知之说,则未知始于何时。查明胡文焕编刻有格致丛书,皆古之考证名物之书。又清陈元龙有格致镜原一百卷,据云为博识之学。其中自包括各种自然物之名,然亦自不限于此。唯于清末,改革学制后,清廷尝以中小学之物理、化学等,合为格致一科,此盖为专以格物致知为格自然物,而致吾人对自然之知之始。由此而格致之一名,乃同于西方所谓自然科学,以为国人据以接受西方科学,以纳之于大学之系统之资。而其义亦与大学之格物致知之原义,及朱子、阳明之论格物致

---

① 孟子字义疏证卷上,理字第六条。
② 原善卷下,第七条。
③ 孟子字义疏证,理字第十三条。

知之原义,皆有大不同者矣。

然此种以格物致知之义,为求自然科学之知,虽与大学及朱、王之义大不同;然亦遥承朱子之兼重对客观事物之知之精神而来,为顾炎武所谓"博学于文"、"多学而识"中所当涵之一事,亦颜元戴震言格物致知之思想之发展,所宜归至之一义。由此以使国人得接受西方自然科学之新知,同时使古所谓闻见之知,初为以文化物、历史文字之物,为主要之内容者,转而以客观自然之实物,为其主要之内容;则此亦不能不谓为中国之学术文化之一发展。以人之研究自然之实物之态度,较易客观,则由此再转而对历史文字文化之物,亦更能作客观之研究,亦即可开出其他种种独立之科学之知识之领域,而与西方之分门别类之学术相接触,以成就中西学术交流之实事。由此观之,则清末之以格致之学为自然科学,亦即融通、联系中西学术之观念之始点,其意义亦大矣。

四　朱王之融通及德性之知或良知与知识之知之融通

然由清末凭格物之一名,以引入西方科学之新知,使科学渐成为独立知识之领域,虽为中国文化之发展,不得不有之一端;然依中国文化之传统,又素以德性之知为本。观西方人今之重分门别类之科学之知识者,亦承认科学知识之限度,乃常有一科学与其宗教生活、道德生活及其他人生价值意识如何配合之问题。则中国今日之尊尚科学,便仍不能不有一科学知识,如何与以前之传统之学术精神互相配合之问题。否则顺科学之知之分门别类,以往而不返,而每一科学,皆成一独立之天地,可供人终身驰骋于其中,而不知出,则道术将为天下裂;而今日之科学之知识技术,若无德性之知为之主宰,亦未尝不可皆用之以杀人,而不足以美善人生。由是而中国思想之发展,又必再进一步,于既使科学成一独立知识之领域之后,再求说明此独立,唯是相对的独立于传统德性之知或良知之外,而非绝对之独立于人之德性之知或良知之外。夫然,而吾人今日乃既须发展中国先秦儒学,及程、朱、陆、王之言尊德性而道问学之教,以摄入科学知识之一支;亦须使此科学知识之一支,再综合于传统之精神之中,以合为一更新之中国文化及中国思想之发展。此即吾人今日之任也。

在吾人今日之问题之下,克就对于大学之致知格物,及程、朱、陆、王对此问题之争言,则师友中有熊十力、牟宗三两先生,对致知格物之义,再加抉择,今亦略予陈述,并附以鄙见,以见此格物致知之老问题,实贯至今日之中西学术文化如何融通之问题中。亦藉见八百年来中国学者对此问题,一直有所用心,未尝断绝,而亦不断有新思想之提出也。

　　熊先生于致知格物问题之主张,主要见于其读经示要卷一。其言于致知之解释宗阳明,于格物之解释,则宗朱子。其训格为量度,以量度事物而悉得其理,即格物。如"于事亲而量度冬温夏清,晨昏定省之宜,此格物也。入科学实验室,而量度物象所起变化,是否合于吾人之设臆,此格物也。"然一切格物之事,皆当以致良知为本。故一切格物之事及所得之知识,皆"良知之发用"。然致良知又必辅之以格物,否则只务识得良知之本体,将不免"耽虚滞寂,而归于绝物;亡缘亡照,而归于反知"。若能兼致知格物之功,知格物即"良知之发用","则其格物也,即良知之应物现形,随缘作主,……是则良知自然之妙用,乃不可遏绝者。故曰致知在格物也。""良知之明,周通于万物,良知以其条理,融澈物之条理而无所阂,故物得为知之所量度,是云物格。"①是见熊先生之说,实将人之求科学知识之事,摄于格物一目下,而再视格物为良知之发用。此既不同于朱子之以格物穷理即致知,而未尝先立德性之知以为其本之说;亦不同于阳明之以致良知,以于意念所在之事,正其不正以归于正,即格物之说;更不同于清代学风之重闻见之知,及清以来以格致之知,即求客观自然事物之知识之说;乃重归于以良知,即德性之知为主、为体,而以科学知识格物穷理为辅为用之说。是乃兼取阳明之意以立本,取朱子之言以为辅,以摄清儒所尚之闻见之知,及今人所尚之科学知识所成之新说,而亦非大学本文之原义所及,朱子阳明之本旨所在者也。

　　至于牟宗三先生之论格物致知之说,则主要见于其王阳明致良知教第三章致知疑难。其说尤能扣紧德性之知或良知与一般科学知识之知,或上文所谓闻见之知之为不同类之知;以论科学知识之知,如何仍能统摄于良知之系统中者。此二知之所以为不同类之知,在人之求知识,依于了别心;而良知则为道德心。良知之道德心,恒表现于行为,以通贯于物,故不与物为对。良知乃即主观之人心,而同时为客观之天心者,是为绝对。而求知识之了别心,则与物为对,而有主观客观之相对者。故欲论良知与知识之知之统一,非只于良知之发用中,摄入知识,而以之为用之事。此须先识

---

① 读经示要卷一,台湾广文书局重印本第一〇一至一〇七页。

得：人之良知之如何转化出了别心。依牟先生说，此乃由于良知自己之决定，而由其初之不与物为对，以转化出与物为对之了别心。此亦即无异良知之坎陷其自己，以化出此了别心。由此而吾人如顺王阳明之良知之教以立言，即不当只有致道德上之良知之一套，且当包括由此良知所决定转化出之了别心之一套。此了别心之一套，乃一方了别所对之其他之客观之物，一方亦可了别良知之行为活动，以形成对于客观之物，及良知行为活动之自身之种种知识者。譬如依良知而事亲，此是第一套。此孝亲，乃良知自己决定发动之行为。然人在事亲时，同时须求知此"亲"之为如何如何等。此时吾人之良知，即须坎陷其自己，决定转化出一与亲相对之了别心，以便由知亲之为如何等，以成一套关于亲之知识。此即为致良知之事亲行为一套中之附套。而当吾正发动事亲之行为时，吾又可以吾人之事亲之本身，视为一对象，以求知吾人事亲之行为之为如何如何。此时吾人之良知，亦须决定转化出：以我之自身行为为所对，而对之求知之了别心，以获得关于我自己之行为之又一套之知识。而此一套知识，则为与我之事亲之行为之一套，可相并行之另一套知识。此中吾人行为中，所包括二套之知识，任何一套皆为吾之良知决定其自己，转化为了别心后乃形成者。因此求知识之活动，仍统属于致良知之活动中；而求知识之活动，所成之知识宇宙，以其由良知之决定其自己，转化为了别心所形成，亦即由良知之行为之所成者。由是而此知识宇宙，亦即自始由良知之行为宇宙所成就，亦统摄于此行为宇宙中。而吾人在将知识宇宙"会归于行为宇宙，而视为其中之一员"时①，则知识宇宙固不能离良知之行为宇宙，而绝对独立也。

牟先生之言，由良知自己决定转化出了别心，以与物为对，以成就知识之说，有类于熊先生之于良知之发用中，包涵一量度物之格物之事之说。然又多了一层曲折。即此中尚有良知之自己所决定之转化为了别心之一事在。由是而此了别心，及其所成之知识宇宙，乃真有其相对之独立性者。而此了别心与知识宇宙之成立之根据，仍在良知之如是如是自己决定之行为。于是知识宇宙，仍统属于良知之行为宇宙中。此其为说，虽仍在以阳明之教立本，然亦更能对一般闻见之知，或清末人所谓格致之知，及今人所谓纯粹知识之知或科学之知，与以一相对独立之范围。而其言吾人之良知，必须自己决定成立此知识宇宙，乃有此知识宇宙之成立，亦无异于谓中

---

① 见王阳明致良知教第三章第二十七至三十一页，台湾中央文物供应社。

国重德性之知之文化学术,必须自己决定转化出重知识之一义,乃能摄纳西方之科学,开创入中国未来之科学,以为通中西文化学术之邮。吾人承认科学是知识,然吾人之决定要科学之一决定,则非知识,而只是吾人之良知之决定。此决定,乃断然在科学知识之上一层次者。科学本身,依于其上一层次之良知之决定,要他有而有,则科学之知,自亦不能摄尽一切之知,而必以良知为之主。而中国传统思想中之重德性之知及良知之教,在原则上决不可动摇,亦由此而见矣。

结论——知识之知与德性之知之四种关系

吾人于上文纵论大学本文之原义,及朱子、阳明及以后学者,沿大学致知格物之文,而逐步发展出之新说之所由建立,及其意义价值之所在,以见此中实有一思想之进步与发展,而实非徒为一古经之训诂解释之事。而此思想之发展,至于今日,则为一德性之知或良知,与知识之知之毕竟之如何关联之纯理论问题。而此问题之讨论,亦尽可根本脱离大学本文原意及朱子、阳明之说本为如何,一学术史之问题而讨论者。此在牟先生之论致知之疑难时,已不谓其言唯是大学及阳明之言之注释。而吾今之此节,则拟更进而纯理论的约略分析此德性之知或良知,与知识之知之四种关系,兼说明昔贤之说,大体上皆可综摄于此四种相待关系之情形中,以为本文之结论。

第一种情形为德性之知或良知,直接通过知识之知而表现之情形。譬如吾人先依知识之知,知吾人当前之对象为亲,而又见亲之面容憔悴,遂即知其为病。于是我即往问病,而心怀忧虑。此中知其为亲,与知其病,皆为知一实然之事,而为一闻见之知或知识之知。吾之即往问病,心怀忧虑,则吾人孝亲之良知,或德性之知之自然流露,以向于吾亲之事。此时吾人即可依大学之教,谓此孝为至善,而为吾所当止。此中,吾之孝心或孝之良知之流露或发出,乃直接透过吾对吾亲之闻见之知或知识之知,而流露发出;则此闻见之知、知识之知,亦为开启我之良知之流露发出,同时为此良知或德性之知所通过贯注,以向于吾亲者。于是此中之闻见之知或知识之知,即复可视为此德性之知之流行之轨辙、或可能条件,而可说其直接为良知之所用以成就其自身之表现者。在此情形下,吾人又可喻此知识之知,如一平面,通过贯注之而流行之良知或德性之知,则如一立体。当此平面,为此立体所贯注通过时;此平面,即如只为此一立体之一面相,而不能独立自存者。而在德性之知之正流行中，吾人对良知或德性之知之自觉，乃即止在此知中，遂不必能同时化此良知或德性之知之流行，为一对象，以形成对之之知识者。此情形，亦即阳明先生所谓闻见之知直接为德性之知之用之情形。此中，吾人如将德性之知或良知与知识之知，加以分解以观，亦可说其中仍涵有牟先生所谓知识之知之一附套，然此一附套，实又只为其中之主套之德性之知或良知之所通过，而只为其一面相。换言之，亦即此中之了别心，乃如只为人之道德心，所通过贯注充实之一虚廓，而未真显为一独立之了别心者。凡吾人在根据凭藉运用已成之知识，而活转之、升进之，以为德性之知或良知通过流行，以表现其自己之轨辙时；此中知识之知，与德性之知或良知之关系，皆是此情形。在此情形下，人亦不必重此知识之知与德性之知或良知之分别，亦未尝不可视此二知，只为一知。前文论大学之言致知，虽谓此知实为德性之知或良知，然大学亦未尝言其非闻见知识之知者；正以此德性之知或良知，亦通过闻见知识之知而表现，而后者仍可视为前者之立体之一面相、轨辙，而可言其无独立之存在性者也。

第二种情形为"吾人依德性之知或良知，以肯定具真理价值之知识之本身为一善，及吾人之当具有此善，于是肯定；知识自身之当求"之情形。在此情形下，吾人要成就知识，仍原于吾人良知之决定。然吾人之要成就知识，则可非为以后之行为，而唯是以得知识或真理之本身为目的。如吾人欲解决一纯数学问题，而得一纯数学之知识或真理之类。于此，吾人既依良知之决定，而置身于纯粹求知识之活动后，吾人心中，即可只有求知识之目的或兴趣，而浑忘此活动之决定与引发，初原于良知之以得知识或真理为善。此时吾人最初之决定引发此知识活动之良知，亦如于引发出此活动后，即隐退于后，唯在其后面，支持此纯求知识之活动。唯当此求知识之活动间断，或吾人懈怠于求知时，此良知之知，乃再呈于前，而表现为"勿懈怠""当求知识以得真理"之自命，以续此间断。至在人之求知识之活动正进行时，此良知即唯隐退于后，如静居于一超自觉之境，以加以支持。其人于自觉之境与否，乃正与求知识活动之是否进行，互为对反者。于是此二者间，遂显为一表面上之相斥而更迭以呈现之关系。人之只注意此表面上之相斥关系者，遂恒谓此二者间，无通路，乃或则一往尊尚知识之知，而忽德性之知；或只直本其德性之知，以运用已成之知识，而不见求知识之活动之本身之重要，此即导致一人所自造之二知之分裂。实则人之求知识活动，初乃由良知而引发，故即在其被引发后，而单独进行时，仍有良知之静

第十章 原致知格物下：大学章句辨证及格物致知思想之发展

居于超自觉之境，加以支持。此二者间之内在之关联，自始未尝断。而良知之于引发此求知识之活动后，即隐退而静居于超自觉之境，加以支持，实无异以其自身之隐退，与自我超越，以成就此求知识之活动。如彼大贤之功遂而身退。此正为良知本身之盛德至善之表现。而自一切求知识之活动，皆有良知之静居于超自觉之境，加以支持言，则一切求知识活动之进行，及一切知识之点点滴滴之成就，亦无非良知之在后支持之功之间接表现。而吾人真了悟及此义，则同时知一切以"良知与求知识之表面上之相斥，为真正相斥者"之妄，亦知一切将求知识活动与良知，加以分离决裂者之妄，而当求去此妄，以见其除表面之相斥之外者，内部之实际上相依之关系。此中之求去妄见真，亦为吾人之良知之一自命。而人既见真后，亦可说人之求知识之一套，乃依附于良知之一套。然未见真而徒就此情形下之良知与求知识活动，表面上有之相斥关系，而互相更迭以呈现言，则当说在此情形下，此二者为相斥而相更迭呈现之两套；此便与在第一种情形下之两套共运，而良知之一套，通过贯注于知识之一套以流行者之情形不同。清代学者及今之科学家之重记诵考证，及求自然社会之知识者，恒不免于忽德性之知或良知之知者，亦即由此二知之表面相斥关系，而遂只务求知识之知，以往而不返者也。

　　第三种情形，为吾人既本良知以发动一当有之行为，而吾人欲求此行为在一具体特殊之情境下，得以贯彻而达其目的，而又觉不能只循我之良知，及已有知识之运用，便能实际贯彻时；于是吾人遂暂自节其良知初所发动之行为，以安静下来，而求对此具体情境，及如何对付此情境之进一步之知识，进而依此知识，以规定吾以后为达此目的而当采之行为之道。如亲病，而欲达治亲病之目的，遂暂节其孝心之表现于忧虑，及侍疾之行为，而往知求亲之病状毕竟如何，以及如何治病奉养之方，以规定吾当如何奉养之道是也。在此第三种情形下，吾人乃为致良知或达良知所决定之目的，而自觉的另建立一求知识之活动，以为达此良知所决定之目的之手段。亦即可谓自觉的在致良知之一整套中，建立一附套，包含一附套。而一切为达一实用目标，而求知识，如应用科学家之所为，亦皆此一类。在此处，人之求知识，亦自觉是以未知之关于事物之理，为吾人求知识之对象。此中即有明显为属于主观之求知识之了别心，与所欲知欲了别之事物之理之距离。人于此亦总觉此事物之理，初乃在吾人之心知之外，而与吾人心知成相对者。缘是而吾由此知识之求得，所欲进而加以规定的吾以后所应当采取之行为之道；吾亦将总觉其初为在吾人心知之外，与吾人心知成相对者。吾人前文论朱子，其所以以理为超越于现实之心知之外者，亦盖即主要依此情形而立论者也。

第四种情形，为吾人所已知之"我所在之具体特殊之情境"，明显与为我之良知所认可而发出之全幅要求或命令相冲突之情形。此即如吾人前文于论朱子一节，所提及之忠孝不能两全之情形。在此情形下，吾人诚必须求一决定，且必相信有一较善或最善之决定之道，可为我所求得；因而人必须肯定此道之先在，唯待吾人之思虑以求之，如前所述。然吾人复须知，在此中，吾人欲求一较善成最善之决定之道时，吾人之心情，乃初在一极端之紧张迫切之状态中，而与以前之情形，皆不同者。在此状态下，人初恒自觉当尽量求发现：此明显与良知所认可而发出之全幅要求相冲突之情境，如何可加以改变或改造之理；而人之求知此理之知识活动，初乃如同时为此全幅要求——如尽忠及尽孝——之所共直接加以驱迫以进行者。及其见此情境，只能容许人于此各要求中，实现其一时，则此各要求，即自相冲突，以争求实现。由此而吾人之良知，复须衡量：此相冲突之要求，及其实现之价值之高下大小，以选择其较善或最善者，而作一最后之决定。然此最后之决定，必牺牲一良知之要求，使不得满足，而此较善或最善之决定，遂仍为悲剧之决定。由此而人之良知，即须于事后或事先，再决定：其自身之承担此情境之如是如是所导致之悲剧之命运，此即承担由此决定，而生之一切缺憾、罪戾而无悔。而此本身，即又为人之良知之一最庄严神圣之表现也。

在此第四种情形下，吾人如分析其中之知识与良知之关系，明非如第一种情形之直接以知识为良知之用，亦非如第二种情形之良知与知识活动之表面相斥，复非如第三种情形之良知之暂节其表现，以求得一知识为手段，以达到良知所已决定之目的；而是良知为完成其诸皆欲在情境中实现之要求，而不得不先往求此情境之"可以改变，以与其诸要求相一致"之理。此情境之初为如是，乃人之知识之知之所知；今欲求得其可改变之理，亦即愿望有一"改变此情境，以使之不如是"之知识。而此一知识，即良知欲求得，而建立之于事实者。及此知识终不能建立时，则良知又还须再自愿承受："此情境之只能如是"之一事实与知识，并承担此一事实与知识，所关联之悲剧之命运与缺憾、罪戾，以见其自身之神圣与庄严。此中"此情境只能如是"之一事实与此知识，为此良知所承受，正所以见此良知自身之神圣与庄严者。由是而此知识之承受,亦为良知所自愿,而视为当然者。故良知于此,乃一方表现为愿望建立:一与其诸要求皆一致之事实与知识,一方再表现为自愿承受任何与其初愿相违之事实与知识。在此二者中,皆表现此良知之德性。缘是而无论知识宇宙中之情形为如何,良知皆可赖其心愿,加以肯定;而此中之良知,其初之愿望建立一知识,与后之自愿承受与初愿相违之知识之活动,亦即如成为良知之活动之流行中之一阳一阴之二种节奏。而此中良知与知识之关系,即可称为一交互之并存关系。

吾人以上论四种之良知或德性之知与知识之关系。其中第一种,乃良知之直接运用知识而通过之以流行,则二者之呈现,可说为俱时而呈现之同一关系。其中第二种,乃良知决定引发一求知识活动后,则良知即隐退于后,必前者间断,后者乃再呈于前,以求续此间断;是二者为更迭呈现之相斥关系。第三种乃为致良知或达良知之目的,而建立求知识之活动,以为完成良知之行为之手段,则良知与求知识之知之关系,为目的与手段之相从之关系。此中,吾人肯定目的当有,即涵蕴手段当有,手段之有为因,目的之达到为果,而其间之关系,亦为理论上之涵蕴关系,及实际上之因果关系。第四种中,良知初愿望建立:"使此情境不如是"之一知识,继复自愿承受"此情境只能如是"之知识,良知于此,赖其欲如是建立知识,如是承受知识,以表现其自身之流行,而又非只视其所愿建立或所愿承受之知识,为良知之行为之手段;而皆视为良知于始或终所愿肯定,而愿其为真知识,以使良知之如是如是之流行,得以可能者。此中之良知与知识之知之初为相从而起,必归于良知之自见"其自身之流行"与"所愿建立或承受之知识之成立",二者之不可相无,及二者之合为一全体,而表现上所谓交互并在之关系。此四种关系,皆同须以良知或德性之知为本、为体、为主宰而论之。其中前三种尤较简单,昔贤之论已足够。然第四种关系,则其中尚有深义,待于吾人之探索。自全幅之人生看,人生任何活动之发展,至一阶段,盖皆不能免于与其他良知所亦视为当有之活动,或某一特殊具体之情境已有之事实及吾人对之已有之知识,显出在一时之互相冲突而互相对反之情形。由是而前三种关系,即难于孤立,乃不能离此第四种之关系而自己存在者;而此第四种关系,自全幅人生看,亦即可说为前三种关系之根据。是则非本文所能多及者矣。

第十一章　原道上：老子言道之六义

一　序言

　　老子五千言，文约旨远。解老之书，汗牛充栋。① 约而论之，不外数途：一、按汉书艺文志，所著录之书，有老子邻氏经传，傅氏经说，徐氏经说，刘向老子说四篇。据隋志及经典释文所载，尚有河上公注，毋丘望之注及严遵注，诸书大都已佚。今存河上公注及严遵指归，亦疑伪。唯汉人之章句传注之业，要皆不外就原书之文字，分章断句，加以训释，则老子之传注，盖亦类是。后之学者为学，沿汉人学风，而于文字声音训诂之功，日益加密，并旁及版本校勘，以及对书中史事与成书时期之考证等，遂下逮清儒之业。其于老子，则近世如魏源之老子本义，及时贤对老子一书之校诂、考证，皆同此一途。二、魏晋学风，不同两汉，王弼注老，异于经生。盖大都顺其妙会冥悟之所及，以申玄旨，或详或略，皆非复原书章句之所能限。今既就其注文，离原书以别行，亦未尝不可。斯其解老，即别出一途。明焦竑老子翼，尝辑历代解老之文，自成体段者，分附于老子各章之末，共数十家，皆精粗不同，而体类不异者也。三、佛学东来，学者以老庄之义相比附，鸠摩罗什、僧肇并有老子注，惜皆残佚。四库全书总目提要，于道家书著录者不多，而有苏辙之道德经解。其书主佛老同源，而又引中庸之说。此乃假儒释之言以通老，为明末以来，会同三教之论之先河。憨山德清道德经解，斯为巨擘。而近世西学东渐，凡以西方之科学哲学之理论解老者，咸意在触类旁通，与昔之假儒释以明老者，实同一辙。

　　此上数途，用以解老，皆本无不可，而各有其得失。扬子云尝谓"在则人，亡则书，其统一也。"则就书中文字，为之章句传注，以便学者之即文就

---

① 老子书目以严灵峰所编中外老子著述目录为最备，严氏并将有老子集成一书出版云。

义,斯切而不泛。此第一途之所得也。然老子之人若在,本其所以为老子,固不限于说此五千言。则后人苟有会于老子之所契,而言其所未言,亦不得谓其非老学,则第二途又何得为非?又大道无方,常存天壤,非家派之所能限,亦非一家一派,所得而私,则三教之论,东西之说,亦自当有足以相明相发之处,故第三途亦可容人自择。然守文之士,功在下学,或胶滞于章句训诂之末,其弊也琐。申发玄旨,触类旁通者,意在上达,又或抑扬过当,引喻失义,其弊也诞。为今之计,窃谓:只循训诂以明章句,未必能通其大义,而徒求妙契于言外,则非中士之所能企,亦难以取信于当世。欲兼去此二弊,其道宜先类辞以析义,而观其义之所存,则无复章句之拘,而有训诂之实,下学之功斯在;既得义之所存,再济以统宗会元之功,而上达之事无极。愚年来所著,解释中国思想之文,皆循此道,冀去彼或琐或诞之弊,以合于先圣下学上达之旨。此非谓克就下学之业,上达之功本身而言,更无事在,唯谓此下学上达之交,必应有此一段工夫,而一为此人之所忽耳。此文解老,仍本斯意,先析老子所谓道之六义,再论其关联通贯之几,及老子言形上之道,其局限之所在;或亦可为世之专事下学之业及上达之功,以解老者,有所取资,以共免于上述之二弊也。

二 道之第一义——有通贯异理之用之道

老子书中,道之一辞,共凡六十七见。试析其义,略得其六。今按老子书中所谓道之第一义,为略同于今所谓自然律则,宇宙原理,或万物之共同之理者。韩非子解老篇谓:"道者,万物之所然也。……万物各异理,而道尽稽万物之理。"韩非子解老,乃别理于道。万物各异理,言物各有其不同之理。谓道尽稽万物之理,即言道遍于万物之异理,有通贯一切异理之用者。道何以有此用?或不易言;然将此义,连于道为万物之所然一语以观,则此所然者,即万物之所共是共然而共表现;而道之第一义即应为:通贯万物之普遍共同之理,或自然或宇宙之一般律则或根本原理也。

所谓万物之共同之理,可非实体,而可只为一虚理。故今此所谓第一义之老子之道,即就其尚非体只为虚理说。所谓虚理之虚,即表状此理之自身,无单独之存在性,虽为事物之所依循,所表现,或所是所然,而并不可视同于一存在的实体。此义之道,乃由中文之道之一字之原义,即人所行之道路,引申而来。原道路之所以为道路,在其有为人所行所经过之用。

此所经过处，并非一存在的实体，而只是一空间中之路线或方式。儒家言人道，即由此义直接引申，故以人所行于其父母者，为孝道，人所行于其兄者，为友道。此人所行之孝道友道，初固只为一行为之方式，非存在的实体，乃附属于人之存在的实体，而不能离人之自身以存在者也。（至后儒之谓道自在天壤，不随人而绝续，则当别说。）而道家之言天地万物之道之一义，亦当为天地万物之所由行，而非一存在的实体之义。如谓此道之义，同于万物共同之理，或自然律则，宇宙原理，则其为理或律则，亦为虚理虚律，而非其自身能实际存在者也。

对此老子所谓道之第一义，兹只举一例以明之。

老子七十七章：天之道，其犹张弓欤？高者抑之，下者举之，有余者损之，不足者补之。天之道，损有余而补不足。

夫日中则昃，月盈则亏，川谷日满，丘陵日卑，凡此有余者之日损，不足者之日益，皆可谓天之所为。此天，固可视如一实有之存在者。然此天道，则只此"损有余而补不足"之事中之一规律或其形式。此规律形式，简言之，即"凡极必反"，故以张弓之形式喻之。此凡极必反，亦即道家与后之阴阳家及易传，所共最重视之万物之共理，或普遍的自然律，而可联系于其他种种对于自然之中国科学思想者。老子盖为首重此自然律之必然性者，所谓"天网恢恢，疏而不漏"是也。然喻之如网之疏，则克就此义之道而言，固尚非一存在的实体之谓也。

三　道之第二义——形上道体

老子书所谓道之第二义，则为明显的指一实有之存在者，或一形而上之存在的实体或实理者。此与上述之一义之道，只为万物之共理，或普遍之自然律者，其分别在一虚而一实。所谓虚者，谓其本身不能单独存在，非自有实作用、亦非自有实相者。如佛家所谓假法，西哲所谓抽象的有。所谓实者，即谓其非假法、非抽象的有，而自有实作用及实相之真实存在之实体或实理。此虽非如形体之具体，然亦非抽象的思维所对之规律形式之只为抽象的有，而为形而上之具体的存在者也。此义之道，为论老子之形而上学者，恒最重视之一义。而克就老子之论及此义之道者而言，亦决不能直接以上一义之道，为之训释，兹亦举一例为证。

老子二十五章：有物混成，先天地生。寂兮寥兮，独立而不改，周行而不殆,可以为天下母。吾不知其名,字之曰道。

在此章中,老子言道,直谓之为有物混成,而为天下母,则道明为一形而上之存在者,乃有生物之实作用,如母之能生子;且有寂兮寥兮,独立不改,周行不殆之实相者。喻如有物,则其如物之具实体性可知。而自道之有生物之实作用言,亦即为物之所以成。故韩非子解老篇,又谓"道者万物之所以成也。"此所以成,非只指其成之所依之律则、形式,而实有使之成者。此或为韩非子解老篇释道最重要之一义,而此义与上节所引"道尽稽万物之理"与"道为万物之所然"二语,所合涵之"道为万物之普遍之共同之理"之一义,应彼此有一分别。此有生物成物之实作用之形而上之道,初非孔孟荀之言中之所有。唯中庸谓"天之道……其为物不贰,则其生物不测",此天之道,方可视为形而上之生物者。而大戴礼记哀公问谓"大道者,所以变化,而凝成万物者也",亦可释为实有一道,凝成万物。其言亦与解老篇之"道为万物之所以成"之言相类似。此皆儒家之形而上学思想之进一步的发展。至在道家,则庄子言道,在内篇中,除大宗师篇"夫道有情有信"一段,乃视道为"自本自根,自古固存",道如为一实体而有实作用外,其余言及道者,多为下文所论之第五义之道。而庄子之内篇之精神,在论人生,亦尚不重此纯形而上之生物成物之道也。然淮南子之原道训等篇,论道之覆天载地,始生万物,则道之实体义最重。后之道教思想,沿此发展,而道之为物,宛然先天主宰,有如西方言三位一体之神,其第二位之为道。然魏晋以降,王弼、何晏、嵇康、阮籍、郭象、向秀之言老庄,又皆不重此实体义之道,而求加以解消者也。

四 道之第三义——道相之道

老子书中第三义之道,乃以第二义之实体义之道之相为道。第二义之实体义之道,为物本始或本母之道体,此第三义之道,则可简名之为道相。(此相为佛家之名辞,然其义正与老子之所谓象或大象,无大殊别)此道相初即道体之相,故此第三义之道,亦可由第二义之道引申而出。

此上所述之老子之第二义之道,自其自身之为形而上之存在者,而独立不改言,初无相之可言,亦非属于可说、可道、可名之范围中。凡言相者,皆对他而显;道体本身,固可无相可说。然此道体既为生物者,而为物之本始或本母,则对其所生之物言,彼固有异于其所生之万物之相者。即其相可由其对照万物之相而见,亦可由其为万物之所自生之本始或本母,以对万物而见。如自此道体之对照万物之有形,而异于万物之万形言,则可说为"大象无形"、"道冲而用之"、"虚而不屈",而道呈"无"之相,及"冲"、"虚"之相,而可以"无"或"冲"、"虚"说之。又自道为万物所自生之本母处言,则万物既有,其本母亦应有,而道亦为有,遂呈"有"之相,而可以"有"说之,如上文之"有"物混成是也。此道之"无"相"有"相,即皆道之对照于万物,关联于万物所呈之相也。即上文所谓道之本身之非可说、非可道、非可名,如自其对照万物之可说、可道、可名者言;则此"非可说"、"非可名",亦为道之"不可说相"、"不可道相"或"不可名相"。简言之,即道之无名相也。又自道之为万物之本母,而可视为有,并以有说之,以"有"名之,或"强为之名"而"字之曰道"言,则道固有名,亦呈"有名相"、"有字相"。即在所谓"道隐无名"一语中,如吾人视此"无名"为一名,则谓其为无名,亦为以"无名"名之之事,而使道兼呈一有名相也。斯则道之有名与无名,不可道与可道,不可说与可说,尽可并行不悖。其自道体而观之,为不可说,不可名者;自道相而观,则尽是大有可说,可道,可名者在。因自道相而观,则说其不可说,道其不可道,名其不可名,亦皆是有所说、有所道、有所名,而皆在"说"、"道"与"名"范围中;说其无一切相,即说其具无相之相,如老子所谓无状之状,无物之象,仍是状是象也。

　　道相乃道体对万物而呈之相,其义本与道体有别。然因道相依于道体,而道之一词,遂可专指道体,亦可以兼指道相。进而人亦可以道之一词,专指道相,并以道相即道,或以能观道相,能循道相以观世间之心之所存,即道之所存。此即第三义之道。人之可以此第三义之道,代第二义之道者,则以人原为万物之一,而居万物之中;人之知有为万物之本始或本母之道体,惟赖逆溯万物之所自,并由此所自之本始本母之道体之相,其异于万物之相者,以默识此道体;则人固可以道相摄道体,进而以指道相之词指道,而意涵道相即道体之义;而观道相或循道相,以观世间,即亦可同于观道矣。兹亦举二例,以明此第三义之道。

　　老子四十章:"反者道之动,弱者道之用。天下万物生于有,有生于无。"

　　又二十五章:"吾不知其名,字之曰道。强而名之曰大,大曰逝,逝曰远,远曰反。"

　　老子言道生万物,上所引四十章,言"天下万物生于有",则此"有"应即指目道,而此"有"固只为上言之道之相之名,是以道相之名指道也。老子又谓"有生于无",盖言道之生物,初乃无物,又必先反其先之物,此即道之一动。道一方反物,一方生物,而道即兼呈此有相与无相;则此有生于无之"无",即所以目道。然此处直言天下万物生于有,有生于无,更不言道。此即以道之"有相"与"无相"摄道,是即意涵道之一辞,可同于指道相之辞也。

二十五章于道,既字之曰道,又名之曰大,曰逝,曰远,曰反。此大、逝、远、反,皆为形容辞,唯所以状道之运行之相。四十五章"反者道之动",此"反"亦可视如道之一相。今谓字之曰道者,即名之以大、逝、远、反者,是亦以道相指目道体,而意涵道之一辞,义可同于道相之大、逝、远、反者也。

除上文之有、无等为道相外,如老子以道为常、为久,又谓道生一,此"常"、"久"、"一",亦皆为道相。而老子言知常即知道,袭常即袭道,抱一即道,是则明即道相以言道也。

然克就老子之书而论,以道相之言指目道体者,虽不少,然直以指道相之辞代道之一辞者,则不多。后之论释老子者,庄子天下篇于古之道术之在于关尹老聃者,谓老子"建之以常无有,主之以太一",更不另出道之一辞,则为特重以"常"、"无"、"有"、"一"等,原为指目道相之辞,以代道之一辞者。至于王弼之谓道为"无之称也",此即特重无之道相者。又王弼喜以说自然代说道。老子谓道法自然,盖言道只是自己如此如此之谓。此"自然"亦实只是道相。王弼沿此而谓"道法自然",即"在方法方,在圆法圆",则观一切物之如此如此,而任之自为自造,即法自然。是见此自然,只是物之"如此如此"之相,而非实体。今王弼谓法自然即法道,即一循"自然"之道相以观物,而生之论也。因王弼之特重无与自然之道相,道体之为"有"之义遂不彰。而为万物之本母或本始之道体,亦如归于寂,而此寂然之境相,亦即成本。此即王弼之"寂然至无,是其本也"之论所从出也。

复次,玄之一辞,在老子初亦为指道相之辞。老子第一章于言道之有名、无名、常无、常有(或常有欲常无欲)之后,又曰"此两者同出而异名,同谓之玄,玄之又玄,众妙之门。"则玄与妙,为兼综有无二相之道相。然老子书并未明以玄指道体。后扬子云著太玄,葛洪著抱朴子,乃明以"玄"目形而上之道体。魏晋人复以玄学一名,摄昔之道术道家之学之所涵。此与王弼解老之重道相,实同表示有关道相一类之概念与言辞,逐渐增加其重要性。而魏晋玄学之论有、无、自然、独化……等玄理,实皆本虚灵之心,以观照理相道相,而新义日挚,遂与老子论道之明文,乃实有道体以成用而呈相者有异。此俟后文再及之。

五　道之第四义——同德之道

老子书中所谓道之第四义,为同于德之义者。老子书中,道德二名,本有分别。依上文所述之道之第一义及第二义,道乃为万物所循之共理,或其所自生之本始或本母;则德为人物之各得之以自生或自循者。如三十八章之所谓上德、下德是也。然自另一义,则道之能生物而畜物,亦为道之德,如谓"道生之,德畜之";道之反物而顺物,亦为道之玄德,如谓"玄德深矣,远矣,与物反矣,然后至于大顺。""生而不有,为而不恃,长而不宰,是谓玄德。"要之,老子之言德,或就人物之得于道名说,或就道之反物而生物、畜物、顺物等处说,此皆为连道与人物之关系而说者。此即道德二名之别也。

然在老子书中,道德二名,虽大皆有别;亦复不可一概而论。道之义亦未尝不可同于德之义。盖谓物有得于道者为德,则此德之内容,亦只是其所得于道者;此其所得于道者,固亦只是道而已。而道之畜物生物,亦只是以其自身去畜物、生物。彼虽畜物生物而有德,仍不失其为道,则有德亦同于有道也。夫然,故道之一义,亦即可同于德,或同于物所得所有之德,或同于道之畜物生物之德。如老子六十二章谓"道者万物之奥,善人之宝,不善人之所保。"奥为屋之一隅,宝者人之一物。今谓道为万物之奥,人之宝,则此道明为属于人物,而为人物之所具得者。是见此道之义,明同于人物所得所有之德。至如三十四章之谓"大道泛兮其可左右,万物恃之而生而不辞,功成不名有,衣养万物而不为主。"此则实言道之畜物之玄德之状,而以此言道,即同于言道之玄德也。

由上所言,老子之言道乃可别于德,亦可同于德。同于德者,即道之第四义。自道之别于德上说,则道乃从天地万物之共同之本始或本母上言,即自天地万物之全体之公上言;德乃从道之关联于分别之人物言。人物之德,即从人物之个体之私(私犹自己)之所得上言;道之玄德,则为再就此德之属于道体之自己而言。老庄在汉志列为道家,然司马谈论六家要旨,则名道德家。老庄皆同喜言道德,而老庄之言道德,实不全同。大率老子尊道而贵德,重有德,积德,不失德,冀有得于无私之道,亦以成其私;而庄子则既游心于德之和,放德而行,遗德而往,以大通于道,而相忘乎道术,亦相忘于德行。故在庄子,道德二名之别经,分言则可互代,并言亦非即相对成名。而在老子,则道德并言时,乃相对成名,公私义别;故道德二名之别,实较显著,乃有失道而后德之言。昔人分老子书为道经与德经,盖亦有见于此。故老子所谓道之同于德之义者,此在老子书中,实较少。申此义以泯道德之分者,乃庄学而非老学。后之为老学者,无论以老子之言,为人君南面之道者,或由老子以得长生久视之道者,皆重老子之德义,过于道义。亦即重此第四义之同于德之道,而又轻前三义之道,未能如庄子之放德,忘德,以大通于道者也。

六 道之第五义——修德之道及其他生活之道

老子书中之道之第五义,为人欲求具有同于道之玄德,而求有德时,其修德积德之方,及其他生活上自处处人之术,政治军事上之治国用兵之道。此义之道,就其本身而言,乃低于上述之德之一层面之道,亦即纯属于应用上之道。如今所谓修养方法,生活方式,或处世应务之术之类,简言之,即人之生活之道也。如老子四十一章,谓"上士闻道,勤而行之;中士闻道,若存若亡;下士闻道,大笑之,不笑不足以为道。"此所谓道,惟待人之勤行,则明不同于第二义之有物混成之道,亦非此形上之道之道相,复非第一义之自然律。人闻此道,或行或笑,则闻道不同于有德,而与第四义之道亦异。然此"道"之义,要不外人之求所以有德之修德积德之方。如老子所谓致虚守静,生而不有,为而不恃,专气致柔,涤除玄览,及治人事天之啬道,及所谓三宝中之慈,俭,不敢为天下先,及见素抱朴,少私寡欲等,即皆老子修德积德之方。是皆老子以之为教,上士闻之,则勤行,而下士闻之,则大笑不止者也。

除此修德积德之道外,老子复言其他种种人之生活上之自处处人,及政治军事之道等。如只就老子一书所言者之字数而观,则其言之涉及此第五义之道者,在老子书中,实最多。老子之思想,对中国之政治社会与一般人之人生观,其影响最大者,亦在于是。然老子所言之此类之道,亦尽可离上述之数义之道,以为人之所了解而奉行。此亦即谓老子所言此类之道,尽可离其形上学而独立。后人之持不同之形而上学者,亦可有相类之言,或于此径采老子之说。至如老子之所以教人修积其所谓德之方,如致虚守静、少私寡欲、生而不有、为而不恃等,虽在其系统中,有特定之意义;在不同派别之学者,亦未尝不可兼依之而行,以达不同于老子之做人目标。如荀子、庄子及宋明儒者,皆尚虚静而重去私欲;今之罗素亦盛赞"生而不有、为而不恃"之言;佛家言慈悲,亦可容纳老子之言慈,以为其一端是也。又此老子书中之第五义之道,在老子书中,吾人虽可将其互相关联,使人见其乃相辅相成;然人之只取其一而不取其二,亦未尝不可。如人之有取于老子之言慈俭,而不取其不敢为天下先,有取于老子之言"专气致柔",而不取其"将欲废之,必固兴之;将欲取之,必先与之,"等类似权术之言,皆未尝不可。此即老子之此义之道,虽影响最大,而徒就此义之老子之道之一端,亦最不足以见老学之全与根本精神所在也。

七 为事物及心境人格状态之道

老子书中所谓道之第六义,为指一种事物之状态,或一种人之心境或人格状态,而以"道"之一名,为此事物状态或心境、人格状态之状辞。老子第八章谓:"上善若水,水善利万物而不争,处众人之所恶,故几于道。"此所谓"几于道",犹近于道(尔雅释诂:几,近也)。此近自非空间上之接近之义。唯因老子以弱为道之用,以处下、处卑为教,以慈为宝,水至柔弱,而处众人之所恶之卑下之地,而泽及于物,正有类于是,即可说其如能体现此道,而近于道;于是道亦如表现于水上,而可视如一加于水上之状辞。此外,又如老子常言"天下有道",此道之在天下,亦必非谓道为"天下"之所得而具有,以成为天下之德。因此天下一名,乃总天下事物之集体名辞,非如个体人物之能实有得于此道,以具为己德也。故所谓天下有道,乃泛言天下之人之行为或其政治社会等,合于宜有之方式或道之谓。然当此之际,人亦即可由道之普泛的表现于天下,以言天下有合乎道之状态,而此道即可视如"天下"之状辞也。

按老子十六章曰:"……知常容,容乃公,公乃王,王乃天,天乃道,道乃久,没身不殆。"此中所谓"知常""容"而"公",可直说为人能知道、行道、而有得于道者之德。然人既有此德,他人复见其有此德,则他人即可以此德,状其为人。是即见前所谓第四义之道(即德)与此义之道,本可相通。然此中仍有毫厘之辨。即谓人有此德,乃以人为主体,而谓此德属于彼之一人。此中所重者乃在人。至以德状其为人,则由于先念彼人之合此德之标准,然后举此德以名其人。此中先所重者乃在德。是此二义,仍不得相混。而老子此章谓知常者之容而公，乃明是重在以容与公，状知常者之为人之心境或人格形态者，其义乃为一状辞。此下之王、天、道等之本身，初非德性之名；而在此章中，此诸名又非照其原义，各指一存在的实有之物；则更应唯是状彼知常者之缘其容与公而有之心境与人格状态者。所谓"容乃公，公乃王，王乃天，天乃道，道乃久"者，即谓彼能容能公者，其心境与人格形态，即同于王，同于天，而同于道，并同于道之长久也。此同于道，即谓有一合于道之心境与人格形态，而此道及道之久，即可转化为此心境与人格形态之状辞。此处之道与久，乃皆附于人而说，故于下文又曰"没身不殆"也。

又老子十五章："古之善为士者，微妙玄通，深不可识。夫唯不可识，故强为之容。豫兮若冬涉川，犹兮若畏四邻，俨兮其若客，涣兮若冰之将释，敦兮其若朴，旷兮其若谷，混兮其若浊。孰能浊以止？静之徐清。孰能安以久？动之徐生。保此道者不欲盈，夫唯不盈，故能敝而不新成。"此章所谓保此道，如直指形而上之道，则疏远而不切。如直指前文之"静之徐清，动之徐生"等，则义较切，而此道即指修德积德之方而言，而属于上述之第五义之道。然如通全章以观，则所谓保此道，亦可为遍指"强为之容"以下所说之善为士者之心境与人格状态，而保任之之谓。此亦未尝不切。若然，则此道之一辞，即所以指心境及人格状态之合于道处，而此"道"，即兼为此心境与人格状态之状辞。至此章之谓"保此道者不欲盈"，则犹谓"为无为，事无事"，常虚而但盈，此乃以无工夫为工夫，为修德积德之方，以保任此心境与人格状态。然此工夫，亦实不外此微妙玄通之心境与人格状态之自保自任，另无外此之工夫，或修德积德之方。是即以此义之道涵摄第五义之道也。

此第六义之作为人之心境或人格状态之状辞之"道"，亦即所以表状此得道或有德之心境，与人格状态，对外（即对他人或对加以反省之心）所呈之相。此可名之为人之道相。为后世之道人一名所自始。道人之道，固所以表状得道之人之道相，而为一状辞也。此得道之人之内具德，而有其外呈之道相，亦如形而上之道体之自具玄德，而呈其道相于人物之前。此二道相，可相孚应。故凡依上述之第三义，以道同于道相时，一切状此道及此道相之言，亦无不可移用以状得道之人之心境与人格状态，反之亦然。如吾人前以玄与妙，为形上之道体之道相。又十四章谓"视之不见名曰夷，听之不闻名曰希，搏之不得名曰微，"此希、夷、微，皆形上道体之道相。今此十五章，谓"古之善为士者，微妙玄通，深不可识。"此"玄""妙""微"，又成人之道相。斯即道体之道相与人之道相之相通之证也。唯形上道体之道相,乃如由道体及其玄德之自身,自上而下而昭垂以见;而得道之人之道相,乃由人之积德修德工夫,以上合于道,由内而外之所显。故二义之道相,仍毕竟不同也。

　　老子之论得道者之心境及人格形态上所呈之道相,除上述之第十六章外,二十章亦几全章言及此。此外,则老子书中,言及此者不多。盖在老子,以人之道相,依于其所得于道者之德;此正如形而上之道体之玄德,为此道体之道相如玄、妙等之所依;而老子实有更重道体玄德之本身及人之内德之本身之色彩。故其言中,较少直指道相为道,如前言之第三义之道,及今兹之第六义之道者。然在庄子,则上已言其不重道与德之分。庄子之放德而行,即使德充于内者,皆形于外。由是而庄子遂更善于即人之道相,以言人之所得于道之德。人之德之道,充内形外,而在外者即在内,斯乃有"目击而道存,不可以容声矣"之言。故以老子与庄子较,则在老子思想中形上之道体,固有深隐而不可识处,而得道有德之人,其德其道,亦有深隐而不可识处;而在庄子,则放德而行,充内形外,此深隐者,亦全幅呈现,德充于内而形于外,其神乃可游于万化。庄子天下篇论老子曰:"建之以常无有""以本为精,以物为粗……澹然独兴神明居",尚有内本外末物,由变复常之意。其论庄子,则曰:"芴漠无形,变化无常,死欤生欤,天地并欤?神明往欤?""其于本也,深闳而肆""不敖倪于万物"斯则其神明无定居,而无所不往,更无本末内外常变之相对,以游心于万化,而可与天地精神相往来矣。此境界固别于老子,而庄子思想之精义,亦可无待于先立一形而上之道体。故吾人不可即以释老者释庄。然庄子全书所言之至人,天人,真人,固皆是就其人之心境及人格状态所具之道相上说,而即此人之道相之所在,以为道体之所存。此正为以人之道相为道之义,而特重人之道相者也。

　　按汉之淮南子,承道家言,除重道之第二义等外,亦喜论真人、至人之生活情态等,而为著重言人之道相者。后之道教之徒、神仙家及隐逸之流,其修真养性,皆恒自觉在求形成某一具道相之心境及人格之状态,亦为以人之道相,为道之所存,而重此义之道者也。

第十二章　原道下：老子言道之六义贯释

一　如何会通此六义之道之讨论

吾人于上文分析老子书中道之一辞，涵义有六，并述及其他道家之徒、后之解老者与有承于老子之学者，于此六义，尽可畸轻畸重，而各有所偏。亦见此六义，并非彼此处处相依相待而成立，亦非决不可分离而论之一整体。吾人前于论及道之第四义时，谓人尽可取此第四义中，老子所言修德之道，生活之道之若干，而不取其他。此乃因此第四义中之道，与其他诸义之道，其不必然相依相待之情形，特为显著之故。实则其余之诸义之道间，亦非处处相待，而尽可容人之或取或舍，而老学之流滋多。然人又不可因此而谓老子一书，唯是十口相传之老人言之集结，无一贯宗旨之著。而吾人纵假定此书为群言之集结，编之成书者，亦必有其融铸之匠心。则吾人于此书所陈之诸义，自不能不求有一贯之解释，以求契合于编之成书者之用心。此中吾人所需之工夫，亦将与视老子为一人一手之所著者，无大差异。唯吾人今如欲对老子所言之道之六义，加以一贯之解释，又不能离老子之所已言，别出一义，以综此六义。吾人今唯有就此六义中选择一义，以为此贯释之始点，此一义又必须为足引申其涵义，不经迂回，以次第直接顺通其余五义而无滞者，然后可更合于老子之原义，以完成吾人之目标。

吾人今如欲就此六义中择一义，以为次第顺通余义之始点，可先用淘汰之方法，以观何者之决不能成为次第顺通之始点。吾人今欲言者，即首不宜如近人之以第一义（如冯友兰之中国哲学史之见）或第三义（如胡适之中国哲学史大纲中之见）以为顺通之始点。因第一义之自然律则，或宇宙原理之道，乃虚而非实。第三义之道相，如"无""有""玄""妙"等，在老子书中为道相之名。道相本身，亦虚而非实；如离道体而只循道相，以观世间，亦不能得实体义之道。故由此二义之道，皆难于直接顺通老子明文中道之实体义。吾人如知第一义之律则原理之道,为虚而非实;则知第五义中之积德修德之方,与生活之术,克就此方术之本身而言,亦为虚而非实。又吾人如知第三义之形上道体之道相,为虚而非实;则知第六义中之事物或心境或人格状态之道相,克就其本身而言,亦虚而非实。由此而吾人可赖以为直接顺通老子明文中之诸义之始点,遂唯是第二义之形上道体之道,及第四义之人有得于道时所具之德。此中人之所以有得于道,乃由于形上道体之先在;于是唯有第二义之道,堪为吾人次第顺通其他诸义之始点。吾人可由形上道体为如何,言其相之如何;再由其体相之如何,以言其生人物时,其自身之玄德如何,人物所得于道者如何;及人物之由道生而所得于道后,其存在所依循之律则原理之实如何;以及人求更有所得于道时,其积德修德及生活之方术,宜如何;以使其心境与人格状态合于道而具道相。斯则次第至顺者也。

然吾人欲由第二义之道,以顺通其余诸义,亦非无困难。此即在第二义之有物混成之道,毕竟依何而建立之问题。此处吾人固不能谓老子提出此形上之道体,乃如西方之科学家、哲学家之视此为一理论上之假设,而本之以说明万事万物者。因克就此道体为混成之物言,对万物万事之众多之形色,亦直无所说明。吾人亦不能以老子于此有物混成之道,尝谓其象帝之先,而视如西方宗教哲学中之上帝的头 God-head,为人所必须无理由地信仰者。因老子未尝有教条,命人无条件加以信仰也。吾人复不能由老子言此有物混成之道,为天地万物之所自生,为天地之始,万物之母,而谓老子之建立其存在,乃依于一"天地万物必有其根原或本始或原因"一理性原则,如若干西哲之所持。因老子书中亦并无此理性原则之提出也。吾人今果效西哲之持此理性原则,以探溯天地万物之根原与本始或原因,此中之思辨多端,亦不必即归于有物混成之道。如由天地万物之有其物质材料,谓物质材料之地、水、火、气等为万物之本始,如希腊米列塔派及恩辟多克之说可也。由天地万物之各有其数量或形式,谓形上之数或形式之理念,为天地万物之本始,如辟萨各拉斯、柏拉图之说亦可也。又由天地万物之各为兼涵形式质料之实体,而不同之实体,又依共同之形式,以成其种类;遂谓必有一综摄诸种类物之各形式,而思维之之上帝,为各种类之物之共同之本始,如亚里士多德之说,亦可也。吾人若由世间之物各为一实体,以推知各实体皆同为形上之存在,如多元论之说,亦未尝不可也。再由一切人之心灵与人格,各为一实体,以论为此一切人之心灵与人格之本始者,应为一超越之上帝心灵,上帝人格,如基督教之哲学所言,亦复未尝不可也。然老子思想之言道,涵自然律之义,则非徒为物质材料;有实作用,又不徒为一形式之理念。老子亦未明言道为一超越之上帝心灵或上帝之人格,复未证明其只能为一,而不能为多;然则老子果有何理性之根据,以谓必有此混成之道,为天地万物之本始或本母,且恒说之为一,而不说之为多乎?此在老子之书中,实未尝有任何之论证。老子于此"有物混成"或"混而为一"之道体,又直言人对之"不可致诘",亦即同于谓:此道体之有,不容人之作理论上之追问。则吾人更何得谓,此老子之道体,乃依理性上之原则以建立乎?

缘此老子之道,既不同于说明万物之假设,又非人之宗教信仰之所对,复非依理性上之原则所建立;则老子之知有此形上道体,唯余一可能,即由老子之直觉此道体之存在。老子之所以能直觉此道体之存在,则必源于老子自己之心境与人格状态之如何;而此心境与人格状态之具有,则当依于老子之修养之工夫。此工夫,吾意谓其要在老子所言之致虚守静等。吾人今果与老子有类似之修养工夫,而具有类似之心境与人格状态,则亦将能悟此道体之存在。此即同于谓,吾人虽取上述之道之第二义,以为次第顺通其余诸义之始点;而吾人欲了解此第二义之道,复须济以道之第五义项下,所言之修养工夫之实践,以进而具第六义项下所言之合于道之心境与人格状态。至少吾人对此道之第五义项下,致虚守静等之工夫之涵义及第六义项下,合于道之心境与人格状态之相,宜先有若干会悟;然后吾人方能亦用吾人之直觉,以宛然识得此第二义之道,并与老子所言者相印证;乃能更循之以次第顺通此道之诸义,而一一加以识取也。

二 道体之存在之直觉的印证及要终以原始之道体观

缘何吾人于上文说,循道之第五义项下之致虚守静等工夫,以具有合于道之心境及人格状态,即可使吾人亦得用其直觉,以识得第二义之道体,以与老子所言者相印证?此似难而实易。盖吾人果能有如老子所谓"致虚极,守静笃"之工夫,则吾人即可同时如老子之于"万物并作,吾以观其复"。此即足以使彼混成之道,立即呈现于目前,为吾人所直觉,而更不假手于"理性上之推论",及"信仰"与"虚提假设再求经验之证实"等事。吾人今谓"致虚极,守静笃",即可同时如老子之"万物并作,吾以观其复"云云,即谓此二者实为相依之事。原人之不能虚静，唯以芸芸万物之续呈于前；今吾能于芸芸万物之续呈于前者，一一观其归根，而复彼命之生，成其始者，则致虚已极，守静至笃矣。此所谓观万物之归根而复命，即观此万物之呈于前者，所分别引生之感觉观念概念，一一逝而已矣。逝曰远，远曰反（逝、远、反，本为道之表现之相，见下文，但亦可藉以言物所表现之相）一物呈，一物逝而远矣，自反而返矣；次物再呈，亦逝而远矣，亦自反而返矣。物物俱逝俱远，而视之不见，听之不闻，搏之不得，以返其所自生，则芸芸万物皆隐，以混成而为一，合以呈其混成相于吾人之前矣。人之有此混成相，斯为有相，混成相中，另无象无物，斯为无相。此无象无物之无相，亦与混成相之有相，同呈于吾人之前矣。然在常情，又恒欲于此再翻过此傥来悟得之万物之混成相之有相，而谓彼万物，仍自有其芸芸之互相差别之相，似隐而实存于此混成相之后之内，乃仍谓芸芸之万物为实体，而视此混成之相为虚。然克就吾人观此混成相时之当下直觉言之，则此时之万物芸芸相既隐，则此芸芸之物，当下应即冲虚而无实。而真实呈现于吾人之直觉之前者，正只为一无物无象之混成相。今若谓此混成相中，另有芸芸万物之实体，实存于其中，则须知自此当前之混成相，以观彼芸芸者，乃同为此混成相所涵盖，即不得为芸芸。而自此当前之混成相，以观彼所谓万物之实体，此混成相，亦将泯彼万物之差别；而其各为实体之实体性，亦即与此混成相，相与混成，而不得为二，遂皆化为此混成相之实体性。此混成相，既为相而兼具实体性，即可只名之为一混成之实体，是即老子所谓"有物混成"之道体也。而循上文所论以思，此道体固不难呈于人之目前，老子之谓"吾言甚易知"，诚不我欺；盖凡能致虚守静，以直观彼芸芸万物之归根复命者，未有不能当下冥悟者也。此冥悟之心境，亦即合于道之心境，而具前文第六义之道相者也。

　　顾老子之言，虽甚易知，而易中亦自有难处。此即老子之既言"吾言甚易知，甚易行"，而又言"天下莫能知，莫能行"也。此中之难处，一在傥来之一冥悟，难于长保，一在人之避易求难之思，难于自止。今试设一对吾人上所言者之驳难，以明斯义。如人可问曰：若吾人只须观物之归根复命，有而复无，混成之道，便在目前；则夜雾迷茫，万物皆隐，应即见道；醉酒魂迷，万事浑忘，应即见道；又何贵老子之言？人之易发此问，而不安于上之所言，必以为老子之道，另有奥妙难处；此即所以证傥来之一冥悟，难于长保，及人之避易求难之思，难于自止也。今为之答曰：夜雾迷茫，万物皆隐；醉酒魂迷,万事浑忘,凡此等等,本非非道。而其所以不能称为见道者,乃其于万物万事,本来无见,而非由有见而无见。本来无见,乃初无"事物之有相",亦无"事物之无相",即亦无由致虚守静之工夫,由观有相而观无相,而再观得之"万物无其差别相"所呈之混成相,则亦无道相之呈于前,亦即不能有对道体之冥悟。是知本来无见,不可言见道也。言见道者,初非无见于万物之有相,实先见万物之有相,乃由致虚守静之工夫,由观一一之有之归根复命,以见其无相,遂由有见而无见;乃转而再见彼万物之实体之有相,皆浑化于此无相之中,以为一混成之道体;而再见此道体之混成相,以悟此道体之呈于目前。是则本来无见,实非见道,未可相例。人由致虚守静之工夫而见道,非即彼夜雾迷茫,物皆昏昧,醉酒魂迷,闷闷无知;而是即此清明在躬,诸事既尔历历分明,而复如闷闷无知;即此晴日当空,万象既尔列列森罗,而复如昏如昧。此乃惟赖人于万事万物之"既有"而"复归于无"之二者,如实深观,而举此"无"以涵盖于万物之"有"之上,再混而一之,使一混成之物,跃然如见,并使以后之思想,念兹在兹,更无歧出,以舍近而求远,舍易求难,方为见道也。然此不歧出以舍近求远,舍易求难,正为之难之事。一时之冥悟不保,一念更坠于万物之芸芸,即又将如西哲之追问万物之形相何来?质料何似?……致诘无穷,离道弥远矣。反之,人若能本其致虚守静之功夫,以自保任其所冥悟,则一朝所见,没身不离,更不须再有所致诘。人欲致诘者,亦不须更答。此中纵有无穷之问,亦唯证人舍近求远,舍易求难之心习之牢不可破,此心习之化除实难;老子之言,固易知也。

吾人姑假定读者已由上文之言,悟及此物混成之道体,更不于此第一义致诘,则吾人可知,此混成之道体之为一形而上之存在,惟是由吾人之浑化芸芸万物之实体以为一,而见之知之。故于此混成之道体,实无直接原于不同之万物万形之观念概念与名言,足以规定之表状之,而如实相应。此即老子之所以以此道体为不可名,而不可道(可说),而其相唯可以消极名言,如"视之不见"、"听之不闻"、"搏之不得"、"恍兮惚兮"、"窈兮冥兮"以表之之故。即吾前人之谓其为混成,为混而为一,而具混成相,亦只消极的自其非芸芸差别之相而说。老子尝曰"正言若反",即谓唯有由反言,足以显正也。至对此道体之本身,吾人之所以能直谓其有,则一方由此道体之观念,原由"浑化万物之实体以为一"以成,则万物为有,道体即不得为无,而浑化万物之相,所成之混成相为有,浑化万物之实体所成之混成体,亦不得为无。再一方,则吾人既可观此芸芸万物之既生,复归于此混成体,以唯见一道体,而更不见万物;亦可由见万物之生而复生,以谓万物之根于混成体,如自此混成体,动而愈出。此动而愈出之物既有,则其所自出之混成体,亦不得为无。由是而自此混成体,为万物之所归复,兼为万物之所自生上说,则此混成体为根、为始、为本,亦为母、为朴,而芸芸之物则为其子,为"无名之朴"散所成之器矣。

然上文之由芸芸万物之有,以谓其所归与所自生之混成体,亦必为有,此无意间已预设一理性之原则。即"万物既有,则其归处、终处亦必为有,其来处、始处亦必为有"之原则。此原则,亦即由形而下之万物之有,以逆推形而上之混成之道体之有之原则。今谓此混成之道体,为万物之有之来处、始处、终处,亦即无异以"为万物之来处、始处、归处、终处"一语,说此道体。是即一方使吾人将难免以原于万物之思想、概念、名言,规定表状此道体,似与吾人以前之说相矛盾。而在另一方,则吾人若果由万物之有,以逆推此道体之有,则缘此道体而相继以生,动而愈出之物既为多,其相既彼此殊异;此岂不证彼道体之未尝能自保其为具混成相之混成体?其为具混成相之混成体,既未尝能阻止彼殊异之万物,由之而生出;吾人又岂可仍说此混成体,乃原包涵万物之殊异,而实非一混成体乎?然吾人若循此以用思,则吾人又落于吾人上所谓西方哲学之舍易求难之路数,非至其极,盖不能复返于老子之简易。然老子思想之足以直下截断此疑难之孳生者,实亦无他,仍不外吾人前所言之致虚守静,以观万物之复之教而已。盖人果能观万物之复,则其由万物之动而愈出,以逆推其所自生之混成之道体,亦须再连此万物之动而愈出后,其一一之归根复命,再归于无,以从事此逆推。夫此动而愈出之万物,当其正出,固各有殊异之形矣,固亦多矣。然当其一一归根复命,再终归于无,则殊异之形,一一皆泯,而其多亦泯矣。如物之多与殊异之形,皆同出于道体;则此"多之泯"与"殊异之多之泯",亦出于道体。此道体,既出此多与殊异之形,又出其泯;则为万物之多与殊异之形所自出之道体之中,仍实终无此多与殊异之形矣。盖若有之,亦必泯也。夫然,故吾人仍终不可说,此道体实包涵万物之殊异之形,以亘塞于其中,而谓其非一混成体。若必谓其包涵此殊异之形,则当言既包而涵之,亦化而泯之,仍未尝实有殊异之形也。至如西方形上学中之柏拉图派及今之新实在论者与一切多元论者,由当前之万物之各有其殊异之形,遂本之以逆推形而上之理型、潜在者、与实体亦应为多者,皆由只直就万物之殊异之形之如是如是,推其原始亦复如是如是之说;而未尝观此芸芸万物之终归于无,而要此终以观其始之故。今吾人果能兼要终以原始,则芸芸万物之形形色色,虽自相殊异,以充塞于两间;其形上之本原,则仍可只是一希夷、恍惚、寂寥、冲虚之道体而已。此要终以原始,以论形上道体之形上学,其义所牵涉者至为深广,而要终之义,亦不只上所言者之一端,乃东方思想中之大慧,为儒佛道之言可互通,且可绝去西方形上学之戏论之一道,而为学者所不可不深察者也。

吾人如识得上段所谓要终以原始之形上道体观,则前所谓直接源至万物之感觉观念、概念、名言,其不足以规定表状形上道体之义,即更不倾动,可无复疑。盖此形上之道体之希夷、恍惚、寂寥、冲虚之道相,固与形形色色之万物之物相,迥不相同也。而此亦固不碍吾人之说万物之由道体而相继以生,动而愈出,再复归其根;或说道体之为万物之来处、始处、归处、终处也。老子曰:"道之在天下,如川谷之于江海"。川谷之众流,自各彼此殊异。然江海宏纳众流,则众流相融而混一,斯其殊异之相,乃无不泯矣。吾人又可喻道如树木之本,而物如枝叶,枝叶扶疏而相殊异,乃皆由本生,然此本中,又实无此诸枝叶扶疏之可得也。再如母生众子,众子各有其不同之性格,而母之自身,亦实无此不同之性格可得也。唯此诸譬喻之辞,其实义唯所以喻上所言义。若胶滞于譬喻,则人将求诸子之不同性格,于母之性格之不同方面,求枝叶之扶疏,于本之不同部分,求川谷之水,于江海中之不同处所;斯成固执不通之见,徒增迷惘,非设喻之旨矣。

三 辨道相之对照物而呈于人心,当次于道体

吾人上文论道体,而附及于道相与物相之异,即已见由第二义之道体而言,即可直接顺通至第三义之道相之论。而此道相之论,所以必次于道体之存在之指出者,则不须说是由于必先有道体,而后道相有所附着,而当说是由于道相必对照道体所生之相而显。盖若世间无实有之万物,或道未生万物,则道体无万物为对照,其道相亦毕竟不可说,即其"不可说"亦不可说也。吾人今之所以于道体之道相,能以消极之名言说之,说其为"视之不见"、"听之不闻"、"搏之不得"、"恍惚"、"窈冥"而"混成",或说其为"不可名"而"不可道""不可说";亦皆由吾人有意或无意以万物之相,与道相对照,然后能说此等等也。以至吾人前所举之较具涵盖性抽象性之陈述道相

之言，如有、无、玄、妙、常、一等，若离道体与物之存在，不与物相相对照，亦皆同不得而说。如道之所以可说为无，而具无相，乃对照其所生之万物之有，而其自身又非万物之有，亦未尝有万物之亘塞于其中；方得说之为无，而具无相也。道体之所以可为说有，而具有相者，乃由其为万物所自生与所归根；万物既为具有相；则彼亦不得只为无，且必对照万物之有相，而具有相也。至道体之又可说为至玄至妙，而具玄相妙相者，则由其所生之物固有，既归根而又若无，斯见其能生有，而又不滞于有；一物归根而无，他物又继生以有，斯见其不滞于无。此道体恒任万物之归根复命，又"虚而不屈"，以任万物之"动而愈出"；斯见有无相生，有之与无，同出异名，此即道体之至玄而至妙。然此玄妙之道相，亦为对照常情所执之万物之"有则有，无则无，有时不无，无时不有，互不相生，更无玄妙"之相，然后能说。至于道之常相、久相、与周行相，对万物之变相、与定位相说；道之混而为一相，对万物之殊异相、多相说；道之无名相，对物之有名相说；道之"强而名之"相，对万物之"既已有名"之相说，人皆可思之而自知。夫然，故苟道不生物，物无物相，足资对照，则一切道相，皆毕竟不可说。抑犹有进者，纵道生物，物呈物相，足资对照，苟无吾人灵慧之心，持举物相为对照，以观道相而体现之，以成玄览，则道相亦不呈于心，亦不得而说。(此义在老子书无明文，理盖如此。)必此道之生物，物呈物相，与此灵慧之心之玄览，三者皆具，然后道相斯呈。此三者中，道与其所生之物，可谓先于心之在而在，而道相之呈，其关键遂全在此能玄览之灵慧之心。人苟有之，则道之有、无、玄、妙、常、一之道相，皆无不呈。人苟无之，只有暗钝之心，则此有、无、玄、妙、常、一之道相，亦将无一能呈于人前，而此诸道相之自身，亦若有而若无，此亦即天下之至玄至妙。是不仅道有有、无、玄、妙之相。此有、无、玄、妙之相之本身，亦宛若自有其有相、无相、玄相、妙相。此乃由诸道相之对不同之心，或呈或不呈，既呈复不呈，不呈而又呈处说。然世间必有能知此诸道相之呈或不呈等者。此诸道相之呈或不呈，仍必对能知此之另一灵慧之心而后呈。苟离此心，诸道相本身之呈或不呈等，不得而说，此道相本身之有、无、玄、妙之相，亦不得而说。凡道相之呈，必先依于道之生物，物呈物相，继必依于灵慧之心，观道相而体现之，以成玄览；是见道相不能虚悬，只循老子所谓道相如"无"、"自然"等以观世间，亦不能为论道之始点所在，而当次于论道体后也。

四　道之生物及物之有得于道,以成其德

　　吾人于上文既缘第二义之道,以顺通至第三义之道,今再循之以通于第四义之同于德之道。此中须先明道何以能生人物,及其何以能使人物有得于道,以成其德之义。盖于上节,吾人既说明道相之对照物相而显,二者迥然不同,则道何以能生物,即可成一问题。如道相既常既一,其所生人物,何以又变化无常,殊异而多?道相既至玄妙,有无相生,何以其生出之物,又有则不无,无则不有?然此一问题所自起,唯在吾人之既明道相物相之别,乃执道相以观物相之异于道相,遂意物之不当由道生。按吾人于本文本篇第三节所答之问题为:"何以道体混成,竟不如万物之多而相殊异?"该问题所自起,乃在人之执物相以观道相之异于物相,遂意道体亦当同于物。此二问题虽不同,然实依于一根。即人必期于道相与物相之相同,方得言物之生于道,或道之生物而已。此中共同之误,乃在不知物之生于道或道之生物,并无待于此二者之相同;果此二者相同,物相即道相,则亦无道之存在可言,亦无道生物之事可言;此二者之不同,不特不碍于道之生物,乃正依于此道之生物而有者也。兹就问者之疑,循上节论道相之言,以次第说明此道之生物,及物之可有得于道以成其德,而与道又异相之义如下。

　　吾人于上节,已言道相与物相之相对照而见,而二者亦迥然相异。所谓对照而见者,即上文所谓必先有道之生物,物具物相,复有灵慧之心,持物相以观诸道相,于诸道相之异于物相,乃得而说也。此即同于谓:诸道相并非固定附着于道体之上之属性,而唯是在吾人将道体与万物之物相相对而观时,道体方呈现之相。如吾人只视常与一等,为固定附着于道体之属性,又视变与多等,为固定附着于万物之属性;则此二类之属性,既相异而相违,具前者之道体,便无具生后者之万物之理,如一君不能生众民,死水之不能有波。但如吾人谓:唯在将此道体与万物之物相,相对而观时,而后有如是呈现之道相之可说;则道相物相之异,即唯依于此"相对而观",以俱呈而俱现。于此,吾人即不能先执定道体之一相、常相,而问万物之多与变,如何由此常与一而生?克就"常""一"与"多""变",其相相违上看,"常""一"之中,自无此"多""变",而二者亦不能相生。然吾人若知此中之"常""一"与"多""变"之相异,唯依于此"相对而观",以俱呈而俱现;而其所以得呈现之底据,正在先有道生

物之一事,因有道生物之一事,方有此常一与多变之俱呈而俱现;则吾人亦不能由常一之相中无多变,以疑及此道生物之事。此亦略如有母之生子之一事,而后子对母有子相,母对子亦有母相。母相子相,遂相对而有,以俱呈俱现;然母相中固无子相,母相与子相,亦不能相生,此固无碍于有母之生子之一事,为母相子相俱呈俱现之底据也。

然此道生物之事之所以可能,只须循吾人于本篇第二节所言:吾人之所以知有一混成之道体,而逆反此知之之历程以观之,即可见得。吾人于本篇第二节,谓吾人之所以知有一混成之道,惟赖吾人之致虚守静,以观万物之归根复命。此即谓:吾人之超化万物之相之多与变,以冥悟彼非多非变之混成之道体,为可能之事。今反此历程,则吾人之由冥悟此混成之道体,而重思及万物之物及其多与变,或重思及万物之自此混成之道体,再动而愈出,亦自应同为一可能之事。此吾人之思想,能由物以之(往也)道,又能由道以之物,即至少可证:在吾人之内心,有此"由道之物,由物之道"之道。然此"由物之道,由道之物"之道,能见于吾人之内心,则不能谓其必不能见于外在之世界及其他人物中。则世界中亦应有此"由物之道,由道之物"之道。此世界中之由物之道,即物之归根复命之事,其由道之物,即道之生物之事。而所谓"由物之道,由道之物"之道,即合此二事而立名,非另有一道也。吾人于本篇第二节,既已解释人于"由物之道"之凝滞。今反其序,即足以说"由道之物"之所以可能。则吾人于道之生物,又何疑乎?

上文既释问者之疑,今再诉诸吾人之经验与理性,求证于吾人放眼所见之世界,以直观万物之多与变,如何由混成之道以生。今吾人试观此云行雨施,草长莺飞之当前世界中,任何一物之出而呈现,吾人实不能不承认,当其未出之先,上穷碧落,下达黄泉,周遍世界以求之,皆未尝有。是任一物之出,即皆以"周遍世界之无此物"为一寂寥、冲虚之背景,而自其中冉冉而出,此即"有生于无"之相也。然依吾人之理性,则凡有者又应自有而生,于是"有生于无"之"无",又不能视为虚无之"无"。再自此"无"为一切已逝而实有者之所归复而言,亦不能只视为虚无之"无"。故必以此有生于无之无,唯是无物、无物相之义。此"无"应指一能实生而实现万物之有之一混成之实有者。此即吾人前所论老子有物混成之道体所由立也。今吾人如不承认此道体,而现见物之生,皆先无后有,由无而生,则此无即成毕竟虚无之无。今吾人承认此混成之道体,以之代虚无之无,则吾人于现见之物之生,即当说其由混成之道体而生。彼常人于现见物之由无而有,由无而生,不觉其不可理解,亦不视为世界之自相矛盾;则谓物之由混成之道以生,应更非不可理解,亦应更无矛盾之可言。因混成之道,虽不同于物之具物相,尚同于物之为有,而非纯粹之虚无也。人如欲怪此混成之道何以能生物,而物又自具物相;则人更应怪此现见世界之物,何以由无而有。人如于此现见之物之由无而有,视若固然之事实,觉并无难解;则今谓由混成之道而有万物,应更视若固然之事实,亦应更无难解也。

然人于物之由无而有,不觉难解,乃于混成之道之生物,反觉难解者,此中实尚另有一更深之理由。此即缘于此世界之任一物,虽皆实是由无而有,然人之常情,并非先观一物之无,而后再观一物之有。人之常情,在其未观此当下之此物之有之时,乃是先观其前之另一物之有,方继以观当下之此物之有。必待其再求此当下之此物,于其前之物之中,而不见此物,乃知此物之先无而后有;又必待人把稳此物之先无后有,而又觉此无若为空无,便不应生有,而有亦不应自此空无之无而生;人乃能思及:此先无之"无"之中,应自有一形而上之有,或混成之道,方知所谓"无"者,应唯是无形无物之义;乃谓有形之物之有,原自此无形无物之混成之道。是即老子之道生物之思想。此思想乃由人先把稳物之先无后有,而进上一层之思想。然在常情,则即于此所谓物之先无后有之义,亦未必能思及;而恒惟是直观此当下事物之有,或唯是缘其知以前之事物之有,以自然推移,至知此当下之事物之有;再推移至:知未来事物之有。其心知于此之任运随境而转,尽可不自加反省。某初步之反省,亦恒唯由当下之物,移至以前之物而止。故当其问当下之物,自何而来,亦恒只思至以前之物而止。此即世间之常识与科学之以前事为因,后事为果,后事由前事来之说也。必待人之思维,再进一步,知世界之前后事,虽相承而起,然前事中,实无后事,吾人求后事于前事,乃上穷碧落,下达黄泉,终无所得;人乃能把稳事物之先无后有之义。人思想到此,而"欲穷千里目,更上一层楼",方能有形上学之思想,如老子之道为"万物之母"或"道生物"之思想。然人既有此思想,知形上道体之有,人复尚可缘其观世间之物之多,而具殊异之形之心习;以问此形上道体,何以不多?何以不亦有殊异之形,亘塞于其内?如本篇第二节之所陈;又可再问形上道体既一而无殊异之形,何以能生诸殊异之万物?如本节所陈。此凡人之常情,平日用心之卑下,与其以物观道之心习之难化,即老子与一切超物之形上道体之论,所以于常情为难解。常情于此,乃触途成滞,而所发之疑难,亦答不胜答。此则唯有待于好学者,实从事于老子所谓致虚守静之工夫,捐弃其平日用心之方式,而加以提升,并自化其以物观道之心习,而以道观道,方能绝弃一切凝滞之根,而去难就易也。

　　今吾假定读者于一切道之生物之疑难,皆已消化净尽。道既能生物,物原于道,则物之能有所得于道,以成其德之义,即轻而易立。盖道既生物,物原于道,则物之内涵,自有由道以得,而同于道者。如道为一,则道生物后,物即可有得于此一。故老子谓"天得一以清,地得一以宁,神得一以灵,谷得一以盈,万物得一以生,侯王得一以为天下贞。"此一虽为道相之一,亦即所以指目此道体,则天地万物之得一,即天地万物之各有得于道体,以自成其德者。此天地万物之各有得于道之一,与吾人所谓天地万物为相殊异而为多之言,尽可并行不悖。盖万物虽相对而为多,然每一物,固自为一。一物固亦自有其为多处,亦自有其为一处也。如树之枝叶扶疏,其多;具本干,即其一。地之山峙川流,其多;凝然宁静,即其一。天之日月星辰,其多;清虚一片,即其一。此物之"一"处,与其"多"处之关系,即其多处,乃依于其一处而存在,而生长。如山峙川流之依地,日月星辰之依天,枝叶扶疏之依本干是也。兹姑就此枝叶依本干之一,而存在生长之例,以说明何以本干之一能生枝叶之多,并藉此以明本干乃有得于道方生枝叶之义。须知吾人不能说,本干之生枝叶,乃由本干中已先有枝叶。因如其先有,何须另出枝叶?亦不能如吾人前所提及之说,谓本干之某一部分生某枝叶。因此本干之某一部分,仍只是本干之某一部分,其中仍无枝叶。则所谓本干生枝叶,唯是本干有生枝叶之功能。然何谓功能?其中是否有枝叶?此必不可说。因若其已有,应不名功能,应名枝叶。又此功能中,是否即必无枝叶?此亦不可说。如谓必无,则何能生枝叶?然则吾人将如何形成此功能之概念,或思此功能,而使吾人之所谓"本干有生枝叶之功能"之一语,成可理解?此唯有谓:此所谓生枝叶之"功能",既非枝叶,亦非非枝叶;吾人之思此生枝叶之功能时,吾人乃既思一枝叶,而又超化此思,亦即思一"无形而有"之枝叶,或"有而隐于无"之枝叶。而凡所谓功能,皆一"无形之有",或"隐于无之有",其义乃正同于形上之道。吾人今谓干之有生枝叶之功能,而此功能之自身为实有,正同于谓本干之分得于道,而有生枝叶之德。今自此本干之生枝叶之功能,以观其枝叶之多既未形,岂不可即说此功能为一,而其一,乃由分得于道之一,以成其所得者或德之一者乎?

　　吾人如知物之功能,亦即物之分得于道以自成其德者,则凡世间之物之具功能,而能有所生者,即无不为有得于道,而有其德者。万物之各有所得于道,亦有如道之分化其自身,以分别内在于万物之中,以成万物之奥。此物之所分得于道者为何,即能有所生者为何,二者乃同义语。至物之能有所生而能生者,在其生所生者之事中,可说包涵覆育此所生者之形式质料之全体,此即物对其自身之所生者之德。而生一切万物之大道,亦即能包涵一切万物之形式质料之全体者,此即道自身之畜万物之玄德。然物之能有所生而有德,乃由分于道之畜物之玄德而来,而道之玄德,亦复能畜得一切物由于得道而成之一切德者。是盖即"同于道者,道亦乐得之,同于德者,德亦乐得之"之义也。

五 道之为自然律义及物之无常与道之常

吾人于上节言,物之能有所生,由其具生物之功能,即有得于道而具德。功能为无形之有,或隐于无之有,即同于道。然当物既有所生,则所生者有而非无,而功能遂渐耗竭,以至于尽,物乃不复能有所生,遂由壮、而老、而死,此即一切万物所共由之"由始而终,由有而无"之共理或自然律。亦即吾人前所说之道之第一义。今吾人试再论此道之第一义,如何可由吾人上所陈之诸义,顺通而释之。

对此道之第一义,吾人可自二面,加以论列。一是自道体自身说,一是自物上说。如自道自身上说,则易起之一问题为:道之生物,既为道之分其自身之一部,以为物之所得,何以道不继续分其自身,以为物之所得,使物能长生而不老死?又其所生之物,既无不老死,而不能长有所得于道,此又焉知非道自身之老死?吾人如何可说道之自身能长久而不老死?对此一问题之前一半,吾人直无可答。因问物何以有老死,即问何以物之得存在得生之功能为有限。此问之无可答,乃因所谓物,即为只具有限之功能之有限者之谓。而此问亦实不能问。至此一问题之前一半,如有意义,则唯以其联系于此问题之后一半而来。即物既有老死,何以道无老死?于是,今道既无老死,何以物又老死,即成问题。然此问题之根,乃在吾人先假定:道与其所生之物之老死与否,必同其命运。然吾人前已言,吾人之不能执物相以观道相,亦不能执道相以观物相。二者之相,乃相对照而相异,又俱呈而俱显者。则执道相之无老死,以问何以物有老死,与执物相之有老死,以问何以道无老死,即无据而立;而道相之无老死,与物相之有老死,亦正当相对照以俱呈而俱显者。即因物有老死,故道无老死,亦因道无老死,故物不得不有老死也,此中理由,亦循吾人以前所论,加以引绎便得。

原所谓物之老死,即物之归根复命,由有而无之谓。而据吾人于本篇第二节所论,则吾人之所以知有道体之存在,正由于观物之各归根复命,由有而无。若物皆不老死,长存世间,则吾人之心念,一着于物,此念与物俱久,俱无老死,吾人即惟知有物,更无缘超物以知道,而世间亦即可说只有物而无道。必世间之物有老死,而能归根复命;吾人心念方得离物,乃观物之无,而得超物以知道。至此道之不以物之无而无者,则须兼由一物之归根复命,他物即代之而生,动而愈出,以证之。果道为无,则物之归根复命,将无所归,而言他物之代之而生,动而愈出,即亦无所自出。道不随物之无而无,即道之不随物之有老死而有老死也。道之所以能不老死,正在其一面任物之老死,一面即使他物代之而生,以动而愈出;其不老死而能长久之证,亦即见于其"恒反物而恒生物"之中。是"道"正于此物之生死新故之相代中,以见其常,成其常,而得顺其常。故曰"夫惟道善贷且成。""玄德深矣,远矣,与物反矣,然后至于大顺。"是足见物之"有老死而不能长久相",与道之"长久而无老死相"之相对照,而俱呈俱显之故,正在此二义之原相依而立也。

如吾人深会于上文之义,则知老子之言"天地不仁,以万物为刍狗",亦称旨之谈。道之于物,亦实不可言仁。盖道之生物,乃既使其有所得于道而有德,具能生之功能;又于其既生而有所生之后,任其功能之竭,而离于其所得于道之德,以老以死;而道乃别另生他物以代之者。此道确是于其所生之物,既生之后,即视同刍狗者。而此道之自身,则又正以于其所生之物,视同刍狗之故,得自古及今,长久固存。故此中道之于物,乃如一面推物自其自身出,而生之,有之,一面复纳物以入于其自身,而任物之死,以杀之,无之。夫道之自身,吾人前已言其既可称为有,亦可称为无,即兼具能有能无之有相与无相,以成其玄妙之常者。然彼道所生物,则当其未生为无,便只具无相,不具有相;唯其未生,即尚未与道分异。当物既生,则具有相,而离其初之无相,即与道分异而与道相对。至当物复归于无,则复无其有相,以再具无相,又不复与道分异。以道观物,物之由未生而生,以再归于无,即物之以其一生之历程,分别体现道之能有能无之有相与无相,亦即由与道不分异,而分异,再归于不分异者。此正所以使道之能有能无之有无二相,依次表现于物,使道得长表现其自己之道相于物,以成其自身之常久存在,而不得不如此者也。由是而物之一生,于其生壮老死之事中,表现更迭而呈之既有还无之二相,所成之变化历程,便皆唯是道体之自身,求自同自是,以常久存在之所显;而物之一生之变化历程之真实内容,即唯是此道之常久。依此道眼观此历程,实非一历程,而唯是道于其常久中之继续的自是其自身,而自同其自身,即道自己之如是如是。此盖即所谓"道法自然"之本义。由此而物在其一生之变化历程中,所依之而变化之自然律,如"由生而壮、而老死"之律,或"由始而终,由有而无"之律,即只为道体之自呈其能有能无之二相,于物之"由始而终、由有而无"之变化历程中,对物之所表现。此在根底上,即依于道体之自身所为之"一面推物出而有之,一面纳物入而无之"一无事之事(如老子所谓事无事)。缘此无事之事,道体乃呈其自身之能有能无之二相于物,以表现为物之变化历程中之自然律。故此自然律,初实由道体之自呈其能有能无之二相于物而有,亦内在于道体呈用之事之中,固不能抽象而外在化,虚悬天壤,为一自存之虚理虚律也。

　　此上为以道眼观自然律之说。然吾人如改而以物眼观上述之自然律,则情形又不同。以道眼观自然律,可说自然律,乃内在于道体之呈用。以物眼观物所依循之自然律,则此自然律,至少自其一方面言,乃超越于物之上者。如吾人之谓物之由生而壮而老死为一整体之自然律,为万物所不得不遵循者;则当万物在其始生及壮之阶段,其"必老死"即不在物中,而为超越于物外,以规定其未来者。至当物之既老既死,则其壮其生,又不在物中,而为超越于物外者。故以物望此自然律之全体,则此自然律,至少在其一方面,乃为超越于物外者,有如虚悬于上之一自然律。吾人自自然律之有普遍性,不只表现于一物,且表现于其他之万物上说,亦可说自然律,为超越于任一特定之物者。由此而可视一自然律,为在物之上虚悬,如为物之宗主,以主宰规定物之变化者。自此在上之自然律,恒使物由生壮以归向于老死,如以杀之为其终局言,此自然律,即可称为如对物无情之"司杀者"。

　　上述之物之生而壮、壮而老死之自然律,在根底上唯是前所言"物依其所得于道之功能以生,功能竭尽则死"之自然律,亦即"物之所能有者皆成已有,即必复归于无"之自然律。当物之功能尚未竭而正当之时,其能有者尚未有,即可如此有,亦可如彼有,尚未成定形之已有者,其存在与活动之状态,即呈一柔弱相。当其功能表现为定形之已有时,则其如此,便不能如彼,其如彼,亦不能如此,遂呈刚强相。而凡柔弱或类似柔弱者,亦其功能尚凝聚积蓄而正当之征;而凡刚强或类似刚强者,亦其功能已发用放散,而已耗竭之征。夫然,而牡者、雄者、动者、企者、直者、跨者、自见者、自伐者、自矜者、功成自居者,皆刚强之类也;牝者、雌者、静者、曲者、枉者、处下者、不自见者、不自伐者、不自矜者、功成而不居者,皆柔弱之类也。凡"刚强者死之徒",凡"柔弱者生之徒",此亦可以分别视之为一自然律者也。

六 道为生活之道义及自然律与生活律

老子之道之第五义,为人之修德积德之方,及其他生活上之自处处人之术,及政治军事上之治国用兵之道。总而言之,即人之生活上之道,或人之生活上宜遵守之律则。此与上述之自然律,乃一属自然实然,一属宜然与当然,故二者不同。今吾人欲缘上述之自然律,以论此人之生活律,亦将不免于下列之问题。即道体之自然律,既为人物之生,所不能自外,则人何不即此自然律,以为其生活律?人又何能外此自然律,而有其自行建立,自作主宰之生活律?人果有此自行建立、自作主宰之生活律,则此生活律,如何可言亦根于形上之道体?对此二问题,吾人首可如是答:即老子所言之生活律,正主要为人顺其对自然律之了解而建立;而宇宙之自然律,亦实未尝限制人之自行建立其自作主宰之生活律;人之自行建立其生活律,亦即为人求其生活,合于形上道体,而使其生活具形上道体之玄德之事,亦即形上道体之表现于人之事也。

老子所言之生活律,虽方面甚多,亦可分别而加以去取。然在根底上不外:由致虚守静,以自收敛凝聚其智慧精神、生命之力量、以及人生之一切,而归于柔弱,乃不求胜人,而求自胜,处处以谦下自居而已。其所谓"大智若愚"、"用其光,复归其明"、"和其光"、"光而不耀"、"俗人昭昭,我独昏昏,俗人察察,我独闷闷。"即智慧之收敛也。其所谓"弱其志"、"挫其锐"、"守柔曰强"、"见素抱朴"、"治人事天莫若啬"、"大成若缺"、"大盈若盅",即精神之收敛也。"众人熙熙,如享太牢,如登春台,我独泊兮其未兆,如婴儿之未孩,累累兮若无所归,众人皆有余,而我独若遗。""为道日损,损之又损,以至于无为。"即整个生命情调与活动之收敛也。"骨弱筋柔而握固"、"虚其心、实其腹",即身体之收敛也。"大辩若讷"、"行不言之教"、"塞其兑",即言语之收敛也。"知其雄,守其雌,为天下溪"、"勿矜"、"勿骄"、"勿伐"、"不怒"、"不武"、"不争",即对人之态度之收敛也。"知其荣,守其辱,为天下谷"、"至誉无誉"、"受国之垢"、"受国不祥"、"欲上民,必以言下之:

欲先民,必以身后之"、"不敢为天下先"、"功遂身退"、"名与身孰亲?"即人在世间之名誉地位权势之收敛也。"五色令人目盲,五音令人耳聋,五味令人口爽,驰骋田猎,令人心发狂"、"身与货孰多"、"金玉满堂,莫之能守"、"虽有荣观燕处,超然",则言一切耳目之嗜欲,财货之欲之当收敛也。"去甚"、"去奢"、"去泰"、"俭故能广"、"知足者富"、"知止不殆",此泛言生活上之事,皆不求过度,务求俭节自足,以为收敛也。"善战者不怒"、"用兵者有言,吾不敢为主而为客",用兵之收敛也。"民之饥,以其上食税之多",赋税之收敛也。"我无为而民自化,我好静而民自正",行政之收敛也。"邻国相望,鸡犬之声相闻,民至老死不相往来",人民交际之收敛也。"圣人之在天下,歙歙为天下浑其心,百姓皆注其耳目,圣人皆孩之。"、"古之善为道者,非以明民,将以愚之。"言治天下唯以使天下人心浑化收敛,皆大智若愚,如婴儿赤子,方为极至也。凡此一切收敛,皆所以使人之智慧精神与生命力量,加以凝聚,归于柔弱,不求胜人而自胜,处处以谦下自居。此即庄子天下篇之所以言老子之教,以"懦弱谦下为本"也。至于老子人所以尚此收敛凝聚,归于柔弱之教,王本于宇宙之自然律,"柔弱者生之徒,刚强者死之徒。"一切存在事物之功能之发用放散,而耗竭净尽,必由存在而不存在,由有而无;故人既知此自然律,而人既已生而已有,又不愿日近于死亡,以归于无;则人即自当求自免于刚强,而以收敛凝聚其智慧精神与生命力量为事,而此亦即所以长保其所得于道以生之德者也。彼宇宙之自然律虽曰:刚强者死之徒,然亦未尝禁止人之由刚强而返于柔弱。彼宇宙自然律虽曰:一切万物之功能发用放散至极,则将不复能存在,以由有而无;亦未尝禁止万物之处处以收敛凝聚为事,不居于有而自居于无,抱其阳而负其阴,知其雄而守其雌。此即道之似万物之宗主,能宰物而实不宰也。夫然故自然之生命,虽为由生、而壮、而老死之一历程;而人能收敛凝聚其精神与生命力量,使永不达于壮之境,学彼婴儿与赤子,人亦可永不至由壮以归于老死。此即老子所谓"根深蒂固,长生久视"之道。夫生命之壮,即生命成定形之有,而离于道体之为一无形之有,或隐于无之有。离此道者,道亦离之。定形之有,无其所更得于道者以生,则亦将由存在而不存在,以由有而之无。反之,人之生命若恒以返于婴儿赤子为祈向,而不求壮,亦不求成定形之有;则其生命之有,即与为"无形之有"或"隐于无之有"之道相近。近于道者,道亦近之,而人即可以生命功能之不竭,而通接于道体之无竭之功能。人如为子,道则为母。人之以其生命功能,与道体之功能相通接,即如婴儿之在母怀,而吮其母乳,而以此母乳之"绵绵若存,用之不勤"者以自养。此即老子之"守其母"、"食母"之教也。人果能以其生命通接于道体,而道体之玄德,乃以覆育畜养万物为事者;由是而人欲求具道体之玄德者,亦当上德不德,能容而能公,而以慈心覆育万物万民,如母之于子,而"生之畜之""生而不有,为而不恃,长而不宰",所谓"圣人无常心,以百姓心为心"于"百姓……皆孩之"是也。至于后之为老学者,能畅发此容公之义,以言"不塞其原,则物自生;不禁其性,则物自济……物自长足,不吾宰成;有德无主,非玄而何"之义者,则为魏晋之王弼。其言乃纯用冲虚成玄德,体空无即从道,则可更不重上文所谓功能之凝摄于内。此则老学之进一步之发展,非老子之本旨所能限,而更有其胜义者也。

七 道为心境及人格状态等之状辞义及"不道"一名所自立

吾人如知循上节所谓之第五义中之生活之道,可使人之生命通接于其所自生之道体;则人之心境与人格状态,自可合乎道而具道相,而道之一名,亦可成为人之心境及人格之状辞。以至人外之物,如水、如地、如牝、如雌,凡其性近柔弱者,亦可谓其具更多之"功能"或"隐于无之有",而所得于道者更多,而几于道,而道亦可为其存在状态之状辞。是见第六义之道,亦不难由上所论,以引申而得也。

然此中吾人亦将附及一问题,即吾人言人物之心境人格状态及存在状态,有合于道而同于道者,亦有不合于道不同于道者,则即亦有不可以第六义之道状之,而当以不道状之者。老子谓"物壮则老,是谓不道,不道早已。"老子又或言"天下无道",及"人之道"之或不合于天之道者。然老子既言,天下万物皆由道生,何以复有彼"无道"及"不道"者?如此无道不道者,初不由于"道"而生,则"道"非生一切者,而不得为万物之母。如其亦由道生,则道又何能生彼不道与无道者乎?

然此问题,似难而实易。因此所谓不道无道者,唯是对照道而立名。人物有道,道即内在于人物中。而凡道不内在于人物处,即人物之不道处,而此人物,即如以"不道"为其道者。然此不道之人物之外之上,仍自有超越之道体之道。亦唯此超越之道体为标准,乃可言人物之不道。如物之壮者,日耗竭其功能于外,即其内部之功能日近于无,是即日成无德,而对道为不道。此不道者,固亦宛然与道相对,以存于世间。然依老子之义,此存在者乃日近于死亡,而将由存在以成不存在者。此即依于吾人前述之自然律使之然,亦即自然律所根之道体使之然。此不道者之死亡而不存在,乃实根于道体,而为合于道者。由是而不道者,虽宛然与道相对而并存,实并不能真与道相对而并存。至问道之何以生彼不道者,则须知彼不道者之初生,原非不道;如壮老者为不道,而壮老者固非初生而即壮老也。克就一切不道者之初生,及其所自生而言,固皆同生于道,亦初无不合于道之处者也。至其生后成为不道之际,亦即其同时日近死亡,而趋于不复存在之际。此其日近死亡,而趋于不复存在,使"不道者早已",亦非不道,而为根于道体之自然律使之然,此乃正合乎道者。如上所述。夫然,故通此"道之生所谓不道之物,而又使之早已"之全部历程以观,实无不道之物,亦无不道之道,堪与此"道"相对而并存;而吾人亦不须为之另求其所以存在之根源。彼道何以能生此不道之物之问,乃源于吾人之以道与不道之物,乃相对而相反,故疑其不可以相生。今吾人能明其虽一时宛然相对相反,终必归于不成相对,而不复相反,则可从根上加以解消此问,无待另答矣。

八　老子论道之思想之外限

吾人以上所为,乃是由老子之所谓道之第二义,以次第顺通其余诸义。是见老子之论道,确为一具内部一致性之思想。此思想,在老子本人,或只得之于其超卓之冥悟,然吾人尽可助以一理智之疏解,以代释其疑难。此即吾人上之所为。然吾人真欲把握老子论道之思想之全部,或尚有待于吾人之知其思想之外限。故兹就其与儒家思想之对较,以略说之。

吾人以儒家思想与老子之思想相较,首将觉老子之思想,虽可合乎吾人对宇宙之所以为宇宙之一种理性之直觉,然却与吾人性情上之要求,或心灵上之价值感,不直接相干。老子书中,不见性情二字,而心字亦只数见,其所谓善,多只为"利便地"之意,有如英文之 Expediently。如"事善能,动善时"善言、善数、善闭、善教之善,皆含利便之义。吾人今若依吾人性情上之要求或心灵上之价值感,以观老子,则无论其思想如何能自己一致,而处处皆可说通;吾人终将觉其所陈者,为一冷静无情味之宇宙观与人生观。即如吾人上文最后一段所述,老子之谓"物壮则老,是谓不道,不道早已",此固可为事实上之不得不然。然如持吾人性情上之要求,及心灵上之价值感,与此物之壮而老、老而死之事实,一朝相遇;则吾人不能不叹惜于物之何以竟不能自求合于道，以免于早已而死。至于谓道之于物，乃无论物之是否合于道，道终可自成其为道；又无论是道内在于物，以使物具德而生，或超越于物，使物之无德者死，皆无碍于道之自身之长久与常一；则依吾人之仁心以观此道，便为一毕竟无情，亦无善无恶之一中性之形上存在。又依老子之教，人之所以宜求亦当求其生活之合乎道，在根底上惟依于人之不愿归于死亡，不愿由有而无之一念。然此一念，则为人既由有得于道以生以后，随其生命之存在而自然发出者。故只有主观之意义，而实无客观之意义。自客观上道体之本身看，道体固无择乎此其所生之物之长生或早死，亦无待于其所生之人物之生活必合乎道也。因人物之生活之不合道者，使之早已，即无不合者矣。是见此道虽生万物，而覆育万物，实未尝真仁于万物，而其生万物，育覆万物之事，亦非真含具价值之意义者也。老子言圣人之容、公与慈，如只是法此无情之道体，即亦如子之仿效其母之所行，非真有见于此行之为当然之善而行之者矣。

今如克就老子书之义，与儒家中庸易传之义对勘，则天道之生物而覆育万物之义，老子有之，中庸易传亦有之；能静而后能动，能柔而后能刚，能潜伏而后能昭显，有阴而后有阳，则老子所重，易传中庸之教，亦非不含具此义。然中庸以诚说天道，易传以元亨利贞说天德，而以善之长，嘉之会，义之和，事之干等价值上之概念，说元亨利贞，以继之者善，说一阴一阳之道之流行，则明为与老子所言不同者。此中之故，一在老子不重人之性情与心灵方面之事，一在老子未能如易传之以生生之易之一阴一阳说天道，而兼以乾坤健顺，一阖一辟，论天之生物之富有日新之大业盛事，更统摄之于太极；复未能如中庸之兼以天之生物而发育万物以成物，说天道；故亦未能如汉宋以降儒者以生生之气、生生之理、生生之几等说天道。夫老子之道，固能生物，此物之有得于道以生，亦即物之成；又所生之物，复能生他物；则此中似亦非不兼具生成或生生之义。然老子之道体为一混成者，其生物即此混成者之开散而为器，遂失其所以为混成。惟赖物生之后，再复命归根，以归于无，乃不失其混成，是为天门之开而再阖。故此混成之道之常久，亦惟赖由万物之终必返于此混成以见。夫然，老子之天道，实以混成始，亦以混成终，如由玄始而以玄终，此亦玄之又玄也。然此中实有一问题，即混成者既必开而生物，何以于此混成者，只说其具有相、无相、玄相、妙相、常相、久相、一相；不说此混成者亦自具生相、变相、发育万物相、变相、开相、辟相？果此混成者具此生相、开相，而其所生出开出者，又复再有所生，再有所开，则又不说此混成亦具生生之相，开而复开之相？此道体果无始无终，则亦不得以混成为终，更不得以玄为终。又道果能生物开物，复生而又生，开而又开，又何不说此混成者，原是以生生之易为其道，或原是以生物成物之诚，为其道？若然，则此道之在天地间，即化同于易传之"富有"而"日新"以"开物成务"之道，中庸之"洋洋乎发育万物"之道矣。夫一形而上之道体，如只是开而生物，推物以出，复阖而藏物，纳物以入；则其生、其推、其开为"与"，此诚无私，老子所谓"天之道利而不害"是也；然其藏、其纳、其阖，则谓之为生而不有，固可，谓之为自取其所与者亦可。此道之天门开阖，即先与而后取，无私以成私；则道之玄德，亦惟在其初之能生物，而兼覆育之生养之而已。此道体固未能举其自体，以全赋予于所生之物，而一无私吝，以使此所生者，亦内具此道体之全，以为其性，而亦自成一具生生之道、或生物成物之道者也。是即老子之道终为不仁或非仁，而不如中庸易传之道体，兼为一既仁且智之体而至善者也。至儒者之所以知此天道之为仁而至善，则原于儒者之能由知人之心性，而本之以知天。老子则未言人之心性之仁，亦未尝循之以知天；乃唯由观万物之在天地间之由有而无，由生而复，以冥悟一混成之道；而彼之视人，亦实视如万物之一，而与他物同依一自然律以生。唯此人其智足以知此自然律，与其所依之道体，遂能知其生活上之道之所宜然与当然，而由修德以上合于道体，而契彼玄冥耳。然此与儒家之修仁智之德，纯在人心性之要求之不容己者上立根者，固不同矣。

第十三章　原太极上：朱陆太极之辩与北宋理学中太极理气思想之发展

一　导言

周濂溪太极图说，自朱子加以表彰，并据潘清逸叙濂溪所著书首太极图说之意，列之为所编近思录之首篇；孙夏峰编理学宗传，及清李光地编性理精义皆承之，而亦列诸篇首。周海门圣学宗传，述周子之学，亦先录太极图说而后通书。然由黄梨洲发凡，全祖望续成之宋元学案濂溪学案，则独列通书于前，附太极图说于后；于太极图之注解，又不录朱子之注，唯详载朱子与象山往复辩论太极图说之三书，及刘蕺山、黄梨州、黄晦木，与黄百家按语。细察之，则梨洲、晦木、百家三人之意，又不尽同。百家之意，盖近于其叔，而较远于乃父。清董榕辑周子全书，并附朱子与李延平论太极之问答，及朱子与后之诸儒论太极之言，都为七卷。陆王一派及明末王船山之言，更不在其内。今之学者复附益西方之说，为之解释，亦或当或不当。承学之士，览此异释纷如，苦难得其眉目。吾一年前教课及此，乃对此中之一一问题所在，略加条理，或亦有便于学者，近因布之，以就教当世。

二　太极图说之历史性问题

关于太极图说之问题，昔贤所讨论者，应分为历史性问题及纯理论性问题二者。大率凡关于太极图之渊源，太极图说与周子思想之关系，及太极图说中之名辞概念，如太极、无极、阴阳之渊源，及此诸名辞之古义如何，与诸名辞之涵义演变之迹，皆属历史性之问题。而关于此诸

第十三章　原太极上：朱陆太极之辩与北宋理学中太极理气思想之发展　　257

名辞概念之意义，与环绕之之思想，依何而建立，吾人今将循何道加以理解、衡量、并确立其理论本身之价值，则为纯理论性之问题。此二问题，虽密切相关，然实不同其性质。而昔贤之论，则恒于此不明加以分别。其于历史性问题及理论性问题之各方面，更罕有再加以条析者。今为补昔贤之所忽，乃不厌觍缕，将此二类问题之各方面，其一一分别而论列之如下：

甲、关于太极图说之历史性问题，依其发生之次序言之，首为太极图说与周濂溪及程子之关系问题。朱子尝谓濂溪之学其妙具于太极一图。又谓"程先生兄弟，语及性命之际，亦未尝不因其说，……先生既予以授二程云"。朱子既注太极图说后，并以之寄张敬夫。敬夫首既致疑曰："先生所与门人讲论问答之言，见于书者详矣，其于西铭，盖屡言之，至此图则未尝一言及也。谓其必有微意，是则固然，然所谓微意者，果何谓耶？"朱子复书曰："窃谓以此图立象尽意，剖析幽微，周子盖不得已而作也。见其手授之意，盖以为惟程子惟能当之。程子之秘而不示，疑亦未有能受之者尔。夫既未能默识于言意之里，则驰心空妙，入耳出口，其弊必有不胜言者。……孔子雅言诗书执礼，而于易则鲜及焉，其意亦犹此耳。"① 今按朱子之学，原兼综周、张之缘天道以立人道之义，及二程之由性理以一贯天人之义，此即朱子之学之所以为大。朱子之所以能兼综此二义，亦即因为在理论上，此二义之原有可会通之处。然朱子必谓周子尝以此图授二程，二程又虑言之之弊而不言，则此纯为一历史事实之问题，而朱子于此，则惟以推想出之。朱子平生喜论太极图说。据周海门圣学宗传王懋竑朱子年谱，谓朱子临终前数日，犹与学生讲太极图说，未尝虑言之有弊而不言。则又焉知程子必为虑言之有弊，方不言乎？又二程从周子游，在十四五时，谓周子于此时，即知二程堪受此图，亦未必然。二程固未尝讳其从周子游。然伊川则尝明言某兄弟之学，非授自濂溪。又撰明道墓表，谓明道之学，直承洙泗之传，于千四百年之后。后陆象山与朱子辩，又以"图说言无极，而二程言论文字至多，亦未尝一及无极字"为言。则朱子之言周子以此图授二程，谓二程于此直

---

① 此乃据张伯行所编周濂溪集所引朱子太极图说注自记语。兹按张南轩集卷一寄吕伯恭书、朱子大全之文集三十一与张敬夫书原文，与此谓朱子所记之言，颇有出入，然大意则不异也。

承周子之传，于史实盖未有合。① 然此固无碍于朱子之尽可求在理论上，融周子与二程之思想，于一系统之中，以见朱子之学之大也。

乙、关于太极图说之第二历史性问题，为太极图说在周子著述中，及其思想，在周子思想中之地位问题。朱子尝谓周子通书之言，亦皆此图之蕴。而其注通书，亦随处扣紧太极图说所言以为注。乃本潘清逸叙濂溪所著书以太极图说为首之意，视通书若只为太极图说之附。而朱陆之辨太极图说，则象山与朱子第一书，即言其兄梭山谓："太极图说与通书不类，疑非周子所为；不然或是其学未成时所作；不然则或传是他人之文，后人不辨也。"则朱陆之辨太极图说，乃以太极图说在周子著述及思想中之地位问题发其端。毕竟周子是否尝作太极图说，此亦是一历史事实问题。而象山、梭山之疑有此事实，则又以通书所言之理论内容，与太极图说之内容不类而言。此不类，是否即可证成其非周子所著，或为周子早年所著？如此不类，只是所言之方面不同，而非相矛盾，则明不能以此证其非周子所著。大约太极图说乃是先论天道之无极太极，而下贯至立人极于人道。此与通书之不言无极，而多言立诚之工夫者，确是有所言之方面之不同。然通书首章以乾元释诚，终于以易为性命之原，此正与太极图之首言天道化生万物，终言易之原始要终之义，互相应合。唯太极图说之次第论列天道之无极、太极阴阳五行，再及于主静立人极以原始要终……其段落更分明，因与象山之发明本心以充塞宇宙之言，更相远耳。原象山之所以不契于太极图说，根底上亦唯在不契其所陈之思路。其举梭山之疑，固为历史事实之问题。然观象山之意，实不重在讨论此问题之本身，而唯举之以引端。今若孤提象山之此言，而当作一历史性之问题而讨论，则象山之谓其言与周子之言不类，而不能证其与周子之言必相矛盾，则固亦不能证其非周子之所著也。当世既传太极图为周子所著，而依朱子所述，太极图说与通书之言，其互相发明者，既比比皆是，则二者自应同视为濂溪所著。至于朱子之言通书与图说之关系，谓通书必附图说而行；则后贤固亦有疑之者。通书固不可只视为图说之附，而亦未尝不可离图说以别行而自完足。则梭山、象山之只取通

---

① 案朱子大全卷三十，朱子尝与汪尚书书，反复辩二程受学于周茂叔，谓本于吕与叔所记二先生语云。然以二程之其他言证之，则二程，受濂溪之启发固有。然不可言其学皆受自濂溪也。

书，而不取图说，在理论上看，固未尝不可。然朱子就图说原文之大体，视为通书之总摄，就义理言之，亦有可通。吾人今亦可就二家立言之分际，而并存之也。

丙、关于太极图说之第三历史性之问题，为太极图之是否渊源于道教之问题。此问题亦为朱子注太极图时所察及。朱子自言尝读朱内翰震进易说表，谓此图之传自陈搏、种放、穆修而来，而五峰胡氏作序，又以为先生非止为种、穆之学者。故朱子终谓："以为得之于人，则绝非种、穆所及……及得说文（指潘清逸志濂溪墓文）考之，然后知其果先生所自作，而非受于人者。二公盖未尝见此志而云云尔。"今按潘氏志濂溪墓文，亦当有所据。朱子所言，亦只谓濂溪自作图说。而黄宗炎之太极图辨，清朱彝尊太极图授受考，遂详辨此图之原自道教。依诸人所据文献观之，而今之道藏中又有此图，则此图初原自道教，盖不容否认。然诸家既咸谓道教之徒，乃以此图明修炼之方，此则明与周子之就此图而颠倒之，以说明天地万物之所以生成，及人之所以立人极之道者不同。胡五峰与朱子之言周子之学，非种、穆所及，义自极成，亦不必以其原自道教而讳之也。

丁、关于太极图之第四历史性之问题，为太极图说之名词概念，与易经及先秦儒学之思想之关系问题。此问题乃朱子与象山反复论辩之争点之第一点。依象山之意，易及道家唯言太极不言无极。其言曰："无极二字，出于老子知其雄章，吾圣人之书所无有也。老子首章言无名天地之始，有名万物之母，而卒同之。此老氏宗旨也。无极为太极，即是此旨。"易大传曰："易有太极，圣人言有，今乃言无何也？""系辞言神无方矣，岂可言无神？言易无体矣，岂可言无易？老氏以无为天地之始，以有为万物之母，以常无观妙，以常有观窍，直将无字搭在上面，正是老氏之学。"而朱子则谓"伏羲作易，自一画以下，文王演易，自乾元以下，皆未尝言太极也，而孔子言之。孔子赞易自太极以下，未尝言无极也，而周子言之。夫先圣后圣，岂不同条而共贯哉。"二者似针锋相对，实则不尽然。因象山所论者，乃谓无极之名，非易之所有，意谓以无搭在有上，乃老氏立言之方式。此点朱子并未加以否认。朱子所争，要在说明言与不言，无碍先圣后圣思想之同条共贯。于此点上，象山亦不能持异议。然徒就太极图说之先无极而后太极，亦实不足证明图说整个思想之内容，即同于道家。而谓图说之言无极，与易之言太极，同条共贯，亦无碍于无极之一名乃初原自道家。今按除老子知其雄章，有"复归于无极"之言，朱子复书，亦未加否认外；庄子逍遥游言"河汉而无极"，在宥言"彼其物无测，人皆以为无极。"又言"入无穷之门，以游无极之野。"淮南子亦言"游无极之野"，列子汤问并言"合天地者故无极，无极之外，复无无极。"则无极之名，初出自道家，固无疑也。韩康伯注易经，于易有太极注下曰"夫有必生于无，故生两仪也"，又谓太极为无称之称。此乃以阴阳以下为有，而以"无"与"无称"目太极。易传言无思无为，寂然不动，亦未尝以言无为讳。以道家之无释儒家之易，古已有之。则象山亦不得以图说言无极，则非儒学之传也。

三 太极一名之古训问题

关于太极图说之第五历史性问题，为无极太极中之极之一字，古训当作何解释之问题，此乃兼为训诂学之历史性问题，故别为一节以论之。此问题亦朱子与象山之论辩之争点之一。依象山意，极之一字，古训为中，"言无极，是犹言无中也，是奚可哉。"朱子则谓：易大传之太极"即两仪四象八卦之理，具于三者之先，而蕴于三者之内者也。圣人之意，正以其究竟至极，无名可名，故特谓之太极，犹云举天下之至极，无以加此云尔，初不以其中而命之也。至如北极之极，屋极之极，皇极之极，民极之极，诸儒虽有解为中者，盖以此物之极尝在此物之中，非指极字而训之以中也。极者至极而已。以有形者言之，则其四方八面，合辏将来，到此筑底，更无去处；从此推出，四方八面，都无向背，一切停匀，故谓之极耳。后人以其居中而能应四外，故指其处而以中言之，非以其义为可训中也。至于太极，则又无形象方所之可言，但以此理至极，而谓之极耳。"是见朱子与陆子之不同，乃在朱子坚持极为至极之义，以至极者为理；于是谓先儒之训极为中者，乃由至极义而引出者。陆子再答书，于朱子之以极为理，未有异议，而重申"即其中而命之为极"之义曰："五居九畴之中，而曰皇极，岂非以其中而命之乎？民受天地之中以生，而诗言立我烝民，莫匪尔极，岂非以其中命之乎。中庸曰中也者，天下之大本也，和也者，天下之达道也，致中和，天地位焉，此理至矣。外此，岂更复有太极哉。"而朱子复书，又由极之极至义，引出标准之义，而就陆子所举以中训极之经文，一一加以解释，谓其中之

"中"，皆以涵标准及至极之义，方称为极。其言曰"极是名此理之至极，中是状此理之不偏。虽然同是此理，然其名义，各有攸当。……若皇极之极，民极之极，乃为标准之意。犹曰立于此而示于彼，使其有所向望，而取正焉耳。非以其中而命之也。立我烝民，立与粒通，即书所谓烝民乃粒，莫非尔极。则尔指后稷而言。盖曰使我众人皆得粒食，莫非尔后稷之所立者是望耳。尔字不指天地，极字亦非指所受之中。中者天下之大本，乃以喜怒哀乐之未发，此理浑然无所偏倚，而为万化之本。然其得名，自为至极，而兼有标准义，初不以中而得名也。"是见朱子所坚持者，乃在太极之极，由至极而得名，非由中而得名。而陆子再答书，则谓"字之指归，又有虚实。虚字则但当论字义。实字则当论所指之实，则有非字义所能拘者。"乃进而谓"太极皇极，乃是实字。"其所指者乃此理，则此理谓之为中，即谓之为至理，而兼至义；遂曰"曰极、曰中、曰至，其实一也。"朱陆于此又论"知至"之"知"之与"至"，孰为虚字，孰为实字，颇涉支离，今不赘述。

今案：极字之古训如何，乃属纯文字训诂之历史性之问题，至极太极之极，当以何义为本，则兼为一义理之次序之理论性问题。对前一问题，则依说文谓：极栋也，而栋居屋中，亦在屋上，而正屋必先正栋；则"极"应兼涵"中"与"至极或标准"二义。今据阮元经籍纂诂，所录汉儒古训，于极之义，固有训为中者。如范甯于书洪范之皇极注，王韩于易之失时极注，皆训中。然亦或训为穷，如王逸之楚辞"又何路之能极"注。又或训为尽，如高诱之淮南子"游无极之野"注，及郑玄之为礼记大学"君子无所不用其极"注。又唐杨倞注荀子"辞足以见极"注，曰极至也。周髀算经"昼夜长短之所极"注，曰终也。穷、尽、至、终，皆有至极之义，亦涵为最后之归向标准之义。又北辰居北不动，为众星所拱，而极可以名北辰，亦由"极"涵标准归向之义之故。是见训极为中或至极，皆同有合于古训。象山之言极为实字，乃谓极字所指所状之理为实。此亦朱子所同许。朱子注太极之理，谓兼为"造化之枢纽，品汇之根柢。"言其为根柢，乃就其为至极义说。言其为枢纽，则亦兼自其为在造化之"中"，而主乎造化说。中之与至极，同为表状其所指之实理之词。其所指之实理，既兼有"至极"及"在中而主乎造化"之二德，则陆子之训太极之极为中，于古训既亦有所合，朱子固毋庸加以非议也。细按此中朱陆之所以必相争，则实非此二释之孰为更合于古训之问题。盖以陆子之言此理，其根本思想，在以此理为一"满心而发，充塞宇宙"者。此乃人可一念反求，直下悟得，而不待推求为之建立者。至于朱子之言此理，则由推求穷致之功，至乎其极，方能见得。此方为陆子之重在以"中"指此理，而朱子之重在以"极至"指此理之根本理由所在。唯陆子以中指此理，故陆子以道不离阴阳；而朱子以极至指此理，则必先谓道体为居有形之阴阳之上者。此在朱陆反复之书，皆未尝直陈其意。然此实则又牵涉于二家思想之理论本身之异同，而非辩极之一字之古训之当何若，所能解决者。朱陆反复之书，讨论至此，亦即不能更有所论矣。

四　周子言太极之不同于汉晋诸儒之所在

对于太极图说之理论问题，吾人今首当讨论者，非朱陆二家思想之理论本身之异同之问题，而应首讨论濂溪之图说之本旨为如何之问题。此一问题，则恒为朱陆之辩及朱子对图说之注解，所引生之问题所掩。朱子注图说，乃明谓理为太极。然图说之原文，并未直指出理之一概念。则图说原文之太极之义，是否即隐含理之一义，亦尽可以讨论。又朱子于与象山第一书，推周子之所以兼用无极太极之二名之意曰："不言无极，则太极同于一物，而不足为万化根本；不言太极，则无极沦于空寂，而不能为万化根本。"其答陆子第二书又曰："语道体之至极，则谓之太极。语太极之流行，则谓之道。虽有二名，初无两体。周子所以谓之无极，正以其无方所，无形状，以为在无物之前，而未尝不立于有物之后；以为在阴阳之外，而未不行乎阴阳之中；以为通贯全体无乎不在，则又无声臭影响之可言也。今乃深诋无极之不然，则是直以太极为有形状有方所矣。"此中朱子所推想，是否合于周子之意，亦有待讨论。朱子以"无极"乃"无方所形状，无声臭影响"，而统归于无形之义。此乃以形训无极之极。便明与朱子于太极之极，直训为至极之理者异训，而不能自相一致。故象山于答朱子书，谓其以形训极，乃不明理。然朱子于此，若对无极之极，亦训为极至之理，则无极乃无极至之理，而"无极而太极"一语，同于"无极至之理而有极至之理"，便成自相矛盾。故朱子之于二极字作异训，固有其不得已。然此亦见朱子之所注，是否与周子之本旨相合，为吾人应有之一问题也。

吾人上虽提出濂溪图说言无极太极之本旨之种种问题，然吾人于此却未必能尽答。吾人今欲翻过朱子之解释,以直探周子之意,实亦不易。吾今所能说者,唯是如将周子之言,对较以前之论太极者以观,吾人当首注意周子之言无极太极,确有一划时代之意义。次当以通书之言与太极图说互证,以见周子所谓无极太极之名,原有数种可能之解释。再次则当知朱子之以理释太极,盖为循思想史之发展所自然引出之一种理论。由此以降,朱子理论对朱子之后学所引生之问题,亦即与"对易有太极,与对周子之言太极,如何加以解释"所引生之问题,合流为一,而不可分。而吾人今所当从事者,便宜归于求对朱子及朱子以后之他家之太极之论,亦分别有一如实之了解,方能使各家之说,还归本位。故吾人以下之所论,将如绕一大圆周,以披露诸环绕于易所谓太极与周子之太极图说之诸思想。然行远又所以至迩,果能使各家之说还归本位,则一家之所独至,亦因而彰显,固非徒劳无功者也。

所谓周子图说言无极而太极,有划时代之意义者,此初步仍须就其用名,及文句之构造上举证。按易传及庄子皆有太极之一名。庄子大宗师篇中太极之一名,与六极等并立,无甚深义。中国思想史中太极之问题,皆缘易传而出,非缘庄子之此语而出,故今不论。至易传中"易有太极"之太极之义,果为如何,易传本文并无解释。易传谓"易有太极,是生两仪。"据此二语,吾人所能确定者,唯是太极乃高于两仪之一概念。如两仪指阴阳或乾坤或天地,则太极应为位于阴阳乾坤天地二者之上,而加以统摄之一概念。而太极之所指,则应为天地及天地中之万物之根源或总会之所在。此为就易传之文句之构造,吾人可如此说者。至于太极之一名所实指者为何,则尽可容后人有不同之解释。如孔颖达疏易正义"大衍之数五十"句疏,引马季长说,乃由上文所提及之极之一义引申,而以极指北辰。经典释文注曰:"太极,天也。"即径以太极指天。孔颖达疏易有太极曰:"正义曰太极,谓天地未分之前,元气混而为一,即是太初太一也。故老子云道生一,即此太极是也。"此即以元气释太极,兼释老子之说。按前此相类之说,有汉书律历志谓"太极元气,函三为一。极,中也,元,始也。"之言。而以气释太极,盖本纬书,亦为汉儒他家之所持者。如易纬乾坤凿度曰:

"太易始著,太极成;太极成,乾坤行;乾坤行,太极大成。一大之物曰天,一块之物曰地,一气之霸,名曰混沌……是上圣凿破虚无,断气为二。"

文选李善注张茂先励志诗注引"大仪，太极也。郑玄曰：极，中之道，淳和未分之气也。"

此皆涵以元气或气释太极之意。而以气为万物之本原，亦汉儒大体上共持之主张。此以元气或气或天，释易之太极，实皆同为对易传所谓太极之根源或总汇义，作进一步之规定而有之思想。无论直谓太极为天或元气或气，皆是实有一物，而不免从质实处看万物之源。由此而汉之纬书尚有以元气萌而有形有质，"形质皆具，谓之太极"之说（白虎通义陈立疏卷九，采刘仲逵鸿书所引钩命诀）。而魏晋韩康伯承王弼注易有太极，又曰"夫有必生于无，故太极生两仪也。"又称太极为"无称之称"，此则其思想背景，明不同于汉儒之从质实处看万有之根源；而以万有之源，应为无者。此即与王弼注老，以无为本之旨契合，乃原于一从空灵处，看万物之根源之态度，而代表其时代对易之太极概念之又一规定；而亦与上述就易之文句构造，而见得易中之太极之原义，不必相矛盾者也。

至于周子之无极而太极之言，所以又为一划时代之说者，则可由此语之先划开无极与太极，复合之为一，以见其既别于魏晋人之以"无"看太极之空灵，亦异于汉人之以元气或气或天或北辰之"有"，看太极之质实者。此中，无论吾人对无极之极，太极之极，作何解释，而此二名之如此组合，亦即代表一看万物之根源之观点。此新观点，最低限度包含对万物之根源，欲兼以无与非无之有，加以规定，而又欲通此二为一之新态度。此即已具一划时代之意义矣。

至于对周子之言无极而太极，其所指之万物之根源，毕竟尚可作何种更克实之规定，则此中复有不同之可能。如朱子之谓太极为理，无极谓无形，即其一路。吾人亦可沿汉儒重气之思想，而谓此气为天地万物之本，此气为形而上，无形而至虚，乃以太极即气之太极，如张横渠、王船山之说。此又是一路。邵康节、胡致道、皆尝谓心为太极；陆象山更谓太极皇极之极，只是中，中之所指即理，而理不外心。缘此而如明末之刘蕺山、李二曲等将此周子之无极、太极之言，纯扣在一心上解释，亦有可通。以心之虚灵不昧，固原亦兼通有理与无形二义也。凡此等等，皆为吾人求对周子之无极而太极之言，作进一步之规定时，原有之种种可能，或可能有之思想之发展，皆不必与濂溪之此言相矛盾，而未尝不可说者也。以至吾人今如欲谓周子之太极之所指，乃指一无形而绝对之上帝或绝对理性心，及绝对精神，只须与濂溪之言不相矛盾，亦同非必不可说。而由此之所说，与濂溪之所说，亦尽可在实际上指同一之实在，唯言可有详略，及各方面之异耳。此亦如说水为能熄火，与说水为可分为轻养，及其所涵轻养之质量如何，皆指同一之实在，而为对同一实在之思想之发展也。

五 太极图说之太极与通书之诚道及周子所谓无极一名之诂释

对此上所说者，一更进一步之问题，则为毕竟濂溪之以无极而太极之一言，说万物之根源，究竟说到何程度，而彼本人于此根源，除以太极之有，与无极之无说之外，有何其他更克实之规定。此则非吾人徒就图说本文之所能确定，而唯有参之以通书之所言，方能得其线索。而通书之概念，可与图说中之太极相当者，则是诚或乾元之概念。诚之概念，原自中庸。吾人如以诚之概念为同于太极，为足以规定太极之涵义者，则吾人复可说濂溪在儒学史上之特殊地位，即在其综合易与中庸之思想为一，或以中庸释易。而此亦昔所未有。后张横渠之学，亦以通中庸与易传为宗。伊川进而兼以中庸论孟之旨注易，是皆开宋代易学之义理一路之先河，而别于王弼、韩康伯注易，求兼通于老子之玄理者也。

兹先抄录周濂溪通书与图说，论万物之根源之旨，其可相发明之重要诸章如下：

诚上第一

诚者圣人之本。大哉乾元，万物资始，诚之源也。乾道变化，各正性命，诚斯立焉，纯粹至善者也。故曰一阴一阳之谓道。

诚下第二

诚、静无而动有。

圣第四

寂然不动者，诚也，感而遂通者，神也。动而未形，有无之间者，几也。

思第九

无思，本也；思通，用也。几动于彼，诚动于此，无思而无不通为圣人。

顺化第十一

天以阳生万物，以阴成万物。生仁也，成义也。故圣人在上，以仁育万物，以义正万民。

动静第十六

动而无静，静而无动，物也；动而无动，静而无静，神也。动而无动，静而无静，非不动不静也。水阴根阳，火阳根阴，五行阴阳，阴阳太极，四时运行，万物终始。混兮辟兮，其无穷兮。

理性命第二十二

厥彰厥微，匪灵弗莹。……二气五行，化生万物，五殊二实，二本则一。是万为一，一实万分，万一各正，小大有定。

吾人如本上所引通书之言与图说互证，则明见通书之诚与图说之太极之相当。通书言诚之为源，谓即乾元，即万物所资始；正同于图说之以太极为万物之所自生。是即万之所以为一也。自诚之立于乾道变化，由元亨而利贞，使万物缘二气五行而化生，以各正其性命处说；正同于图说之谓无极之真二五之精，妙合而凝，以见于人物之生生而无穷。是即一实万分也。通书言诚为圣人之本，正同图说之言人性之本于太极，为人极之所以立。通书言诚以寂然不动及无思为本，以感而遂通之神或思通为用，以"几"言其动而未形之有无之间，并以"彰且微，灵且莹"为状；则语句正类似图说言无极而太极。图说之言太极动而生阳，静而生阴，亦即通书之由元亨而利贞。图说之言静极复动，静而无静，一动一静，互为其根，则与通书之言"非不动不静"；而又"动而无动，静而无静"，文句略异，而相资以相发者。依通书以释图说，则静极之所以复动，正所以见静而无静；动极之所以复静，正所以见动而无动。曰静曰动，则分阴分阳。阴阳之所以互为其根，亦正在静之不能自有其静，而无静，动之不能自有其动，而无动。而此静而无静，动而无动者，则通书复名之为神。图说固亦言人之神发知矣。夫然，吾人如欲由通书之言，以释图说，则正当本通书之诚之以神为用，以见图说之太极之亦以神为用，亦当由通书之诚与神，以规定太极之涵义，而周子之所以必言无极而太极之故，亦将由此而可识矣。

何以言依通书之诚与神，以规定太极之涵义，即可识周子之所以必言无极而太极之故？因本通书之诚之以神为用，即直接彰显一寂感动静有无不二之义。周子言神，初就感而动以言。曰动而无动，乃言其不自有其动，故动而未尝不静。再辅之以静而无静，以言其不自有其静，故静而未尝不动。而其言诚，则初就其无思无为，寂然不动而静以言。而曰"几动于彼，诚动于此"，以言此诚因几而动，即由无而有。则诚之寂、静、无，虽为"本"，而此本未尝不贯于"用"之感而动有之中。而神之感而动有，虽为"用"，亦未尝不见其"本"之寂而静无。静无而动有，是即寂感、动静、有无之所以可统于一几也。今本此意以释图说，诚既相当于太极，则太极之本，只当以无说之，而宜说之以无极。此正犹通书之以无思无为、寂然不动、说诚也。而太极之用，则首见于动有，正如诚之动之为有。此即图说太极动而生阳一句，所以直承无极而太极之一句而来。此正相当于通书之所谓神之感通之始。至太极图说言一动一静而动静互为其根，以至言万物生生之变化不穷，皆本于太极，亦即言其本于无极之真；正合以见通书之所谓神之动而无动，静而无静，至感而寂，至寂而未尝不感者也。

如吾人以上将图说与通书比对而观之说为不误，则图说言无极而太极，及以太极之动静，为阴阳五行与万物生生而变化无穷之原，与人极之所以立；即无异以一无思无为之诚之本，其呈用于动而无动，静而无静之神，为五殊二实与万物化生，及圣人之道之所以立之原。濂溪于此，未尝谓太极之先另有无极，亦无太极不能有动之意，复未尝对太极另作其为理为气为心之规定，语意甚明。唯以通书之诚，原出中庸，而诚在中庸，原为一道德性之天道天德与人道人德，涵具真实存在及至善之义者；则吾人今以诚之义，规定太极之义，便可确立太极为一涵具真实存在之性质及至善之性质者。至无极之一名，则盖唯所以表状此太极之超于一般所谓思想行为之上，而为无思无为者。凡吾人之思为，皆有极至极限，则无思无为者，皆为无极。而中国古所谓无极，如左传昭十三年有贡献无极之句。正义曰："极谓限极，谓无已时。"无极固原为之无限极之义也。荀子修身篇言马之不能穷无穷、极无极，此极亦为限极之义。老庄所谓无极，亦原为无有限极，无有极至之谓。无极之义，原只表彰得道之人之心境，不为一定之极至或限极之所限。则无极初是遮辞，而非表辞。亦即初非直指一真实之存在者。而易传之太极之一名，可以指一真实之存在者，则正同当时人之言太一或大一。一般之一皆小一，小一则有极限，大一则欲极之而不可极。不可极之极，即无穷无尽之太一或太极也。极之本义，在道家原为限极，而太极则应为不可限极者。此如大方之无隅，大制之不割，亦道家立名之所可许。而儒家之易传，盖即改大之遮义为表义，以言太极之为两仪之所自生。而易传之太极之一名，固亦原非一般之有极之极，而涵不可极之义，亦即原可涵无极之义者。周子盖即据此以言万物之生生及圣人之道之所以立之本原，乃为一不可极而无极之一真实存在，而一贯天人之诚道（统诚德而言之），故曰无极而太极也。按明末之王船山周易外传序卦篇，尝谓："易有太极，无极而太极，无所不极，无可循之以为极。"无所不极，犹言至极太极。以无可循之以为极，训无极，盖即略同本文以不可极为无极之意也。

循吾人以上之解释方式，则吾人于周子图说之所谓无极而太极，便可据通书之言，作进一步之规定。如规定太极之为真实存在，为至善，为无思无为，超思维而无极限等。然吾人于此，却未尝如朱子之确定"太极"一名之所指者为极至之理，自亦不须如朱子之于无极之极及太极之极，分作二解，谓一极指形，一极指理。而唯是据通书，以将图说中之太极之一名义，翻译之为一真实存在之天人一贯之诚道，而无极之名则只为遮诠。易之太极之名，亦正赖吾人之此翻译，而得其进一步之实义。此亦如汉儒之谓太极指天或指元气，魏晋人之以太极指无，皆为对太极一名之翻译，以求得其进一步之实义者。吾人今据通书以释太极无极之涵义，亦只能至此而止。至于朱子之谓理为太极，及横渠之再由气之至虚之言太极，邵子等以心为太极之论，其皆为更进一步对太极之实义，有所规定而成之论，亦皆原为可能有之思想发展；即亦由上之所述，而可洞然无疑矣。

六　张横渠之依太和神两一以言太极义

至于吾人所以谓此各种可能的对太极之解释中，朱子之以理释太极之说，为思想史之发展上自然引出者；则吾人当先看张横渠、邵康节之论太极，及程子之即性理以言天理；便可知朱子以理为太极之说之所以立。张邵二氏之思想，固非直承周子之思想而出，亦非意在对周子之所谓太极，作进一步之规定者。然其实际上之所为，则至少在一方面看，明是对太极之义有进一步之规定。兹将上文所提及者，再略详之于下。

据上文所言，周子之言太极，乃止于言其为一万物之生生及圣人之道之本原，真实存在之天道之诚。然此所谓诚，果为何物？如此诚只是一道，则吾人首所思及者，必然为此道之何所附属？如无所附属，则所谓真实存在果为何义？而人于此首先一步之思想，恒以此道此德，或需附属于人或物或天地。然此道此德，如只为分别附属于一一具体之人或物或天地者，则无共同之一道，足为天人一贯之道。而明末清初之儒者，即有循此思路，而谓太极只为万物之总名，或诸形器之道之总名者。而统体义之太极之概念，在此即终不免于被解消，而落入纯经验主义个体主义之思想，如戴东原之所持。今暂不多讨论。然与濂溪并世之横渠与康节之思路，则尚非循此而发展。而由彼等之求建立此一共同之道，横渠则有本其太虚与气不二之义，所形成之太和及神化之论，康节则有依于其一套易数之理论，所形成之以道为太极，及心为太极之论。

此中横渠之理论之要点，在由一切存在之事物，皆存在于一神化之历程中，以见其不可只视为分别并在而相对峙之物，而应视为原自一统体之太和，亦还归于此统体之太和者。此太和即道。然此太和之道，却非只是一抽象之道理之道，其中乃有具体之内容者。此具体之内容，即块然太虚之气之"中涵浮沉、升降、动静、相感之性"而生之"氤氲相荡，胜负屈伸。"此中动静相感之可能，则根于气之本体为太虚，其清虚而通，即可成就散殊可象之气之相感。清通以相感而无定方，名曰气之神，相感而相应以生变化而无定体，则名曰气之化。由气之化而万物聚散于太空，以出入不已，天地间之有无隐显，乃通一无二。人乃既不可只语寂灭，以往而不返，以溺于虚空之大；亦不可徇生执有，物而不化，自居神化之糟粕。由此而张子之言天地万物之根源，遂为一统体之虚气不二之太和，乃即以之代周子之所谓太极。张子之言太极，唯偶一言之。如正蒙参两篇曰："地所以两，分刚柔男女而效之法也。天所以参，一太极两仪而象之性也。一物两体，气也。一故神，两故化。此天地之所以参也。"太易篇曰："一物两体，其太极之谓欤"。此中之两体指两仪，而两仪即动而健及静而顺之乾阳之气，及坤阴之气，则一物，乃指此两体之气之能依其清通而相感。依清通而相感，则见神。神本于两之能一，相感而有生化。生化又本于两之先在。故曰"一故神，两故化。"而两体之可说为一太极，亦即惟据二气之依清通而相感处说。至于对太和之一概念，在张子乃以之统神化之历程而综摄之，是太和之义丰。而太极之义，则唯就太和中两者之能一而名之，亦惟依太和之为真实而为真实；固不足自为一最后之真实，以成为动静阴阳之所自生，如周子之说也。

而其依太和，神化，两一之概念，以言太极，其为对太极之一概念，乃另作一进一步思想上之规定，亦彰彰然矣。

七　邵康节之合阴阳之象之和以言太极，及其道为太极、心为太极之说

吾人如谓周子之教在立诚，横渠之教在穷神知化，则邵子之学在观象、观数、观物。邵子之易学，即其象数之学。其言象数之易学，不同汉儒言象数之易学者，在其先奠立一象数次第演生之原则。此即为一生二、二生四、四生八、八生十六之加一倍法，由此以说明两仪、四象、八卦、六十四卦中之阴阳爻位分布，及相沿而次序衍出之象。其于诸象数中特重四之一数，而重观四象，则兼成为其观一切事物，皆分为四类而观，一套由自然以贯至伦理文化历史之哲学。此皆非今之所及详。然由其重观数、观象，而重观四象，则使其心思之所对，成处处两两平铺之广度之世界；非复如濂溪由无极、太极，而阴阳五行、而化生万物之世界，为一上下贯通之世界；亦非如横渠之世界之为一始于太和，归于太和，之一氤氲相荡之世界矣。康节固亦如横渠之喜言神化，而尤重神。然彼却非如横渠之就气之清通以言神。而重在由主乎气、乘气而变化，能出入有无生死之间，无方而不测者以言神。邵子又言"能出入有无死生者，道也。"则神之不测即是道。然此所谓主乎气之神或道，是否真可说为一形上之实体，则甚难言。邵子谓"一动一静交，而天地之道尽之矣。动之始则阳生焉，动之极则阴生焉；一阴一阳交，而天之用尽之矣。静之始则柔生焉，静之极则刚生焉；一刚一柔交，而地之广尽之矣。"道尽于动静阴阳刚柔之交，另无为动静阴阳刚柔之形上实体之道。① 康节又释"易之神无方而易无体"曰："滞于一方，则不能变化，非神也。有定体，则不能变通，非易也。易虽有体，体者象也，假象以见体，而本无体也。"此则明言体惟假象以见，而别无体。故康节之所谓神或道或易，实惟是就诸两两相对之动静刚柔阴阳之象之更迭，而互为出入有无死生

---

① 朱子语类卷七十一谓"康节之学，与周子、程子小有不同，康节于那阴阳相接处，看得分晓，多举此处为说。……贞元是指贞元之间言"。又谓"康节只为要说循环，便须指归消息动静之间。"可见朱子亦以康节之所重者，在消息动静之间也。

而不测处,以立名。康节之言太极也,则或言"道为太极",或言"心为太极"。而未尝于诸两两相对之象之上,别出一太极。其观物内篇先天卦图说尝言:"一分为二,二分为四,四分为八,太极既分,两仪立矣。"然此图实只综此二分为四,四分为八,以至六十四卦之象之全体,而名之为太极。未尝如周子于阴阳之上,别出太极而图之也。康节在其经世衍易图,于动静之象之爻之中,有"一动一静之间"之一名。其意明在以此一名,统动静之二者。则此一动一静之间,又即太极之所在也。至对于无极,则彼尝谓"无极之前,阴含阳也;有象之后,阳分阴也。"则无极与有象之别,乃惟自阴之含阳与否,或阳之是否由阴分出上说。是无极之概念,乃依阴阳之概念而后有,不得与上文之太极并论;乃与濂溪无极而太极之说,大不同矣。

察康节之意,其谓道为太极,一动一静之间为太极,盖亦如其以"出入有无,死生而不测者"为神或道或易。神或道或易,惟假象以见,而别无体,则太极亦非动静刚柔之象之上之体。动静之象以外无象,故太极亦无象,而亦不可别为之图。乃惟可名之为一动一静之间,而位之于动静阴阳之象之交者。是康节无太极图说,而只有太极不图之说矣。太极之所以不图者,因太极即在一切两两相对之动静之象,更迭以出入有无、死生之交处,亦即内在于天地间一切两两相对之动静之象之和或全体之中,而别无象外之太极也。故康节名其易学,为衍易之学。衍易之学者,衍之于观物,衍之以经世,而不离世物,以见易与太极之学也。

至对康节所谓心为太极之说,亦须以一言说明。康节尝谓"先天之学,心也;后天之学,迹也。"又言其一生二,二生四,四生八之易图之序,与所成之八卦,为先天图。其尊先天,亦尊心也。而其击壤集中,尤屡及"造化在乎心"之义。然细察之,则见康节之尊心为太极者,其旨正同其言神为太极。原吾人既可于天地间之动静之象之更迭而不测处言神,则能知此天地间之动静之更迭而不测者,即吾心之神之不测。天地间之神之不测,惟显于此心之神之不测;亦惟因有此心之神之不测,乃见天地间之神之不测。二者若相为内外,而于义无别;则天地间之神之不测,即吾心之神之不测也。人于天地间之神之不测,谓之道,谓之太极,则于此心之神之不测,亦可谓之道,谓之太极,自亦可言心为太极矣。然此所谓心者,乃其神之不测,与天地之神之不测,见于动静之象之更迭者,两两相孚而俱运之心。亦即一纯随顺客观之动静之象之更迭，而与之俱运，浑忘其主体之自己之心。此即一纯观照心，或康节所谓以物观物，而不以我观物之心也。此以物观物不以我观物之心，可名之曰客观的观物心。此客观的观物心之至高发展，则为将有此心之人之自己，亦置之于客观之世界中，而将其与万物平观。故康节乃由有观人若物之论，而有人为"物之物"之言。所谓人为物之物者，言人之"目能收万物之色，耳能收万物之声，鼻能收万物之气，口能收万物之味。"故为万物之物也。康节又言"圣人为人之人"。此则自圣人之能以"一心观万心，一身观万身，一世观万世"而说。则康节所谓圣人者，亦无异"物之物"之"物之物"也。圣人之心，即"物之物"之"物之物"之心，而能观万心万身万物之动静之象之更迭，以出入有无死生，而其神不测者。斯可言"造化在乎心"矣。而此心亦即运于一切更迭，出入，死生之象之迹中之一心也。迹属后天，则心为先天，此心固尊矣。然此心者，乃一纯随顺物之象之更迭，而与之俱运之纯客观心，而非属于我之主体之自己之心，亦可与我之主体之自己之一切道德之实践不相干之客观心。此实大类似庄子所谓游于万化之心。此心既观物之象，而与之俱运，则亦与之俱化，而可同化于物，则美之为至妙至神之心固可，而谓之为最高级之全幅物化之心亦可。谓此心或此心之道之神之所在，为太极之所在，谓此太极之见于一动一静之间者，为至妙至神固可；而谓之为与我之主体自己一切道德实践，全不相干，而只浮沉于客观物象之动静之中之太极亦可。其所谓圣人，亦盖可沦为一往观物观象，本易理经世，实无所事事之圣人。是则不免有异于儒学传统，重成己成物之实践精神矣。康节诗曰"若道先天无一事，后天方要著工夫"。然依邵子之论，此后天之工夫，要不外不以我观物，而归于以物观物之工夫。然若只归于处处以物观物，则亦将归于先天之无一事，而至多只有此如是如是观之一事，此盖非儒者之成己成物之事，而除观物以外，可实无工夫之可用矣。

八　二程即人道以言天道即性理以言天理与气之生生不息义

由吾人上述张、邵言太极之论，便知二人于太极之义，实皆只是客观之虚说。在横渠乃以虚气不二之太和为实有，太极唯自太和中阴阳二气，依清通相感而能一处，以立名。在康节，则即以一动一静之象之更迭,为易之体,而此易则另无体。而道或神或太极,皆唯是依此一动一静之象之更迭,而出入有无死生,以立名者。二子之言太和之道与易象,皆自客观说来,而于人在天地间之地位,亦从天地一边说来,或自人为万物之灵一边说来,则初亦只是视人为天地中之万物之一。于人之心,则在横渠,乃是隶属之于一客观之气之依其清通而相感处说。在康节,则只视此为一客观之观物而出入万物之心。而二程之大不同于二子之说者,则在直接就人说人,谓"人自人,物自物,道理甚分明。"① 人可直下以天地万物为一体,而不须将此人客观化为万物中之一物,再说其地位之高于其他之万物,以及人之能上合于天等。二程论心,亦直说其能与天地一般,谓不可小看了。又将此心处处扣紧人身自己上说,故曰"心要在腔子里",以联系于身行之实践。至于此心之能有此实践,则由此心之自有内在的为之主之性,而此性即理,亦即其立身行己或一切实践之道之所存。由是而此道此理,即指此心之体而言者,而可名之为形而上之道体理体。此心由寂然不动,以与万物感通,应之以身行,而此身之气与万物之气,即皆为此理此道之所贯彻运行之地。至若彼万物之象之变化,或所谓易象,则为吾人赖以知吾人自己如何实践此理此道之所资。此儒学思想之一转向,实明道开之,而伊川承之。明道与伊川二人,于此义亦无不大同之见。伊川之沿此义以说经,乃于张、邵之易学以外,别出一途。伊川之于其易传序曰:"易变易也,随时变易以从道也。其为书也,……将以顺性命之理,而示开物成务之道也。"又曰:"至微者理也,至著者象也,体用一原,显微无闲。"其言易以从道,明不同于横渠之于太和篇之言"见易",亦不同于康节之由观象而玩易;乃归宗于至微之性命之理之为体而顺之,而以至著之象为用,示人以开物成务之道。是则二程之更能接上中庸之尽心知性,以成己成物之传,于其论易处,已足见之。此亦思想史上转变之迹之不可忽者也。

　　明道伊川之言理与道,初皆扣紧吾人自己之心身上说。明道尝谓"吾学虽有所受,然天理二字,却是自家体贴出来。"此所谓自家体贴出来,即在自己身心上体贴出来。又曰"上天之载,无声无臭,其体则谓之易,其理则谓之道,其命于人则谓之性,其用无穷则谓之神。"又谓

---

① 二程遗书卷一"尧夫尝言:能物物,则我为物之人也;不能物物,则我为物之物也。人自人,物自物,道理甚分明。"实则尧夫所谓能物物之人,即"物之物"之"物之物"也。

"生生之谓易，生生之用，则神也。天之赋予谓之命，禀之在我谓之性，见于事业谓之理。理也，性也，命也，三者未尝有异。"此中将生生之体，或生生之易，与其理，其道，及命于人之性，与其理之见于事业，及其用之无穷之神者，一贯直说下来；亦即就此人之性之原于天，而言其为原自一生生之易，生生之体，而其理即道；更就其发于用，而言其为无穷之神，与见于事业之理。此即依于一"玩心神明，上下同流。"①而彻上彻下，亦彻内彻外之说法，而不同于横渠之言人当为乾坤之孝子，乃以下承上，以合内外之说法；更不同于康节之一往向外观物，以至将人与其自己之心，亦客观化为吾人之"观"之所对之说法。明道之言此生生之易、生生之体之无声无臭，亦即略同濂溪之言太极之无极限或无形。故朱子注太极图说，即以无声无臭释无极。是见明道之所谓生生之体、生生之易之无声无臭，正相当于濂溪所谓太极。然濂溪之所谓太极，即通书中之诚。此诚之为诚，乃重在其真实义，动而无动，静而无静义，生物成物而无思无为义。此则实偏于静。故濂溪言主静。明道则直下以生生，言体言易，以无穷言神，则性体为活泼泼地，如鸢飞鱼跃之义彰。而其所谓天理天道或体，亦即当在其生生之用中识取。而此理此道或此体，即一与天地万物感通，与之为一体，而以生意贯彻之——亦即以生生之用贯彻之——之仁体。故明道之言识仁，亦即识此浑然与物同体，或与天地万物为一体之体。此即足见此体之为天人不二，而更无内外之一浑然之全体。在此思想中，天与人，不容分别说，则太极人极，不容分别说；乾坤与人，亦不容分别说。明道虽称道西铭，谓其备言此体。此乃谓西铭之言"人为乾坤之孝子"之一事之全，为能备言此体。非如横渠之实只以乾坤或太和之道或天地之神化为体也。而明道之所以竟不言太极，盖亦即由以前之言太极者，皆克就宇宙或天地之原而立名，亦即初是由分别人与宇宙或天地而后有之说。至明道之直下言"天人本不二"者，自可无别立之太极之可论矣。

至于伊川言道或理，则世皆谓其更重分别形而上之道与形而下之器，而分别理与气。然其义则皆启自明道。二程遗书所载，分别形上形下之语，究出于伊川或明道，亦殊难定。明道之生生之易，生生之体，无声无臭，固即形而上者也。明道于自己心身上体贴出天理，即伊川之言性

---

① 二程遗书卷七。

第十三章　原太极上：朱陆太极之辩与北宋理学中太极理气思想之发展

即理之所本也。明道固尝言"性即气，气即性"，又尝谓"神气相极，气外无神，神外无气。"神即生生之体之道之用，则道外亦无气，气外亦无道。然此亦非必即明道不分性与气、不分道与气之证。而只可谓明道之重道之贯彻于气、重性之贯彻于气之证。此义，伊川亦有之。唯明道才高而质美，故能直下识得此理，便不须防检，不须穷索，而诚敬存之，即直见心气之从理而合道。故喜将此二者混合说。而伊川则更能识得人之气质之清浊、纯驳、与偏正之不同，与人为学之工夫之不易，而特有见于理之有为人所未易知未易行者；乃特重此理与气之恒不相合一而为二处，及道与气间之距离；而多分别理与气，形上之道与形下之器之论。故此道此理之不杂于气之纯粹性，其不为尧存不为桀亡之永恒性，与大公而无私之普遍性，及此理此道之尊严性，亦因伊川之言而彰著。而伊川之所以能尊严师道，亦正在其能确立此道此理之尊严，于形下之器与气之上也。

　　原夫形上形下之分，理与气之分，如只自客观之经验事物而论，则为说多端。克就经验事物之器之有理而论，并不能确立理与器或气之为二。故由横渠之本天道以立人道，其于天道亦可属之于气，而视之为气之道；由康节之观物观象，亦未能于象外物外见道。在人之道德生活中，若人之志之所往，所知之理之所在，气即随之，则此中亦唯见理气之混合。如明道之言理气不二是也。然在人道德生活中，亦确有心所知之"理"，与身之"行"为二，或"理"与"心知"为二之一境。此心明知理当如此，而未之能行，则所知之理，遂显为超越于行之之气上，而若对吾人施一命令，命吾人行之，而吾人乃如为尚未能顺此命令者。又或心之于理，初不知之，而唯待穷索以求知之。于是此理亦初超越于心知之气之上，亦若命吾人知之，而吾人乃未及知之者。然此中之理，虽超越于吾人之行为与心知之上，此理又必求贯彻于吾人之行为，而显于吾人之心知，则此理又非外在于吾人，实即吾人之行为所实现之理，吾人之心知所显之理。故此理应即为吾人之行为与心知之性，而此性此理乃内在而非外在。吾人于是可自此性此理之超越而大公言，谓之天，自此性此理之内在分别属于一一之人而言，谓之人。合以为一"即天理即人性"之性理之论。此中，可就此性理之求充量实现，并呈显于吾人之心知与行为言，此性此理固必归于与心身之气合而为一。然可就此性理之未能充量实现呈显言，则理与气，即不得不相对为二，而理乃恒若居于气之上，不论气之是否能实现之呈显之，亦恒自如其为理，以长存于天壤；亦不论人之知之与否，感之与否，而若恒自在者。又此理此道之恒自在，亦即所以见此理此道之未尝不昭垂于人前者。故曰"寂然不动，感而遂通，此已言人之分上事，若论道，则万理皆具，更不论感与未感。"（遗书卷十五）此亦即人在道德生活中，所以对此理恒有畏敬之感之故。而明道伊川之所以重诚敬或主敬，亦即所以凝聚此身心，以求契应于此天理之昭垂，以使之实现呈显于吾人之身心，而见此天理之流行于日用常行，并使此身心之气，得恒顺此即性即命之理者。此便异于横渠之先穷天地万物之理，再尽吾人之性，以上合于乾坤父母之志，乃得立吾人之命于天地间之说。此中之理，必依其为一纯粹之理之本来面目，以昭垂于人前，则又异于横渠之即天地万物之气，而言其道其理者，尚未能见此纯粹之理之昭垂于人前，以人之诚敬，直接与之相契应者也。

　　在伊川之思想中，其言理，除为以吾人之诚敬，与之相契应之"天命于吾人之当然之性理"外，自亦言及天地万物之生生之理。而此天地万物之生生之理，即天地万物之性理。天地万物之性理，与吾人之性理，实同是一理。此义乃发之于明道。原明道既言人与万物之一体，则人不得私天理为人所独有，谓为天之所独命于人者；遂当谓天之所命于人之理，亦天所命于物之理。唯物则气昏而不能推①，故不能如人之能实体此天理。此义为伊川所承，而更重人物之气质之差别，再为朱子所承，即成其"观万物之一原，理同而气异"之说。今暂不及。伊川既承此说，而更重人物之气质之差别，亦即重不同之人物所显之理之不同，乃更重于事事物物分别穷理之义。然于天地万物皆同本此生生之理，以生以成，则未尝有异于明道。唯因其更重理之超越于气之义，故亦更重由理之原为生生不穷，以说气之所以生生不穷。气既生生不穷，则无所谓往而复来之气。②然横渠之以气为虚而实者，则有气之往而复来之义。气有往而复来之义，则气虽化而非化。"气"乃在横渠思想若为主，而"理"与"道"乃若为宾。然在伊川思想中，气之息者往者、屈而散者，则不再生

---

　　① 二程遗书卷二。
　　② 遗书卷十五谓"屈伸往来只是理，不必将即屈之气，复为方伸之气，生生之理自然不息"，又"凡物之散，其气遂尽，无复归本原之理。即散之气岂有复在？天地造化，又焉用此即散之气？以至于潮水之生与涸，伊川亦谓"日出则水涸，是渐退也，其涸者已无用也。月出则潮水生，却非已涸之水。"

第十三章　原太极上：朱陆太极之辩与北宋理学中太极理气思想之发展　　277

为方伸再来重聚之气，故疑气有往来之说为大轮回；而谓气之生生不穷，乃原自理之生生不穷，或此理之原是一生生不息之理。于此气之直自理生者，伊川又或名之为真元之气，以别之于外来之气。至此气之依理而屈伸、聚散、生息，即所以见天地阖辟之机。① 是在伊川，乃以生生之理为主，并以依之而有而生之气为宾。此即下开朱子理先气后，理主气从，以论天地万物之生生之说者也。

然伊川虽有理气为二之义，并有理主气从之义，亦未尝论及太极之问题。其易传一书，未及系词传，其经说中之易说中系词传项下，亦未见其及太极之义。唯遗书卷二言及"极为天地中是也，然论地中，尽有说。"此所谓极，亦非太极之谓也。伊川更未尝直言其所谓生生之理为太极，亦未尝深及于理气之如何关联之诸问题。伊川之思想之所以未言及理气关系之问题，盖由其虽分别形而上之道与形而下之器，而肯定一"冲漠无朕，万象森然以具。寂然不动，感而遂通"之理之世界，然彼仍只重此理为人之诚敬之心所契应，以为人所知所行之义；乃只泛言万物之依此理而生生不穷，未尝将此理作为反省之所对，进而视之为能客观的统摄一切之统体之理；故未尝加以太极之一名，亦未尝论及其与万物之气之种种复杂之关系，以形成一宇宙论之系统也。而朱子则进此一步，径谓此生生之理即太极，径谓太极为理，以使二程之言性理，与周子之言太极，重相涵接，亦与张横渠、邵康节之求客观之"见易"、"观象"，以论天地万物之理之精神相乎应，而遥与汉儒、阴阳五行之论相交涉。朱子论气之神化与心之虚灵，尤多取诸横渠。于是其言理与气之关系，尤善能多自方面，分别以观，而形成一宇宙论之系统。然以其理气之论，散见语录者，多不相统属，亦有似相矛盾者。故下文述其太极理气之论，不取寻文绎义之方式。拟首将此中所论之问题，推开扩大一步，而视为一客观之天地万物之根原之问题，先泛论其可能之解答，以为比较之资，使吾人于朱子之太极之理气之论，可逐渐凑泊其义。更于朱子言理气之诸大义，为其书所屡及，而人所共知者，循今日之哲学思维方式，代为说明发挥，以见其言之在今日，犹有不可磨之价值。此亦所以助吾人对之有一更真切之了解。是即本文中篇之所论，所以必须触类旁通，肥词广说，而与本篇之谨约矜慎，文不相侔之故也。

① 二程遗书卷十五。

第十四章　原太极中：天地之根原问题，与太极一名之诸义，及朱子太极理气论之哲学涵义

一　对天地万物根原问题之诸说与太极一名之诸义

吾人所谓天地万物之根原之问题，初乃克就吾人今所经验之客观之事物，而问其所以生之原因或理由之问题。此原为人类所共有，西哲所擅长，亦为中国先哲之所常论，而恒连于太极之一观念之一问题。对此问题之答案之一般思想形态，主要者盖不出七者：

一为以吾人所经验之天地万物或种种事物，即种种现象。此诸事物现象，实另无根原；所谓世界，即此种种事物或现象，加以总述之总体或全体之和。此即以取消此问题，为解答此问题之思想形式，如西方之现象主义者所支持。而在中国思想中，对此一总体或全体之和，后儒亦有以太极名之者。如刘蕺山谓"太极者，天地万物之总名，非与物为君也。"此言虽不代表蕺山论太极之思想之全部，然克就此语而观，即以除此天地万物之总体以外，更无所谓为其根原之太极之说也。

今按：此说之谓一切事物一切现象，合为一全体，不须另求其根原，乃由于忽略一切事物，并非能合为一现成或已有之全体者。原此一切事物，乃在生生不已之历程中。故于人所经验之已有事物外，乃不断有新生者。吾人虽可将所经验之已有事物，合之为一全体，然此新生未生者，则初不在此全体之中。以此已有事物之全体，观新生之未生者，则此新生未生者，原可有亦可无；则于其竟非无而为有，吾人便不能不求说明其所以有之故。此即以下诸说之所由生也。

二为以吾人所经验之事物或现象，其界划未分明者，乃逐渐变为分明；故今日吾人所见之芸芸总总之万物，其界划若已分明者，溯其本原，

应由界划未分明者而生。有如枝叶之分，始于一浑圆之种子。由此而印度神话中有世界生于一金卵之说，希腊哲学中有世界生于一无定限之气，或无"限"者，或无数种子之混合体之说。中国则有天地万物生于一元气或气，或太初之混沌之说。而汉儒之谓太极为元气或气，亦即将此型之思想，与太极之名词概念相结合而成者也。

今按：此说之谓一切界划分明者，由界划不分明之混沌或元气而生，如作为物之生之历程之描述语看，亦非不可说。然混沌元气之所以能化生出万物，仍应有一理由或说理，则非此说所及矣。

三为本于人能造物，使物自无而有，并主宰物而利用之；遂推扩之为一天地万物必有创造之者之思想；乃谓天地万物初由神之创造，亦由神加以主宰。在西方思想中，因有鉴于人之造物，人必先有一定之理想，一定之观念；遂有神或上帝之造物，亦必依一定之型模、一定之计划之说。然此则非东方思想之所重。印度思想之言梵天之创造，重其能自由作无限之创造之义，而众生无尽，世界无尽，则非一定之型模计划所能限。中国宗教思想中之上帝或天，乃时降新命者，于此若言其创生万物，便只可言有一定之程序，而亦不能言一定之型模计划。如董仲舒之所谓天，实即一有意志有情感之人格神。而其言天生万物，即只依于阴阳五行之次第表现之程序，或春夏秋冬之程序，而无一定之型模计划者也。中国思想中之言人之创造活动，亦罕专自人之制造物上说。而恒自各种道德上、艺术上、政治上，人之精神之变化无方之运用上说。此中亦正不能有预定之型模与计划者。中国思想中之太极之观念，初固无神或帝之意义。然前引之马融说，谓太极指北辰。北辰、北极、天极三名，又常通用，而昔人或谓为太乙之神所居。如史记天官书谓"中宫天极星，其一明者，太一常居也。"史记正义谓"泰一，天帝之别名也。"又史记封禅书谓"天神贵者太一，索隐云乐汁征图曰：天宫紫微，北极天一，太一。宋均云，天一，太一，北极神之别名。"则以北辰为太极，即亦可涵以北极或太一之神为太极之义者也。

今按：此说以物由神造，可只由于一原始之拟人的类推，亦可由一哲学思辨之所逼出。如只为一拟人的类推，则人造之物由人造，并不能证明自然物必有造之者。以人造物与自然物，固不必全相类故也。如由一哲学思辨所逼出，则此说自有其深义，下文于论事物之存在之目的因及实现原则处，当及之。

四、为以一切事物皆由无而有。此说乃克就任何一事物在其未有时皆为无，其有，皆为一空前之唯一无二之有；乃推扩及于一切事物，以观一切事物之有皆自无生，或皆以寂寥虚旷之无为背景，在此背景上生起呈现之说。西方宗教思想中，言上帝自无中创造万物，此中亦包含，万物初自无生，而呈现于虚无面上之思想。现代西哲之海德格，以无为凸头有者，亦涵此义。列子天瑞篇，有"声动不生声而生响，无动不生无而生有"之说，则明有"有"自"无"动而生之言。因凡"有"之生，原皆可说为"无中"之一动也。然列子天瑞篇又言："不生者能生生，不化者能化化"；此不生不化者，则又不必是无。至于魏晋之王弼释易之几曰："几者去无入有"；此则虽不涵"无之动"之义，亦依于一观有之始于无之心境而来。韩康伯注易，谓太极为"无之称也"，谓易之一阴一阳为"无阴无阳"，是即言阴阳皆依"无"之太极而生，而为合"无"与"太极"之论也。

今按：以万物原于无，作一心境之描述语看，亦无问题。如以客观上只此一无，便能生万物，则下说即与之相对反，而可见此说之不足也。

五、为以一切事物之有，皆依于一"全有"而有而生，而此全有之自身，又不生不化者。此乃本于：一切有只能依有而有，不能依无有而有，方能免于其有，与所依而有者间之矛盾，而成立之说。此思想在西方乃原自帕门尼德斯之所谓太一 One。此太一之概念，乃尚无精神性之意义者。如依贝勒特 Burnett 早期希腊哲学一书之解释，则尚涵物质性之意义者。然帕门尼德斯之所谓"太一"，通过柏拉图、亚里士多德之哲学中，造物主或上帝之概念，而化为普罗提罗 Plotinus 之精神性之太一，再化为在中古哲学中具全智全善之全有，即同于上帝一概念之内涵。依中古哲学，谓万物原自上帝而有，亦即同于谓上帝之本其无限之全有，而流出或创出种种有限之部分之有之说。然此思想，亦不能否认此有限之部分之有，在未流出创出时之仍为无。此思想，在印度吠檀多之哲学中，亦有之，在中国亦非全无相类之说。如晚周及汉儒所谓太一，即亦被视为一切万物之多所自出。如说文释一字曰："惟初大始，道立于一，造分天地，化成万物。"即以此大始为一，而名之曰大，是大始即同于大一之义。此大一不必即太一之神，然大一又可指太一之神，如前所说。则此与西方之帕门尼德斯之太一之义，通于神帝之义之情形，亦未尝不同也。

今按：以万物之有之生，皆依于一全有，而有而生，即由有而有之谓：此可合于逻辑上之同一原则。然自宇宙之万物之实际存在上看，则万物未生时，仍毕竟亦为无，此即上一说之所据，此说亦未之能易者。是即见此说与上说相对反，而同有所不足也。

六、为以一切事物之有，皆分别依不同之因缘或原因而有，不能只以同一之因，说明一切之有之所自生之说。此在西方希腊哲学中，则有亚里士多德之本其前之哲人所提出之质料因，形式因，动力因至目的因之说，所成之"一一个别事物各有其不同之因；所谓同有某因，只为一类比之说法"之论。近代科学之于一一事物，分别研究其物质材料与形式、结构、原则、定律、前事后事，并以前事为后事之因之论，亦由亚氏之说演变发展而出。在印度思想中，六派哲学皆较原始之宗教思想，更重因缘之陈述，而以佛家思想为最重因缘者。佛家之法相唯识之学，则为于一一不同之事物之不同因缘，喜作最详细之分析者。依此说，一切泛指一因，以为万物所自生之论，所同有之一缺点，皆为忽略一物所自生之特殊之因缘，亦忽略"一物之何以不于任何时任何处生，而只在一特定时空特定情境下生出"之理由或原因。此说则能特重视不同事物之不同之特殊因缘，而或进以论一共同普遍之因为不必须者。在中国思想中之重视此一一事物之在一特定时空发生，与其特定之原因之思想，应说以中国之阴阳家为代表。阴阳家之重历法之时间，重阴阳五行之气之复杂的组合变化，亦即意在求应合于个体事物之特殊性，而分别加以说明者。依此种思想方式，最后亦宜归于无共同普遍之原因，亦无统体之元气为太极之说。故在阴阳家之说中，太极之名，亦有只以之指一时空之运转中之一枢极星之北辰者。此北辰，虽为时空运转之枢极，亦实只一特殊之个体事物而已，非统体之万物之原矣。

今按：循此形态之思想，则万物之所以生，有分别之原因理由，而可无共同普遍之原因理由。然吾人又确能总万物而思之为一全体，则人亦应能思此全体之所以生之原，而不能免于此全体之所以生之一原为何之一问题。对此问题，亦不能不有一解答之方。

七、为以一切事物依一共同普遍之道或理而生，凡道与理亦皆不同于世间之存在事物之有，而又非无者。故为一般所谓"有"、"无"之间或之上之一概念。然道与理有二种：一为就一一事物所以生之分别之道之理而言。若上所言之一一事物物之形式因是也。一为一切事物之共同普遍之道或理，此可名为统体之道统体之理。在中国哲学传统中，于宇宙论上言统体之道者，盖始于老庄，而在宇宙论上言统体之理，则王弼已有以一理统宗会元之说。然老子、王弼，皆未言生生之理生生之道。而王弼、老子之理之道之生物，又是生之而任之复归于无者，故其说终不免归于"以无为本而虚载群生"之论。此理此道未必足称为生生之理生生之道，而以使物生生不已为事者。中国哲学家中，最重生生之道之理，而视之为万物之一原所在，而详发其蕴者，则为宋儒之朱子。朱子之所论，既近承周张二程之言生生之理生生之道，远本于易传之言生生之易，与中庸之言天之生物之道，而亦遥契孟子之言"生则恶可已"，与孔子之言天道之见于"四时行百物生"之旨。朱子之所论，其影响于今者，又历八百年而未已。故吾人不可以轻心视之。细观此以生生之道生生之理，说明万物之所以生生不已之原之论，如以西方宗教及形上学思想，为较论之资，此实无异是西方三位一体思想中之第二位之道为主，以涵摄第一位之上帝于其中之说。依西方之说上帝为全有，则道应为全有之本质，而表现于其创造万物之事业，此事业乃迄今未已者。故无论上帝之化为耶稣之救赎事业，及创生万物之事，皆未已者。而在中国思想，则尤重此宇宙万物之创造、生化，或流行之历程之未济而未已，天德之流行与圣贤之德泽之流行而未已处。此不已，乃悠久无疆而永纯一不已，由此乃特重此道之永远在前为导之义。而自万物之创生言，则万物未生之际，只能说寂，其由未生而生，此中之先有者，亦只能是一由未生至生之一道一理，在前为导，而物则依此生之道生之理以生。此即见天德天理天道之流行，于万物之相继而生生不已之历程中。此则中国传统思想共有之大义，而为朱子之所发挥，以成其以此理此道为太极，以主乎一切流行之气之中之思想，而为西方之宗教思想与形上学思想所未之能及者也。

吾人之所以说此思想为西方思想所未之能及者，此乃由于西方思想虽有以上帝之全有，为一最高之实体之思想，然在西方宗教思想中，则上帝之道之表现于其创造万物之事业，实尚未已而谓可已，是即于此体之必行于用中，或必显于流行中，实未能加以重视，故有其世界末日之论。人果谓世界有末日而其流行可已，亦即见其于所谓天或上帝之创造性，实并未加以正视。创造之所以为创造，在由无生有。此可为东西思想所共认。然创造既为由无生有，即无论创造者为谁，所创造者为如何，此创造者要终不能真自足于其自身之为全有,而必有一义上之自己之超越,以另有所生,而彼亦唯在有此自己之超越,而另有所生时,得成为其自己。换言之,即彼无此创造,则不能真有其自己,而彼亦不能已于创造,而不表现于流行。在西方中古形上学思想,谓上帝为全有,则恒谓此流行或创造,对上帝为可有可无之外加之事,而此世界之创造与流行,乃对上帝为偶然。反此说者,乃被视为异端。此即未能深契于"体之必行于用"以表现为流行或创造之义。然此表现为流行或创造,既为由无生有,则一切物于尚未现实有之先,只能先有此"去生有"之事中,一"生有之方向"或"生有之一理或道"。此道此理之所在,即创造者之所在,而创造者即可同于此理此道。此即以理道摄创造者之朱子思想,其所以不外此道此理,以言天言帝,而以天帝同于此理此道之故也。按程子谓"以主宰言谓之帝,以理言谓之道,以形体言谓之天",是即明言天即此理此道。故朱子注经,于言天帝处,乃皆以理释之,谓"获罪于天,即获罪于理",又释"帝命文王"曰:"理合如此,便是帝命"(语类卷八十一)按古经所谓帝天,盖实为人格神,未必如朱子所训释;而朱子之必如此加以训释,则所以完成此以第二位之道,摄第一位之上帝之思想之发展者也。

二 统体之理之所以必须建立之理由与实现原则

然吾人欲了解此统体之理或道之所以必须建立,宜一先略说一般所谓事物之所以生之因缘、或分别之原因或分别之理,实不足以说明事物之所以生之故。

一般所谓事物之所以生之因缘或原因,多为指一事物之生之前事。如芽之所以生之前事,为种子之遇日光,而接收养料。一般之常识及科学,遂以此前事为芽之所以生之原因或因缘,此自一般义,自为可说者。因某一定之事物,确有其所承之一定之前事也。此中,人若只以此所承之前事,为一事之外缘,亦原无问题。然如以前事为后事所自生之原因或理由,则人可问此前事中是否真有后事?如其已有后事,则不须说后事由之而生。如其中无后事,则后事又如何可说由之而生?一般所谓由前事化为后事者,亦即意涵前事既化而由有归于无,后事乃由无而有而生之意。今若问:前事既化为无,乃有后事生,则应说由前事之无，乃有后事生，又如何可说后事由前事生？此中，人如愈注目于后事与前事形相之不同，如芽与种子形相之不同，则愈于后事之何以由前事生，愈不得其解。以前后之事之形相既不同，吾人便不能于前事之形相中，求得后事之形相，所以有之原因或理由；则后事之形相之所以生，便亦不能以前事之形相，为其所以生之原因或理由。由此而哲学家乃有一形式因之观念之提出。此即谓一新事物之本以前之旧事物而生，乃唯取旧事物之质料，以为其质料；至新事物之形式，则不由旧事物来，而另有其根源。此根源，即在如此如此之一新事物之形式之自身。此一形式之自身，初不属于现实事物之世界，而只在一形式或理念之世界者。此形式或理念，亦可存在于上帝之心，或为人心所先意想及，然要为先虚悬于现实世界之事物之上，而唯待为旧事物者之变化，及旧事物之质料舍其原来之形式，以表现此新事物之形式时；此新事物之形式，乃由虚悬于上，而得实现于其下面之现实世界者。在西方近代之哲学科学思想中，则有事物之变化，乃循变化之律则，而由此律则以规定事物之变化历程，或律则自身之次第表现历程之说。至在印度之唯识法相宗，则于一事物之生，除以其前事为增上之外缘之外，又立一事物之种子，以为一事物所以生之亲因。所谓一事物之种子，即一事物之潜伏的功能。此不同于一般所谓种子。如一般所谓种子能生芽，依唯识法相宗义，则此一般所谓种子，称为外种，乃与日光水分等，同只为芽之外缘之一者。然除此诸外缘外，尚有生芽之功能之自身，为芽所自生之亲因；此方为真正之种子，或称为内种。然此二说，各包含一更根本之问题。前说之问题是：如谓后事物未生而其形式已先在，则此先在而未现实化为现实事物之形式，如何得现实化之问题，或其现实化之理由或原因何在之问题。吾人谓事物依律则而变化，亦涵此律则已先在之义，有如火车之轨道之先火车而在。此中仍有此律则如何为事物之变化历程所表现，而得现实化，以为事物之变化历程中之律则之问题。在后说中，则谓事物之亲因为内种或种子或潜伏之功能，亦同有此潜伏之功能如何得现实化之问题。唯对后一问题，在法相唯识宗中，因重在讲一切事物之种子，在如是如是之已现实之外缘下，而如是如是现行（即现实化），此乃法尔如是；便亦可不必问为潜伏之功能之种子本身，如何能转为现实。又所谓现实，如指现实于心识之前，则唯识法相宗可说：此心识之知之，即其所以得现实化之理由。此心识之知之，亦即可称为其所以现实于心识之前之实现原则。而对上述之形式或律则，如何得现实化之问题，则依西方亚里士多德之哲学，于此有动力因、目的因之说。依此说，一新形式之所以得实现于旧事物之质料，乃由另有一动力为因，以使旧事物变化，兼使其质料，舍其原本之形式，而表现一新形式，遂使新事物得成。此新事物之成，又有其用及目的，此形式之所须现实于旧质料，亦即为求实现此目的。故新事物之所以生，亦即由有动力因，以使旧质料实现新形式，而实现一目的以生。如人用力于石，以使吾人心中之一人像，实现于石成一雕像，以供人之欣赏，即为吾人心中之人像之形式，由人之动力而实现于石，以达一目的之例。而此亦即已现实于人心之目的中之形式，贯彻于其质料，使质料得实现其潜能，以表现一现实之形式之例。今将此说加以推扩，以应用于自然界之事物之所以创生，即归于以新生之自然物之形式，皆先现实于上帝之心灵，而由上帝实现于其质料之中，以达其创造此新生自然物之目的之说。此中，吾人如将上文之形式，易为自然律，则当说自然物之变化所依之自然律，乃先现实于上帝之心灵，而后由上帝加以实现，以使之成为自然物之变化，所实际表现之律则者。凡此使形式律则，不只虚悬于事物之上，而实现于事物之中之原则，在西方哲学即径称为一形上学之实现原则（Prinsciple of Realization）或现实原则（Principle of Actualization）。此实现原则或现实原则，乃人追问一新事物之形式，何以能实现于其质料，或潜能之所以化为现实，以使新事物得创生而存在，所逐步逼出，而必须加以肯定者也。

三　生生之理与形式之理之不同，及气与西哲所谓质料之不同

西方哲学之分别一般形式之理与实现原则，乃西方哲学自亚里士多德，经中古思想，至近世之来布尼兹，以及今之怀特海之哲学中，一极重要之形上学观念。而在中国方面，则中庸之诚，易传之乾坤，皆具有实现原则之意义。而畅发其重要性者，则为承周张二程之传之朱子。朱子之所以重理，即重其为一实现原则。朱子之所谓理，固有二义，其一义为：一物所具之理或一事一物之极至之理。此可为就一事一物之特定之形式构造相状而言之理，而相当于西哲之形式之理者，于此可说物有

许多，理亦有许多，物各有其理或律则，而各有其极。①朱子所谓格物穷理，亦初重在分别就物之不同，以知其不同之理。然朱子所归宗之理，则又为一统体之理。此统体之理，即一生生之理生生之道，而相当于西方哲学所谓实现原则者。然朱子之论此统体之生生之理生生之道，与西方哲学之论实现原则，又有大不相同之处。此即因西方自亚里士多德，经中古哲学之传，至近世来布尼兹，其言此实现原则，恒以上帝之心灵之神智，先知其所欲实现之形式律则为根据。是则意涵此形式律则之理，乃先在，而此实现原则，又内在于上帝之实现其所知之意志之中。此又意涵：实现原则唯依于上帝之意志而后可说。由此以言神造天地万物，乃势必归于一神学上之由神知神意预定一切之预定论。惟现代怀特海之言实现原则，乃反预定论，而连于其创造原则，以言实现原则。此则当别论。在朱子之思想中，其言统体之生生之理生生之道，固亦为先天地万物而自有者。然朱子唯直言天地万物之依此道此理而生。至对物之形式之理，则视为后于物之生而有，以为人所知者。故语类卷九十四谓："未有一物时，是有天下公共之理，而未有一物所具之理。"则朱子无形式之理先在之说，亦无形式之理先为上帝所知，由其意志加以实现之说。其以人物直依此道此理而生，此道此理亦即直接为人物之所以生之理由或实现原则。故此道此理，即可视为人物所以生之性，而直接内在于人物者。此亦无碍于自此道此理之为不同人物之公共之本原，而称之为天道天理。由是而朱子词所谓"无尽今来古往，多少春花秋月"中之人物之相续生生不穷，亦即此天道此天理之赋于物，命于物，以为其性，之一天命流行之历程。此即由于吾人前所说：中国思想素不重上帝或天之创生物之型模或计划，及其创生者之为如何如何What，与中国思想重此天之创造性之本身；方发展出此朱子之直以此道此理，为人物之生生之原，以说天命流行之思想也。然此固不碍朱子之此道此理，同于西哲之所谓实现原则，同为说明事物之创生所以可能之原则，亦同为吾人问新事物何以创生而存在，自然逼出，必须加以肯定者也。

---

① 朱子之物各有理、物各有极之理，可为下所谓统体之理之表现于一物者，亦可是为一物之形式之理。则物多理多，可指形式之理之多，如语类卷九十七谓"花瓶便有花瓶的道理，书灯便有书灯的道理，水之润下，火之炎上，金之从革，木之曲直，土之稼穑，都有性，都有理。人若用之，顺这理始得。若把金来削做木用，木来熔做金用，便无此理。"又语类卷九十四"事事物物皆有个极，君之仁，臣之敬便是极，此是一事一物之极。总天地万物之理，便是太极。"

吾人如知此生生之理生生之道，乃使新事物得生而得存之理，则此理决不同于一新事物之为如何如何、为 What、表现何形式何自然律之理，如芽之为绿，为长条形等形式之理；而唯是"此绿而为长条形之芽之物，何以能生能存之理。"亦即"此绿与长条形之如何如何之一 What，何以得其所附之 That"之理，或"此具 What 之 That，如何得生得存之理。"故此理，乃与此 What 或形式之理本身，不同其层次者。如吾人谓一物之形式之理，为先一物之有，而自己有，或潜在者，则于此理，应如西方哲学家之径称为一实现原则或实现之理。吾人如谓一物之形式，乃属于一具体物，后于具体物之有而有，以为人所知，或谓一物之形式之 What，亦为属于一物之 That 者；则此实现之理，应直称之为一"创生此整个具 What 之 That 之具体事物"之理。如自此理所创生之具体事物，乃生生不穷者言，则应称之为生生之理。此生生之理，乃唯以使一一"具 What 之 That"次第得生为事，故即一一"具 What 之 That"次第得生而存在之事之理由，或真因所在。亦一切"具不同之 What 之不同 That"，或一切不同事物所以得生而存在之共同真因之所在。故此理为一统体之理。朱子于此理之所论，其进于初言此理之二程者，则在其对此理，更名之为太极，并就其与气及物之关系，而与以分别之说明。

此分别的说明之要，在说明此统体之生生之理或太极与气及物之诸关系，此俟下文详之。吾人今所当先及者，是除吾人须知朱子所谓统体之理，不同于西哲所谓形式之理外，亦须知其所谓气，不同于西哲如亚里士多德所谓一物之质料。此乃由于亚氏所谓一物之质料，乃可于一物变其形式时，改为他物之质料者。一物之质料改为他物之质料时，仍是其自身，则如自为一定质。然朱子所言之气，则上承程子之说，而视之为依生生之理，而生生不穷者。物变化而不同其故，则其气亦不同其故。伊川谓"不能将既屈之气，还作方生之气。"朱子亦谓"大钧播物，一去便休。（朱子语类卷一）此即大不同于西哲之言一物之质料，可改为他物之质料，如自为一定质之说。溯中国宇宙论思想中，气之观念之所以立，初实由观物之能自化而立。在物之自化之际，则一物原表现之一形式，固化而不存，其质亦化而不存。在此中，物固无定形留滞于后，亦无定质可改为他物之质。当此形质既化，尚可言余存者，即只此有形质者，所化成之无形质之一"动态的有"。此一有，即名为气。所谓气之化而为物，亦即此气之由为无形质之一有，而化为有形质者之谓。故依中国先哲所谓之气，以观西方哲学中所谓物之形式与质料，皆第二义以下之概念，而后于气之概念者。气之本身之有或存在，亦即一物之形式质料之存在性之所在。吾人今所谓一物为存在，谓物之形式质料为存在，依旧语，亦即说其涵有气之谓。故气之义，亦即略同今所谓存在之义。① 此气乃初不可言其有一定之形式者。亦唯有一定之形式之气，未变而若不可变者，方可言有定质。唯此有定质者，乃可由为一物质之质料，而改为他物之质料时，仍是其自身。故无一定之形式之气，亦不可言有定质。而无定形定质之气，亦非"有即常有，存即常存"之气，而只能是一在生生历程中或流行历程中之气，亦即其本身在生而化，化而生之历程中之气。此气之生而化，化而生之历程之相继，尤不能无理以贯乎其中，而主乎其中。因此气既在生而化、化而生之历程中，便不比西哲之原始物质或质料之可自存自在者。今若无理以贯乎其中，而主乎其中，则气之既生，不应更化，气之既化，亦不应更生，便无其生生化化历程之相继。若无此历程之相继，则天地毁而万物息，更不应有天地万物之生而化、化而生之生生不已。今既有天地万物之生生不已，则必有气之生生化化之历程之相继。而有气之生生化化，即有一生而能化，化而能生之生生之理，贯而主乎此气之生生化化之中，以使其相继，成为可能。故此生生之理，又初乃由气之生生化化而见；气之生生化化，又由万物之生生不已而见。若无此万物之生生不已，则无气之流行；无气之流行，亦不能说有生生之理。此则朱子有理不离气义，及太极之理行乎动静，而又超于动静之上之义，以说之。此生生之理，其义又不同于气之流行与万物生生不已，其所以不同，则由理气之为二而不相离，亦不相杂之义，以说之。而于理气之相涵，则有理先气后、理生气之义以说之。此则朱子言理气关系及太极之大旨之所存，兹更分别详之于下文。

四　朱子之理不离气义之说明

上文已言朱子之所谓统体之生生之理或太极之理，非西哲所谓自始先在之形式之理，其气亦非同于西哲之所谓质料，以分别承载各形式之理者。故朱子所谓理不离气，亦决不能直由一物之形式与其质料之浑

---

① 谓略同不言全同者，因气外之理亦有存在义，详见本篇第六节。

合——如芽之长条形与绿，及其细胞组织之质料之浑合——处了解。如从此处了解，则可说理不离气，亦可说理离气。因物在变化历程中，实即不断改变其旧形式——如芽之山长条形而成叶之椭圆形——此旧形式之理，即离其气矣。又当物之体现一新形式也，在此新形式尚未被体现之先，亦为离其气者。故在物之不断变化之历程中，亦即不断有原与之相离之形式，暂与此气相即相合，更不断离之而去者。依此说，为质料之气，有如一电影上之银幕，而理如银幕上之影像，不断在此银幕上飞逝。或又喻气如一泓池水，任天光云影之暂得徘徊其中；此所映所照之天光云影，即喻诸形式之理。然此诸喻，虽有其美妙之处，实不合于朱子言理不离气之义，此即因朱子之承程子之言气之生生而言气，其气非定质，而唯在一流行之历程中。朱子言生生之理，则直就此气之生生之所以然而言，此理乃贯而主乎此生生之气之流行中，而为其理者，故曰理行乎气之中。此理之行于气之中，亦姑可说即在其恒承先之气，起后之气，以行于气之中。而此所谓不离气，亦即自其不离其所承之气，与所起之气，而如位于已化已息之气，及方生方起之气之间而言。理乃如前挂于所承之气，后搭于所起之气者。故曰"无此气，则理无挂搭处"。若以上举之例为言，而以银幕喻气，则此气之生生，便如特制之银幕，时时随其上所映之影像之更新，而亦更新。至于此理之位，即如在先后之银幕之更迭变易之际，而恒在"送旧银幕之往，而迎新银幕之来"之交。至若吾人以池水喻气，则当视此池水为一有原之活水，活水不断流行，以新陈代谢，而此理即如位居于此活水之流行，而新陈代谢之交。此方为善喻。此中所重者，不在银幕上所映，或池水所照之理。此皆为所谓形式之理，而在此银幕池水自身之更新之理。有此银幕池水之更新，自不断有其所映照，此非难事。而若无此银幕与池水之更新，则银幕池水，亦将疲于映照。此中，唯使此银幕池水得更新之理，方为真正之生生之理。而此生生之理，则唯可喻如位居于池水银幕之不断更新之际，贯而主乎此池水银幕之不断更新之际者。方见其为统摄此池水银幕所映照呈现之一切形式之理之一统体之理，或统摄万理之一太极之理也。吾人于此所又当了悟者，则是此统体之理所统摄者虽至广，而其自身则至为单纯。即此理虽为真正之内在于气之流行之理，而其自身实又不同于其所统摄之理之多姿多彩；而又遍在于一切气之流行中，非如其所统摄之形式之理，不断为物所体现，不断离之而去，可有时而不在者也。

五　朱子之太极动静义之说明

　　朱子之言此生生之理或太极之理，其更进于明道伊川之说者，则在就理气之关系，而详及此理为气之所以动静之理。此乃承伊川之言"道非阴阳也，而所以阴阳者道也"之言，以说明此道此理为阳动阴静之原者。然如何一道一理，可兼为动静二者之原，则不能使人无疑。如此道此理，兼为动静之原，则此道此理之自身，似应亦有动有静。然若此道此理亦有动有静，则此道此理，似又落入动静范畴之下，而只在阴阳之中，不能兼在阴阳之上，以为"所以阴阳"者。而就理之为理而非气言，又如何可言其有所谓动静？朱子于此问题，盖亦极费苦心。朱子初谓"太极、理也，……不可以动静言。"张南轩即质疑，谓太极不能无动静，如太极无动静，则气何以有动静？此确是一问题。语类卷九十四又载："或云太极兼动静，"朱子曰"不是兼动静，太极有动静。"是太极又可言有动静矣。同卷朱子又曰："动亦太极之动，静亦太极之静，但动静非太极耳。"谓此动静非太极，盖为其太极不可以动静言之本旨。此外同卷又载朱子曰："太极自是涵动静之理""有这动之理，故能动而生阳；有这静之理，故能静而生阴。"则又似有动之理与静之理二理，非一理矣。此皆足启疑窦。朱子尝言于太极"有时看来头痛"，可知其于此问题之思想，亦非无转折。彼又自言初尝以太极为体，动静为用，后又谓其言有病，此即为其思想之一最大之转折所在也。

　　今按朱子语类卷六载其释体用之义曰："体是这个道理，用是他用处，如耳（能）听目（能）视，自然如此，是理也。开眼看物，着耳听声，便是用。"又谓"定见在的是体，后来生的是用。此身是体，动作处是用；天是体，万物资始便是用；地是体，万物资生便是用；就阳言，阳是体，阴是用；就阴言，阴是体，阳是用。"此中前一义是谓理是体，后一义是谓先有者是体。依其先有者是体之项下所举之例，皆具体事物与阴阳之例。此非道体理体之体。今姑不论。依前一所谓义理是体之说，则太极是理，自可称为体，而动静若果是依于理而有，则动静自可称为用。如开眼见物，依于目之能见，自可说前者为用，后者为体也。然朱子后终自谓太极为体，动静为用之言有病，何也？

　　推朱子后来之意，其不自慊于太极为体阴阳为用之说者，盖是言太极为体，阴阳为用，则一理之体，与其二用，若不相关涉。朱子为欲明太极在阴阳动静中之意，乃终改而曰："太极者，本然之妙也；动静者，所乘之机也。"而本之以注太极图说。此为朱子对此问题之定论。依此义而朱子乃更重在说明太极即在阴阳动静之中。故谓"太极自是涵动静之理，却不可以动静分体用。盖静即太极之体，动即太极之用也。"（语类九十四）又谓"喜怒哀乐未发，也有个太极；喜怒哀乐已发，亦有个太极。只是一个太极，流行于已发之际，敛藏于未发之时。"（同上）又曰："动则此理行，此动中之太极也；静则此理存，此静中之太极也。"（同上）。故其太极图说注又曰："静者，性之所以立也；动者，命之所是行也。然其实则静亦动之息尔，故动静皆命之行，而行乎动静者，性之真也"，性之真即理之真，太极之真。是此言亦重在自太极之行乎动静，在动静之中，以说此太极与此理者也。

然此上所谓太极行乎动静之中，惟是就动静为太极所乘之机而说，至于就太极之为本然之妙而说，则太极亦应超乎动静之上。按朱子语类五载："先生太极图解言，动静者所乘之机也。蔡季通聪明，谓先生下此语最精。盖太极是理，形而上者；阴阳是气，形而下者。然理无形，而气却有迹。气既有动静，则所载之理，亦安得谓之无动静？又举通书动静篇云：动而无静，静而无动，物也；动而无动，静而无静，神也。动而无动，静而无静，非不动不静也。物则不通，神妙万物。动静者，所乘之机也。"如季通解朱子意是，则朱子言"太极本然之妙用也"，即是自太极之动而无动，静而无静上说。动而无动，静而无静，即不滞一偏，故妙。谓动静为太极所乘之机，即明非以动静说太极本身之意，此则通于其初言太极非动静，不可以动静言之本旨。谓太极乘动静，既涵太极行乎动静之气之中，与气不离之义，而乘字又涵超越其上之义。然于此，如直谓乘动静之气之实，则太极若黏附于气之实之上，则气动静，太极亦将随之而动静；而太极之理之乘气，将如死理乘活气，死人之骑马，随马之动静而动静，而落入动静之范畴之下。此即后之吴澄之疑之所以出也。今不直言其乘动静之气之实，而言动静为其所乘之机；则此中所谓动静，非动静之气之实，而只是指动静相生之机。① 太极于此只在为气

---

① 朱子语类九十四"机是关捩。踏着动底机，便挑拨得那静底；踏着静底机，便挑拨得那动底。又机言气机也。"可见机即动静相生之气机。

之动静相生之机之意义上，以与气相关而不离。即可见太极虽乘此动静之气机，而实未尝黏附于气，亦非复只为随气之动静而动静；而得恒位居于气之动静之上，以保其超越性；而太极之理，即为活理，太极之乘气，亦当喻如"活人骑活马"。此亦即曹端之所以释吴澄之疑之语也。（曹端之文，编入周子全书卷五）

由上文可知朱子实尝极费苦心，以求说明太极与气之动静之关系，以见太极既超越于气之动静之上，又内在于气之动静相生之机之中，以乘于此机之上，而行于气之动静之中。故通朱子之言，以观其所谓动之理静之理，所谓太极涵动静之理，便知其实非谓有动静二理之谓；而唯是谓"太极有动静"或"一理之行于气，便有动静之二相可说"之谓。然吾人在今日，自外求了解朱子者，仍不必能知一太极之理之行于气，何以能有动静之二相。人于此超越的太极之理，何以能内在于二动静之气之相生之机中，仍不能无疑。此则须承吾人上节之意而详说，方得其解。

原彼一道一理，所以可说为生生不息之动静之二气或阴阳之二气之原，乃由气在其生生之历程中，原有一气之化为过渡。气乃由生而化，亦由化而生。由生而化，为由阳而阴，由化而生，为由阴而阳。此由生而化，依于理之暂息其用；则可说为理之静，而如只存具体。由化而生，依于理之复呈其用，则可说为理之动，而如自行其体。此即朱子之所以言"静则此理存，动则此理行"，"静即太极之体，动即太极之用"，"太极流行于已发，收藏于未发"也。此中如无理之静，则生者不能化；若无理之动，则化者无更生。生者不化，化者不生，则无气之生生，亦无物之生生。故天地间之有物之生生，气之生生，正赖有此理之静，理之动。而本篇第三节所谓理行于气中，而承先之气，与后起之气，而如位居其间云云，亦非理为与之在一层面上之气与气间之中介之谓。而是谓气之由生而化，乃依上一层面之理之静；其化而生，乃依于上一层面理之动。此理之静，乃"生而化，化而生"中之"化"之所依；而理之动，则为"化而生，生而化"中之"生"之所依。气在生而化时，乃气之静，亦气之阴。然此理之为体而自存，乃静而无静，即同时为后起之气之动，气之阳之所自生；亦即同时为此气之动，气之阳之机之所在；而亦为其所自生之理，遂得兼为动之理阳之理矣。至气在化而生时，乃气之动，气之阳。然此理之自行其体，乃动而无动，即同时为后起之气之静，气之阴之所自起；即同时为气之静，气之阴之机之所在；而亦为其所自起之理，遂得兼为静之理阴之理矣。此理之静而无静，既即动与阳所自生，此理之动而无动，又即静与阴所自起。故动静阴阳，虽同本此理，而此理乃行乎动静中，而又超乎动静之上。故谓其有动静者，实乃由其见于气，而吾人由气之动静，以还望此理，以反照上溯之辞。若唯自其自身，以下望气之动静，则惟是其自身之呈用以自行其体，与息用而自存其体之别。呈用而自行其体，即见于气而内在于气；息用而自存其体，即不见于气而超越于气。此理无论呈用或息用，为内在或超越，皆只是此理。唯此理呈用时亦能息用，息用时亦能呈用；故自理上着，其呈用与息用，亦无二无别；乃动而无动，静而无静也。

然此上之义，惟赖于吾人将理与气分为上下二层面，乃能分别加以识取。如视理与气在一层面，谓气既有动静，理之有动静亦应如之，此则成混淆二层面之说。此说之不可通，则在其不知谓气有动静，乃谓气动时有能静之理，气静时有能动之理之谓。若理亦如气之有动静，则当言理动时应更有其能静之理，当理静时，又更有其能动之理，以为理之有动静之更上一层次之理。而此上一层次之理，若又有动静，则犯无穷过。若此上一层次之理，无所谓动静，则理不能如气之有动静亦明矣。由此故知理之与气，决不能视作一层面而观。吾人亦不能由气之有动静，而谓理之有动静亦如之。便唯有言所谓理之动静，唯是由其见或不见于气，吾人由气还望此理，以反照上溯之辞。此有如人于行云之下，望月之隐现云间，便谓月有出没动静，而月实并无此出没动静也。

然此中人之仍不能无疑者，则在言气之所以动静之理云云，此中动静二字，毕竟代表二概念。此与言此理为一，便似终有一冲突。人于此亦可问：何不谓太极只是动静二理之和，而必谓太极为一理？此则仍须将理联系于气以观，由理之行于气中，内在于气之流行处以观，方可实见其必说为一理之故。盖气在由生而化时，不能不说是静。然此气之化，则原自其先之生。一气之生，必成一段落之生，而后可言有所生。而成一段落之生，亦即此生之有所成；有所成，即有所终；有所终，即有化。故化正原于生。当气生时，即已同时向于其化，此化亦再向于生。气之生，原于此理之呈用；气之化，原于此理之息用。理之呈用，而有所呈之用，以有所成，有所终，即必有所息。故可谓其呈用，即向于其息用。此理既原为生生之理，其息用自亦将再向于呈用。其呈用既向于息用，则息用为呈用之所涵；其息用再向于呈用，则呈用亦息用之所涵。是见此理之动静，应自相涵。吾人于此，如必欲理之动而无静，则必须其呈用之事，永无暂息，而所生者皆无化无终而后可。然若所生者皆无化无终，则亦无成，无成亦无所生。此理若无所生，则不为生物之理。生必有所生，有所生则必有所成，有所终，而有化。此理之不息于其所生，唯在有化而再有所生处见。唯有万物之生而化，化而生，方见此理为生生不息之理。生生不息之理，亦唯有待物之化为过渡，而自见于万物之相继以生生之中。吾人今亦实唯由见万物之生生，方知此生生之理之有。若必欲舍"化"为之过渡，已生者即一成而不化，则必无此万物之生生之相继而后可。若然，则将无此理之可见。人之思想，一朝念彼已生之物，此念亦将长与终古；而此念既生，应亦不能自化。是则天地万物与哲人之思，同归僵硬，无复可更论。今论者之疑思既"生"，又何必期于求答以自"息"乎。

六 朱子理气为二而不相离亦不相杂义之说明

朱子恒言理与气决是二物，又言在物上看则二物浑沦。此言似自相矛盾。因在物上看，二者既浑沦，何可定言其决定是二物？若是二物，则孰将其联系以成浑沦之一物？似更宜有第三物，以使之成一物。然若有第三物为联系，又应有第四物，为联系，……则犯无穷过。近人于此，乃以西哲之说释朱子，谓其言理气是二物，乃对一物之概念，作逻辑之分析，而视同质料与形式之和而说。依西哲如柏拉图、亚里士多德之说，亦尽可谓一物离其形式，其原始质料自在。一形式离其质料，复可为观想之所对，而自存于理型之世界，或上帝之心。故理气二物，亦原可分离而论。然如此加以分离而论之理气，是否为真实存在者，即大有问题。盖吾人既由物以知其有形式，则形式可永只为一物之形式，亦可永只为其质料之形式。若离此质料，则此形式尽可为虚构，亦可只为在思之之心中存在者，亦即不能离思之之心气而存在者。吾人如何于此证明物之外，气之外必有理？则此中问题繁多。而朱子所重之统体之理，吾人上已说其本非一物之形式之理。朱子并以形式之理，为后于物而有者。朱子所谓统体之理，唯是物之所以生，气之所以生生之理。则于朱子之言,不可依上说加以解释甚明。吾人于上文又言,朱子明有理行于气中,承先之气以起后之气等义,则如何可说理离气以为二物,亦窒碍孔多。故吾人于朱子之言理气决是二物之言,必须另作解释。

吾人说朱子所谓理气是二物,决非理可离气,气可离理而存在之谓。自存在上说,则理气二者,为乃一互为依据,而互相保合以存在之关系。如吾人问:何以气生而能化?则答曰:以有理之动即有理之静故。又问:何以气既化,有气之更生?则答曰:以有理之静即有理之动故。是气之生生不穷,乃依据于理之为生生之理,之动之静,而有者也。又如吾人问:何以知于气之正生时,或正有阳气而有理之动时,理乃动而无动,而能静?则应答曰:以吾人见气之生者能自化,阳气能自化故,阴气能继阳气故。又问:何以知气之化,或正有阴气而有理之静时,理乃静而无静,而能动?则应答曰:以吾人见气之化者,有继之而有之气之生故,阳气能继阴气故。而此非循环论证者,以所答之问题,不同其类,前二者为一气之何以流行存在之问题,后二者为吾人何以知理之超流行而存在之问题也。由此理气之互为依据以存在,则不可只谓气为真实存在者,乃理之所以得存在之根据;亦不可只谓理为真实存在者,乃气之所以得存在之根据。此二者之存在性,实当一齐并论。如只谓气为真实存在者,而理非真实存在,则旧物之气,既化而为阴,而无阳气之所以生之理;岂不将顿尔山河破碎,大地平沉?新气新物将何而自生?又新物之气,既生而为阳,而无阴气之所以起之理,岂不将永有此物以至终古,旧物将焉得而化,以有更新之物生?反之,如只谓理为单独真实存在者,而无气之生化,无阳气之依理之动,以始以生,无阴气之依理之静,以终以化;则此理即成冥然死体,更不见其呈用与息用,吾人又如何知其为真实存在?再反之,人若谓气可单独自为真实存在者,则吾人可更试问:言气之单独自为真实,是自其生处说?或自其化处说?如自其生处说真实,则何不就其化处,而说其非真实?则气为兼真实与不真实者。若谓化必有生,故气恒真实,则此正是依理而说其必有生。若非实有此"生"之一理,气之化岂必有生?气岂能恒真实?此气而真实,岂非如陈安卿所谓"空气"?(戴东原孟子字义疏证天道项下注引陈安卿曰:二气流行,万古生生不息,不成只是空气,必有主之者,理是也。)

吾人如知理与气之存在,原是互为依据以真实存在,即可言理与气原是互相保合,以真实存在,而理气二者之间,亦不须第三者加以联系。

此乃因阴阳二气之相继而生，即由此理之一动一静；而理之动静，不碍其为一理，正由阴阳二气之必有此相继而见。此中一理正所以绾气之相继，气相继正所以显一理。则无待乎第三者之绾此理与气，以成其保合矣。西方哲学中之形式与质料如何相连之问题，于此即根本不立。故朱子所谓理与气决是二物之意，实非理与气，为可分别存在而不相涵之二物之谓；亦非谓"理气之概念，唯原自吾人对于一存在事物之内涵，施以逻辑之分解而立，此中唯气代表存在之意义，理代表非存在之意义"之谓。复非只以理代表存在之意义，气代表非存在之意义之谓。实当唯是谓：此理气二者，原互为依据而相保合，以皆有其真实存在之意义，各有其性相，而不可混杂之谓。此即所谓理气之不相杂也。

析此所谓理气各有其性相，而不可相混杂之义，亦可分为此下数义。

甲、理全而气偏，理常而气变。所谓理全者，即指理之兼涵呈用而动、息用而静之二义而言。所谓理常者，指理之本身无动静变易而言。所谓气恒偏者，指气只能或为阴而见理之静，或为阳而见理之动，不能同时兼为阴阳，兼具动静而言。所谓气恒变者，指阴阳二气之相继流行而言。然此阴阳二气之所以能相继流行，正由太极之理之兼涵呈用而动、息用而静之二义，以万古不易而来。此太极之万古不易，又正当于此阴阳二气之相继而流行中见之。此则方才所已及。是即证理之常与全，及气之偏与变，二者虽不同而实未尝不相涵也。

乙、理一而气多。生生之气即生生之物之气。生生之物之气，依其形式之理之不同，而万殊，而至多，则气亦万殊而至多。然此万物万殊中之生生之理，皆同为一生生之理，万物之万殊，亦同为一统体之生生之理之表现。自此统体之生生之理而观，多一物之生，此理不增，少一物之生，此理不减。物在今，此理不只在今；物在昔，此理不只在昔；物在近，此理未尝近；物在远，此理未尝远。此理乃通今昔远近，万殊之物之气，而为其一本之理。此一理为一太极，故曰"统体一太极"。至于克就此理之表现于万物万殊之物之气而言，固亦可说万物万殊之气，皆有此理，则当说"一物一太极"。此中若有理之分，又实不分，而未尝不一也。吾人通常言气、言物，可直就气与其所具之诸形式之理之万殊而言之，而气多物多；此统体之理之连于此形式之理而有之诸分别表现，亦因之而为多。然此气之多、物之多、其诸形式之理之多，与此统体之理之分别表现之多，皆同依于此一统体之理，是谓万殊原于一本。气之多、物之多、及形式之理之多、统体之理之表现之多中，皆有此一统体之理在，是谓一本在万殊中。故此理之一、与气之多、物之多，虽见理之气为二，亦未尝不相涵也。

丙、理无情意，无计度，无造作，气有此造作等。朱子语类卷一曰："疑此气是依傍道理行，及此气之聚，而理亦在焉。盖气则能凝结、造作，理却无情意、无计度、无造作。"此义乃由上述之理常而气变，引申而出。情意计度造作，皆有动有静，而生生不已之事。此皆依理之动静，以生以化，而成其变易。然此理之自身，则不可以动静生化言，乃历万古，遍天下，而贞常不易者。故只是一"净洁空阔之世界"，亦无情意计度造作等。然若无此理，则人之情意计度造作，又不能进行——情不能由喜而怒，由哀而乐，意不能由此而及彼，计度不能知近以知远，造作不能由难而易——生生不已而成事。情是情，而化情以生情者，非由此中之情；意是意，而改意以立意者，非由此中之意；知是知，而由知近以知远者，亦非由此中之知。此皆赖于冥权密运之生情、生意、生知之"理"使之然。此理与其所生，不在一层次，故不能以此中之情意等之名，加于其上。此理在人，只为一内在之性，然此理此性，亦即由人之情意计度之气之运行以见。故朱子于语类卷四又曰："天理固浩浩不穷，然非是气，则理无所凑泊，无所附著。"是亦见理与气为二，而亦未尝不相涵也。

丁、理无形，为形而上者；气有象，为形而下者。朱子尝以"形而上者，无形无影，是此理；形而下者，有情有象，是此气。"此义由上述之乙义即可引申出。气运行于其所生之物中，物有万殊，有其不同之形式之理而有形；而气之运行于物，亦有生化动静之态。将此生化动静之态，合而观之，即一太极或一理之动静于气中之象。分为一生一化，一动一静二者而观之，即阴阳之象。于生于动，于化于静，再各分始终，则成四象。更二分之，即成八卦之象。……又合二以成三，为太极阴阳之象，合四与一，成五行之象。缘是次第衍生，而此一理之动静于气中所成之象数，亦可无穷。总而言之，则运行于物之气（包括物）之世界，即有形有象之世界。至于克就气所依以生之太极之理，或生生之理言，则初唯是一能生之理。若不言其所生之物，与表现于气之流行之段落，此理便无形无象之可言，而只是一纯一之理。然此纯一之理，表现于有形象之气之生而化、化而生之历程中，则此有形象之气之生而化、化而生之历程中，亦随处见此无形无象之生生之理之无所不在。是又见此理气之为二，而未尝不相涵者也。

七　朱子之理先气后及理生气义

　　朱子言理气为二，恒言理气无先后，然又谓"必欲推其所从来，则须说先有是理。"又谓"未有天地之先，毕竟是先有此理。"（语类卷一）以见此理气二者中，理之为生物之本，气只为生物之具。然此所谓理先气后，毕竟作何解，亦是一问题。后儒之疑朱子言理气为二之说者，亦疑其理先气后之说。依朱子之言理不离乎气，理气互为依据，而相保合之旨，则理又何得先于气？近人于此，乃谓朱子所谓理先气后，是自逻辑上之先后说，而非自时间上之先后说。朱子亦固尝言："理先气后，非今日有理，明日有气"之类。谓理先气后，是乃指逻辑之先后者，其大意不外谓：物有理，即物之概念中涵有理之概念，亦预设理之概念，故必有理乃能有是物。物之概念亦连于气者，则理之概念，在逻辑上先于物，亦即先于气。吾于此，在二十年前，即尝作朱子理先气后说疏释（历史与文化第一二期）详论之。大意谓如以逻辑上先后说，则依朱子，物既为理气之混合，便不仅当谓理之概念为先于物，亦当谓气之概念先于物。而当兼言气先物后，不应只言理先气后。吾于该文，即归于谓朱子之理，应指生之理或生生之理，而非指物之形式之理。该文于理先气后之说明，则首取证于人之道德生活中，恒是先知一当然之理，而后志气随之，以证理之呈现于先，气之随从于后。略如本文上篇第八节论伊川之理气处之所陈。由此以言万物之生，自亦当是有生生之理为导于先，乃有生生之事生生之气，随之于后，故此先后乃形而上之先后云云。该文虽语有未莹洁，然迄今二十年，吾仍持旧日之见，以为朱子所谓理先气后，初唯是形而上之先后，非逻辑上之先后；而吾人亦复当首在道德生活中，人之志气，随其所知之当然之理而起处，先有所取证，进以观彼万物之生生，皆是以上一层次之生生之理为导于先，生生之事、生生之气、随之于后。而此理之恒居上为导，即由吾人上段所谓由理之动而有气之动，由理之静而有气之静，即足资说明，不须更论。

　　然吾人今将进一步说者，是此中所谓形而上之先后，亦可包括宽泛义之逻辑上之先后,以及一义上时间之先后。因吾人可以气专指已表现之气,已表现之气,即为理之表现之气;则此为"理之表现之气"之内涵,既包括此理,即预设此理,故可说理在逻辑上先于此气。至于亦可说有一义上时间上先后者,则以气在流行之历程中,其依理而生生,即成先后之段落。此中后一段落与前一段落,同根于一统体之理。后一段落之气未生时,此统体之理已先表现于前一段落,则当视此理为前一段落之气之理时,即可说其在时间上亦先于后一段落之气也。抑盖因此理之先于气,亦有其时间上之先于气之义,然后方可引申出逻辑上及形而上之在先之义也。

吾人真能识得朱子所谓理先气后之义,则亦不难识得朱子所谓理生气之义。所谓理生气之理,若指一物之形式之理,此气指其质料,"生"指一前提之涵蕴结论,而可生出结论之生;则此形式之理之有,实不涵蕴质料之有,此理自不能生气。若谓理之生气,有如包涵某物者,将其中之物生出,如母之生子,而吾人又将理视为在气上一层面之形而上之理,则此理之义中,既不包涵气之义,亦不能生气,如石女腹中无子,不能生子。然吾人如视理原不离于气,则此理之生气,即气之依理而生,依理而行,如人之依道路而自有其"行走";则理之生气之义,即不难解。如方气为阴,而依此理之动,则有阳之气生;方气为阳,而依理之静,则有阴之气生。即皆依理而生气之事也。须知吾人于此,若依程朱之气为生生不已,新新而不同其故之说,吾人实不能说此中后来之气,由以前之气之所生。因此中后来之气,乃由以前之气之化而后生,即由往者过,而后来者息,便不能说此后气,由前之气之所生,而只能说由以前之气之过而化所生。然以前之气既过而化,即其已由有而无,而归于寂,此无、此寂,又何能生以后之气? 则以后之气之生,如有原因理由可说,即只能直接依于生生之理而生。此中后来之气,初原无有,故其依生生之理而生生,自气上着,实即自无而生,自寂而生,有如自无中之跃起一有,寂中跃起一一感。亦如开天辟地之一创造。此创造之为开天辟地之一创造,正在于以前之气之过化,为一寂天寞地之过化也。此中吾人如必欲追问,何以一无形象之理,能生此有形象之气。则吾人须扣紧吾人上所谓此生原不同于母之生子,或一前提之生其结论之生,而只是依之而生之义,以思之。今若吾人不谓气依理而生,则吾人又试问其依何而生? 如谓气乃依另一实在事物,如一般之阴阳之气之外,另一元气或上帝而生，则当问此元气或上帝等中，有无此气？如其已有，何须更生？若其本无，而谓唯是因元气或上帝必能生此气；则须知谓其"必能生此气云云"，仍只是一道一理，而此气仍是直接依此道此理而生。如谓气自能生生，此生生之条理，即理，更不须依一在前为导之生生之理以生；则须知此气之生生，并非一已完成之事实。如其是已完成之一事实，则可说此理只是此气之生生中之条理，不须是一在前为导，为气所依以生生之理。然气之生生，乃一未完成之事实，而尚有其前路者。则后起之气之生生，即不能无此生生之理，为其所依，以在前为导。否则其何以能生生之故，即终不得而解也。至于吾人如必欲追问：此所依者唯是无形象之理，何以所生者，乃有形有象之气？此有形象者，何以能依无形象者以生？此则似终不可答。吾人于此即谓：另外尚有与此生生之理相结合之超越的诸形式之理在，以为不同形象，所依以自生者；问者亦仍可再说，此超越的诸形式之理未实现之先，仍无实际之形象，则此诸形式之理与生生之理结合，应仍不能生出实有诸形象之物。然问者之疑，盖缘其预设有形象者，宜依有形象者以生而来。然吾今试问，若有形象者，果必须亦依有形象者而生，则此所依之有形象者，若与依之以生者，二者全然同一，则能生已是所生，何须更生？若二者相异，则此能生者中，无此所生者之形象，此所生者之形象，岂不仍无所依而生，而为依此形象之无而生。彼所生之物，既能依此"形象之无"而生，又何不可依无形象之理或道而生。如问者再谓"有形象者"之依"无形象之理"而生，此二者终为异质者，Heterogeneous，而不能相协。则吾人可说：凡有所创生，此所创生者与其先之事物，皆同有此不能相协之处，以所创生者皆昔之所无，而亦皆与其先者为异质也。故一切事物之创生之历程，亦即"一宇宙之自异于其昔，而对之成异质之宇宙"之历程。则依异质而生异质者，亦宇宙之常道所存，何足怪异？而此恒自异于昔之宇宙，所以不前后相碍，及"有形象者"之依"无形象之理"生，而亦不相为碍之故；则在此包括一切有形象者而恒自异于昔之宇宙，实在一时时自化之历程中，以时时更生，在此一统体之生生化化，或大化流行之历程中，一切有形象者，原皆出于无形象，而复归于无形象。故恒自异于昔之宇宙，实恒自异而未尝有异，唯是一纯亦不已之宇宙，则依无形象之理，而生有形象之气，亦似互为异质，而亦未尝不纯一而无闲。盖通此形象之相继生生而化化，以归于无形象处，以观此气之流行，便唯见一生生之理之贯彻充周，而无复形象之可见，尚不止如上文所谓此理无所不在而已。而此流行，亦即无异此一生生之理之流行，或天理之流行。或朱子所谓"无形之流形表"之事。是则待于好学者之深思，而默识之者也。

第十五章　原太极下：朱子太极理气论之疑难与陆王之言太极及即心言太极之说

一　后儒对朱子之太极论之疑难与对太极之异释

吾人如了解上文论朱子之太极理气之论之多方面，则知朱子于此问题之所论，实大体上能旁皇通达，曲尽其蕴。其临终前数日，仍与学生讲太极图，正见其穷老尽气，犹念兹在兹。吾人生于朱子八百年后，观后儒对于朱子之言太极理气之论之种种疑难，如细加考察，便知其皆不足以难朱子。而似与朱子立说不同之诸说，如善会朱子义以观之，亦多非必不可说，更不必与朱子之论，有不可解之矛盾。朱子之言之不足，实不在其言太极理气，仍在其言心与理之关系。而象山与朱子之辨太极，亦实皆未揣其本，而欲齐其末，故亦终不能有一共契也。此上诸点，当于下文诸节，次第论之。

对于朱子太极理气之论，当时之张南轩，已多有怀疑，前已略及。后明儒之薛瑄，一生宗朱，尝谓："考亭以来，斯道已大明，惟待身体力行耳。"而独不慊于朱子之理先气后之言。罗整庵力辩性与心之不同，亦独疑于朱子理与气之为二之说。至于与朱子思想本不同之蒋道林、刘蕺山、王船山，至清之颜习斋、戴东原等，更无不反对朱子之理气之论。而诸人所不慊于朱子者，则或如薛瑄之谓："理气间不容发，如何分孰为先、孰为后？"（薛子条贯卷二）或如罗整庵之问："太极（理）与阴阳（气）果二物乎？其为物也果二，其未合之先，各安在耶？"（明儒学案四十七整庵学案）又或如刘蕺山之谓："一阴一阳之谓道，即太极也。天地之间，一气而已，非有理而后有气，乃气立而理因以寓也。就形下之中，而指其形而上者，不得不推高一层，以立至尊之位，故谓之太极，而实无太极之可言。"蕺山继谓："使实有是太极之理，为此气从出之母，则亦一物而已，又何以生生不息，妙万物于无穷乎？"（宋元学案濂溪学案所引）而戴东原孟子字义疏证之评朱子，亦屡谓朱子之以理为得于天而具于心者，乃以理同于一物。此诸说咸归于以理为气之理，理只为气中之理，或气上之条理之说。而于太极，则或复返于汉儒之以太极为元气之论，如御纂周子全书中所载陈锡之无极而太极论，谓："洪荒之世，混沌一气，是太极也。"或如王船山之以阴阳之混合言太极。或如刘蕺山、李二曲等之归于摄太极于人心之论。此当于下文分别论其言与朱子之言异同得失之所在。

二 理不离气之二义及后儒之说与朱子之说是否可并存之讨论

吾人首当论后于朱子诸儒对朱子理先气后理气为二之论之批评，实于朱子有误解，次当论诸儒之善说理不离气或理为气之理者，亦未尝不可与朱子之说并存。因朱子谓理先气后，理气为二，原无理气不相涵，及理必离气之意；朱子固亦屡言"理行于气之中"，"理不离气"，"有是理必有是气，有是气必有是理"也。朱子之谓未有天地，亦有此理，天地毁坏而理不毁，只是从"理为气之所自生之本，不以气之不在而不在"之一面说。其说未有天地，亦有此理之言，与有此理必有天地，尽可互成。天地毁坏而理不坏之言，与理不坏则将再有天地之言，亦可互成。而观朱子之不承认一光突突之理，则固不得谓朱子必主理离气，理气不相涵也。

然所谓理不离气有二义。一则视理全在气之中，或只为气之理，气中之理，气上之理，或气先理后之理；于是理之义乃全在于气，而不能有溢乎气外者。朱子后儒之说，或有趋于此者。或则以理虽不离气，然理之义，复有超越于气之外之超越义，乃先于气，而非无先后，更不可说气先理后者，此即朱子之说。此说与以理全内在于气之说，诚不能不谓之不同。然吾不难说明，朱子所谓理之超越义，实亦非他家所能真加以否认者。而谓理为气之理，亦非必须否认理之具超越于气之义。此如言父母为我之父母，国家为我之国家，并不能否认父母或国家对我之超越义也。所谓理为气中之理，气上之理，亦不必即能否认对气之超越义。如吾人谓岛为海中之岛，海上之岛，并不能否认此岛之有溢出于海面以上之超越义也。唯如戴东原之谓理为气中之条理，而就理字之本义，为玉石之纹理为喻，则此为意在全否认此理之超越义者。西方一般之经验主义、自然主义之哲学家，对理与事物之关系之观点，亦确有以为理乃全自事物中抽象而出者，而有类似于戴氏之以理在事物，有如玉之纹理之在玉者之说。然此说实不能成立。其所以不能成立之理由，即在忽略吾人前所屡及之事物或气，乃在生生之历程中，而非一已成或现成之全体之义。如一切事物或气，为一已成之全体，则一切事物之理，自必皆内在于此诸事物或气之中，而无任何超越于事物或气之理。然此一切事物或气，非一已成或现成之全体，则诸方生之事物，其所以生之理，即不能皆在现有或已有之事物之气化或气之流行中，而必为具超越于气之义，而在上或在前为气之导之理。此理即应为形而上的先于现有之事物或气之流行者。吾人如必欲否认此超越义之理，谓一切超越者，皆不能真实有，则吾人可指出：此事物之变化，气之流行之本身，亦即原有此超越义。因气在流行中，物在变化中，即已是自己超越其自己。现有事物与其气，皆无不超越于旧有事物与其气者。未来之事物或气，亦皆为超越于现有之事物或气者。然吾人如肯定有此"具超越义之事物之变化或气之流行"之世界之存在，则不能不承认有使此事物之变化，气之流行成为可能的具超越义之理，如本文中篇之所论。如谓此理终只是气之理，非离气之理，亦有内在于气之义，此不成问题。然此并不碍于此气之理，同时为具超越于气之超越义者。如谓小孩具能成大人之理。吾人于此固可说此"能成大人"，为小孩之理。然此固无碍于此"大人"、或其"能成大人之理"，或"能再生长之理"为超越于小孩之现状者。故言理之内在义，而否认理之超越义，乃绝不可能之事。如戴氏之喻理为玉上之纹理。此乃举静物为喻。玉上之纹理皆在于玉中，故不能于此见理之超越义。然吾人如举能动之物为喻，则无论小孩成大人之理，草木之发芽生长之理，水之流行之理，无不同具此超越义。即就戴氏之例以观，吾人亦可说人之谓玉上之纹理为理，亦实兼自此纹理之贯于玉之各部为说。而此即同于谓：此理为超越于玉之任一部之上，以贯于玉之他部者。此中仍初未尝能绝去理之超越义也。唯以此玉之各部，皆为已成者，故此超越于玉任一部之理，乃如只在此各部之和之中，而更无超越于各部之上之超越义耳。然一切能动而变化生长之事物，一切一时似静之物,如玉,若自其分子观,或自长时间观,皆未尝不变化之事物。而整个世界之全体,或宇宙之事物之变化之流行之全体,更决非已完成者。则其理决不能皆为内在于其中,而更无超越于其上之义者。故戴东原虽极反对朱子理先于气之说,而举玉之纹理为喻,仍承认有物之必有则,及宇宙之生生而条理。故曰:"生生者化之原,生生而条理者化之流,……生生者仁乎,生生而条理者礼与义乎。"(原善上)其言生生而条理,盖谓此条理只在此生生之中。然在已有之生之中之条理,同时亦超越于已有之生,而贯于后起之生,则此条理仍有超越义。而其谓条理专指礼与义,亦于义未可。因生生之仁,岂即非条理乎?至于其谓:"善其必然也,性其自然也,归于必然,适完其自然之极致。(孟子字义疏证道字项下)此所谓善,岂非即理?既谓善为必然,谓归于必然,乃自然之极致;则当其尚未归此必然之际,此必然者,岂不亦涵具超越于现有之自然之义?则此必然,亦涵具先自然之气之义矣。是见全欲否认理之超越义,实不可能之事也。至于朱子以后之儒者,如薛瑄、刘蕺山、王船山等,皆重视当然必然之理,更不能否认此理之超越义。而此诸儒所谓理为气之理,实亦大皆涵有理即气之生生之"所向"或"所之"之义。其所反对者,唯是谓理可离气自存,全超越于气外耳。朱子后学不善解朱子言者,或有此说。而只本朱子理气决是二物等言,以设想朱子义者,亦可以如此设想。然朱子固未尝谓理全超越于气外,朱子固亦有理不离气之义也。而谓理为气之生生之"所向""所之",以为气之理,亦明非能否认此理为超越于气之超越义者,亦即不能依其说以反对朱子。循朱子之说,于诸儒本于理为气之所向所之,而主理为气之理者,亦未必即须加以反对。细观朱子之说,与此诸儒之说之不同,实唯是重点之不同。朱子之重点,在说气皆依理而生,故气为理之气;而此诸儒之说,则重在言理为气之理。此二者之分别,实如人之欲学圣人,而吾人可说"人之所欲学者,圣人也",亦可说"欲学圣人者,为唯人耳。"前者以圣人为主,后者以欲学圣人之人为主。如以人喻气,圣人喻理,则依前者,人为欲学圣人之人,如气为理之气。依后者,则圣人为人所欲学之圣人,如理为气之理。此二者之涵义自不同,而其言之效用亦有别。如吾人欲使人由气以向理,使气皆合于理,则目光所注在理,而期于使气皆成依理而生之气,即当学朱子之尊理。至如吾人于既知理之后,欲由践理,而使此理更充量表现于气,则目光所注在气,而期在使理皆成为表现于气之理，则人当效船山之尚气。又对外气言理者，则宜说理为气之理；而对外理言气者，则宜说气为理之气。此皆见二说之未尝不可并存。唯吾人言气为理之气时，不可谓理只超越于气，而否认理之亦内在于气；吾人言理为气之理时，亦不可谓理全内在于气，而否认其亦超越于气耳。

至于后儒之不满于朱子之理先气后之说，不满于朱子之只以理释太极，乃改而以气或气之理释太极，或以心释太极者，此皆本未尝不可。以太极一名，唯指宇宙最大之极至，吾人固可对此为宇宙最大之极至，有不同之观念；而以中国思想史之发展观之，亦原对太极有种种不同之观念也。至若问何者最宜用之于解释周濂溪之太极图说所谓太极，则此是一思想史上之问题。依吾人于本文上篇之见，则濂溪之太极图说之太极，如与其通书互证，只可言其同于天道之诚。彼固未说其是理，亦未说其是气或心也。故谓其为理，为气或为心，皆是对其言之一增益，而亦皆代表后儒对太极作进一步之规定，而有之思想之一发展。无论以气或气之理或心释太极者，只须其不否认此心此气之具理，并承认其具一种超越于气之超越义，则亦皆未尝不可说，而各代表一种对宇宙之最大之极至者之一种思想之形态，而与朱子之说，亦不必然相矛盾者也。

在朱子之后儒中，其重在以气说太极，谓太极为阴阳之混合，而具乾坤健顺之理者，则以王船山为巨擘。后之颜元之言太极，亦相类似，而不如船山之宏大而真切。船山之以阴阳二气之混合说太极，乃重在更由二气之流行，以畅发宇宙人生历史之日新而富有之变化，有非成型之理之所能限者。故人亦惟当即事以穷理，而不可立理以限事。然人之立理限事者，其所立之理，实皆唯是本文中篇所谓事物之特殊形式之理。此形式之理，即依上文中篇第三节，所引朱子语，亦为后于事物之有而有者。夫然，故即本朱子义，于事物之生生不已，既不能加以限定，则方生事物之形式之理之如何，亦不能预为规定。人亦不能期彼方生之事物之形式，必合于已成之事物之形式，或心所定之成形。是亦不可立理限事也。然此非谓朱子之所谓统体之生生之理不可立之谓。因此理为事物之生生之理，正为使事物得不已于生生，不限于其所已表现之形式之理者也。船山虽力主人不可立理以限事，固未尝不谓此阴阳之混合，及此阴阳二气之流行，涵具乾坤健顺之理，而主"乾坤并建"。船山固亦未尝否认此使一切宇宙人生历史之日新富有之变化得"成为可能"或"根据"，之乾坤健顺之理之自身，为万古不易，而不加以建立也。是知船山之言太极，虽以气为主，而其言或有进于朱子之处，然亦非与朱子之言太极必然相冲突者也。

至于以心为太极之说，除前谓邵康节、胡致道曾有此言之外，陆象山、王阳明之言，皆隐具此义未伸。然阳明弟子王心斋则有"心……无所闻无所见，便是无极而太极"之言。后刘蕺山更直就人心之独体及其已发未发，而以之释太极图说。其言曰："无极而太极，独之体也。动而生阳，即喜怒哀乐之未发谓之中；静而生阴，即发而皆中节谓之和。才动于中，即发于外，发于外，则无事矣。是谓动极复静。才发于外，即止于中；止于中，则有本矣。是谓静极而动。"故蕺山又作人极图，以代太极图。而明末清初之李二曲为学髓图，以人生本原为"无声无臭，廓然无对，寂而能照，照而恒寂"① 自谓其学髓图之"浑沦一圈，即太极之浑沦一圈也。"② 又谓："周子之谓无极而太极，阳明无善无恶心之体，其旨一也。"③ 清代御纂周子全书所载陆陇其、魏裔介，皆即人身人心以言太极，而魏氏以太极寓于人心，而言立心极，亦足资启发。然此皆由陆、王之心学之流既盛之后，乃有本此人极人生与心极，以言太极之论。而此诸论之旨归，亦非与朱子之说太极图说必不相容，因周子太极之后半，原自人分上说，而朱子注此图说之后半，亦未尝不自人心之性情上取证也。

然朱子之言太极为理，虽与承陆、王之学之流，以心言太极者不必相冲突。然此以心言太极者，亦不能不说有更进于朱子之义。此则原自陆、王之论心与理之关系，即已有更进于朱子之义，足以更显此心之尊，方有此晚明以后摄太极于心之论也。原象山与阳明，固罕论太极；然依朱子义，太极即生生之理，则象山、阳明之论心与理之言，亦无殊于论心与太极之言。象山、阳明之言心与理合一，亦确有可补充朱子之言者在。朱子亦实未能如象山、阳明之真肯定此心、理之合一，故只能言理为太极，性为太极，而未能有心为太极之义也。

原朱子之所以未能真肯定心与理之合一，盖由其言心或不免承横渠之说，而即"气之灵"或"气之精爽"或"气中之灵的事物"而言心，

---

① 二曲全集卷二。
② 二曲全集十八答朱子录书。
③ 同上。

乃或未能即心之知理而践理处以言心。心本可下通于气，而上通于理。此亦朱子之所知。然如以其通于气为起点，则必归于即气之灵而言心之说。故朱子虽屡言佛氏以心与理为二，吾儒以心与理为一，而终不能真建立心与理之合一。必自理之呈现于心，而理内在于心处为起点，或朱子所谓道心为起点，乃能真肯定心与理合一。此中其几甚微，而关系甚大。须加以分疏，乃能说得明白。今别为一节以论之。

三　朱子之言心与气之灵

朱子之言心之论，归结于其与张钦夫书宋元学案所编为中和说之第三书。此中之言心，要在下列数语：

心者所以主乎身，而无动静语默之间者也。方其静也，事物未至，思虑未萌；而一性浑然，道义全具，其所谓中，乃心之所以为体，而寂然不动者也。及其动也，事物交至，思虑萌焉；则七情迭用，各有攸主，其所谓和；乃心之所以为用，感而遂通者也。然性之静也，而不能无动；情之动也，必有节焉。是则心之所以寂然感通，周流贯彻，而体用未始相离者也。

而其言工夫之要旨，则在以敬贯乎动静语默曰：

未发之前，是敬也，固已主乎存养之实；已发之际，是敬也，又常行乎省察之间。方其存也，思虑未萌，而知觉不昧，是则静中之动。……及其发也，事物纷纠，而品节不差，是则动中之静。有以主乎静中之动，是则寂而未尝不感；有以察乎动中之静，是则感而未尝不寂。寂而常感，感而常寂，此心之所以周流贯彻，而无一息之不仁也。

朱子大学注言明德亦即无异于言心。其言曰：

明德者，人之所得乎天，而虚灵不昧，以具众理，而应万事者也。

又朱子弟子陈安卿尝作心说，经朱子印可，亦可借以说明朱子之思想，其言曰：

体虽具于方寸之间，而其所以为体，万理无所不具。用虽发于方寸之间，而其所以为用，……万事无所不贯，……凡理之所在，其思随之，无所不至；大极于无际而无不通，细入于无伦而不备，前乎上古，后乎万世，而无不彻。

由朱子之言，可知其意是自此心之具众理而一性浑然，道义全具言，则太极之理即心之性；而自心之应万事，而七情迭用，各有攸主言，则此理即见于气之流行。心之能动能静，能寂能感，则见心之虚灵而不昧，故能"思虑未萌，而知觉不昧"，而静中有动；亦能"事物交至，而品节不差"，而动中有静。此其言心，亦可谓极其尊贵。此心既主乎此身，而自此心之大极于无际，细入于无伦，上古万世，无所不运言，亦明非此身之形骸之所能限。而当其能"即凡天下之物，莫不因其已知之理，而益穷之，以求至乎其极"言，则天下之物之一切形式之理，与所以生之生生之理，或太极阴阳之理等，"凡理之所至，其思随之"，此心诚"无所不至"。至于此心之能动能静，能寂能感，而自为阴阳，则由其具统摄万理之太极之理以为其性为其体。由于此理之一动一静，互为其根，故此心乃静不能无动，动不能无静；静中有动，动中有静，以使性理之体见于七情，七情之用止乎理。由是而其动而感，即所以始万物、生万物、以见其仁；其静而寂，即所以终万物、成万物、以见其义。斯即此心之性理之体之大用流行，所成之人德。而此性理，即天理之赋予于吾人，以为吾人之明德者，亦即天命之流行之及于吾人者。故由此性理之体之大用流行，以成人德，亦即人之所以立命，而自明其天赋之明德，以继天之生成终始万物之天德者。此即人之所以事天，使人德与天德共流行；而亦人之所以立人极以配太极，以使此太极之天理与人之性理，由人之尽心以实见其未尝二者也。此即朱子之天人合一之圣学之精义所存，而其于此所言者之广大悉备，亦非今之所能尽论者也。

　　由朱子之重言此心之能具理以为性，尽心以知此性，而此理即天理；故有心之人与万物，即不同其类。万物虽亦依此理以生，然不似人之有此心者，能自觉其内具此理为其性，而自尽其心以知之。万物之依此理而生，此理如只为其所以生之超越之根据，而位居万物之上之后，故万物不能自觉此理之为其性，亦不能自尽其心，以知此理之为其性，故亦即不能如人之自觉其内具此理之为其性。何以物之所不能者而人独能之？此则关键全在人与物虽同此理以有气有形而有生，而物之气则不如人之气之灵。人之特有心，即原于其气之灵，而心亦即指此气之灵而言。此所谓其气之灵，亦即其气之清，气之中正，而恒能运行不滞，无昏暗，无偏倚，故能动能静，能寂能感，而使此天理性理，直接呈现于心，而人乃得有尽心知性等事。然所谓气之灵者，当即不外就气之依理而生，复能回头反照其所依之理而立名。如人只有依理而生之气，此气无灵，则人亦即同于万物，此理将只为人之气之超越之根据，而非人所自觉为人所内具之性者矣。惟因人有此气之灵，故人乃有心；而可回头反照人之所依以生之理，方能自觉其实内具此理以为其性也。

如吾人以上之所言为不误，则朱子之言心，实以心为贯通理气之概念。心乃一方属于气，而为气之灵，而具理于其内，以为性者。心之具理以为性，即心之体之寂然不动者。心之为气之灵，即心之所赖以成用，心之所以能感而遂通，性之所以得见乎情者。故依朱子，心之所以为心，要在其为兼绾合理气。故陈安卿之心说，一方面谓心内具理，而上通天道，谓"天道无外，此心之理亦无外，天道无限量，此心之理亦无限量。"一方面又谓心为气之灵，与此身之气以及万物之气，相感而相通，而使"此心之理，无一物之不体。"如"天道之无一物不体"之说，认为甚善。若然，则心应为一真正贯通理气之概念，则吾人不能不问：何以朱子不以此心为最大之极至，称之为太极，或宇宙之第一原理，乃只以性为太极，理为太极乎？又此心既具理以为性，又何以不直就此理以言心，只说此心为一具理性，而能自尽其心，以知此理性之心，而必说此心乃气之灵乎？

沿吾人之问题而追寻至此，则见朱子之以心为气之灵，无形中即显出一重心与气之关系，而轻心与理之关系之色彩。其所以重心与气之关系，而忽心与理之关系，则关键在其言天之生物虽以理为主，而言人物之受生，则以气为主。天之生物，乃理先气后，而理行于气中，此天理流行于气，是为天道。而人物之受生，则是缘此天理之流行于气，或缘此天道，而后"气以成形而理亦赋焉。"（中庸注）即吾人之生乃先由天以禀得此气，而后可言理具于其中，以为其性。此以今语释之，即吾人之存在，是依于先有其所以生之理或本质，此理此本质，乃先于人之存在而有，人初固不存在者也。而言人之具理，则是依于人之既存在而后可说。无人之存在，固无所具之理之可说也。人必存在然后有心，以自觉其具此理，故心必依于人之存在而说，即后于人之有气而说，故只有说心为气之灵。而此义亦原非不能成立，然此义却只是先由外面之天之生人，以看人之存在，再由人之存在以看心之存在之观点；而非出自一直在内部即心以看心之存在，由心与理之关系，以看心之如何存在之观点也。

四　心之昭明灵觉与生生之理之自觉

如吾人直接在内部即心之本身以看心之存在，则心只是一昭明灵觉，或如朱子所说之虚灵不昧者，此无问题。亦宋明儒者所共许之义。而谓心为主乎此身，能使此身之气，随心之性之见乎情志者之所往，而与之俱往，以为心之所贯彻周流，此亦无问题。然是否必须说心只是气之灵，或气之精爽，如朱子之所屡言者，则有问题。因就心之贯彻周流之于气说，说心为气之心，气之灵固可；而谓此气唯是心之气，或心之所贯彻周流亦可。吾人如扣紧心为主宰之义以言心，则心之主宰必有所主宰，此所主宰者，应有身之气。然心之气却应与身之气有别。心之气只属于心，不可谓即身之气。今如泛言心为气之灵，则此气指身之气乎？抑心之气乎？如谓此心亦可视为身之气之灵，则何以能主宰此身气？若谓以心能知理，理下贯于身之气，即能主宰，则心于此乃成为一虚脱之闲家具，何不径言理为主宰？故言心为主宰，此心必有别于身，而心亦决不可只视同于身之气之灵。至如谓心为心气之灵，则不成辞。以心之气乃属于心，心气之灵，即指此心之昭明灵觉或虚灵不昧者，而非有他也。若然，则何不径以此昭明灵觉或虚灵不昧者指心，何必以气之灵为说，以纳心于气，而使之属于气乎？

吾人如只视心为一昭明灵觉或虚灵不昧者，而不重其与气之关系一面，即当改而重在说心与理之关系一面。从此一面看，吾人首可发见者，即心与理之关系，实不同于一般之存在事物之气与理之关系。一般存在事物之气，可说为依理以生，而理初只为超越于气之上者。然于心则甚难言其只为依于超越其上之理以生，以存在者；而当说此似超越其上之理，实皆由心而得呈现实现其所以为一真实之理，以见其为此心之性者。夫然，故超越于一般事物之气之上之理，正当同时为内在于此心者。吾人于此如欲言此理之具超越义，则吾人亦须言此心之具超越义，并见此超越之理与超越之心，仍两两相乎，互为内在，不可只言理之超越于心之上矣。

原吾人之观心，固亦恒见若干心理活动之产生，乃由超越其上之理为根据，而使之生者。此如一般心理学上所论之心理活动之产生，即皆如循一初为人所不自觉，而如超越其上之心理定律，以使之生，而亦可说为依于一超越其上之生生之理，以使之生。然此所谓心，实非吾人之本心。此本心，乃吾人之能自觉此心理活动之为如何如何之心，而此心则初只是一昭明灵觉。此昭明灵觉，知此心理活动之如何如何生，亦能知其如何如何生之心理定律，则其地位，乃在此心理活动心理定律之上。此心能知此心理活动依生生之理而生，则此生生之理，亦初未尝外在于此心之昭明灵觉。诚然，吾人可说依此生生之理，而生之心理活动，不限于已有之心理活动；吾人昭明灵觉之自身，亦在生生之中，而亦自依生生之理而生。然此实不足证明有生生之理，在此昭明灵觉之外之上。兹更细论之于下：

所谓昭明灵觉之自依生生之理而生生，不足证此理在昭明灵觉之上者，即因此昭明灵觉之生生，同时为此昭明灵觉之所自觉。此不同于一般万物之生生，不为万物所自觉，万物之生生，不为万物所自觉，则此生生之理，即只超越于万物之上之后。然此昭明灵觉之生生，同时为此昭明灵觉之所自觉，则此生生之理，即内在于此昭明灵觉之中。吾人不能说昭明灵觉之生生中，无生生之理在，亦不能说此生生之理，在此昭明灵觉之外；复不可说此能自觉此昭明灵觉中之生生者，为另一昭明灵觉。而当说此昭明灵觉，即同时为自觉之昭明灵觉。吾人初固可说，在已呈现之昭明灵觉之后之上，尚有继起不断之昭明灵觉，如从心之本原，相继流出，而生生，而呈现。此昭明灵觉之所以得生生而呈现之生生之理，初如只深密微隐，以为吾人之心之性，而为一具超越义之性理。然实则当此昭明灵觉相继呈现时，同时有内在于其中或为内容之生生之理，相继呈现，则吾人不能说此生生之理，初乃孤悬独立，以为一具超越义之性理。而当由此具超越性之性理，乃与此昭明灵觉，俱呈俱现，以谓吾人原有具超越义之昭明灵觉，为吾人之本心，谓此本心即具超越义之性理为其内容，而此性理亦自始内在于吾人之本心者。此中无论吾人今如何说此性之深密微隐、庄严神圣，此本心亦与之同其深密微隐、庄严神圣，而具此性理为内容。如吾人否认此本心之具此性理为内容；则吾人将何以解于此心与性理之俱呈俱现，其呈现时，乃直以此性理为其内容乎？在事实上，当吾人自谓有一具超越之性理时，吾人亦即自超越其已有之昭明灵觉，而呈现一"知此具超越义之性理"之昭明灵觉，以使吾人之本心有进一步之呈现。此本心之进一步之呈现，与具超越义之性理之呈现，又正为俱呈俱现。吾人亦正当于此时，一方自证其性理之具超越义,与其本心之亦具超越义;兼自证此具超越义之性理,原不外在而是内在于此具超越义之本心者。若必谓只有性理具超越义,而此本心不具超越义,则吾人何能知此性理之具超越义?知性理之具超越义,则此性理之具超越义,已内在于此知,而此知即必然为具超越义之知,而亦为此本心之呈现矣。

五　生物成物之事中之本心之呈现

此外自吾人之本心之发于欲生物成物,爱人利物之情之事,以行道成德上看,则此心与理之俱呈俱现,而合一之义,尤显而易见。

如吾人在欲生物成物,表现吾人之爱人利物之情,于爱人利物之事时;此欲生物成物、爱人利物之情,固显然依于吾人之仁义之性,而此性亦即一生生之理。然吾人此时之心,欲生物成物,则此生生之理,即同时呈现于吾人之心之昭明灵觉;然后乃对人对物,发为爱之、利之之情,更有爱之利之事。此事即此心之主乎身,而见于身之行之所成。此性理见于情,见于身之行,亦心之此理,流行于身之气之中。然吾人试问:此心与此生物成物之生生之理,是何关系?此时可否说有此理到而心不到,或此心到而理不到之处?吾人于此一加反省,即见其皆决无。因如理到而心不到,则心未尝主乎身;如心到而理不到,则此心即非一真正之生物成物之心,而可只是一未呈现其性理之内容之昭明灵觉。此未呈现其性理内容之昭明灵觉,其所对者可只是事物之形式之理,而非事物之存在。有性理之内容之呈现之昭明灵觉,则直接以事物之存在,为其所对,而显为一助事物存在得生长完成之昭明灵觉。此即一为生生之理所充实之昭明灵觉心,亦即一真正之行道以成德之心。此中之心与理,即为必然合一者。至于此无性理为内容,而知事物之形式之理之昭明灵觉心,固可说当其知事物之形式之理时,其性理未能真实呈现,此性理乃若对此心纯为超越者。此亦诚然诚然。然此中之性理之对此心为超越,正因此心之尚未呈现其为一性理所充实之心,亦即此为性理所充实之本心,尚未呈现;此本心,乃尚如超越于此只能知形式之理之昭明灵觉心之外者。若此本心呈现,则此性理亦俱呈俱现;则此性理此时之超越义,与此本心之超越义,正仍为两两相孚者。是见此性理之对此未为性理所充实之心为超越;并不足以证此超越之性理,对超越之本心为超越。而由此本心与充实之性理之俱呈俱现，其所证者，正是此性理之恒内在于此本心，而与本心之合一者也。

六　象山之言心与理及己分内事与宇宙内事之合一

由上二节，吾人由心之自觉其有性理，知其有性理处看心，或自心之表现其性理，于欲生物成物之情，与对人对物之行事上看心，皆无处可容心理为二，而性理孤悬于上以自超越于心之说。依理之充实于本心之义，以言此本心之发，则此本心在接人物、接世界、接宇宙时，此心之所到，即理之所到，此心之发，亦即此心之理之发；二者实无往而不俱呈俱现，俱"未尝有所隐遁"，（象山语）以与其所接之宇宙之一切存在事物，相感通而合一，而以生之成之为事。故陆象山谓："万物森然于方寸之间，满心而发，充塞宇宙，无非此理。"又谓"心即理"，东西南北千百世之上之下，之圣人，皆心同理同，宇宙即吾心，吾心即宇宙，宇宙内事即己分内事，己分内事即宇宙内事。此实洞明"心"与"理"及"心所接之宇宙万物"与"对万物所为之事"之合一无间之言也。

象山此种言心与理合一、心与宇宙合一、及宇宙内事与己分内事合一之言，唯待吾人之直接就本心之呈现以观此心，乃能直下契合。朱子之言心具万理而应万事，心之能通贯今古远近，而无乎不运，亦实必待人之多少直接就心观心而后能说。而朱子之所谓道心，克就其自身而观，亦非只为一以心往合于道之心，而应为一"道与心合一"之心，而其实义，亦与象山所谓心即理之心无别。然吾人于此一转念，而谓心乃属于我之身，则此心之与宇宙同大之义，立即隐而不见。再观我之本身，不过天地间之一物，则此心亦不过此物中之物耳。然此种将心属之于我身以观心之看法，即由此心自己之退堕，而如程子所谓"自躯壳起念"而来。故陆象山亦恒戒人之自躯壳起念。人之自躯壳起念，一方固使人千方万计，维持此一躯壳，而自私纵欲，一方亦使人自身观心，而不能自心观心，乃终于不识心之所以为心，不识心与理合一、心与宇宙合一及宇宙内事与己分内事之合一之义。朱子之学，固力戒人之昧此天理而徇欲自私，以使心主乎此身。然其以心为气之灵，而此气又尽可释为身之气，则无意间已使心属于身，而堕入于以身观心之失。此以身观心之失，则盖由于心之原有可暂不主乎此身之时而来。此即心之未真呈现其自己之本心,而任身之气所成之气习用事之时(气习用事,即所谓由身体与环境接触之自然生活所成之习气,以支配吾人当前之生活之事。)然吾人实不当本此心之有未真呈现其自己之本心之时,以观此心之所以为心,则亦不当以身观心;而唯当自心能自呈现其本心,以为身之主之时,以观此心。在心自呈现其本心,以为身之主时,即此心同时自见其为清明在躬,志气如神,而为性理所充实之时。此时之此心,即不可只说为属于此身,亦非可泛说之为气之灵者。若泛说心只为气之灵,则此灵虽可照理,而理在此气上,亦可在此灵之上矣。若不说心为气之灵,而只视为一昭明灵觉,或虚灵不昧而具性理者,则理无有能出于此昭明灵觉,而虚灵不昧心之外者,而后方可见心理之合一无间也。

七 朱子之心犹阴阳义及心有动静,与性无动静非阴阳义

朱子之重以气之灵言心,其证在其言"性犹太极"、"心犹阴阳"、"心之理是太极,心之动静是阴阳",及重言心之"动静不同时,寂感不同位",而谓心有往来出入之说。此皆其书中屡见之言,不须一一引。谓心犹阴阳,亦即气之灵以言心。气之灵者,其一动一静,一寂一感,互为其根,以更迭而起,如环无端;即不同于气之未灵之物,其动者则不能静,静者则不能动,寂则不能感,感则不能寂,滞于动静寂感之一端而不化者。至于此心之所以能一寂一感,一动一静,则又以理有动静为之根。此理在人为性,在天即太极,故性犹太极也。即以一般人之反省观之,则吾人之心,亦确是能动能静,能寂能感,而如往来出入,莫知其乡者。此则最易由此心为气之灵,而本诸理之有动静,而动静互为其根,加以说明。而人心之知万物之理,成万种之事,其依序而知,依序而成,亦即由感而寂,使其知、其行,一一成就,而不可乱者。是皆证此言之确有见于心之所以为心,而非妄说者也。

然此谓心犹阴阳而有动静之分之说,实又只能应用一般之更迭的知各事物之不同之形式之理之心,及依自然之心理定律,而生而灭之一般心理活动,与意在依次序以成事,而只注目于此成事之次序之心;而不能应用于人之能自觉其心之动静、为生生之性理所充实,以发于情,见于事业,而又能自觉其性之流行,于其情、于其事业之心。盖人之自觉其心之动静,即自觉其心理活动之生灭起伏,自觉其心之能知一形式之

理，再往求知另一形式之理；自觉其心之有某成事之心理活动，再有成其他事之心理活动；方自谓其心能自转移停息其知之活动，与其成事之心理活动，而自谓其心为有动静之心。然此能自觉其心之动静之心，则必超越于此所觉之心理活动之动静之上，而非此动或静之范畴所摄，因此心之自觉其心之动，即同时以心之静为对照；心自觉其心之静，即同时以心之动为对照。此将动静对照并观，而自觉之之心，必然超越于此所观之动静之上，而为统摄此动静，而非一动或一静之范畴所统摄者。此义思之自知。夫然，故人心诚为生生之性情所充实，能自觉其性理之流行于其情、见于其事业，又能自知此心超越乎动静之上者；即必能于其事业之分为段落者，同时亦见其表现同一之性情，而为同一性情所贯彻。则事业虽有段落，此性情可纯然如一；情感虽有变易往来，性亦可无变易无往来；事之停止而似寂处，性情未尝寂；情之未感处，性未尝不感。此心亦能依其性情或性之纯然如一，无变易往来，而自知其纯然如一，更无所谓变易往来者。如人之忠君爱国者，历万难而无悔，则事虽万变，而人可自觉只有一片忠爱之忱。又忠君爱国者，闻国危则悲，转危为安则喜，此中悲哀异情，而忠爱之性则不变。则事与情虽有变，其心未尝变，事与情虽有起伏段落，而有无事之时，或悲情乍歇，乐情未起之时，然此忠爱之性存于耿耿之心者，则可更无间断。如其有间，则是此耿耿之心之一时之不存，而性亦俱隐，为其他之心所间。非心在而性亡，或心亡而性独在也。若此心不在而性亦俱隐，则此乃心之沉没，而非此心之寂、心之静也。心之寂、心之静者，唯指其事之未生，情之未起而言。然事之未生，情之未起，并无碍于其情之具于其心，以成一耿耿之忠爱之心。此如心在无思无虑之时，其生几之自运，生生之理之自在，仍不同于木石，不可言此心之寂感动静不同时，而心即无纯一之性，为其内容，此方为真正之有道有德之心。知此心既无论寂感动静，皆自纯一而恒如其性，则不得言此心之本身之如阴阳之一动一静，而只可言此动静之别，为此心是否遇事而生情之别，此亦即心之寂感之别。然有事此心，无事亦此心，动此心，静亦此心，寂此心，感亦此心；则此心实通彻于有事无事、寂与感、动与静，而不可谓其真有偏属于动静寂感之一之时，而谓其如循阴阳之气之出入、往来、起伏于此二者之间也。朱子之言圣人之心，纯亦不已，而相续无间，亦明有此境界。此境界，亦即理皆呈现于心，心理共一流行之道心呈现之境界。理是太极，则此时之太极即内在于心,而心亦即太极,不可以阴阳说之矣。至于吾人虽未能达此境界,然其所以未能达,亦非只以此理对吾人现有之心,为超越;而实因吾人未发展出为此理所充实而心理合一之心,此心之亦未尝不对吾人现有之心为超越也。此所谓未能发展出此心理合一之心,亦即未能使此心呈现而出之谓。此外另无其他。此心理合一之心,亦即象山、阳明所谓吾人之本心、良知之心。只须此本心呈现,吾人亦即同时自觉其心为一心理合一之心。非谓心理本不合一,而自外牵合,使之合一。若言牵合,则孰为牵合之者?实则吾人有何心,则有何种心之性,心之理。若心无此性无此理,则必有他性他理。异性异理之心,不能相牵合,而心亦不能取与之异性异理者,以为其性为其理。故心与其性理,只能俱呈俱现。谓心无某性理,亦即具某性理之心未呈现之谓。其呈现时,既为一心理合一之心,则其未呈现,而只为一具超越义之形而上之本心时,亦为一心理合一之本心或道心也。依陆、王之圣学以言,人之本心呈现,亦即以此整个之本心,超化平日之习心,而使此本心与其理,一齐顿现,蓦然自悟之谓。非即以平日之习心,而另取一理,以为其内容,如拖泥带水,以往来相牵合之谓也。

八 综论心理气三者之相依

综上所论,故知人之本心与理之关系,实不同于理与一般事物及气之关系。自理与一般事物及气之关系言,理乃具有超越于一般事物及气、及一般之心理活动与习心之超越义者。而自理与本心之关系言,则此超越义之理,不能超越于具超越义之本心以外。前者乃程、朱之学之贡献,后者则陆、王学之所贡献。而朱子之谓理对心亦为超越,谓性理为太极,心为阴阳,为气之灵,实不免下隶心于气,而视同一般事物之一。至其他学者谓理无超越于气或一般事物之义者,则恒由其限理于已成之一般事物已有之气之流行之中。如戴东原之说是也。至于陆、王之忽视理对一般事物,与气之流行及一般之心理活动与习心之有超越义,抑亦不免于有见于理之内在乎本心,而忽视一般事物与气之流行等与理之关系,实大不同本心与理之关系。此盖皆不免引起学者对此本心及理所居之层次,与一般事物及气之流行等所居之层次之混淆。实则吾人之所以能知理先于气,理对气与一般事物等具超越义,正由于此心之能超越于一般事物与气之上以观理。其能观理，即正证此理之为心所观，而内在于此心。若此理不内在于此心，则此心亦不能知理之先于气，以超越于气与一般事物之上矣。人能自觉其本心与理之合一，亦正赖于其知理之超越于气与一般事物之上之外。若理未尝超越于一般事物之上之外，则此心当兼与气及一般事物等合一，而不能独与理合一矣。本心之能独与理合一，正由理有此超越于气及一般事物等之超越义也。因本心能与理合一，又知理之超越于一般事物与气等，而可为其变化流行之先导；人乃有本其此心此理所发出之生物成物之理想，裁成万物之事，以使物得亦更尽其性，而亦能更遂其生理，人心乃于此，得与物通理。若万物无未尽之性、未遂之生理，超越于现成已有之如此如此之万物之外，则人亦无本其此心此理，所发出之生物成物之理想，而人之裁成万物之事，亦不能与物通理矣。由是可知此理对已有之气与物之超越义或理先于气之义，及理内在于心或心理合一之义，乃相辅相成而立，不容偏废者。若理超越于气，又超越于此心，而不对心为内在；则先于气之理，尽可虚悬而无着，此心亦无理由，以谓此理之实有。若理既内在于此心，又只内在于已有之物与气，而不对之为超越，则理胶固于已有之气之流行，及已有之物中，而更不能通于后起之气之流行，与方生之事物中；此理即为已有之气之流行，及一般事物所私有，而非具普遍性之天下之公理，而理即失其所以为理；人之裁成万物之事，亦不能与物通理矣。然朱子之谓此心属于气，只为气之灵，又必使理超越乎心而不内在于心；而陆、王之忽理之超越于物与气之义，亦可间接助成后儒如戴东原之视理只内在于已有之物与气，复可使理胶固于气，使人事不能与物通理。故必知心理气三者之不相淆乱，兼承朱子言理超越于气之说，与陆、王之心理合一之说，方能使上述诸义皆立。人果能使理缘心以下澈于气，气依理以上合于心，心率此身与万物之气以共载理；则一切修己治人与物通理之道，皆不能外是矣。

九 象山之皇极及阳明之言心之动静皆涵心即太极与本文结论

自有宋以来中国思想之太极论之发展观之，乃由周濂溪之言太极为诚道始，至张横渠之言太和，而视太极为气之依清通而相感处之"一"。至邵康节而以一动一静之间之道，与客观之观物心，为太极，此皆本天道以立人道之系统。至二程之即吾人之心性,以言生生之理,而合天理与性理,乃始分理气为形上与形下,此为本性理以立人道之系统。至朱子,即二程之生生之理,以言濂溪之太极,以性理为人心之太极,而天人之理或天人之道,乃一而无异。此理之为万物与气之主之义,及理先气后,理生气之义既立,理乃见其超越而尊严。唯朱子以心为气之灵,而未能知本心之同具此超越义,实与天理合一而不二;则其言心,尚未能调适而上遂,其言理乃不免于超越而虚悬。而象山则进此一步,以心与理一,以心之灵与理之明并举。① 此心此理之在人,亦如其在天地;此心此理为人之极,亦天地之极。故象山除训太极之极为中,于答朱子第二书谓"极亦此理,中亦此理也"外,其书又独屡言及皇极。谓皇即大,极即中,又谓皇极即"民衷",而"凡民之生,皆有是极","能保全此心,不陷邪恶,即为保极"②。而此极为人之极,亦天地之极,"根于人心,而塞乎天地"③,故"三极皆同此理"④,是则象山明摄太极皇极之义,于此心此理之中。至于阳明,则循象山言心与理之义,进以言良知与天理合一。阳明更罕言太极,唯于其答陆原静书,评及周子太极图说静极而动之说,谓:"苟不善观,亦未免有病",而曰:"良知无分于寂感动静",又谓"太极生生之理,就其生生之中,指出妙用无息者,而谓之动,谓之阳之生,非动而后生阳也;就其生生之中,指出常体不易者,而谓之静,谓之阴之生,非谓静而生阴也。"故太极之生生之理,即动而即静,此理即良知之天理。其摄太极之理,于其致良知之教中之意,亦甚明。其以良知无分于寂感动静,即寂即感,即动即静,即有进于朱子之以阴阳动静言心之义。夫世间之物与一般之意念,乃"动而无静,静而无动",是所谓或动或静者也。物与念之或动或静,依于气之或动或静。然气之动者恒继之以静,气之静者又恒继之以动,故气可言为"动而能静,静而能动"者。气之"动而能静,静而能动",依于生生之理,而此理则"动而无动,静而无静",朱子之言理是也。此义亦非阳明所能外。然人之本心良知,则寂而恒感,感而恒寂,故惟当以"动而恒静,静而恒动"说之。而阳明之谓其"常体不易"而"妙用不息",谓心之

---

① 象山全集卷十,与詹子南语。
② 均见象山全集卷二十三。
③ 象山全集卷二十二。
④ 象山全集卷十二。

体用不可二，则为善说心者。心动而恒静，静而恒动，亦动而无动，静而无静，以与理合一；理之在心，亦当动而恒静，静而恒动。而朱子言理为太极，乃动而无动，静而无静。其以阴阳动静说心时，唯以心为"动而能静，静而能动"者，其最高义，亦只至言心之"静中有动，以寂而常感；动中有静，以感而常寂"为止，如其中和说三之所说。然又谓此为由主敬之工夫，一面存养此心之体，一面省察此心之用之所致。故终以心分属体用、阴阳、动静二面，未能免于以气之观点看心，乃归于心为气之灵之说。是则不如阳明言良知之心之无分于寂感动静，即寂即感、即动即静，而只以心之理，观心之所以为心之说矣。然朱子既以动中有静，静中有动言心，推极其涵义，亦非至阳明之以即动即静言心者不止，则阳明之义实朱子之言所开启，亦正所以完成朱子之说。阳明既以良知之心，为即动即静、即寂即感，亦即同于谓心之即阴即阳，而以心同于太极。阳明以后，其后学乃多有不提及太极阴阳之问题者。至明末清初之刘蕺山、李二曲等，乃皆有即心以言太极之论，如吾人于本篇第一节之所举。太极之思想，到此乃如隐没于心学之流中。至于此外之重理不离气之义，而隶理于气者，则由宗朱子之明儒薛瑄、罗整庵，致疑理气二物之言开其先，而明末有王船山之以太极为阴阳之混合之说，此皆前节之所及。至于清代，历颜习斋而有戴东原之理为气上之条理，为心之所知所对之说。溯戴氏之说所自生，亦由病朱子之理，只超越而不内在于心，乃将此理降下，以内在之于气，以成心之所知所对。而不知此中之使理不虚悬之道，在使此心上升，使本心呈现，以观此心与理之合一；不在将此理降下，以只使之内在于气，以为心之所对所知也。自颜、戴之说兴，而朱子言理与太极之超越义，陆、王言本心与良知之主宰义，又皆如隐没于一气之流行之中。人之心知，乃成只为内本于血气，外以往观察气上之条理，事物之文理，而区以别之为事者。此气上之条理，事物之文理，即大同于西哲所谓事物之形式之理，而为历史考据与科学之所重。然实无当于宋明儒学之言理言心之本旨。数百年来宋明儒学之发展，其真正问题何在，人亦忽焉未睹。吾之此文，以太极之一问题为引线，持宋儒之太极、理、气之论，以与汉儒魏晋之言及西方之形上学，相对较而论，而以朱子之论为中心，更为释后儒之凝滞，而归于论陆、王之言心即理，与朱子之论，如何得其会通之邮。以见诸儒于心、理与气三者之所论之分际，与其义可相涵而俱成之处何在；并见缘此诸儒于此三者之或轻或重，亦使太极之观念，因之而屡变，而对此宇宙之最大之极至者，乃有不同之规定。吾人之所以必以太极为引线者，亦所以使人念及此名，即自然提升其心思，以向于远大极至之义，方可于此中有关心、理与气三者之玄远之义，有所契入，以自引绎其涵义之未申者。此上所陈，如更推类广说，应更有人之本心不异天心，人所知或不知之万物之形式之理，皆可为天理天心，亦吾人本心之所贯彻之义，此天心本心又不当为一形式之理所限，及此心之行于生生之气，宜非方以智，而为圆而神者之义等，待于读者之自悟，今姑从略。

第十六章　原命上：先秦天命思想之发展

一　导言

中国哲学以天人合一或天人不二之旨为宗。其言心、言性、言情、言欲、言意、言志，皆所以言人，而恒归源于天。其言帝、言气、言阴阳乾坤、言无极太极、言元、言无，皆所以言天，而恒彰其用于人。至于言理、言道、言德、言行，则恒兼天道人道、天德人德、天理人理，以言天人之同道、同德、同理而同行。中国哲学之言命，则所以言天人之际与天人相与之事，以见天人之关系者。故欲明中国哲学中天人合一或天人不二之旨，自往哲之言命上用心，更有其直接简易之处。然以命之为物，既由天人之际、天人相与之事而见，故外不只在天，内不只在人，而在二者感应施受之交，言之者遂恒易落入二边之偏见。欲会昔人所言者，亦难免于逞臆揣测，推移其旨，不易得左右逢源之趣。今欲知中国先哲言命之真意何在，唯有顺历史之发展，将各时代诸家言命之说，先节节截断，家家孤立，更观其前后相承之迹，然后其线索可明，归趣可得也。

中国先哲言命之论，初盛于先秦。孔子言知命，墨子言非命，孟子言立命，庄子言安命、顺命，老子言复命，荀子言制命，易传、中庸、礼运、乐记言至命、俟命、本命、降命。诸家之说，各不相同，而同远源于诗书中之宗教性之天命思想。下至秦汉以降，学者言命之理论尤繁。然挈领振衣，则能明先秦诸家言命之说，由源溯流，则后儒或异或同之论，皆可对较而知。至欲明先秦诸家言命之说，则又必须略明诗书中言天命之要旨，并就诸家及诗书中明文言命处，分别寻文绎义，而将汉宋以下儒者，以己意牵合之论，先抉剔而出。寻文不必其多，而绎义不厌稍详。增字诂经，理所当然。辨彼毫厘，若疏九河，然后汉、宋儒者之论，还归本位，方可得而明其承于先秦诸家之论而更有所进者何在。此即本文之所以为作也。

二 诗书中之言命

关于中国孔子以前言命之语，阮氏性命古训，及近人傅斯年之性命古训辨证二书，征引甚繁。二书之旨，要不外在求所以反对宋儒之言性命。阮氏性命古训以"商周之言性命多在事，在事故实，易于率循"，以斥"晋唐之言性命多在心，在心故易于附会"。其文唯屡辟李习之之言心性，若置宋明理学家之言于不屑论议之列，即所以反宋儒。傅氏以荀子为孔子正传，亦所以反宋儒孔孟道统之说。阮氏书据诗书之言，谓古义以，命为禄命，性即是生。又谓孟子亦不辟告子生之谓性之古说。傅氏统计金文中有生、令、命诸字之句，及诗、书、左传、国语中论及性命之言，亦以证性字古即生字，兼证命字古即令字。其书于字源之考订，不为无功。然天命初为天之所令或帝之命令之义，及性之原涵生义，则亦不待此统计而可知。至阮氏以命为禄命，则诗书中言命者，固多隐涵此义。然明以禄命为命，则为汉儒之说，亦非诗书中之命之原义。故二氏所言，率多枝叶。吾人今论中国古代之天命观，唯在一明其特色之异于其他民族之宗教性之天命观者如何，以见为后来先秦诸家天命思想所自生之大本大源所在。余皆本文所不拟及者也。

今人之见，恒重科学哲学而轻宗教，率以宗教之宇宙观不出乎迷信。论思想史者，亦恒只知重古代哲学科学思想，为原始宗教思想进一步发展之义，遂不能如实观原始宗教思想之价值。谓原始宗教思想恒与迷信相杂，诚是。人类承原始宗教思想而发展出之哲学科学思想，在理智之条理上，其迥非原始宗教思想之粗陋可比，吾自亦无异辞。然复须知，吾人如自人之所以有一思想之精神向往上、及一思想之效用影响上，看一思想之价值，则后人之思想，正不必过于前人；而哲学科学思想之价值，亦正多有不及宗教思想者。人类宗教思想之发展，恒由对庶物群神之崇敬，以进至对天或帝之崇敬。此在中国始于何时，今不及详考。然要之，人在相信有神之时，乃人尚未尝自觉其精神或心灵为其所私有之时。故其视人以外之物，咸有吾人今所谓心灵精神之运行于其中。此即人之"自然的不私其心灵精神为人所独有"之仁心不自觉之流露。人在信一天或一上帝之神，能统率群神，而主宰天地万物时，则此客观宇宙即开始宛成为一大心灵精神之所弥纶充塞之一整体。此亦即人对于客观宇宙，加以整一之把握之形上学的兼艺术文学的心情之原始。然人唯当在其地上之部落、氏族、群后中有一足为中心之元后或王，以建立一朝廷时，然后天与上帝之"一"，乃与人间之"一"，互相照映。故人对天或上帝之"一"之崇敬，恒与政治上之"一"之树立，俱生而并长。此盖人类各民族之宗教思想发展之常轨。

因在人类之原始宗教心情中，人未尝私其心灵精神为人所独有，而视天地万物有神灵主之，并以人间之"一"与天上之"一"互相照映；故在此宗教心情下，人于后世所谓由人或帝王所造之典章仪则，同视为天之所敕命。而凡人自身努力之结果、人自身所遭遇、及依人之道德心情而生之对自己之所命，皆视为天之所命于人者。而人初所不自觉之向慕之善德，皆视为天或帝之德，而由天之命以见者。由是而吾人观一民族之宗教信仰、宗教思想之面目，即可知一民族之文化之原始精神、或一民族学术文化之大本大源之所在。

如吾人以上所言为不误，而周之封建制度又为殷之所缺，或殷之所有而规模不及者，则周之敬事鬼神，虽不若殷之甚，吾人仍当说周人更有一普遍之天或上帝之宗教性信仰。兹就文籍足征者以言，周人之言天命者亦最多。吾人无妨假定：中国宗教思想中之天命观之具体形成在周初。吾人今论中国后世言命之思想之本源，亦溯自周初而已足。兹据诗书所言，则此天命观有数特色之可言：

（一）见于周初之诗书中之天命观之第一特色，为人所共知而最易见者，即天命靡常之观念。此一观念或由周人之见殷人之敬事鬼神，终坠厥命而知，因复以之警戒周之子孙。故周大诰言"天命不僭"，康诰言"惟命不于常"，召诰言"皇天上帝，改厥元子兹大国殷之命"，又言"天既遐终大邦殷之命"，诗经大雅文王言"帝命不时……天命靡常"，诗大明言"天难忱斯，不易维平"，诗荡言"天生烝民，其命匪谌"。此所谓天命靡常，即谓天未尝预定孰永居王位，而可时降新命，以命人为王。故"周虽旧邦，其命维新"（大雅·文王）遂"于周受命"（大雅·江汉），而"有命自天，命此文王"（大雅·大明），"文王受命"（文王有声），"文武受命"（江汉）。此即与希伯来民族宗教思想中，上帝耶和华以其"命"前定以色列为选民，并前定列王之说不同。亦与希腊雅典神庙中，以预言定人之命运，谓人之命运注定，而不能逃之思想迥异。（如莎福克悲剧，阿狄蒲斯 Oedippus 谓德尔斐神庙预言：阿将杀父娶母，而阿竟杀其父而娶其母是也。）

（二）与此天命靡常，上帝于人之未来无预定之观念，相连之又一中国古代宗教思想中之观念，为天之降命，乃后于人之修德，而非先于人之修德者；而其命于人也，乃兼涵命人更努力于修德，以自定其未来之义。此即可以释诗书之所以重言文王受命，而只偶言文武受命（大雅·江汉）、周公受命（洛诰）之故。文王之所以受命者，据书经康诰所言，惟在其"克明德慎罚，不敢侮鳏寡，庸庸只只，威威显民"。据诗经大雅文王所言，则在帝怀文王之明德，文王之"厥德不回，以受方国"。此是以文王之修德在先，德闻于上帝，而后上帝降命于文王。此便异于旧约中上帝先有意志，以命亚伯拉罕及列王之说；亦异于后来基督教神学中，所谓上帝先预定其对世界之计划，再化身为人而神之耶稣，以实现其计划，而欲人为善之说。此后者乃明以上帝之命在先，而人之修德在后。以上帝之命在先，则未来可为上帝所已决定，而命直接涵命定之义。以上帝之命在后，则人之未来非上帝所已决定，人受命之后，亦尚当有一段事在，而由人自己决定者；而所谓受命者，遂惟是受命以后，另当有之一段事之开始，而非只为已成之一段事之终结。故受命之义，亦非必同于被命为实际上之王，而锡以富贵之义。阮氏谓命之初义，纯为福禄之命，便于义有未洽。如受命为被命为实际之王，而锡以富贵，则只当言武王、周公、成王受命，而不当言不敢侮鳏寡之文王受命。周之诗书中，所以只重言文王受命者，则以文王乃毕生以修德为事，令闻不已，方为天下所归。文王之受命，乃以其有德而受命，亦以受命，而"聿修厥德"以不回，乃归于"受方国"（大雅·大明）。而周遂革殷命，此则成之于武王周公。是见文王之受命，亦并非同于：其有德而天即报偿之以王位之福禄之谓，而实只是受一自求"厥德不回"、"自朝至日中昃，不遑暇食，用咸和万民"（书无逸）之责任。召公又告成王以敬保天命之义，其言曰"若生子，罔不在厥初生，自贻哲命……肆惟王其疾敬德。"（召诰）此段文之所重者，亦不当如阮氏之说，重在言"若子初生，即禄命福极、哲与愚、吉与凶、历年长短，皆命。"此当是言人自初生，即当知"自贻其哲命"在"力疾敬德"。此乃教成王今后之更从事于力疾敬德者也。按希腊、希伯来、阿拉伯之宗教思想，从无以人配享上帝之说。

而周则有"郊祀后稷以配天，宗祀文王于明堂以配上帝"之制。此制固尚可上溯源于殷人所敬之祖或上帝，原或即为帝喾或帝俊而殷代已有"宾"帝之祀等。然此制之见重于周礼，亦因周初之思想原重人德之故。天闻人德而降命。人受命，仍有其自身之事在，斯人乃必当与天及上帝配享也。

（三）吾人如知上所言受命之义，一涵天命后于人德之义，二涵受命以后更须聿修厥德，又报偿不必在当身而在后人之义；则知诗书中之言天降命与人受命，何以同重其继续不已之故。盖天之降命既后于人之修德，而人受命又必须更顾命而敬德，则人愈敬德而天将愈降命于其人，其人即愈得自永其命，而天命亦愈因以不已。是为天之降命与人之受命，同其继续不已。故诗书中屡言人当修德以永命，又屡言"敷前人受命"（书大诰）。如言"有夏服天命，惟有历年。我不敢知曰不其延。惟不敬厥德，乃早坠厥命。……有殷受天命，惟有历年，我不敢知曰不其延。惟不敬厥德，乃早坠厥命。……祈天永命"（书召诰），"永念则有固命……我受命无疆惟休"（书君奭），可知其重人自求永命之义。至于言"维天之命，于穆不已"（诗周颂维天之命），"夙夜基命宥密"（诗周颂昊天有成命），则为径言天命自身之继续不已者。而上所谓天命之所以靡常，亦正在人王之不能修德以自永其命，天即不能不授命于他人，以成其自身之于穆不已。由是而言，则天命靡常之言，犹是第二义。天命之所以于一朝代、一王为靡常之故，如殷之所以革夏命，周之所以革殷命之故，与周公之所以言"我有周既受，我不敢知曰厥基永孚于休"（书君奭）；正以天之"时求民主。"天之时在"监观四方"以"求民之莫"，（郑笺求民之定所归就也）；故其对有德之王降命之事，必将继续不已，以宅天命（康诰言"宅天命"）而望有人之能绍之之故也。

吾人以上言中国古代天命观之三义：第一义使中国古代之天或上帝，成为非私眷爱于一民族之一君或一人者，而天或上帝乃为无所不在之天或上帝。此为后代儒道思想，皆重天地之无私载私覆，帝无常处之思想之所本。第二义天命之降于人，后于其修德。此为中国后来宗教道德政治思想，皆不重对天或上帝之祈祷，而重先尽人事之思想之本。人之受天命，当更敬厥德，即"顾諟天之明命"，敬德即所以承天命之思想之本。人有德而天命降之，即引申为易传所谓"先天而天弗违"式之思想。人敬厥德，即所以承天，即引申为易传所谓"后天而奉天时"之思想。

合而言之，则第二义为中国一切人与天地参、与天地同流、天人感应、天人相与之思想之本源。第三义人修德而求永命，及天命不已之思想，则为中国一切求历史文化之继续之思想，人道当与天道同其悠久不息，同其生生不已之思想之本源。简而言之，此三者可名之为"天命之周遍义"、"天命与人德之互相回应义"与"天命之不已义"。此在中国古代之诗书中所言，固无后儒所论及者之繁。吾人之约以三名，自更非昔人思想之所及。然就诗书所言与他方古代之宗教思想相较，而明其异同，及其独特之涵义如此，固不可诬者也。

三　春秋时代之天命观

上所言者为周初之天命观。由周初至孔子，数百年中，天命思想之新发展，就左传、国语以观，盖有四者可言：

（一）直接承周初命随德定之思想，而加以扩充者：

左传襄公二十九年郑裨谌曰："善之代不善，天命也。其焉辟子产？"（杜注：言政必归子产）

按诗书言受命原于德，唯指王命。而今言子产善而当政为命，则命随德定之义，及于为臣者矣。由此推衍，便为"一切人之富贵、贫贱，皆随德定"之汉儒所谓"随命"之说。

（二）承命随德定之思想而发展，又略异其义，而以命涵预定之义者。

如左传宣公三年，王孙满对楚子问鼎之轻重曰："天祚明德，有所底止。成王定鼎于郏鄏，卜世三十，卜年七百，天所命也。周德虽衰，天命未改，鼎之轻重，未可问也。"如依周诰之言，则不敬厥德，即坠厥命。此言周德衰而命未改，则德与命若相离。其谓成王定鼎，卜世三十，卜年七百，略符周运。人固可疑此语为后人篡改羼入。然卜旬卜岁之事，充满于甲骨之卜辞中；则于国运卜世卜年之事，亦理所宜有。由卜知来，则为预定。此预定亦可说为天之所定，天之所命。此便又与诗书所谓"帝命不时"之意略相违。然吾意此种预定思想本身之来源，当为自古传来之民间宗教术数思想之另一端。然此段文字，自整个以观，其谓成王定鼎时，卜世三十，卜年七百云云，乃谓文武周公之德教流泽，足及于后世。故虽"天祚明德，有所底止"，亦必须至三十世七百年而后命改。

此即后来言星命者或兼言祖德余荫之说之所本。果如此说，则由周初之命随德定之说，亦可引申出此种对未来预定之论。唯此预定，仍初是依于德教流泽之所及而预定，非由上帝或天之本其绝对自由之意志而预定，便仍与旧约等西方宗教之说不同也。至克就此命之涵预定之义言，则正为墨子"非命论"之所非，而为如列子力命篇所谓"命"为"必然之期，素定之分"（张湛注此篇语）之说之远源。

（三）引申"命"之义，而为近于所谓"寿命"之义、及当为之"义"之义者。

左传文公十三年"邾文公卜迁于绎。史曰：'利于民，不利于君。'邾子曰：'苟利于民，孤之利也。天生民而树之君，以利之也；民既利矣，孤必与焉。'左右曰：'命可长也，君何弗为？'邾子曰：'命在养民。死之短长，时也。民苟利矣，迁也，吉莫如之。'遂迁于绎。五月邾文公卒，君子曰知命。"

此段文言左右劝邾文公不迁都以长命，既迁都而叙其卒。则此命似涵后之所谓寿命之义或生命之义。汉儒乃定寿命为三命之一。春秋元命苞：命也者，人之寿也。广雅释诂：命者，人之寿也。然古代盖即以寿表寿命。生为人之生，命为天之命，二者初不相谋。然文武周公受天命而享国之年，正与其寿同。书无逸言"文王受命唯中身，厥享国五十年"。书无逸言"殷王中宗，严恭寅畏天命，……肆中宗之享国七十有五年，……肆高宗之享国五十有九年，……肆祖甲之享国三十有三年。自时厥后，立王，生则逸……惟耽乐之从。自时厥后，亦罔或克寿，或十年，或七八年，或五六年，或四三年。"是言受命而有德，则寿，否则夭折。此受命享国之久，乃可与寿之长短相应者。缘是引申之义，便可以命指寿命。如洪范言五福，有考终命，此命与考连，即涵寿命之义。左传此段文，谓左右言不迁都以长命，迁都而叙其卒，则此左右之言长命之命，更明兼有长"受命享国之日"，及长"寿命"之义。且意似重在后者。此盖为庄子以降，重连于"生"以言"命"，言"性命之情"者之先导。然在邾子之答左右，以"天生民而树之君"以"利民"，及"命在养民"之说为言，则又为直承周初古义，君受天命享国，当"怀保小民，惠于矜寡"之义。是邾子心中之命，断不能以寿命为说。至于君子谓其"知命"，亦当为"知天所命于君之养民之责"之谓，而非知寿命当死之谓。君之养民，为君之责，亦即君之"义"之表现。此所谓知命，即君之自知其"义"之所当为之谓。邾子之知命，而不惜死，即后儒所谓舍生取义之行也。是见此段之知命中之命之涵义，又有进于周初之说，止于言有德而受命，受命益当敬德，而享国若干年者。此君子曰之所谓知命，乃指邾子之为成君之"义"，成君之"德"，宁舍"寿命"之事言。是则"由周初受命观念中'敬德'之义之凸显而出，以成为君之奉承天命之主要涵义，而其中享国之观念反被扬弃"所生出之新观念也。此所谓知命，又正为后之儒家所谓知命之义之所涵也。

（四）以命为动作礼义威仪之则者。

左传成公十三年"民受天地之中以生，所谓命也。是以有动作威仪之则，以定命也。能者养之以福，不能者败以取祸。是故君子勤礼……勤礼莫如致敬……敬在养神……国之大事，在祀与戎。祀有执膰，戎有受脤，神之大节也。今成子，惰弃其命矣，其不反乎？"此段文之前数句，可与诗经"天生烝民，有物有则。民之秉彝，好是懿德"合看。皆似颇近孟子、中庸所谓天与我以心之官，天命之谓性之说。唯其中仍有距离。盖诗经所谓"天生烝民，有物有则，民之秉彝，好是懿德"云云，仍未确定此所好之懿德之内在于己，而可是好在外之嘉言懿行之德之意。此所谓"则"，亦可为在"物"外对物加以规定之法则之意。至此段文之言，以动作威仪之"则"定命，亦未明言此动作威仪之则与命，皆纯由内发。所谓命由动作威仪之则以定，盖非言"命"与此"则"为二物，而当是言命之内容，即由动作威仪之则以定之谓。阮芸台所谓"敬慎威仪，以定性命"是也。是见所谓"民受天地之中以生，乃所谓命也"二语，宜当释为民所受以生者即是"命"，亦即是此动作威仪之则，而"此则"原于天地，原于天地之中之意。此所谓受"命"为"则"，吾意亦可是指人生以后说，而非指生前或生之性上说。盖此段后文，明连祸福与致敬养神言，则此"命"此"则"，正宜视为超越外在于人，而尚非即内在于人，同于后儒所谓性者。若如此说，则此所谓受"命"为"则"，与诗之有物有则之"则"，亦犹近乎诗书中所谓天叙天秩之典常彝伦之"则"，与天降命于人，人当受之以"聿修厥德"之"命"。故孔颖达疏此段谓命为教命之意，当适得其原意。唯刘康公之言，直接以天地之命为民之生之"则"，乃将民之自然之"生"，直接与上天所降之"义所当然之命"对照而言。性古为生字，则此言亦即将人性与天命对照而言之始。由此再经孔墨思想之转折，即可渐有孟子中庸之义矣。此当在后文及之。

四　孔子之知命

中国真正之哲学思想，至孔子而使人有仰之弥高，钻之弥坚，瞻之在前，忽焉在后之叹，足以上承尧、舜、禹、汤、文武、周公之教，下开百世之学。然孔子之言命之真义何在，则不易得其确解。孔子尝言"五十而知天命"（为政），言"君子有三畏，畏天命，畏大人，畏圣人之言"（季氏），"道之将行也欤，命也；道之将废也欤，命也"（宪问），论语尧曰章最后段，又言"不知命，无以为君子也；不知礼，无以立也；不知言，无以知人也。"则孔子之敬畏天命可知。此诸语中，皆无命为外在之预定义。至子罕篇言"子罕言利与命与仁。"此中"与"字，可作别解。纵不作别解，罕言亦非不重之义。唯雍也篇载"伯牛有疾，子问之，自牖执其手。曰：'亡之命矣夫。斯人也，而有斯疾也！斯人也，而有斯疾也！'"。颜渊篇载司马牛忧其无兄弟，而子夏又曰："死生有命，富贵在天。"，此二段文中之孔子、子夏，皆为若致叹息于命，并以命为外在而冥冥中有定者。故墨子公孟篇谓"儒者以命为有，寿夭、贫富、治乱、安危有极矣，不可损益也。"，（墨子公孟）傅斯年氏之书，亦谓："论语明载定命之义，墨子攻之，正中要害。"云云。益以汉儒孔子为素王受命之说，宋儒以理言命之说，而孔子言命之本旨何在，益复难明。然吾人今若暂舍孔子一时叹息之辞，及子夏与后儒之言，以观孔子之说，则孔子实明未尝有"大德必受命"之中庸式及汉儒式之思想。其言天命，复与诗书、左传所言之天命观，皆有不同，今试略论之。

吾人之所以不说孔子之天命观，全同于诗书及汉儒之所言者，乃以论语中从无汉儒所谓降命、受命之说。"凤鸟不至，河不出图，吾已矣乎"之言，即不伪，亦非必如汉儒之视凤鸟、河图为受命之符。诗书之言天命者，固多指天叙、天秩之典常、彝伦为人所当遵行者，然孔子则未尝教人只是实践已成之典常、彝伦，或昊天成命。孔子教弟子以孝以仁，大皆直指生活上之行事以言，而要在人之反求诸己，以行心所安，则谓孔子之天命，止于诗书之说，亦无是处。

然吾人如谓孔子只重反求诸己行心所安之教，又将何以解释孔子之言畏天命及重知天命之言？吾昔尝以左传国语文公十五年所谓"君子不虐幼贱，畏于天也"之言，谓中国古代宗教思想中，原有"天矜于民，天之爱民甚矣"之思想；故人之不虐幼贱以行仁之事，即敬畏天命而知命之事。此与韩诗外传承孟子言，而释孔子知命之旨者相通。韩诗外传曰："子曰，不知命，无以为君子。言天之所生，皆有仁义礼智顺善之心。不知天之所以命生，则无仁义礼智顺善之心，谓之小人。故曰不知命，无以为君子……。天生烝民，有物有则。言民之秉彝，以则天也，不知所以则天，又焉得为君子乎？"朱子注孔子五十而知天命，谓天命为天道。唯顺此去讲，固可以明孔子反求诸己，行心所安之教，与畏天命贵天道，乃一而二者。然此又似与"道之将行也欤，命也；道之将废也欤，命也。"之言不合。盖果天命为爱民而仁者，则言道之行是天命，可；言道之废亦是天命，则似不可。如天命即天道，则谓道之废为天道，尤为不辞。又如道之废仍是天命，则天命宜非爱民而仁者。如人当畏敬天命，不亦当畏敬彼道之废耶？则孔子之栖栖皇皇以求行道，得毋非不畏天命？而伯牛有疾，孔子曰亡之命矣夫。此命之义，似又明谓死生之命，乃在外而非在内者。孔子既于此致其叹息之辞，亦似非直接敬畏此命者。或者乃谓论语书中之天命与命为二名，合道者为天命，命则可不合于道。然论语书或言知天命，或言知命，义应相同。又论语言畏天命，中庸言俟命，意亦相通。则命与天命，非即二名。天命与命既一，而命乃有非道者；孔子志在行道，又何为而必言畏天命，必言"不知命，无以为君子。"耶？

此诸问题，吾尝思之而重思之，尝徘徊于孔子所谓天命，乃直仍旧义中"天命为天所垂示或直命于人之则之道"，与孔子所谓天命唯是"人内心之所安而自命"二者之间。而终乃悟二者皆非是。盖若果孔子之所谓天命，即旧义中天所垂示或天直命于人之"则"之"道"之义，此明为自诗书以来之通义，墨子尚直承之，以成其天志之论者。此义易解，孔子不当言五十而知天命。至如孔子之所谓天命，唯是人内心所安之自命，则孔子十五志学，三十而立，四十不惑之诸阶段，已时时有自命、自求、近思、笃行、行心所安之事，亦不当言五十而知天命。吾人由孔子之郑重言其知天命在五十之年，并郑重言"不知命，无以为君子"及"畏天命"之言；则知孔子之知命，乃由其学问德性上之经一大转折而得。此大转折，盖由于孔子之周游天下，屡感道之不行，方悟道之行与不行，皆为其所当承担顺受，而由堪敬畏之天命以来者。此则大异于前之天命思想，亦不止于直下行心之所安之教者也。上述之疑难所自生，初皆原自不知孔子之天命思想，实乃根于义命合一之旨，吾人先当求于此有所透入也。

孟子万章上曰"或谓孔子于卫主痈疽，于齐主侍人瘠环，有诸乎？孟子曰：否，不然也……弥子谓子路曰，孔子主我，卫卿可得也。子路以告。孔子曰有命。孔子进以礼，退以义，得之不得曰有命。而主痈疽与侍人瘠环，是无义无命也。"

由孟子此段话，便知孔子之言命，乃与义合言，此正与论语不知命无以为君子之言通。孔子之所以未尝有主痈疽与侍人瘠环之事，因此乃枉道不义之行，孔子决不为也。弥子谓子路曰，孔子主我，卫卿可得，孔子之答又为有命。故孟子之释曰，无义无命。此即言义之所在，即命之所在也。此所谓义之所在即命之所在，明非天命为预定之义，如上文所引"卜世三十，卜年七百，天之命也"之类。唯是孔子先认定义之所在，为人之所当以自命，而天命斯在。此见孔子所谓天命，亦即合于诗书所谓天所命人之当为之"则"，而与人之所当以自命之"义"，在内容上为同一者。孔子所谓畏天命，确仍与孔子所重之反求诸己，行心所安，依仁修德之教，可说为二而一之事。然吾人之问题，则在"天命"与"义"之内容既同一，何以孔子又必于反求诸己之外，兼言畏天命？又孔子何以言道之废亦是天命？如无义无命，则有义宜有命。行道是义，天使我得行其道是命。此固是命义合一。然在道之废时，则义在行道，而命在道之废，命义相违；则此时求行"义"，正宜当非"命"。此即墨子尚义而非命之论所由出，而势至顺者。然在孔子，则于义在行道，而命在道之废时，仍只言人当知命，只直言畏天命，其故何耶？然吾人之所以答此问者仍无他，即自孔子之思想言，人之义固在行道。然当无义以行道时，则承受此道之废，而知之畏之，仍是义也。若不能承受此道之废，而欲枉尺直寻，以求行道，或怨天尤人，乃为非义。此即孔孟思想之翻上一层，而进于墨子之直接非命之说者也。

何以求行道，是义；道不行，而承受此道之不行，亦是义？此乃以人求行道，原为求诸己而自尽其心之事，此为孔孟之教之根本义。然求行道既原为求诸己之事，则人在求行道时，即已知道之或不行，而有此不行之可能。此乃孔子"毋意、毋必、毋固、毋我"、"无可无不可"及"用之则行，舍之则藏"之言所由发。由是而人在求行道时，即当同时准备承担道之行或不行之二种结果。由是而"用之则行"，固是义之所当然；而当道不得行时，承担此结果，而"舍之则藏"，亦是义之所当然。反之，如道不行，而枉尺直寻，以求行道，或怨天尤人；乃与人求行道时，依"反求诸己之教，自知为当准备承担之义"相违，而先自陷于非道矣。是见承受道之废，即是义也。

承受道之废是义，亦即是知命。此所谓知命，非谓知命之预定道之将废。若然，则此命不堪敬畏。吾人如欲会通孔子所谓知命及畏天命之言，仍唯有自人之义上透入。盖志士仁人之求行道，至艰难困厄之境，死生呼吸之际，而终不枉尺直寻，亦终不怨天尤人，则其全幅精神，即皆在自成其志，自求其仁。此时之一切外在之艰难困厄之境，死生呼吸之事，亦皆所以激励奋发其精神，以使之历万难而无悔者；而其全幅精神，唯见义之所在，未尝怨天尤人之德行，亦即无异上天之所玉成。在此志士仁人之心情中，将不觉此志此仁为其所私有，而其所自以有之来源，将不特在于己，亦在于天。于是其自求其仁，自求其志之事，凡彼之所以自期而自命者，亦即其外之境遇之全体或天之全体所以命之者。其精神之依"义"而奋发者不可已，亦即天所命之"义"，日益昭露流行于其心者之不可已。此处义之所在如是如是，亦天命之如是如是。义无可逃，即命无可逃，而义命皆无丝毫之不善，亦更不当有义命之别可言。人于此更自觉其精神之依"义"而奋发之不可已，或天命之流行昭露不可已，其源若无尽而无穷，则敬畏之感生。此敬畏是敬畏天命，即敬畏其志其仁。至于孔子之只言畏天命者，则盖以志士仁人之求行道之事，乃自内出而向于外。所向在外，其所敬畏，则宜在天命。如在宋明理学，则更重人之内心及个人行为上之自觉，而敬畏乃多在自心之主一无适上说矣。此乃孔子之学之发展，而其旨则同根于人之精神上之实感，更无相违逆之处者也。

吾人如知人求行道时所遭遇之一切艰难困厄之境，死生呼吸之事，皆是求行道者，义所当受，亦即天命之于行道者之所；则亦知依孔子之教，人而真欲为君子，欲为志士仁人，则其行义达道之事，与其所遇者，乃全幅是义，全幅是命。达则兼善天下，用之则行，而有所为，是义是道。隐居或乘桴浮海，而舍之则藏，乃有所不为，皆不主痌瘝与侍人瘝环，不枉尺直寻之类；是所以避非义非道之行，而自求其志，独善其身，仍是义，仍是道。人当此际，外境之于我，实无顺逆之分，顺是顺，逆亦是顺，斯人无可怨，天无可尤；而一切顺逆之境，无论富贵、贫贱、死生、得失、成败，同所以成人之志、成人之仁；斯见全幅天命，无不堪敬畏。此境界自非人所易达。故孔子亦唯称颜渊曰："用之则行，舍之则藏，唯我与尔有是夫。"依此以观孔子于伯牛有疾曰："亡之命矣乎"，则固有叹惜之情，仍未尝有怨天之心。盖孔子之所以自待，亦其所以望弟子，死生呼吸之际，人固当亦有以自尽其义，而有知命、敬畏天命之义存焉。此即子路之结缨，曾子之易箦之精神。由此以观孔子之谓伯牛"亡之命矣乎"，焉知非此以致拳拳之意？即子夏"死生有命，富贵在天"之说，亦可同作斯解。何必如王充之以此命纯为限定之义，或如近人本墨家之说，以言孔子与儒家乃信定命论者乎？

五　墨家之非命

吾人如知上文所论孔子之知命之学，则知墨子之非命，并非真能针对孔子与真正之儒家而发。墨子公孟篇曰："儒之道，足以丧天下者，四政焉。儒以天为不明，以鬼为不神，天鬼不说，此足以丧天下。又厚葬久丧，重为棺椁，多为衣衾，送死若徙，三年哭泣；杖后起，扶后行，耳无闻，目无见，此足以丧天下。又弦歌鼓舞，习为声乐，此足以丧天下。又以命为有，贫富、寿夭、治乱、安危，有极矣，不可损益也。为上者行之，必不听治矣；为下者行之，必不从事矣，此足以丧天下。"

凡此所言，至多只为儒者末流之弊。即如其讥儒家重厚葬久丧，习为声乐，至谓"孔丘盛容修饰以蛊世，强歌鼓舞以聚徒。"此为专自儒者在生活之形式上，承周之礼乐而说。然孔子之学之特色，明在其重礼乐之精神之仁孝，而不重在礼乐中之玉帛钟鼓。吾人固承认，儒者不似墨子之重天志明鬼。然墨子谓儒者以天为不明，以鬼为不神，与孔子之言畏天命，言天道之"已成而明"（礼记哀公问），重郊祀之礼等，亦未必能针锋相对。公孟子主无鬼神，亦不必即代表儒者之公义。孔子只言"非其鬼而祭之，谄也"，又言"未能事人，焉能事鬼"，固未尝明言无鬼神也。孔子言："祭神如神在"之"如"，非假定之辞，乃事死"如"事生，事亡"如"事存之意也。公孟子之言无鬼神，或亦唯言无墨家所言赏善罚恶之鬼神耳。是墨子所谓儒者丧天下之四政之三，皆不能与儒者之教针锋相对；又何得言墨子之非命，曾责儒者信有命，即真能与儒者之言针锋相对乎？儒者言知命者，乃言人须知其所遇之穷达、顺逆、富

第十六章　原命上：先秦天命思想之发展

贵、死生之境，皆可以为进德之资，人不当枉道以求富贵，或贪生而苟存之谓；曷常有贫富、治乱、安危、皆不可损益之思想乎？果其有之，则孔子之栖栖皇皇，又何为者？故知墨子所反对之儒者，乃其心目中之儒者；其所非之"命"，亦不必即儒者所谓"命"。吾人尤不可以墨子之所言，定儒者之真。考墨子之非命，实为上文所引卜年卜世一类之预定未来之命。此定命之观念，与儒者求自尽己力，以道易天下之教，乃相违者。至于墨子所以亟亟非此预定未来之命，则在上文所说，墨子贵义而重力行，遂见此预定未来之命，与其教人力于从事之思想，直接相违反。故非命篇所反复申言者，唯是言"立命而怠事"，"执有命"则人"不听政"、"不从事"等。此种预定之命之说，则其源当在古代宗教术数迷信之一端，亦可由周初诗书中之天命观之主要涵义引申而出，如上文已说。墨子既重天志，更不能不自申不信天之定命之义，以免人混其天志之说于天之命定之说也。

墨子之论儒，虽非儒者之真，然墨子言天志，而辟除天之命定之说，则上承诗书所传之宗教精神。吾以为墨子之宗教思想之重要者，不只在如近人所谓，墨子复兴孔子、老子所反对之传统宗教中对天之信仰，或发挥传统宗教信仰之保存民间者。此尚是浅而易见者。此中重要者，在墨子言天志，而又非天命。在其他民族宗教中，言天志者，必言天之意志之表达，显为一绝对之命令，能规定人之未来；故言天志，必言天命，舍天命无以见天志。墨子独言天志，而不言天命。墨子谓天志在兼爱，故欲人之相爱，恶人之相恶。然墨子则未尝言天如何求贯彻其志，而定命令，或指定某人或某民族代表之，以实行其志。是见墨子之天，仍同于诗书中之天，乃唯监观四方，视人之行为合不合于其志，而施赏罚者。此即仍须待人之行事，上闻于天，而后天乃察其德，以施赏罚。此正为诗书中天命观中所涵之思想。在诗书中之天命观，主命不于常，即无天指定某人某民族以代表之之思想。天为后于人王之修德而降命，以使人受命者。天亦为后于人之善恶之行，而继以福善祸淫之事者。此乃一种天于人先取无为静观之态度，而后有为之思想。墨子之天，亦复如是。在诗书中言：人受命之后，当更敬厥德，兢业不懈，乃得永命。此亦正为墨子重"从事"之思想之所本。故墨子虽非天命，然其不特未尝非"诗书中之天命之主要意义"，而正是承诗书中所谓天所命于人者，以努力从事。其非命，唯是非预定论之思想。墨子言天志，所以见天之尊，而确立天对人之赏善罚恶之思想。然人必先有善恶之行,而后有天之赏罚,天亦未尝以"命"规定一人之行为与其力之所限极。由是而人在行为上可先于天,天唯是随人之行为之善恶之后,以赏罚促进其善者而去其恶者。由是而天人之关系,虽为上下之关系,亦为并行之关系。此即墨子之所以尊天志,而尤重人事之故。而其思想之进于诗书中所言者,则在诗书中之天命之主要涵义,虽是如吾人方才所说,而其引申涵义,亦可为预定之命。于是一般人或以其引申之涵义,与民间流行之宗教术数迷信中之其他预定论思想相结合,视为命之主要涵义。由此而墨子乃不能不言天志而又非命。唯其非命,而后天有"志"而期望人之行为足与其志相副,及天未尝对人之未来之行作预定之义,方得确立。天有志而无对未来之预定,天斯更自成其为"明明在上,赫赫在下"以自居其位者;人斯更能自求尽力以上体天志,而从事力行,以"兴天下之利,除天下之害"者。是则墨子之分别天人,而厘清其分位与关系之功也。

六　孟子之立命义

墨子非命,乃所以反对人力之外在的命定之限极。孔子之知命,乃知:一切己力之所不能改变,而为己之所遇之境,无一能成为吾人之志道求仁之事之限极。孟子之立命,则承孔子之知命之义而发展。孔子之知命,在就人当其所遇之际说;而孟子之立命,则就吾人自身先期之修养上说。如在死生患难之际,当死则死,素患难行乎患难,此在孔孟,同是义所当受。然吾人如何能在此际,不怨天,不尤人,视此死生患难,即天命之所存,而以敬畏心当之,则其前必有一段工夫在。无此一段工夫,则临事必气馁。即此时所承担之义与命,亦不能树立于吾人之自身之生命中。此一段之工夫,由开始至完成,由平日之修养,至临事尽道而死,即整个是一立命之工夫。此立命之工夫,俟乎人自身之努力,外无预定吾人之努力之所限极者。在道德修养上,孔孟之同不承认人之努力,外有限极之者,正有似于墨子。孟子固不似墨子之言非命而言立命,然孟子之立命,乃另立一种命,而亦未尝不涵墨子之所谓非命之义。墨子思想之不及孔孟者,则在:墨子之非预定之命,固是;但真遇道不行之时,人又毕竟如何?此时是否即天志闭塞,天心摇落?此在墨子殆无法以答此疑。然在孔孟,则道不行于外,道仍在于内。此时道不得行于外,而杀身成仁,或隐居求志,更不怨天不尤人之本身,即所以彰显此道。此等等之本身,亦即天命之所在。在孔子,则此为人之知命之事,在孟子则为人之立命之事。夫然,故在孔孟,天命永无有断绝之时。此其关键,不在此道之是否行于外,而在吾人自己之是否愿担负此道。如能担负,则人道立而天道亦立,人命立而天命亦立;于是天命之大明终始,便永无真正断绝晦盲之日。故在墨子,虽笃信天志而非命,不信人力之所限极,然实不知所以处此人力之限极之道。在孔孟之知命立命之教,则有道以处此限极,于是人力虽似有限极,而其道则以承担此一切限极而无限极。天道天命,亦以人道之无限极,更彰其无限而永存。由是而孔孟之知命立命之教,遂大深远于墨子之非命。孟子所进于孔子之言者,则在能言立命之一段工夫,以通贯天命于人之尽心知性之教。孟子曰:

"尽其心者,知其性也。知其性,则知天矣。存其心,养其性,所以事天也。夭寿不贰,修身以俟之,所以立命也。知命者不立乎岩墙之下。尽其道而死者,正命也;桎梏死者,非正命也。"

孟子此段言尽心知性则知天,存心养性即事天。其所谓天之初义,自是直承诗、书、左传中所谓"矜于民"、"爱民"而"怀明德"之天而说。以天为"义"为"兼爱"之墨子之说,亦与中国传统思想中之天,义不相违。孔子亦未尝谓此天为不存在。唯孔子之所重,在人自己之求仁立志;而孟子之所重者,则在言人之求仁立志,原本于人之心性,故重人之尽心知性而存心养性。此尽心知性存心养性之事,即所以知天事天而立命者。是乃别于墨子之自外面看天之于万民,"兼而有之,兼而食之",以知天之为兼爱者之论;亦别于墨子之只以兼爱尚同之行事法天,为事天之道之说。孟子言尽心知性则知天,存心养性即事天,乃直下于吾人之自己之心性上知天。由自己之心性,所以可知天者,则以人为天之所生,心性即天之所以与我。今尽天之所以与我,而为我所固有之心性,以知天,则其知天正为最直接者。天以此心性与我,我即存之养之以事天,则其事天正为最直接者。墨子所谓天为兼爱,天为义,亦皆可由我之心性原具仁义礼智之端,加以直接证实。而天之所以命我,我之受天之命而立命,亦即于我自己之存养此心性,以夭寿不贰之事上见。故命之正不正,全不须在外面说。自外面说,无命非正;正与不正,唯在我之所以顺受之。我尽道而死,则命为正命;未尽道而立岩墙之下,桎梏其心性以死，则命非正命。我诚尽道，则夭寿、死生、穷通、得失，无一不正；而人所遇之一切莫之为而为者，莫之致而致者，皆是天，皆是命，皆是成就我之自尽其道者；因而亦皆是命我以正者，我善受之，便皆成正命，而皆为我当"修身以俟""行法以俟"者。于此更无汉儒如纬书、白虎通义、何休、王充、赵岐所谓正命（生而善与福禄兼备之命）、随命（随善恶而报之）、遭命（行善遇凶）之分。我之所以自命之一切，即天之所以命我之一切，皆无非正命，而天命即由我而立矣。此乃就孟子之文，以证前文之说者也。

吾人今论孟子立命之教，谓其言命之正与不正，乃纯由人自己之所以受命、尽心知性、存心养性之工夫上言，似与孟子恒将性命对称而说者不同。孟子曰：

"求则得之，舍则失之，是求有益于得也；求在我者也。求之有道，得之有命，是求无益于得也；求在外者也。"

"口之于味也，目之于色也，耳之于声也，鼻之于臭也，四肢之于安佚也，性也，有命焉。君子不谓性也。仁之于父子也，义之于君臣也，礼之于宾主也，智之于贤者也，圣人之于天道也，命也，有性焉。君子不谓命也。"

此皆以性命对称之言。吾人必须再一申论，孟子之言性命之别，在何义上成立。观孟子求则得之一段之言性命之别，似当言孟子之所谓命只为外面之限制。观孟子口之于味也一段，所谓"性也，有命焉；命也，有性焉"；之言，则孟子之所谓命，又似不只为外面之限制，而同时涵有自外而观时，人即可由之以见其义之所当然者。实则言命乃先自外说，此盖孔、孟、墨子之所同。然在墨子由命为预定之限极之义上说，则命与义相违，遂贵义而非命。在孔孟，则吾人所遭遇之某种限制，此本身并不能说为命；而唯在此限制上，所启示之吾人之义所当为，而若令吾人为者，如或当见、或当隐、或当兼善、或当独善、或当求生、或当杀身成仁，此方是命之所存。唯以吾人在任何环境中，此环境皆若能启示吾之所当为，而若有令吾人为者，吾人亦皆有当所以处之之道，斯见天命之无往而不在，此命之无不正。此乃吾人上所屡言。故求则得之一段，所谓得之有命，亦非仅谓其得与否，将受环境限制之谓。而是说：如在环境之限制下求而不得，人亦不当枉道求得以违义。故此环境之限制，亦即命吾人之当有所不为者。由是而安于此限制，即是顺受一天之正命而行义。夫然，故存心养性而行义达道之事，与受命立命之事，固为二义，一如纯自内出，一如自外定；然此自外而定者，亦正是吾人之义所当然。若欲言其分别，则当说存心养性而行义达道之事，要在有所为，以为立命受命之资；而立命受命之事，则要在觉如受限制规定，而知有所不为，乃义不他求。人在有所为时，立命之事，在正面之修身以俟上。人在有所不为时，则修身之功，见于对一切顺逆之境之任受，而使命莫非正上。自孟子之人性论之系统言，则人之心官之大体之"义"，在扩充存养之事上；人耳目之官之小体之欲，欲富欲贵之欲之"义"，则在寡欲有节上。故人于耳目小体富贵之欲，求而不得时，其不得，是即命见义。即命见义，而人乃能不为其所不当为，而即在"命之限制"上，见吾人之"义"之所存，与本心之性或吾人真正之所之性之所在，兼知吾人之缘耳目小体而求声色富贵之欲之性，实非人之本心之性或真正之性之所在。故曰"口之于味也，目之于色也，耳之于声也，鼻之于臭也，四肢之于安佚也，性也，有命焉。君子不谓性也。"至于在心官之扩充存养之事上，人之求而必得，其得，是即义而见命。即义见命，而人之为其所当为，而以仁对父子，以义对君臣，以礼对宾主等，即见天之命我以正。原我所遇外境中之他人如何，非我所自定。我或如武王周公之以文王为父，或如舜之以瞽瞍为父；我或如周公召公之以武王为君，或如比干之以纣为君……（多借赵岐注所举例）；我皆必须有以自尽其道。而此外境中之他人，即如恒在启示我、规定我，而命我以仁义礼智等，此亦即无异于天之命我以仁义礼智等。然我之行仁义礼等，正所以存养扩充我之性，而非只顺从外境或天所启示之命。故曰："仁之于父子也，义之于君臣也，礼之于宾主也，智之于贤者也，圣人之于天道也，命也，有性焉。君子不谓命也。"而此即孟子之学之所以必以心性为本，而摄知命立命之义，于存心养性之教者也。

七　庄子之安命论

庄子之言命异于墨子，亦异于孔孟，为以命与性直接连说。如庄子外篇骈拇篇，有"不失其性命之情"、"任性命之情"，天运在宥篇有"安于性命之情"之语。除此以外，庄子天运篇又言：

"达于情而遂于命也。"

达生篇言："达生之情者，不务生之所无以为；达命之情者，不务知之所无奈何。""始乎故，长乎性，成乎命。"

天地篇言："泰初有无，无有无名，一之所起，有一而未形，物得以生谓之德。未形者有分，且然无间谓之命。留动而生物，物成生理谓之形。形体保神，各有仪则谓之性。性修反德，德至同于初。"

此皆以性情与命连说。天地篇更明将命、神、性、相贯而论之；何以性与命可连说，后当论之。然在庄子内篇，则尚未有以性命连说者。庄子之外篇所以贵命，而重"达命之情"（达生）、"无以故灭命"（秋水）、"知命"（田子方）、"复命"（则阳），皆原于内篇之先言"安命"与"致命""从命"。庄子内篇人间世引仲尼言："天下有大戒二，其一命也，其一义也。子之爱亲，命也，不可解于心；臣之事君，义也，无所逃于天地之间。是以夫事其亲者，不择地而安之，孝之至也；夫事其君者，不择事而安之，忠之盛也。自事其心者，哀乐不易施乎前。知其不可奈何而安之若命，德之至也。为人臣子，固有所不得已，行事之情而忘其身，何暇至于悦生而恶死？……莫若为致命，此其难者。"此段文虽先分命义为二名，后又言尽忠亦致命，则命义实不二。此所谓尽孝尽忠之命之义，亦即吾人上论儒家之即命即义之义。而庄子所引仲尼言，以忠盛孝至，即能不择地不择事而安之，"何暇至悦生恶死。"亦正与吾人上之释孔子知命之义正同。由此可知庄子之安命之学，正源自儒者。庄子之德充符，又引仲尼言："死生、存亡、穷达、贫富、贤与不孝、毁誉、饥渴、寒暑，是事之变，命之行也。……故不足以滑和，不可入于灵府。"则又是以我之和与灵府，与外在之"命之行"相对，而涵有无论外在之"命之行"如何，而我之和与灵府，皆不以之生哀乐之谓。是正通于孔子"素富贵行乎富贵，素贫贱行乎贫贱，素夷狄行乎夷狄，素患难行乎患难，君子无入而不自得焉"之旨。然庄子之言安命，终有与孔子之知命不同者。盖孔子知命，一直重在人之自事其心于忠孝；庄子则由人之自事其心于忠孝，而"哀乐不易施乎前"，以进而言：人之能长保其灵台天君之光，内在之和者，当向往于任事之变，命之行，而与之皆适之境。由是而乘物游心，齐物逍遥之论出。庄子安命之学之最高表现，则在不属于尽忠尽孝之任何场合之死生呼吸无可奈何之际，而仍能以孝子对父母之心，承当其在天地间之所遇。此孔、孟、墨之知命、立命、非命之教中所未申，而为庄子安命之学所特至也。

第十六章　原命上：先秦天命思想之发展

兹先引大宗师篇一段：

"子舆与子桑友，而霖雨十日。子舆曰：'子桑殆病矣'，裹饭而往食之。至子桑之门，则若歌若哭，鼓琴曰：'父邪？母邪？天乎？人乎？'有不任其声，而趋举其诗焉。子舆入曰：'子之歌诗，何故若是？'曰：'吾思夫使我至此极者，而弗得也。父母岂欲吾贫哉！天无私覆，地无私载，天地岂私贫我哉！求其为之者，而不得也。然而至此极者，命也夫！'"

庄子此段文，极苍凉感慨之致。其中实有一至厚至深之形上的兼宗教的心情。子桑饿病垂死，非如志士仁人杀身成仁之类也；而饿病至此极，亦不直接为人当然之义也。子桑于此，未尝怨天，亦未尝尤人。其言曰："父母岂欲吾贫哉，天无私覆，地无私载，天地岂私贫我哉。"此乃其饿病之极，犹念父母天地之无私之覆载之未尝不在，而如怨如慕之情也。于此而言安命，则此命非同于诗书之受命之命，亦非孔孟之义命合一之命，而实只为安于人生无可奈何之境。故庄子大宗师篇述子来之濒死曰："父母于子，东西南北，唯命之从。阴阳于人，不翅于父母。彼近吾死，而我不听，我则悍矣，彼何罪焉。夫大块载我以形，劳我以生，佚我以老，息我以死；故善吾生者，乃所以善吾死也。今大冶铸金，金踊跃曰：'我且必为镆铘。'大冶必以为不祥之金。今一犯人之形，而曰："人耳人耳。"夫造化必以为不祥之人。今一以天地为大炉，以造化为大冶，恶乎往而不可哉！"此即见一全"不怨天，以对父母之心对天地阴阳，自安于一切人生之境"之精神，亦即"人之无条件的承担人所遇之一切无可奈何之境"之精神也。

此种人在无可奈何之境中，所生出之"死生亦大矣，而不得与之变，虽天地覆坠，亦将不与之遗"（德充符）之安命精神，其所向往者之积极之一面，即为"与造化者为人"，"天地与我并生，万物与我为一"，而"游乎天地之一气，以命物之化，而守其宗"之精神。此命物之化之"命"，则为人之既达其所向往之"与造物者为人"时，所感之一种即在天亦在人之一种命也。

庄子外篇中，亦多于顺受穷通、得失、死生处，言安命之旨。如至乐篇言庄子妻死，庄子强为不哭，而谓哭为"不通乎命。"秋水篇言"知穷之有命，知通之有时，临大难而不惧者，圣人之勇也。……吾命有所制矣"，缮性篇言"不当时命"之"深根宁极而待"，皆勉求安命之精神。然除此以外，外篇中特重之一旨，则为上所提及之以"命"与"故"对言之旨。秋水篇言"毋以故灭命"，达生篇又释"始乎故，长乎性，成乎命"曰："吾生于陵而安于陵，故也；长于水而安于水，性也；不知所以然而然，命也。"天运篇又言"调之自然之命"。谓"始乎故长乎性，而成乎命"，则"命"如为进乎故与性者。庄子所谓"故之灭命"者，盖即人之陷溺自限于旧有经验习惯；而不能拔出于其外之谓。能不以故灭命，而调之以自然之命者，则于所遇者，皆"瞳焉若初生之犊，而毋求其故"，而所遇皆新新之化，乃性长而命成。此便与上文所谓安命之命，为安一无可奈何之限制者不同，而是由安命而进达之自得之境。此庄子之"毋以故灭命"、"成乎命"之义，亦即同于庄子之与天游，使"天之穿之，日夜无息"之义。至于天与命二名之不同，则在天乃就自然而如此如此之新新之化之本身观之，命则就吾之遇此如此如此之新新之化者，而为吾之所受上说也。

　　至于外篇之所以有上所引如天运、在宥、骈拇等篇所谓通性命为一之言，则此盖为人所受之"命"，与人之所以受命之"生"（性），克就其相遇之际上说，原可说为二而一，乃不可分之故。在吾人不以故灭命时，吾人之生与化同游，而苶然直往，则吾自己之"生"与"命"，亦不可分。此即生与命之相成而不二。由此以推，则生之继续于己，即命之相续于前，而于我生之相续，亦可名之为"命"之"且然无间"。再进一层，则不特吾之与天之新新之化相遇为命，而吾之此时之生，遇下一时之生，或负我之先一时之生而前行，亦可谓我之此时之生，所遭遇之命。由是而吾之有生，即同有命之义。至乐篇言：庄子谓髑髅曰："吾使司命复生子形。"此司命之神，盖即楚辞之大司命少司命之神之类。谓司命之神复生人形，则司命之神所司者，乃人之"即生即命"之生或性命之本身明矣。然生命之命，乃为一引申义，则由中国古所谓命之原义观之，固断然无疑者也。

八　老子之复命及荀子之制命观

　　至于先秦他家思想中之言命，则有老子之言复命，荀子之言制命，及易传之言至命，大戴礼、小戴礼之言本命，乐记及易传之言性命。今亦分别略加解释。

复命一名，见于左传。初乃对君令复命、反命之义，殊无哲学意义。在庄子外篇，则阳篇言复命，则有哲学意义。其与老子之言复命之先后可不论。然二家之复命之义自不同。今谓庄子思想重复命，则不如谓老子之思想更重复命。庄子篇则阳篇：

"圣人达绸缪，周尽一体矣，而不知其然，性也。复命摇作，而以天为师，人则从而命之也。"

从而命之，犹名之，此语无关大体。庄子所谓复命，而以天为师，犹秋水篇所谓"毋以人灭天，毋以故灭命。"，盖由"故"而再复于"命"，是为复命。故庄子之复命，亦即不自以故自持，而随所遇以游心，而以神遇物，以遨游于天之万化，而与之万化，以周尽天人之一体之谓。此仍可统之于庄子之随遇而安命任化之思想中。而老子之言道曰："莫之命而常自然。"及言万物之复命，则曰："夫物芸芸，各归其根。归根曰静，静曰复命。复命曰常，知常曰明。"按老子之言道与万物之关系，乃以道为生万物者。今又谓物之归根而静为复命，则老子明有万物命根在道之义，而道则更无命之者；故为"莫之命而常自然"，为"有物混成，先天地生"。是见老子之言物之归根以静而复命，纯是由物之向内凝聚收敛，以反其自生之道之义。此与庄子天地篇所谓"太初有无，无有无名，一之所始，有一而未形。物得以生谓之德，未形者有分。且然无间谓之命。留动而生物，物成生理谓之形。……性修反德，德至同于初"之说相近。乃与庄子他处之言知命安命，皆偏自放浪形骸，以与物变化，而精神四达并流上说者不同。唯庄子此段所言，仍重在说命为贯于物之生中之无间相续者，而其原，则在由"天"由"一"而来之物所得之德。老子之言复命，则视命如为存于物之静中之命根。此当是直以指物之所以能动能生之功能，如常言吾人之生命之所本于其内在之精力之类，而此精力即原于道。老子所谓复命之工夫，亦当是由其所说之"少私寡欲"、"专气致柔"、"虚心实腹"、"弱志强骨"、"和光同尘"、"见素抱朴"、以化同于"含德之厚"之"赤子婴儿"，达"玄牝之门"而自"食母"之事，亦即由形下界，再还归恍惚窈冥之形上界之"先天地生而能生物之道"之事。此其与庄子之安命，及孔孟之知命立命，墨子之非命相较，乃为又一形态之思想，彰彰甚明。而老子所谓命，则尤近于吾人今所谓生命之命。唯非生命之现实，而只是一切万物之生命所以生之根柢上之无限功能而已。由老子之思想，可以开为根深蒂固，长生久视之神仙思想，亦正理之所宜然。后来之道教，所谓性命双修之命，亦正为一种指生命之根蒂之概念，复为一属于人之自然生命之内在之无限功能之概念，而由老子之言命所发展而出者也。

至于荀子之言命，则其正名篇尝曰："节遇谓之命"，此乃脱尽一切传统天命之宗教意义、预定意义、道德意义、形上意义之纯经验事实之命。大率诗书中之命，乃宗教意义为主，而附涵道德意义，故重受命、降命。墨子所非之命，则涵宗教性之预定意义。孔孟之命，由人道之"义"立，故重知命、立命。庄子、老子之命，皆直连于天道，故带形上意义。荀子"节遇谓之命"一语，杨倞注曰："命者，所遭于时也。"其注不误。故在荀子，一切孔、孟、老庄所言之命之宗教意义、形上意义、预定意义、道德意义，皆被剥除；而命之所指，乃唯是一赤裸裸之现实的人与所遇之境之关系。后汉王充之言人"所当触值之命"，亦正同荀子所谓"节遇谓之命"，而属同一思想形态。故荀子之言天，亦即先就"天之常行"言。至人对天命之态度，则荀子尝曰："从天而颂之，孰与制天命而用之"（天论）。又曰："天有其时，地有其财，而人有其治"（天论）。人之治之事，乃顺天而制割万物之事，此即人之所以参天地以制天命而用之。是荀子之天命，为人之所治所制之对象。天时时生物，以与人遇，即人时时有节遇之命。人时时有节遇之命，人即时时有其治物、理物之事，即人之时时制天命而用之。则荀子之言制天命，正略近今人所谓控制环境，控制命运之说，此为又一形态之天命观，而别于前列诸说者也。

九　易传中庸礼运乐记及大戴礼本命中之天命与性命论

除老荀之外再有一种意义之天命观，则当为散见于晚周之易传、大戴礼本命、小戴礼记之乐记、礼运、中庸诸文中之儒家之天命观。此诸书之天命观，确大体是表示一相类似之同时代之儒家思想，今姑先引诸家言命之要语如下，再略述其新义所存。

易中除萃象有"利有攸往，顺天命也"一语，无多意义外；有下列数语：

易传乾文言："乾道变化，各正性命。"

易系辞传："一阴一阳之谓道，继之者善也，成之者性也。"

"乐天知命故不忧。"

"穷理尽性以至于命。"

礼记乐记："天高地下，万物散殊，而礼制行矣；流而不息，合同而化，而乐兴焉。……动静有常，小大殊矣，方以类聚，物以群分，则性命不同矣。"

礼记礼运："夫礼必本于天殽以降命。命降于社，谓之殽地；降于祖庙，谓之仁义；降于山川，谓之兴作；降于五祀，谓之制度。此圣人所以藏身之固也。"

礼记礼运："夫礼必本于大一，分而为天地，转而为阴阳，变而为四时，列而为鬼神，其降曰命，其官于天也。"

礼记祭法下："凡生于天地间者皆曰命，其万物死皆曰折，人死曰鬼。"

大戴礼本命："分于道谓之命，形于一谓之性，化于阴阳，象形而发谓之生，化穷数尽谓之死，故命者，性之终也。"

中庸："天命之谓性。"

"君子居易以俟命，小人行险以徼幸。"

"天地之道，可一言而尽也，其为物不贰，则其生物不测。天地之道，博也、厚也、高也、明也、悠也、久也……今夫天，斯昭昭之多……日月星辰系焉，万物覆焉。今夫地，一撮土之多，及其广厚，载华岳而不重，振河海而不泄。……诗曰：维天之命，于穆不已。盖曰天之所以为天也，于乎不显，文王之德之纯，盖曰文王之所以为文王也，纯亦不已。"

此上诸书所言之命，自不必皆为同义。然有其共同之处，即为同皆以性命连称，或以生即命，且同皆以天命，为流行于天地万物之中，而物赖之以成性者；而天命一名，即涵今所谓宇宙论之意义，亦兼涵今所谓形上学与宗教之意义者。易传言"方以类聚，物以群分"，"乾道变化，各正性命"，明与乐记"方以类聚，物以群分，则性命不同矣"之言同。易传言"一阴一阳之谓道。继之者善也，成之者性也"；而人道则在由"穷理尽性以至于命"，是见易传之言人物之得各正性命，其原唯在一阴一阳之相继，天地之相感而生变化。克就此阴阳之相继、天地之相感而不二言，即见太极乾元坤元之实有。易传谓"太极生两仪，两仪生四象，四象生八卦"，八卦列为六十四卦，即以喻万物之由刚柔、动静、阴阳、天地之相感之万事而化生，以各成就其自己之性命，并于以见此万物之性命之原，之太极乾元坤元之在焉者。万物中唯人独能"穷理尽性"，以达于其性命之原而"至于命"，故人道得与天地之道并立为三才。礼运之言政，必本于天殽以降命，又言"命"降于社，降于祖庙，降于山川，降于五祀；则更宛然如有命之一物，自上而分，以遍降于下者。孔颖达疏谓此言教命政令当法天地，亦即涵"人之教命政令，当成为天命之表现之义"。此亦与易传之义通。礼记又言礼本于太一。此太一正同于易所谓太极，而为天地阴阳之所自一者。至大戴礼之言"分于道谓之命，形于一谓之性"，今连其上下文而观之，则明是论万物之各有其性，各有其生，乃由于分于一本之道，而得之命。此命为贯于物之性，物之生之始与终者。此复与礼运、太一之言相类。中庸之首句"天命之谓性"，固为偏在人上言人性之原于天命，与大戴礼本命之泛言万物之性原于命略不同。然中庸之归于言人能尽其性，则能尽人性尽物性，正见中庸亦有以天命遍降于物，以成人物之性之思想。凡此诸言，皆大体相类似，而同为自宇宙上言天命之分降流行，以成人物之性命者。是便与孔孟之直就人道之义，以通天道之命者异；与庄子之就人之游于变化之途，而安时处顺上言安命，及老子之治人事天之啬俭上言复命者，皆不同。吾人亦不能言此所谓太一、太极，即全同周初之所谓天或上帝，或其所谓命，即周初之天命。周初之天或帝之降命，唯视人之德如何而受之以命。此所谓太极、太一或天道之降命，则遍及万物，以使之各得以生，各正性命，而亦各有其德者也。

然此种思想，虽与上述诸说皆不同，要亦由孔孟之言天命与性之思想发展而出，不得言其本于道家之思想。孔子之思想，固重人道。然吾人已言由重人道之义，即可引至知命、立命之思想，而于吾人所遇一切生死顺逆之境，皆得见天所命于人之义之所存，与天命之昭露流行于吾人之前，而吾人遂无往而不可见天命之正。则顺此思想，再将人之自我一念，加以收敛而忘我，或将吾之所知之天命之正，一念放开，不视为私有，而视为天地间之公物；则当见人之耳之所闻，目之所接，时时处处，无非我之志之所在，仁之所存，而亦即客观之天命之所洋溢充满。由此而客观万物之生化发育，流行变化，即此天命之善之相继相续。物之生化发育流行变化，本于物之相感。物之相感之际，必一动而一静，一刚而一柔，是为一阴一阳。"太极"、"太一"、"阴阳之道"，则于此相感之中见。则此太极阴阳之道,即一切万物相继相续以生化发育之原,亦一切万物相继相续而生化发育之善之原。吾人今溯人道之善之原,亦见于人在伦理关系中之相感相通,而相生相养之事上。故人道之善之原,亦同在此太极阴阳之道。今通天地万物之相感以观,天地万物皆在合同而化之历程中,则吾人可泯除万物之差别相,而视整个天地万物之相感而相继以生,唯是一太极阴阳之道之表现之相继而成"易"。就太极阴阳之相继所新生之万物以观,则万物皆如受太极阴阳之道之命以生;而所生万物又互有不同,而各成其自己,是谓各正其性命。故推万物之所自生之原而言,可说唯有一太极,一阴阳之道。而就万物之各正性命而言,则皆为分于道,分于一太极阴阳之道之命,而各有其性命者。至于人之为物,能穷理尽性,以极其所感通之量,而仁至义尽,亦即与天地之阴阳乾坤之道合德,而达于其性命之原之天命者也。此即易传、中庸之以"大人与天地合其德",以人尽其性即人尽人性物性而赞天地之化育,以文王之德之纯,比同于天之"于穆不已"之论所由出也。

第十七章 原命中：秦汉魏晋天命思想之发展

一 导论

上章述先秦思想之言天命，始于诗书中之言天命靡常，天之降命于人与否，随人之德而定之说。历春秋时代对命之思想，而有孔子之知命，墨子之非命，孟子之立命，庄子之安命，老子之复命，荀子之制命。至晚周及秦之学者，乃合性命为一名，而以人性承天之本命，以至于命之思想盛。此时亦有阴阳家之五帝德之思想兴，而有人间之帝王，奉天之符命，依五帝德而代兴之说。此说旋与儒家思想合流，为汉儒之所持。汉儒之董仲舒，更申论帝王受命，及人受命之义，此乃承公羊春秋之义而发挥，复为东汉诸儒会议之所论定，而见于白虎通义诸书。此皆略似周初人王受命之思想之再现。专自个人之命言，汉儒复有正命、遭命、随命之说。三命之义，连于吉凶祸福，亦与诗书言命之连于吉凶祸福者相似。及王充，乃谓此汉儒所言天人感应、祥瑞、灾异，及帝王受命之说为无据，而三命之说，亦不免自相矛盾；乃转而纯就自然之气禀、与所遇之外境，以言人之寿命、命禄、遭遇、幸偶，而别命之吉凶、禄之盛衰等，于性之善恶之外；而其言命，乃略近荀子之以天为自然之天，以节遇言命之说。列子书出于魏、晋，其言命乃以无命之者为命，与郭象同以人当下之所遇言命。故郭象申庄而异于庄，是皆道家之流。自佛家东来，又传入宿业言命之说。唯识家以业报种子言命根，而传统言命思想之流，乃若断若续。逮于宋儒，而周、程、张、朱，乃改而于气禀、寿命、禄命及所遇之命之外，专就天理之流行而赋于人者，以重申中庸所谓天命之谓性之义。陆、王起而言心即理即性，乃归于天命之流行，与本心、良知、天理之流行之不可二。王学之徒，如罗近溪、王龙溪，更喜言即性即命。至王船山，则又大天而思之，言天命之日降而无已，以上契于诗书言天命维新之旨；复言人性亦随命日降而日生。下及清儒，戴东原、焦循，则又唯以"限于所分"、"不可以人力转移者"言命。阮元复更谓诗书中所谓命，皆为与吉凶祸福相关之禄命，以反对宋明儒之说，而言命之思想，乃归于局促。自兹以后，而明以前之学者，言命之思想之丰富而多端，遂更为人所忽视。此上所述，乃秦汉以来中国言命思想之发展之大较。其间似同而异，似异而同之处，固待于分疏，而此诸言命之思想，如何发展之迹相，亦须联系各时代之思想之他方面，乃能畅申其义。故此即本篇与下篇之所由作也。

二　五德终始说中之帝王受命之三含义

吾今首当论者，为晚周秦汉之际，五德终始说中之帝王受命说之涵义。此说倡自驺衍，而其书已佚。然据吕览月令、史记孟子荀卿列传、史记封禅书、大戴礼、孔子家语，及淮南子等书，犹可考见其言"五德转移，符应若兹"（史记孟荀列传语），"五行相次转用事"（史记封禅书如淳注语）之大旨。世之学者，类能道之。本吾人之见以观，此说在根本上为宗教性兼政治性者，乃无疑义。其原盖是由殷周之际以来，潜存于民间，王者必受天命而王之思想之复苏。五德终始之说，与殷周之际之天命观之不同，则在此中有五帝代兴之说，而非只有一昊天上帝，降新命于新王。此五帝说之兴起，或初由当时之有齐、秦之东西二帝，乃渐有此天上之东南西北中央五帝之说。盖又以东南西北，为春夏秋冬四时中，日之出没所偏之方向；而五帝之德，即首与运于四时中五行之德，五行之色彩、如青白赤黑黄等，亦互相配合。人间之帝王，应天上之五帝之德之一而兴之后，继起之人王，即当依五行之序，而另应五帝之一德以兴。帝王为政之道，所尚之色彩，及所立之种种制度，亦自当依五行之次序而转变。为此五德终始之说者，即本之以论天地剖判以来，唐虞夏商周历代政治之道与制度之代易，以及当今主运符应之所存。然此中五行之次序，究竟为一相克之次序，或相生之次序，又当今之人王应在天上之何帝，则有不同之说。如史记始皇纪，谓"秦政刚毅戾深，事皆决于法，然后合于五德之数。"索隐注曰："水主阴，阴刑杀。"则秦乃以周为火德，而自谓应水德以胜之。然汉之张苍，又以汉应水德，以胜周火。贾谊、公孙臣，乃主汉应土德，以胜秦水。此皆本驺衍之"五行之次，从所不胜，虞土、夏木、殷金、周火"（淮南子齐俗训）之说以为论，亦即依五行相克之次序以为论者也。然后之刘向，又改而主依五行相生之次序，以言五德之转移。王莽乃本之以受汉之禅，又自谓是土德，乃改汉为火德，以符火生土之序。后汉之光武，亦信此五德之说，以赤符自称火德，而继王莽以起，谓"天心可革可禅"。此中，以五行之相克或相生为序，谓当今之人王，应在天上何帝之德以兴，因与实际上之政治权力之争，互相夹杂，固多穿凿附会之论。然观此数百年中之帝王，皆必托诸此五德终始之说，乃能自固其王位，而聚讼之多又若此；则想见此时代人宗教思想之笃，正无殊于耶稣降世前后之数百年中之西方人。此时在印度，亦即部派佛教，与印度各派之宗教哲学大盛之时代。人类东西之思想之步履，盖有其不谋而合者在。兹更分别一论此五德终始说中，帝王受命之宗教的及哲学的涵义于下。

　　五德终始说中，言帝王受命之第一涵义，盖为其中只有此五方之五帝，依次序当令，而无唯一之上帝。五帝分主五方，如五行之分旺于四时，以分具五德，以为各时代人王之所自受命。是见此五帝之权能，皆为有限，兼受时间空间之规定，而其德亦皆不能无偏至。五德中土德，虽居五行之中，主于四时，而具土德之上帝，亦未尝以是而足以统属四帝，而具全能全德，乃仍只为五帝之一。此便不同于犹太所传之上帝之为唯一无二，全知、全能、全善，遍一切时间空间而自在者。天上之帝德，是否为人王所法，有其时运，则上帝亦有隐退拱默之时，如帝王之失时，则当禅位于继起之君。依此义，王者与天上之帝，乃皆不能于世间把持不放，知进而不知退，如亢阳之往而不知返也。

　　此五德终始说之帝王受命之思想之第二涵义，为帝王之受命，必有符应。由天之降灾异，以示前代人王之当退；由天之降祥瑞，以示后代人王之当兴。天所降灾异之种类，与前代人王之失德之事类相应；天所降祥瑞之种类，亦与当兴之人王之事类相应。天之示人以灾异也，初则意在谴告，使能自知其失德，而自求补过；及其德既衰，乃降祥瑞，以预言明王之代起。此则与殷周之际，文王受命，乃由"帝谓文王"直接受命之说不同。谓自古已有河出图、洛出书，为受命之符之说，此盖本后起之思想而逆推之言。诗书所载，固只言天帝之直接命令人王。此乃与西方、印度所谓上帝之直接启示于人，而与人交谈之说无殊，而为一古代各民族的共有之宗教思想之形态。此种上帝与人直接交谈之思想，乃表示人与上帝间之一精神之亲密性，及对于语言本身之重视。然人王之自言其承受天命，是否确有其事，无客观上之勘验，则人亦不可信。近如洪秀全之自言受上帝之命，而杨秀清亦言上帝另又有命，即归于相争是也。依汉人之符命之说，则天所降之灾异祥瑞，皆为一客观自然界之存在，人皆知其为实有者。此中之问题，唯在对灾异祥瑞之应在何人，人之解释，不能无争。故又有谶语之以较确定之文字，写在自然界之物之上，或传于民间之口者。要之，此自降在客观自然界之灾异祥瑞，及写在客观自然界物上，而传于人口之预言文字，以见天意之思想，乃代表一更重天意之客观表现之思想倾向，亦即使上帝之意旨，更见为一公开之意旨，而非只与一人窃窃私语者也。

此五德终始说之帝王受命思想之第三涵义，是天上之帝德，依五行之序，而为人王所法时，此帝德乃有确定之内容者。如五帝以五行相生之序而代兴，则当今人主行政之德，当顺此相生之序，由前代人王之行政之德，加以引绎而出。如五帝以五行相克之序而代兴，则当今人王行政之德，亦当顺此相克之序，以矫前代政治之敝。溯殷周之际，言王者受命，未尝先确定帝王当修何德，如何立政建制，王者乃自修德而后天命从之。此实不同此五德终始之说，谓天上之五帝之一当令，乃自有其德与色等，为人王所当法之说。周初之诗书中，亦未言文王之德教，乃由依五行相生之序，以承汤之德而有；复未言文王之德，唯以克商纣之败德而成。此亦不同于五德终始之说中，受命之帝之修德立政建制，皆有一确定的对前代之历史之使命，人王须一方对具某一德天帝负责，一方对必然之历史使命负责之说矣。

三 帝王受命之思想与孔孟言命之不同，及儒家思想在晚周后之一发展

五德终始说中帝王受命之说，除与殷周之际帝王受命之说，同为依于此天帝与人王，其德能相感之思想外，复根据一更广泛的人德动天之思想。此所谓人德动天，乃人德能实际的动天，而天亦有其在自然界所表现之灾异祥瑞，以为回应；进而使其他人民，亦归往当兴之明王，而对其德既衰之君，离之而去，或对之革命，以使真有王者之德者，必得

其位。此与西方之耶稣，有为万王之王之德，而不欲为万王之王，乃自谓其国在天上，不在地下者，固不同其形态；而与孔孟之思想，亦不同其形态。因孔孟固未尝言有德者必邀天佑，以使其有位也。依孔孟之教，有德是人自己之事，能否行道，则有命存。天命所存，固非人所能必。故孔子曰："道之将行也欤，命也；道之将废也欤，命也。"孟子曰："求之有道，得之有命。"又曰："天下有达尊三，爵一，德一，齿一。"则有齿德者，亦不赖乎有爵而后尊。依孔孟之教，无论命之如何，人皆有自尽其道者在。此即能知命者之所为。后荀子本亦此义，言"君子尽其在己者，而不慕在天者。"荀子谓"从天而颂之，孰与制天命而用之。"即言人不当求诸天，而只当在节遇之命中，自尽其人事，以制立天人之分也。是孔孟荀皆未尝有天必能使贤者在位，圣者为王，而降符命，以使民归往之思想也。汉人谓孔子亦尝受命，而叹凤鸟不至，河不出图，符命未至，故只得为素王作春秋，以寄其新王之理想。此实汉人之视孔子如此。依吾人之意，以观孔子之叹，盖只为感慨其不见用之辞，未必即欲为王。若谓孔子信符命，此与孔子未尝以圣与仁自居之谦德，固不相合；而与孔子之不信德必与位相连，而惟务自尽其道之精神，亦不相合。孟子万章篇言，尧舜禹之禅让，乃由"尧荐舜于天"，"舜荐禹于天"，则文王直接受命之说，盖尚非为其所取。孟子曰："匹夫而有天下，德必若舜禹，而又有天下荐之者，故仲尼不有天下。"无荐之于天者，人不能自欲有天下。故依孟子之言，孔子亦不能自居素王也。然孟子虽言舜以尧荐，禹以舜荐而天与以天下，然又谓此"天与之"，非"谆谆然命之"，则非上帝直接命令之说矣。孟子唯由人民之归往舜禹，以见天命之寄在舜禹，而此"天与"，亦即无异"民归往"之别名，固无先降符命于自然之说。孟子之言五百年必有王者兴，又叹由孔子至今百余年，尚未有王者起，亦非即信五百年之王者必易德而王，如五德终始之说也。荀子非十二子篇，又以子思、孟轲尝言五行而非之，天论篇谓"天行有常，不为尧存，不为桀亡。"其不信五行说，固其所也。总而言之，此五德终始中之帝王受命之说，明与孔孟荀诸儒之言天命，初实不相干也。

然儒者所传谓出于子思之中庸，其成书盖晚于孟荀，则有"大德必得其名，必得其位，必得其寿，大德必受命"之言。此虽所以赞文王，亦代表中庸之一思想。此思想如何自孔孟思想中，发展而出，则殊堪探究。窃以为此当溯原于儒者重德之教，以贤者不必有位有爵之思想既确立，而德尊之义即确立。孟子又有人之尽心知性、存心养性，即能知天、事天之思想。荀子亦有人与天地参之思想。由此引申，即为中庸之言圣人与天地之道，皆同此一诚，而圣德实可参赞天地之化育，与天德共流行之义。缘是即更可连带涌现一种崇高之思想，即：此自然宇宙之法则，当服从道德宇宙之法则，而自然宇宙亦当顺圣德之形着变化，而在实际上为其所感动之思想。中庸谓"国家将兴，必有祯祥；国家将亡，必有妖孽；见于蓍龟，动于四体。"此虽非必如阴阳家之迷信，然依中庸言天与人及万物，既同此一道，同此一诚，人有至诚之德，而能尽人性物性；则固未尝不可即实际感动他人，亦实际感动其他自然事物。循此思想，则宜有："大德者亦必可使其自然生命延长，使他人加以拥戴，而必得其名，必得其位，必得其寿"之信仰。此信仰，虽原不必能实证，然亦为人相信天人同一道一诚，及圣德与天德共流行之后，原可连带涌出之一思想。不能只以其言德必得爵位，与孔孟之言初不类，即不视为儒家思想之一发展也。此正如欧阳修所疑，而亦盖成书于同时代之易传，重乾坤富有日新之盛德大业，不讳言利，谓崇高莫大富贵；皆同为"以充德于内者，必形于外，而主乎外，而重此充实之美"之精神之表现。盖大德之必得其名，其位，其寿，亦见一充实之美者也。中庸、易传之思想，因重天之"道"：与鬼神之"道"，而不重天帝与鬼神之人格性，固与五德终始说之重五德之表现于天所降祥瑞灾异及新王变服色易法制之言，不同其类；然亦未尝不见同一"重德之表现于外"之时代精神，而两汉之儒学之与阴阳家之合流者，多流于穿凿附会之论，亦皆由此人德之表现于外，以与天德之表现于外者，处处强求一一相应而来者也。

四　董仲舒之天人关系及受命论

汉人言天人感应，王者受命之思想，最能成一大系统者，不能不推董仲舒。董氏不言五德终始，而只言文质代胜，及三正三统，以论历史之变，故亦无五帝之说，而唯言一天。其所谓天，为万物之本原或元。然其天虽表现于气或阴阳二气与五行，而天自身实为一天帝，或今所谓人格神。其言"以仁爱人，以义正我"，尚德、重教，而缓刑罚，言"正其谊而不谋其利，修其理不急其功。"（对胶西王。下一语汉书作明其道不计其功）虽纯为儒者精神；然其重天志，"屈民而伸君，屈君而伸天"，则与孔孟之无意于屈民者不同。至其即天之"爱""利",以见天之仁义之德,则就其用语以观,实多取墨者之言。其申天之人格性,如言天为百神之大君,人之曾祖父,亦实近墨者;而与孔孟之重天道,而不重天之人格性者不同。至董子之言仁为天心,言天之实有爱恶喜怒哀乐之情,表现于寒暑与春夏秋冬,而重天之情感之顺四时而流行,又与儒者重心重情之精神为近。其不只如墨子、诗书及西方之旧约之言天帝之悦恶喜怒,纯为人事之善恶而发;则使人觉此天之情感,乃在一自然秩序中,自动自发以流行者。人在四时之中,乃无时不与一有情之天帝相觌面;人亦得于自然之四时之神气之运中,随时见天之情感意志。故曰"春气爱,秋气严,夏气乐,冬气哀;爱气以生物,严气以成功,乐气以养生,哀气以丧终,天之志也。"又曰"春气暖者,天之所以爱而生之;秋气清者,天之所以严而成之;夏气温者,天之所以乐而养之;冬气寒者,天之所以哀而藏之。"凡此诸语,吾人皆不能只视为譬喻之言,而是董子实相信一人格神,于春则爱万物之生,于夏则乐万物之得养,于秋则严万物而成之,于冬则似杀万物,亦天之哀矜万物而收藏之于密;合以见此天与万物之无闲相依,而悲喜相关,其情之遍运于四时,未尝有一息之或已。又因此天之喜怒哀乐之情,复即表现于四时之气,以接于吾人形体,其情乃不只为人心之所知,亦人之形体之所感,而未尝与人之形体一日相离。吾人今日,因去古已远,世人罕能信天帝之存在;教徒之信之者,则所信者,又多为超越在上,或只与人心深处相接之上帝,于四时之气运,恒只以自然现象观之;故皆于此类之言,难相契应。然实则吾人若真能信此天帝,即于四时之气中,以其情志,与人之身心相接,实亦宗教信仰之一至美者。世之诗人之于四时,见天心之来复,于春见天之喜气洋溢,于秋见"天地为愁,草木凄悲"者,其于此意,尚略相近也。

　　董仲舒既言天心、天志、天情,见于四时之神气,又言天之神气,即运于天之形体。此上下四方之空间,及其中之日月山川,即天帝之形体所在也。然此又非如西方之超神论之上帝,遍在于一切时空中之说;亦非西方泛神论者,于一花一草皆见上帝之说;而是谓此整个之自然界,合为一天帝形体之构造。吾人之形体,即在此天帝之形体之构造中,而与之大体相类似,以直立于天地间。故"人有三百六十节,偶天之数也;形体骨肉,偶地之厚也;上有耳目聪明日月之象也;体有空窍理脉川谷

第十七章　原命中：秦汉魏晋天命思想之发展

之象也；首岔而圆，象天容也；发，象星辰也；……鼻口呼吸，象风气也；腹胞实虚，象百物也。"（人副天数）至于吾人情志之表现于喜怒哀乐之运，人之仁义之德，见于其爱人正己之事，又与大之情志相应答，与天之仁义同道而同德。夫然，故董仲舒之言人之受命于天，与人王之受命于天，亦即要在由天生人原使之上类于天处，由天志天德之仁义，化为人之仁义、天之四时之运中之喜怒哀乐，化为人之行事中之喜怒哀乐、天之形体化为人之形体等处说。故春秋繁露为人者天曰："人之形体，化天数（天之结构之各部分之数）而成；人之血气，化天志而仁；人之德行，化天理而义；人之好恶，化天之暖清；人之喜怒，化天之寒暑；人之受命，化天之四时。人生有喜怒哀乐之答。喜，春之答也；怒，秋之答也；乐，夏之答也；哀，冬之答也。"此中言人之受命，即见于人之能以其喜怒哀乐，与天之春夏秋冬相应答中。此"答天之出四时"，即所以"忠其受于天者"。原彼天之出四时也，春夏秋冬自运，而天之庆赏刑罚及于物。"庆为春，赏为夏，刑为秋，罚为冬。"（四时之副）。又可言"春者，天之和也；夏者，天之德也；秋者，天之平也；冬者，天之威也。"然天之四时之序，必先春夏而后秋冬，必先和然后发德，必先平然后发威（威德所生）。亦即"先爱而后严，乐生而哀终。"（阳尊阴卑）。又即"先阳而后阴，先德而后刑。"故人之为政，亦当先德而后刑，先庆赏而后刑罚，知"不和不可以发庆赏之德，不平不可以发刑罚之威"。天之喜怒哀乐，又有其时、有其节、而后顺；故明王亦当自知其喜乐哀怒之节（阳尊阴卑）。而"正喜以当春，正怒以当秋，正乐以当夏，正哀以当冬。……以取天之道"（阳尊阴卑）。又天志天意以仁为本，为"无穷极之仁"、"仁之美者在于天"，故"人之受命于天也"，亦即当"取仁于天而仁也"（王道通三）。由上所论，故知董子之言人受命于天，而忠于所受，即法天之四时之运中之情以为情，以天意天志，为人之意志，取天之仁道仁德，以为其道其德；以使人之情、之志、之知、之行，皆上合于天。此中，人之所受于天，原是此天情、天志、天道、天德之见于天之神气之运，而命于人者。人忠于所受，即能上合于天。此则不同于必受天所降之符命，然后能受命，及天直接以言告人，而人乃受命之说矣。故董子谓人之于天也，乃"以道受命"（顺命）。而董子之言受命，亦初不限于人王。唯以王者为天子，故更当由受天命，而忠于所受耳。除天子受命于天，人亦皆可受命于人。故曰："诸侯受命于天子，子受命于父，臣受命于君，妻受命于夫。诸所受命者，其尊皆天，虽谓之受命于天亦可"（顺命）。则人之直接"以言受命于人"、"以民随君，以君随天"，即为人之间接受命于天，不同于只言帝王之直接受天命之说矣。董仲舒之言人能受天命，乃由天之情、之志、之道、之德，其通过四时之神气之运，而见于人之前者，原为人之耳目所接之故；则此乃是自天在自然世界之种种表现，以知天命而受之之说；又与五德终始之说之以天命，见于自然界之祥瑞符命者，其意趣无殊。故董子于符瑞一篇，亦以春秋之西狩获麟，为受命之符也。

至于董子对人性与天命之关系，亦尝以人性为人之所受命于天者。其玉杯篇谓"人受命于天，有善善恶恶之性"，即谓此性，乃人受命于天而有。此性能善善恶恶，似为一至善者。然通董子言性命者以观，则此所谓善善恶恶之性，仍只是一不能自显之质。而此性亦不足以见天命之真。故其于深察名号篇，专论性之问题时，终于谓"民受未能善之性于天"（深察名号）。必再"受成性之教于王"而后善。董子唯于此"立王以善之"，谓之曰"此天意也"。王者，乃"承天意，以成民之性为任者也"（皆见深察名号篇）。王者之承天意，是王者受命，而忠于所受之一事，而言民之受未能善之性于天，则只言受性，而未言此即为受命。故其贤良对策三曰："天令之谓命，命非圣人不行；质朴之谓性，性非教化不成；人欲之谓情，情非度制不节。是故王者上谨于承天意，以顺命也；下务明教化民，以成性也；正法度之宜，别上下之序，以防欲也。"是则更证明其主张唯圣王乃能真受天命之说。一般人民之性，惟待王者之教化而成，待王者之法度而节，即皆不能直受天命矣。夫然，故董子之言天命与人性之关系，与中庸天命之谓性之言，及宋儒天所赋为命，人受之为性之说，仍不相同。此后二者，乃言天于生人之初，即赋予其内部之性。此赋予其内部之性，乃天之内命，亦如大戴礼之所谓本命。而董子之言天命，则初不即指此人性，而只为在人之上，而由天志天意，以下降于人，以为人所知所受者，则只当说是一天之上命。在人之祭祀之际，人"致其心中之诚，尽敬洁之道，以接至尊"之时，因"祭之为言，际也，祭然后能见不见……然后能知天命鬼神"（祭义），此时固可说有一人与天命鬼神之相契接。然天既不以言授命，则人于此仍不知天之"以道受命"之道之内容。欲知此道之内容，仍将再求之于天之情、之志、之德、之道、之表现于四时之气运者，以知之。此若非因在汉人之

第十七章 原命中：秦汉魏晋天命思想之发展

宗教心情下，原视此耳目所见之天地，即上帝之形体，此天地中之神气之运，即天情、天道、天志之直接表现，而可直由之以知天命，受天命；则吾人于此董子受命之说，既不必以符命为凭，又无天直接对人之言语足据，复非于天赋人以性处，言其即天命之所在者，盖颇难得其解矣。是皆唯待于吾人侧身二千年之上，以想像古人之心情，方可实契其义。后人以宋儒之言性命之说，或中庸天命之说，及其他言命之说，推测董子之意，则皆失之远矣。

董子之重由四时之气之运以知天道，而以道受天命之说，实又尚非只重此天道之直接表现于自然者之谓。而是意在由此天道之表现于自然者，以直探天之元，而知天之端之正。董子曰："元者犹原也，为万物之本。人之元在焉。安在乎？乃在乎天地之前。故人虽生天气及奉天气者不得与天元；本天元命，而共违其所为也"（重政）。此即见天之元，乃深于一般之神气与天地之形者。董子之言元气，乃指此元之气，非即气之原始者，而谓之元气也。然此为天地与气之原之"元"为何物，此即为百神之大君之天神也。董子曰："君者，元也，原也"（深察名号）。"君人者，国之主"（立元神）。是万物之元者，万物之大君，亦万物之大始。此即与西方所谓主宰宇宙之上帝无殊。而董子之言春秋之道，在"以元之深，正天之端；以天之端，正王之政；以王之政，正诸侯之即位；以诸侯之即位，正竟内之政。"是即欲正王之政，赖于由天之一切外表之表现，以达于此一切表现之端始，而直达于元之深。必如此而后君人者，乃得于此"立元神"。董子离合根曰："天高其位，而下其施，藏其形而见其光。高其位，所以为尊也；下其施，所以为仁也；藏其神所以为神；见其光所以为明。故为人主者，法天之行，是故内深藏所以为神，外博观所以为明"立元神篇又曰："为人君者，谨本详始，敬小慎微；志如死灰，形如委衣；安精养神，寂寞无为；休形无见影，掩声无出响；虚心下士，观来察往；谋于众贤，考求众人；得其心，遍见其情；……是谓开阖。"又曰："不见不闻，是谓冥昏；能冥则明，能昏则彰。能明能昏，是谓神人。"此董仲舒之文所言立元神之道，实大类于道家之言。故以深藏为博观之资，以阖为开之本。而此亦即人君之所赖以达于天元之深，而见其元之即在此天地之前之天元中者。惟然，故人君之能奉天命，亦即其能探天元，而本天元之命，以不违此天元之所为。此所谓"本天元之命"，亦即于此元之深，见天之端之正。天之端者天之仁，天之生物之端，而未有不正者也。此依一年而言，则见于春。故于春之始之第一月，名曰正月。天之生物，于此见其端之正；而王者之为政，则当观天之生物之始于正月，即自知其应法天之生物之仁，以自正其端。春秋变一为元，而曰元年。元年即天元之年，年属于天元之谓也。春秋又变一月为正月，曰"春王正月"。王正月者，王者必依天元之端之正，以自正其始其端也。由此观之，则董子之所谓王者之本天之元命，以西方之语释之，亦即王者之本至尊、至深、至神、至明之上帝，其创万物之意志，为其一切意志之始端，以自正之谓。此则纯为依一高度之由下以达上之宗教心情，而再由上以彻下，所成之政治思想。其言虽本于诗书中原有之敬天爱民之义，及孔孟之以仁心为政治之本之意；然其取墨子之言，以说此天之人格性，取道家之言，以说上达天元之道，则明是摄墨道之思想，而融铸之，以使此人君为天帝与人民之中介，亦昔之学者所未及者也。

由于董子之言人之奉天元之命，赖于人之直探天之元之深，元之端；故董子于天之气或阴阳之气之偏而失正，变而失常，或天之所示之变或灾异，并不直视为皆足以表此天之深，而见天之端者。盖此实只宜视为依于此端、此始、此本而生之末；而依元之深，天亦将自矫其偏而反之正，以使阴阳和，而四时顺者也。故人于此灾异灾变之来，自一方面说，人固不当以此减其对天之虔敬，仍当顺受而知自反。如春秋繁露奉本篇曰："夫流深者其水不测，尊至者其敬无穷。是故天之所加，虽为灾害，犹承而大之。"此言人不当以天所加之灾害，而减其对天之虔敬也。其随本消息又曰："颜渊死，子曰天丧予；子路死，子曰天祝予。西狩获麟曰吾道穷，吾道穷，三年身随而卒阶。此而观天命成败，圣人知之，有所不能救命矣。"此即意谓天命之逆来，圣人仍只有顺受也。董子虽"恶夫推灾异之象于前，然后图安危祸乱于后者，非春秋之所甚贵也"（二端）。然亦谓灾异之来，人当"省天谴而畏天威……明善心以反道"（二端）。此即人当借天谴以自反之意也。然在另一方面，则董子于天之水旱，亦视为阴阳之变，而人亦当自表其请之、怒之之情，以正阴阳之序。此亦非不尊天、不敬天之谓，因此阴阳之变，皆依天之端而生之末，非天之元、天之端所在也。故精华篇曰："大旱者，阳灭阴也，尊厌卑也，……请之而已。……大水者，阴灭阳也，卑胜尊也，……逆节也。故鸣鼓而攻之，朱丝而胁之，为其不义也此亦春秋之不畏强御也。故变天地之位，

第十七章　原命中：秦汉魏晋天命思想之发展

正阴阳之序，直行其道，不忘其难，义之至也。是故胁严社而不为不敬灵，出天王而不为不尊上，辞父之命而不为不承，……"是见董子亦非于一切阴阳之变，皆主加以顺受；乃视人之直行其道，求变天地之位，正阴阳之序，不忘其力之有所不及，而或不免于难，如上所谓圣人之有所不能救命者，正为人之尊奉天命之最高表现。以此阴阳之变，原非天之深、天之端之所存；辞此阴阳之变之命，而正阴阳之序，正所以上契于元之深，天之端，而奉天元之命也。奉天元之命，而逆此阴阳之变之命，不免于难，乃不得自救于此命之中，正所以承顺此天元之命也。此则与孔子之言知命之旨，既于道之不行，视为命之所在，而仍栖栖皇皇以求行道，复不忘道穷之义，未尝不相通也。

至于董子之言，人之奉天命而行，又可实感动天者，则在其兼深信同类相动之义。孔孟荀之思想中，盖尚未见有此义。所谓同类相动者，即谓人之形体情志，原与天之形体情志相类，则天能感人，人亦能感天。此同类相动之原则，易传已发之。如曰"水流湿，火就燥，……物各从其类也。"而董子同类相动篇曰："百物去其所与异，而从其所与同，故气同则会声，比则应其验，瞰然也。试调琴瑟而错之，鼓其宫而他宫应之，鼓其商而他商应之。五音比而自鸣，非有神，其数然也。美事召美类，恶事召恶类，类之相应而起也。如马鸣而马应之，牛鸣而牛应之。……帝王之将兴也，其美祥亦先见；其将亡也，妖孽亦先见。物固以类相召也。美恶皆有所从来，以为命，莫知其处。天有阴阳，人亦有阴阳。……欲致雨，则动阴以起阴；欲止雨，则动阳以起阳。故致雨，非神也，而疑于神者。其疑于神者，其理微妙也。……相动无形，则谓之自然。其实非自然也，有使之然者矣。物固有实使之，其使之无形。……"

依上所引，可见依董子意，同类相应，为物之自然之大法，亦物之互相"使然"之大法。物之美恶以类应，而有所从来，即以为命。此命即同类之物之相命，而相动。董子即以此言灾祥之所以起，及人之所以能致雨及致雨止等，天人之际，能以事相感之故。此实又与天之直降灾祥，以见天之赏罚之说有异。世之宗教思想，言天之以灾祥为赏罚，皆谓天先有一善恶之标准，而见人之善者则赏之，恶者则罚之。然于天之何以必有此赏罚，则或由此天之欲贯彻其善之意志以说之，或由天之原与人订有契约，而人违背之以说之，如西方宗教之言是也。墨子天志篇于此问题，则又以天与人之交互相待关系以说之。谓人为恶，则人为天之所不欲，故天亦将为人之所不欲，而降祸灾以为罚；人为善，则人为天之所欲，故天亦为人之所欲，而降福以为赏。至于驺衍之五德终始之说中，其天人能相感应之理由安在，则今不能详考。然此上所陈之三说，实皆与董子之言有别。董子固未言此灾祥之生，直由于天之赏罚。董子所谓天之庆赏刑罚，见于春夏秋冬者，乃与其自然之喜怒哀乐相连，而非因人之善恶而起者也。董子之天，固以其情志与道，示之于人，而足以感人，人亦可于兹受天命；然天亦无必贯彻其意志之心，并本此以为赏罚之基之意也。董子复无以天之赏或罚，由于天初尝与人订契约之故，或人之为天之所欲或不欲之故。董子言天有志，而不言天有欲于人也。依董子上文之旨观之，董子实乃视天与人，虽有大小之别，人亦只位于天中；然由此二者之形体结构之相似，情志之相同；于是天人之关系，除人之始乃由天生之外，在人生以后言，即只为一同类之关系。依同类之关系，而人之恶事，召天之妖孽，人之美事，召天之美祥，即只如人之行为与天共振，如音声之共振之类。此共振，即天人相与使然，若自然而不知其所以然之命之一端。以共振言天人之感应，与灾祥之所自生，乃天人间一平行的"相与使然"之关系。此不同于上述之天之意志之必欲贯彻于人，而以灾祥为赏罚之说，为一以上彻下之说者；亦不同于以人与天订约，而人违天之约，天遂罚人，或"人为天之所不欲，则天亦为人所不欲"中之天与人，为一天人相对，以信约相守，以欲求相需之说者。是见董子之宗教性之天人感应之思想，亦实有其特色在也。

五　汉人三命之说之即人之命禄以言命

汉人之言人王之受命，而忠于所受之事，与天人之感应，而相与使然之理，莫详于董子。董子以后，历刘向、刘歆，至东汉之班彪，而著王命论，仍谓天命在乎应天顺人，亦有符瑞可征。由西汉至东汉，汉儒言命之一最流行之说，则为三命之说。此乃直就人以言命之说，而见于诸纬书、赵岐之孟子注、白虎通义及论衡等书者。白虎通义固荟萃诸儒讨论而成者也。孔氏正义引孝经援神契曰："命有三科，有受命以任庆，有遭命以谪暴，有随命以督行。受命，谓年寿也；遭命，谓行善而遇凶也；随命，谓随其善恶而报之。"白虎通义寿命篇曰："命者，何谓也？人之寿也，天命已使生者也。命有三科以记验：有寿命以保度，有遭命

第十七章 原命中：秦汉魏晋天命思想之发展

以遇暴，有随命以应行。寿命者，上命也。若言文王受命唯中身，享国五十年。随命者，随行为命，若言息弃三正，天用剿绝其命矣。又欲使民，务仁立义，无滔天，滔天则司命举过，用言以蔽之。遭命者，逢世残贼，若上逢乱君，下必灾变暴至，夭积人命。沙鹿崩于受邑是也。冉伯牛危行正言，而遭恶疾，孔子曰：命矣夫，斯人也，而有斯疾也，斯人也，而有斯疾也。"赵岐孟子尽心篇，莫非命也注曰："命有三名。行善得善曰受命，行善得恶曰遭命，行恶得恶曰随命。"而论衡之命义篇谓："传曰：说命有三：一曰正命，二曰随命，三曰遭命。正命谓本禀之自得吉也，性然骨善，故不假操行以求福，而吉自至，故曰正命。随命者，戮力操行，而吉福至，纵情施欲而凶祸到，故曰随命。遭命者，行善得恶，非所冀望。"礼记正义祭法，引郑氏注司命主督察三命。此三命盖即汉人之所共许。陈立白虎通疏证，又兼举孔疏，所引何氏膏肓之言，谓"此三命说，诸传之说皆同。惟赵岐所言随命微异，当以及纬说为正"云。

今按此三命之分，其第一种如上文所谓寿命或受命或正命，乃专指人之受天生，而自然为善，亦自然得福寿，其善福一致而皆正者说，此乃纯由天所致。随命，则为由人自己善恶之行为而招致者。此乃人生以后所自致，此中赵岐与白虎通义，谓行恶得恶（祸），而不及于行善得善（福），自不如王充所言，能兼赅二者之备。至于遭命，则当指"与人自己善恶之行为不相应"之祸福之遭逢，即不由人所自致，而纯由外致者。其中于行善而得祸之一种之外，亦应兼有行恶而得福之一种，方为备足。上列诸书，只举行善得恶一种，亦为不备也。

此三命之分，乃依于个人之德行之原于天生或人为，及其与年寿祸福之关系，而作之分类。简言之，即依德行与命禄之关系，而作之分类。赵岐之注孟子，即全本此三命或命禄之义，以释孟子所谓命。然此三命之命，或命禄之命，固非直接指天之教命之命，亦非如宋儒之只就人之德性，以言天之所赋于人者之命；复非以自然之生命为命之说；而与诗书中之不言遭命，不分正命与随命者，亦不同。此三命之说，重在由人之德行之为天生或人成，及与年寿祸福之关联，以言人之命，即包涵一求兼此数者，以看命之综合的观点。然此三命之分，又实非谓行为之善恶与祸福，有必然之关系，故又有随命遭命之分。此中之正命，谓人有天生而善亦天定而必得福寿者，此又不同于中庸之言大德之"必得其名，必得其寿"，未指定此大德与名寿之是否天生天定者。此即见汉儒重视天降之圣人之思想。汉儒多视圣人之为天生。如白虎通义论圣人，终谓"圣人所以能独见前睹，与神通精者，盖皆天所生也。"何氏公羊成公八年传注，谓"圣人受命，皆天所生，谓之天子"，天既生圣人，亦同时降之福寿。是见天仍能依一福德俱备之原则，以生圣人者。至于人之自成其德者，则不能使其福与德必相俱。此乃出于一尊天之降命，而卑人之修德之思想，乃与孔孟儒者之传，皆重学而知之之精神不同者。上述之董仲舒，固未尝言圣人之必不能由学而成。然此重视天降之圣人，则与董仲舒之尊天之宗教性之心情，与唯王者能受天命之思想，互相应合者也。

六　王充之自然之命论，及性之善恶与命之吉凶之分别论

汉儒之致疑于三命之说，及帝王受命天人相感之说，而表示一划时代之言命之思想者，为王充。王充既不信天为一人格之神，亦不信如虮虱之处于天地间之人，其行事能感动此自然之天地；乃于一切天人感应之说，皆视为无征。其言人之命，更明将人之善恶与祸福之遭遇，截然划分为两事。然复不否认人有强弱寿夭之命，及帝王之享国与事业，有其自然之命。此则非依天意天志天命而说，唯依帝王之气禀及自然之时运而说。此即将以前之儒者之思想，加以一彻底由下翻上之旋转，而开魏晋学者之言命者也。

王充之否认天为一人格神之说，初只就感觉经验以立论，而就天之形体之无耳目口鼻，以证天之非人格神。此论证以西方哲学观之，殊为可笑。然此亦实由汉儒尝就天之形体之类人，以谓天为人格神而来。故王充亦即问天之耳目口鼻等安在，以斥天为一人格神之说。至董仲舒之由天之神气之运行，以见天情天志天道之说，依王充之纯本感觉经验之立场以观之，亦即只有此气之运行，而更无其他。故王充有天即自然之气之说。人生天地间，即本此自然之气以为气，而人身才七尺，其所禀于天地之气者，至少而有限；则谓天有意眷顾此"在天地如虮虱之在身"之人，而人能以其德其事之感动上天，自绝无是理。此即同于今日之自然主义与一般科学家之观点。王充此论在当时，虽颇特出，而亦不厌其详，以申论其意。然在今日观之，则极为易解，而无待一一加以详述

第十七章　原命中：秦汉魏晋天命思想之发展

者也。

王充既不言天命及天人感应之说，故其言命，皆属人命。彼又疑汉儒三命之说，联善恶与祸福以言命之论，并以善恶之问题，属诸人性与人之才智，而唯以禀气之强弱，及于外所触值等，属之于命。其气寿篇曰："凡人禀命有二品：一曰所当触值之命，二曰强弱寿夭之命。所当触值，谓兵烧压溺也；强弱寿夭，谓禀气渥薄也。"所当触值之命，此乃原于外。彼又谓"兵烧压溺遭，以所禀为命，未必有审期也。"未有审期，即不能审其期而不能期必。彼于强弱寿夭之命，则谓其为必然而必有，曰："夫禀气渥，则其体强，体强则其命长；气薄则其体弱，体弱则命短，……"而"若夫人之无所遭遇，虚居困劣，短气而死，此禀之薄，用之竭也。"王充又谓人所禀之强弱寿夭之命，必有表候于体。此即人之骨相。王充有骨相篇之作，谓人查此表候，即可以知命。知命，即要在知其强弱寿夭之命。此外，王充于他篇，复言人尚有先天之贫富贵贱之命。是则连于禀气之强弱寿夭，而义又不同。王充在命义篇，总论命之义曰："有命、有禄、有遭遇、有幸偶。命者、富贵贫贱也；禄者，盛衰兴废也；遭者遭逢非常之变；幸者谓所遭触得善恶也（此所遭善恶非道德上之义，乃如今所谓好坏运之类。）获罪得脱，幸也；无罪见拘，不幸也。偶也，谓事君也。（此即谓遇不遇知己者之问题。）遭遇幸偶，或与命禄并，或与命禄离。"此中命属先天，禄为命之表现之盛衰，依时运而定。此即联于外面之环境者。遭遇之变指环境中之突发而非常之事件。命之富贵贫贱、禄之盛衰、与遭遇之变之大小，三者之力量或相顺或相违，而互为增减。幸偶，则纯指个人之特殊遭遇，个人于他人之偶遇而说。合此数者，以决定人实际上之富贵贫贱之命与禄，合名禄命。以禄命与人之寿命较，则寿命又胜禄命；以一人之命与国命较，则国命又胜人命。盖人之寿命，纯由人禀气自身之强弱以定，而无象在天。人之富贵之命，则由得众星之精，而在天有其象，在地有其吉验，初由外决定。又人之有其命者，尚须看其禄之盛衰，与遭遇幸偶之如何，此亦由外决定，不只由个人之自身所定者。故寿命胜禄命也。至于国命胜个人之命者，即群体之命胜个人之命之谓。故有"兵败、群卒一时俱死"之事。凡此等等，皆王充所详加分别者。其言寿命、禄命，与所遭触值之命，亦合而为三。然此三者间，则无必然之关联。其以命为原于在天之星气，又别命于禄与遭遇幸偶之外，盖即同于后世言星命之术数者，别命于运之说。惟王充虽言寿命由气之强弱而定，然于人之由自养性命之功，而增益其气，以延其寿之事，亦未尝否认其可能。此亦固无碍于寿命由气之强弱决定之说也。

　　王充之言命之更一要义，则为别性之善恶于命。自人之生而言，"人生受性，则受命矣，性命俱禀，同时并得，非先禀性，然后禀命也。"无形篇又谓："用气为性，性成命定。"此言性命皆同原于气，而一时俱备。然性与命之义又异。王充言性，又联才智而说。故命禄篇谓"临事智愚，操行清浊，性与才也。"人之性及才智，乃属于一组之事，其善恶，与禄命、寿命及遭遇等之吉凶之属于另一组之事，乃无必然之关系者。故彼于命义篇，又杂举行恶者祸不至，行善值遭命之祸，以言随命之说不验，并与遭命之说相冲突。其言曰："言随命，则无遭命，言遭命则无随命，儒者三命之说，竟何所定？"乃归于曰："性与命异，或性善而命凶，或性恶而命吉。操行善恶者，性也；祸福吉凶者，命也。或行善而得祸，是性善而命凶；或行恶而得福，是性恶而命吉。性自有善恶，命自有吉凶。"孟子曰："求之有道，得之有命。性善乃能求之；命善乃能得之。"（命义）至于汉儒之所谓正命，如文武之生而性命当富贵，亦非以其性善而富贵随之而至，乃是其生性之自始，即已连于一必富贵之命之故。此则其在命义篇，另有自立其三命三性中之正命以言之。王充另行自立三命三性之说，虽仍保存正命随命遭命之名，然皆是自人之初禀气时之命与性之状态上说；而与汉儒之言随命遭命，皆自后天言者大不同。故其于初生之气禀上，言三命三性，仍是将性与命分别说；固不谓命之富贵与否，及性之善恶之间，有必然之关系也。

　　何以人之性命同时俱禀，而性命又不同？此则源于善恶与吉凶之两范畴，原非同一。人之善恶，定于行为之方向，而吉凶乃行为之成果。人之有某行为之方向者，不必有某行为之成果。其是否有此成果，常言系于其自己生命力之强与弱，与外缘之辅助。此即王充所谓禀气之强，而得众星之精，有富贵之命，又有禄之盛等，方得成其富贵之谓也。然此与人开始一点之行为方向之为善或恶，即操行之为清或浊，才智之能否辨是非等，皆无必然之关联。此方向之善恶等，乃王充所谓属于人之"求之"之事，而非属于人之"得之"之事也。求之在先，得之在后。如何求，依其先之性；是否得，依其后之命。王充之"用气为性，性成命定"，其文亦有性先命后之序。此以人之先如何求之，与后之如何得之二者之不同,以辨性与命之不同其义,即见性之善恶,纯属于人最初之生命活动之方向之"性质";而命之强弱富贵吉凶,则由向此方向,继续去用气之力量质量之"数量"之所决定。故性与命之原于人之禀气于天固同,而此所禀之气之质力之量,与此气如何用之方向及性之善恶,则又不同。此即略近于今所谓价值意义与存在意义之不同也。王充既辨性之善恶之有三品,又言命之有富贵、寿夭、吉凶。寿夭依于气之强弱,富贵贫贱依于星气,吉凶又兼依于遭遇幸偶,此三者又不必相涵。于是人之不同形态之性,与不同之富贵贫贱之命及不同之遭遇幸偶之配合,遂可极其复杂。而汉儒三命之说中之正命随命之说,皆意在以性之善恶与命之吉凶相联而说,则不特与遭命之说相违,抑亦过于简单矣。

王充之别性于命与遭遇幸偶,可使操行清洁者,安于求之有道,而不妄冀得之之命,此实上契于孔孟之教。而其著养性之书,兼言"闭明塞聪,爱精自保,庶冀性命可延,斯须不老"。(自纪篇)则又下同于后之道教言性命双修,以求长生之说。然王充于此,唯言斯须不老,未言长生不死。而依其书道虚篇,又斥神仙之说,则又不同道教之论矣。

七 列子力命论之无"命之者"之命论

上论王充既著养性之书,以求性命之延,则亦未尝不信人力能多少改变其初禀之命。毕竟人力之能胜天者有几何,原为古今人类共有之一问题。中国先哲之将人之力与命相对而论,以言其得失之数,则列子有力命篇。列子一书,乃由张湛自其外家所传出,近人或谓即其所伪作。然张既注其书,亦不能定其即其伪作。如为其所伪作,则其注既兼引郭象、向秀语,似宜列于下节论郭象一段之后。若非其伪作,则宜视为古之道家言之一结集。唯其书既初未见于世,晋张湛始传之,则其在思想史上之意义,仍可说是始于此时代。列子之言命与郭象之言命,义多同,而又出现于同一之时代。至其是否相影响,则未可定。唯列子之力命篇之言赏罚,则又与上文诸节之义特相关。故今先下节之论郭象者而论之,亦未尝不可也。

列子力命篇设"力""命"二者相对辩,然此命又明非一能制物之命,亦非如王充之所谓由自然之气,所决定之命,此实另一形态之"命"观,宜先取与王充之言命者,相对照而说之。

列子力命篇之言曰：

"力曰：'若如若言，我固无功于物，而物若此邪？此则若之所制邪？'命曰：'既谓之命，奈何有制之者耶？朕直而推之，曲而任之。自寿自夭，自穷自达，自贵自贱，自富自贫，朕岂能识之哉？朕岂能识之哉，可以生而生，天福也；可以死而死，天福也；可以生而不生，天罚也；可以死而不死，天罚也。可以生，可以死，得生得死，有矣；不可以生，不可以死，或死或生，有矣。生生死死，非物非我，皆命也。智之所无奈何。故曰窈然无际，天道自会；漠然无分，天道自运。"故力命篇题注曰："命者，冥也，言其生育之性，得之乎冥也。"力命篇又曰：

"不知所以然而然，命也。今昏昏昧昧，纷纷若若，随所为，随所不为……孰能知其故，皆命也夫。信命者亡寿夭，信理者亡是非，信心者亡逆顺，信性者亡安危；则谓之都亡所信，都亡所不信。至人之居若死，动若械；亦不知所以居，亦不知所以不居；亦不知所以动，亦不知所以不动……随时动，随时止，智不能知也。信命者，于彼我无二心。……"

观此列子之言命，可见其明纯属于道家之系统。此与董仲舒言命，乃有一天为发命令者，王充之言命，有一自然之气、或骨相、星相为定命者，即全不同其说。列子此处所言之命，乃无一切制物之义者。故即一切事物之自寿自夭，自穷自达，而直以推之，曲以任之，即是此命之所为。则命实无物，物亦无命之者。命惟是一切事物之自推自任，而更无命之者之别名。由此以言祸福，顺一切可以生而生，可以死而死，皆是福；则非董子、王充、以死夭为祸之说也。至谓可以生而不生，可以死而不死，为天罚；则此所言者，应非自事物之本身上说，而是自吾人之观念上说。即于可以生者不直任之生，可以死者不直任之死，而不肯顺之，以自作滞碍，即天对吾人之罚也。故天罚，源于吾人自于生死作滞碍之想，而不在生死。此犹庄子之所谓天刑，乃源于人心之自结而不知解。此所谓天赏天罚，亦实无天之赏罚之事之可言。天赏与天罚之不同，只在人心之能任顺生死，而无滞碍无心结，与不能任顺，而自作滞碍有心结者之不同。人能不谓此乃物之所为，或我之所为，则心结去而滞碍亡，而任顺生生死死之自会自运而自然，即任命也。此非以吾人之智，观此生生死死，而谓另有命之者，另有其所以然之谓也。故曰"不知其所以然而然"，"孰知其故"皆命也。去一切"所以然"与"故"之观念，则于死生寿夭，皆只有直就其"若此"而观，而死若其死，生若其生,寿若其寿,夭若其夭;而不将死生、寿夭对举,加以比较,谓此是彼非,此顺彼逆,此安彼危,方为信命。故曰"信命者亡寿夭,信理者亡是非,信心者亡顺逆,信性者亡安危"。此"信",亦实只是任顺,实无一定之所信,而亦无一定之所不信。此即于"居与不居","动与静",皆亡其"所以",而于彼我无二心也。总此所云,正不外谓:人惟能知无"所以命之者""为故者"之想念,无"相对相反者"之辨别,无物我之分,而只观"若此"者之自会自运,即知命。此即"运"之行之于前者,即视为命之说,知运则知命,而运之中只有"若此",实无运之者。不知此运,则不知命。而此即运以知命之说,亦即知莫之命者为知命之说,以无命之者为命之说也。王弼、郭象之注老、注庄,则更畅论无为、自然、莫之令、不为主之旨,而任万物之自化。此皆以不命、不令、忘命为教。惟王弼书未尝直以不命无命为命。郭象于庄子之言命者,则几皆以"遇"加以解释,此与列子之言命与遇合一者同,亦有以无命之者为命之旨。今按王充已言遭遇、逢遇,然仍别命与遇。魏明帝时李萧远作运命论,文章甚美,乃重在以运与遇言命,谓人事之离合,皆"不识其所以合离",为"神明之道"。至列子与郭象,则纯以遇言命矣。今当更论郭象之言于下节。

八　郭象之即遇言命论

郭象注庄,明多有以当下之适然之遇,释庄子之所谓命之言。如其注庄子德充符"死生存亡,穷达贫富,贤与不肖,毁誉饥渴寒暑,是事之变,命之行也。"一段曰:

故人之生也,非误生也;生之所有,非妄有也。天地虽大,万物虽多,然吾之所遇,适在于是。……故凡所不遇,弗能遇也;其所遇,弗能不遇也。其所不为,弗能为也;其所为,弗能不为也。故付之而自当矣。

此以人之遇其所遇,不遇其所不遇,为其所为,不为其所不为,即是事之变命之行。其是否合庄子本意,可暂不讨论。然要之,此乃是于人之遇其所遇,不遇其所不遇,不更求所以命之者主之者,见一当下斯须之命。亦即就人所遇者之为若此,而远其若此,自当所当,而付之自当之命。由此以言命,则只须人之于物,能有感觉而有所接,即已是命。

故"吾命有在外者也"注曰:"人之生,必外有接物之命,非如瓦石,止于形质也。"人于此所接者,亦唯当直就若此,更不必求其原因或故。故其于则阳篇"复命摇作"注曰:"摇者自摇,作者自作,莫不复命。"此亦难言即庄子本文之意。复命,固可如老子之谓归根为复命,乃返于其根之意,而非复于其自己之义也。依郭象意,人若不能直就若此者之自运,以与之具往,而不免于有结滞,则不可言达命。故于列御寇篇"达大命者随"注曰:"泯然与化具往也。"又于"达小命者遭"注曰:"每在节上,往乃悟也。"此庄子之言大命、小命,其原意应为于命之大者,则惟有随之,于小命者,则遭逢之而已。此言亦为一种随命与遭命之分。今郭注则以达大命为大达命或真达命,故能与化具往;而达小命为小达命,或尚未能真达命者,故滞结于节上,必往而后悟。此皆明明意在应合其心目中所谓命以为释者也。

此外庄子寓言篇曰:"莫知其所终,若之何其无命也;莫知其所始,若之何其有命也。"依原文文理,此命应涵始终之义。以有始而莫知其始因,故不可言命之者为何;又莫知其终而必有终,故不可言无归向之命。此所谓有命无命之问,即问:有无命之者为始?或有无一定之归向之命?此乃一两难之问。然郭象之释,于前者曰:"理必自终,不由于知,非命如何?"又于后语注曰:"不知其所以然而然谓之命,似若有意也,故又遣命之名,以明其自尔";则此二言为二层次之说。前者言自终即是命,后者言自终者,不知所以然而然,即只是自尔,而命之名亦遣。此正由于郭象于适然之遇,不求其始因与后果,而视如自化自尔,即以无前因后果之命为命,而解庄子本文,以屈就其说之证也。

此列子与郭象之言命之论,其大不同于五德终始说、及董仲舒之言天命者,乃在此后二者所言,皆宗教性之天帝之命,而为人事之因者。其言异于王充者,则在王充所言者,为自然之气禀之命,而近乎今之科学中所谓自然之原因所决定之命者。列子、郭象所言之命,则只是一当下斯须人所遇之一"如此"。此有赖于人之截断其所遇者之前因后果,而只观其"如此"乃尔自化而自然。此自然亦非如董仲舒、王充所谓有使之然者,而有所自而然之自然,实是无所自而自然。此即为一纯粹艺术性、审美性、直觉性的当下之境界或境相,而唯待人之直下与之冥一而无间者。称此境界境相之为命,唯有自人当下有如此之所遇上说。此所遇是所遇,而非所不遇,而遇其所遇;此所遇者,是如此非不如此而如其所如。即是一当下之定然，当下之一理。此定然之理不可移，故可谓之为一命。然吾人遇其所遇，而谓此所遇者如其所如，乃原自吾人之对所遇者一纯观照。固未尝谓此所遇者之必为吾人之所遇，而"可系而在"；亦未尝谓有能系吾与彼之关系，以使吾必有此遇之命者，或"原因"或"故"或"命之者"在也。此即通于庄子之言"不以故自持"之旨。由此以言命，便只指此当前之所遇。此即"所遇"而言之命，正由"无吾人通常所谓为因为果之命之者"而显，故吾人谓之为以"无命之者"为"命"之说。谓无命之者，而只见"物之自化自生自然而独化，而如此如此"，此即是命也。吾人欲达于此义，全赖吾人之心能从"为当下之境之因或果者之想念"中，直下有一解脱；而亦更不思此当下之境之有其所寄托，而具力质气之实体，如一般所谓外物或我之类。因如有所寄托之具力质气之实体，即有能为其因其果者，而此境即可系而在，实有能命之者，与归向之处矣。故人于此，必须将此因果与实体之想念，皆绝除净尽。然后此境之无命之者，无归向之处之义，乃直呈于前，而心可与之冥会，以游外弘内矣。人心既自此因果实体之想念中解脱，则此心亦即只以虚呈此境为事，更不受其他想念之牵挂。此境与心，既不相系，则心亦能与境，俱化俱运矣。此即见一艺术性之关照之自由性与自在性；而为魏晋人之艺术性之心灵所同趣。王羲之兰亭序，所谓"当其欣于所遇，暂得于己，快然自足，曾不知老之将至。"亦此心境之一描述语也。

九　附论郭象与庄子言命之异同

郭象之不以故自持，而遇其所遇，以与化冥合之旨，固与庄子之所向往者有相应处。然其一往本此义，以释庄子之言命，是否真与庄子之本文文句，原意皆相切，而与庄子之精神全相契合，则吾不能无疑。上文已略及其与原文之文句不相应处。吾人观庄子之于命，实远较郭象更能以一严肃之心情处之；便知庄子之所谓安命，至少在其内篇本旨，并非直指一当下斯须之所遇，与化冥合之境。如吾人本文上篇所引庄子曰："子之事亲，命也，不可解于心。知其不可奈何，而安之若命，德之至也。"此其于命，明有一严肃庄重之感。其大宗师篇之末，述子桑既病、子舆往视之一段，曰："至子桑之门，则若歌若哭，鼓琴曰：'父邪！母邪！天乎！人乎！'有不任其声，而趋举其诗焉。子舆人曰：'子之歌诗，何故若是？'曰：'吾思夫使我至此极者，而弗得也！父母岂欲吾贫哉！天无私覆，地无私载，天地岂私贫我哉！求其为之者，而不得也，然而致此极者，命也夫！'"此其归于命，乃更以极严肃而超拔之心情出之。然郭注于此后一段则曰："言物皆自然，无为之者也。"此则全然不关痛痒，惟务释庄以就己意之浮泛语。此外凡庄子之言涉及性情处，郭注类以无情之言，轻描淡写而过，读之令人扫兴。人于此即皆可直觉郭象与庄子之不同。然此不同究在何处，则未易言。然今就二人言命之处观之，则盖颇有可说者在。

　　吾首当说者，是欣于所遇，而与化无不冥之境，在吾人闲居无事之时，固亦若得之甚易。然实则真在死生得丧之际，对君亲致命之时，谓人真能齐生死得丧，而无哀乐与内热，实为至难之事。即前文所引德充符之言："死生亦大矣"，大宗师之言"天地岂私贫我哉"；秋水篇于孔子畏于匡之际，托孔子曰："知穷之有命，知通之有时，临大难而不惧者，圣人之勇也。"凡此等等，初皆同本于对命之严肃感。此严肃感之生，乃原于此悦生恶死望得恶丧之情，及致命君亲之意，实深植根于人心，亦非必即一观念之结滞，人不可轻言能于此荡然无执。庄子即于此先肯定一"不可解而无可奈何，唯有安之若命"之命在。此命非董子之天之命，亦非王充之自然之命，乃为吾人今所谓存在于生命之内部，而不得不负担之命。此吾人所不得不负担之命，其根乃非只内在于当下之此心，而实具有一超越之意义者。此即其与古所谓命，皆原由命令之义引申而来，及先秦诸家以及董子王充所谓命，皆具有超越当下所遇之超越义者，互相契合处。庄子言命，就其文句而观，亦为涵一"命之者"，或"归向之所"之义，而恒类于实有一命；遂不似郭象、列子言无命之者之命，只由自化、自然、独化说来者之空灵而自在，亦即缘于此。

　　吾人如识得庄子之于命，初有一严肃感，乃感此命之为吾人生命之负担，便知庄子之言安命、知命自有一特殊之意义。吾人可说庄子确向往一"死生亦大矣，而不得与之变，虽天地覆坠，亦将不与之遗"，或"大泽焚而不能热，河汉冱而不能寒，疾雷破山风震海，而不能惊"之精神境界。人之达此境界，又非有求于外如升天之类，而是苍然直往，以游于变化之途，而与化为一。此即与天地精神相往来之境界。在此境界中，就人对其当下斯须所遇者之态度而言，亦当是如郭象所谓观此所遇者之自尔、自然、自化、独化,更不以故自持,而无所不冥合。郭象亦可谓更能知庄子所向慕之此境,而依理以说之。然实则此境,在庄子之真实生活与真实心情中,盖未必能达。此则由于其兼实感命之严肃性之故。至于郭象之言,反似能达者,则由其在生活上并不真求达此境界,亦并未正视此命之严肃性,唯对此境界之本身,作一虚拟的理解之故。然人真欲在生活上求达此境界,亦未有可不转而对此命之严肃性,先求正视者也。此亦即庄子之言此境界,虽似不如郭象之透彻而圆熟,而庄子之心情,在实际上又居于一更高之层面之理由。在此庄子之心情中,彼实一面向往于真人之不知悦生恶死,忘是非、忘得丧,而拔于哀乐之外之境;然一面则又深感上所谓"死生亦大矣","子之事亲"之"不可解于心","君臣之义"之"无所逃",以及人生之"乐未毕也,悲又继之,悲之来吾不能御,其去不能止",而不能无哀乐。庄子之言忘是非,亦未尝不深感世间人于是非之难忘。故唯有说"吾与汝妄言之,汝亦妄听之。"此即庄子之言所以多跌宕,而极恢诡变化之能事之真正理由所在。观郭象之言,其所状之心情,如平流之水,所遇而皆适。观庄子之言,所状之心情,则如波谲,如云诡。波谲原于水激于石,云诡由于气荡于山。此山此石,即所以喻诸欲其可解,而感其不可解,欲其止而感其不能止,欲其忘而竟不能忘,之死生哀乐等之命所在也。吾人今谓庄子之心情,长在此中翻腾矛盾,亦未尝不可。至于此矛盾之终不成矛盾者,则不特因庄子所理想之真人境界,可无此死生哀乐之可言;而是庄子更有一知命安命之胜义,即于其不能解者,即不求必解为解。故于子之事亲,君臣之义之不可解于心之无可奈何者,庄子即以安之为解。安之为解者,所谓"顺其不得已,行事之情而忘其身",是即承受此命,而亦自超于此命之上之谓也。此如水流之遇石,无待于决石而去,而唯自乘于石之上以流行,而亦不见此石。此方为庄子人间世之言"乘物以游心,托不得已以养中",由安命而致命之实义。乘物者,乘乎物之上,非如郭象于此所注之"谓寄物为意"。托不得已者,知此中有不得已者在;"致命"者,能知命而又能安命之结果。此托不得已而安命以致命,亦即"德之至"。此中皆有既肯定命,而超越命之义在。其与儒家所言只有毫厘之差。即庄子于此,乃只视为不得已,如其得已,亦斯已耳。儒者则于其视为义之所当为者,即得已,亦将使之不已也。循此所说,以观庄子于死生哀乐与是非,亦皆同有此安命之义。故于哀乐之不能止者,即知其不能止；则诵诗若歌若哭，谓"天乎地乎，父乎母乎，"可也；念悠悠天地而叹："父母岂欲吾贫哉，天地岂欲私贫我哉"，亦可也。使我至此极者，命也；诵诗若歌若哭，亦命也；不能已于叹，亦命也。然任乎此命之行，不知其所始，不知其所终，则又自拔于此命之上矣。则吾人可学郭象语曰："此亦为有命与无命，相与为一冥。"此即庄子之问："若之何其有命也，若之何其无命也。"而无答之故也。

　　至于庄子之齐物论篇，由以明、两行、葆光、物化，以拔乎成心之是非之上，而合物我，以及其他如逍遥游之言无待，养生主之言神遇，德充符之言忘形，大宗师之言圣人之道、圣人之才，应帝王之言立乎不测，游乎无有……之类，则皆所以寄庄子之正面之所怀。其义诚大矣，其智诚高矣。然人不忘其成心之是非奈何？人于庄子之此一切所言之义，皆冥然罔觉，如在昏梦，而不能相契，又奈何？则庄子亦唯有曰："吾与汝妄言之，汝亦妄听之"，如上所引及；又唯有曰："有大觉然后知大梦也！"，庄子亦不能自言其自外于此梦。故又曰："予谓若梦，亦梦也。"于此吊诡，庄子再曰："万世之后，而一遇大圣，知其解者，是旦暮遇之也。"知人之或将疑其妄，即姑自认为妄；知言不能免于妄，而又不能免于言。依上文之义以为论，亦无可奈何而安之若命也。知有觉而在梦，不能不谓，"若梦而予亦梦"，命也。陈此吊诡而不可解，只有待之于万世之后一遇大圣，以解此不可解，亦无可奈何之命也。然果万世之后，有知其解者，则亦如遇之于今日之旦暮。夫然而有待于万世，亦即同于无待。此皆谓必安于无可奈何而不得已之命，然后真能通乎命，而非命之所能限。此如江水于瞿塘滟滪之险，无可奈何，然必浮天渊以安流，而后可言出三峡后，平流顺进之一境。此即比喻必须真切有感于命之严肃义，而如庄子之安命者；乃有庄子所向往之与化同游等义，足资郭象之发挥，以成其于当下斯须所遇者，皆视为自尔独化于玄冥而无迹者，而以无命之者为命之论。此即郭象之思想，所以亦可称为庄子之进一步之发展之故。郭象以无命之者为命之论，亦实有洒脱空灵之美，而最足以补汉儒言命者，皆自质实处立论之偏。然于庄子之乘乎不得已之命以安命之胜义，则郭象盖未之或知。故其言或归于只状一一之自尔独化之静理，而不见妙道之行于孟浪之言。如未游瞿塘滟滪者，未见江水于跌宕中之安流，而只以江水之平流顺进，而自谓叹观止矣。此则郭象之所以终不及庄子者也。然人于其异于庄子，及不及庄子之处不明，则其与

第十七章　原命中：秦汉魏晋天命思想之发展　　373

列子之言命，为一划时代之言命之新说之所在，亦不能有确知，故附论之于此。

十　佛家之以业识言命根论，及范缜之拨无因果论

魏晋以后，自列子郭象之无命之者为命之说出，而秦汉以来之言命之说，达于一最高之发展，亦不能更有所进。然人于其身之命运，必感种种之问题，则终古而皆然。彼魏晋人之艺术性之心灵，虽极其洒脱而空灵，亦极其飘忽而无寄。盖人之欣于所遇，而暂得于己之境，诚如王羲之所言，当"情随事迁"之际，则终不能无感慨，而于"死生之大"，不能无痛，于不能自已之命之行，仍觉"莫或使之，而若或使之"也。此时适有佛学之东来，于人之生命之来源，另作一深入之反省。此即溯吾人今生之源于前世，而人亦将再有其后世之说。运乎此人生之三世者，即人生之业识。业识自成一因果不断之相续流，无始来未尝断绝；乃人未成佛之际，终无有解脱之一日者。此即实是一人生之命运所在，亦束缚人生之无始而未终之一锁链所在。此锁链不在人之意识之表，而在其生命之底层，如千寻铁锁之在江底，以束缚一切往来之船舶。人知此业识之锁链之束缚其自身，则必求超越于世间之生生死死之轮回之上，而向往于得毕竟大解脱之境。此即寂灭寂净之涅槃。魏晋人于感其人生之无寄之后，贤智之士，乃纷纷为此佛法之所吸引。本佛法以观列子与郭象之玄言，则其言虽美，而其义亦未尝不与佛家之言有相契会之处，然根本精神则大不相同。此即略如郭与庄之不同，在有无对生命存在之严肃感之别。然佛家对生命存在之严肃感，又过于庄子，以其所负担之业识之流，乃确知其自无始而来，确知其在吾人之生命存在之底；而庄子尚只感一行乎不得已之命，而未确知其来处也。故以佛法与当时之玄言较，则后者唯足资清谈玩赏，而前者则能摄引人之深心；人乃皆欲由以此求其安身立命之道。此盛衰之势既形，后之为玄言者，亦多自托于佛。当佛教盛于南北朝之际，其在中国学术界所引起之大辩制，则有所谓神灭不灭之辩。此所谓神灭不灭之问题，亦即由汉以及魏晋之命之一问题，所引申推扩而出。在佛教徒观之，此问题亦即此神识或业识之因果，是否能历死生而不断之问题。在当时之非佛教徒如范缜，则由形神之是否能分离上，对此问题措思。而双方之讨论及此问题，又初由当前

之人生富贵贫贱之命运之问题所引起者也。

　　据梁书卷四十八范缜传所载："缜初在齐世，尝侍竟陵王子良。子良精信释教，而缜盛称无佛。子良问曰：'君不信因果，世间何得有富贵？何得有贫贱？'缜答曰：'人之生譬如一树花，同发一枝，俱一开蒂，随风而坠，自有拂帘幌，坠于茵席之上；自有关篱墙，落于粪溷之侧。坠茵席者，殿下也是；落粪溷者，下官是也。贵贱虽复殊途，因果竟在何处？……缜退论其理，著神灭论。……'"此论出，……子良集僧难之。是即此辩论之始原。此一大辩论，亦即初纯由范缜不信因果所决定之命，而只信中国所传之命而起者也。范缜之言人生如一树花，俱发于一枝，则亦可有一切人生同原于一自然之气化之义，此即通于王充之说。其喻人生之有富贵贫贱之别，如花之随风而坠。此风可指人之逢遇，亦可喻人所禀得之自然之气。此即与王充之言相通。然自此同一风吹，或坠茵席，或坠粪溷处看，亦可说皆是自然自尔，如郭象之所说。本范缜之言，以遮拨佛家之因果，亦未尝不可遮拨一切因果；而只就花之如此坠茵席，如此坠粪溷，以观人之如此贫，如此富，如此贵，如此贱；而不见更有主之者，命之者；亦不见其有任何必然之归向之所。是又即同于列子、郭象，纯以适然之遇为命之思想矣。今推范缜之著神灭论之意，其答曹舍人"人之生也，资气于天，禀形于地，是以形销于下，气灭于上。"实则同王充之言人禀天地之形气以生，亦与之俱化之说。然其言形与质与知，三者乃俱时而在，其形异者质亦异，而知亦异，亦俱生而俱灭，而更无留滞；又谓宗庙郊祀，皆圣人之教迹，不可执为蹄筌；则又皆近乎列子、郭象之言化而忘迹之论矣。

　　自南北朝以后，中国有道教思想之兴，道家之言性命双修，其对命自有一大套思想。然大体言之，其所谓命，乃以寿命之命为主。唯吾于道教之思想所知者亦不多，兹姑从略。

　　至于佛家之业识因果之论，虽可说是中国传统之命论之一扩大与引申，以及于生前死后与意识之底层者；然因其自有一套名辞，以说此中之义，故今可不多及。至佛家用命之一名辞，则初只取其传统旧义中之指寿命之一义为主。小乘俱舍论谓实有命根体，即寿命，能持暖及识。然大乘之法相唯识论，则谓命根只为所谓不相应行法之一，而为一假立之名，即依其他实有者而立名者。此实有者，即此八识之种子，能使人生在一期之内，色心相续者。此所谓命根，依八识之种子而假立。此八识之种子,则由众生之无始以来业习之熏习而生,而成熟,并能决定吾人一生寿命之长短,与此一生寿命中之物质、生理、及心理活动之方式,及吾人所生之世界之境相者。故此命根所关联之世界,实至大而至广。王充所说之自然世界,与董子所言之天、气、命之一切表现,亦皆包含于此世界中。唯王充所谓骨体与初禀之气,决定人之性命之说,以及董子对所谓天之元之本身之论,则皆非佛家所能承认。又于董子所谓天帝与五帝终始说中之五帝,佛家亦只至多视为吾人所生之世界中诸天之一而已。此则二家之不同也。

第十八章　原命下：宋以后天命思想之发展

一　宋代理学家之即理言命，与别命于遇之说

宋儒之言命，其中诸理学家如周、程、张、邵、朱之说，在大体上为相类者。将此诸人之言，合而观其与以前学者言命之异同，则此诸儒之所谓天命、性命，乃以天道天理为本，而非如汉儒之多以带人格神之性质之天帝、天神、天元或天之元气，为天命之本。诸儒不似王充之以人所禀于自然之气，为人之寿命、禄命之本，复不如汉人三命之说，重此人之禄命与人之德行之关系之讨论。诸儒多将性命之命与其他之命，分别而论。横渠、伊川又将人之命之所在，与人之所遇者，分别而论。朱子虽不重命与遇之别，而以命摄遇，亦不同于魏晋之列子及郭象之即遇言命之说。诸儒以天道天理为性命之原，而天道天理之所在，亦人道与人之性理所在，故穷理尽性以致命，为当然之事。此又不同庄子之言安命、致命，只为行乎不得已，或行乎不知其所以然之自然之说。至于诸儒之言天命与人之性命，乃直就当前现有的天人之关系以为论。则又不同于佛家唯识宗之言命根，乃依于一潜隐之业识，而意在以之贯通于三世之流转者。吾人今略将此诸儒之言命，与上列诸说，对勘而论，则已可见此诸儒之所谓天命与性命之思想，为中国言命思想中之一新形态矣。

此诸儒之言天命，乃直本天道天理而说，故与汉儒董仲舒与王充之说，较相类似。因后者亦言天地之道、自然之道与"以道受命"也。其中之界限，唯在董仲舒，乃以天之道本于天志、天情，而直接表现于天之阴阳四时之气，以显为对人之天命；而人之奉此天命，亦在透过此天道天命之表现于四时之气者，以上达于元之深，与天之端。王充所谓自然之道，即纯属于此自然之气，而人之寿命命禄，则为此人所禀气之强

第十八章　原命下：宋以后天命思想之发展　　377

弱，与是否得众星之精等所决定。至人性之善恶、与人之德行，则不属
于命之范围内。然此宋代诸儒，所谓天理天道，则上不直说之为：一天
神、天帝之天志、天情中之道、之理，而下又非只为属于自然之气；乃
如正位居体于董子之天帝与王充之自然之气之中间一层次，而贯通所谓
天之元气与自然之气之中之道之理，而为人之一切善行之原者。诸儒中
如程、朱视此道、此理即帝、即天，以摄董子天帝之人格性而泯化之，
而朱子注经①，尤处处于天于命，皆以理或道言之。此亦有如西方基督教
思想，可以太初有道之道之义摄上帝之义也。

　　此诸儒之所谓天道天理，自其本身言，实只是一道一理。谓之为天
道天理，乃就此理之为一统摄性的提挈造化，而无所不在之大公之道之
理而言。②此道此理，就其自身言，实无形质，而为形而上者。然又同时
为行于气之中，为一切气依之而运行变化，以生生不已者。故为一生生
之性理，而非一般所谓事物之形式定律之理。由此理以言天命，亦非即
自人物之气依天之气而生，以使人物得有其性理处说。而天命实即人物
之依此大公之道之理而生，而同时即具之以为性之别名。或即此天道天
理之既生此人物，而再自居于此人物之内之别名。此即可说为天以此理
赋之人物，为其所禀得，而人物受之以为性。性之在人而显于心，亦同
时显为人之内在的道德命令。此命，乃命吾人如何顺道顺理而行以成德
之命。故与富贵贫贱之禄命之命，固截然不同；即与人受生之初之气质
之清浊厚薄偏正，或王充所谓生性禀得之善恶，亦全异其义。此乃以
"人之所以处此所遭遇之富贵贫贱，而变化其初生之气质"之性理为命。
在宋儒中，最重言气者如横渠，亦力辨此命与及气禀之不同。故曰"命
禀于性，遇乃适然焉。人一己百，人十己千，然有不至，犹难语性，可
以言气。行同报异，犹难语命，可以言遇。"（乾称篇），依此义，以观汉
儒之所谓天对人王所降之命，或董子之所谓天命之行于四时五行者，汉
人三命说中之正命、遭命、随命之命，王充之所谓初禀之性与命及生后
之偶会，郭象、列子所谓以遇为命之命，以及佛家所谓依于业识能定三
世之命根；皆无一不兼属于气或气质与遇，亦无足以当此所谓命；而皆

---

　　① 于此可举二例，如：朱子注论语获罪于天，注：天即理也。按二程遗书十一已有此言；
又语类八十一释帝命文王，曰：文王要恁地，便是理合如此，便是帝命也。
　　② 如语类九十六，性以赋予我而言，天以公共道理而言。

为人求立命时，所当加以变化，或只视为适然之所遇，而藉之以自立其命者矣。故张子又曰："天所性者，通极于道，气之昏明，不足以蔽之；天所命者，通极于性，遇之吉凶，不足以戕之。"此所谓立命之义，虽张横渠最喜言之，然实亦诸理学家，共许之义，而迥出于汉晋以来言命之论之上者。此诸儒于气与道理之关系，虽容所见不同，固皆是即道即理，以言性命，而皆言穷理，尽性，即以至于命者也。

二　濂溪之即性即命论，与横渠之变化气质以立命论

至于吾人如今欲对周、张、程、朱之言之不同处，略加分别，则可说周濂溪、张横渠，皆重言天道，而未重此天理之即心之性。周濂溪之天道，即一诚道、乾元之道。此道即太极，亦即万物依之而生生不已，又能自立于其所生之万物中之道。故其通书首章曰："诚者圣人之本，大哉乾元，万物资始，诚之原也。乾道变化，各正性命，诚斯立焉。纯粹至善者也。故曰一阴一阳之谓道，继之者善也，成之者性也。元亨诚之通，利贞诚之复。大哉易也，性命之原乎。"此言诚之为乾元，为万物所资始，并未言诚为一天帝。此诚只是一道，由万物之资始于此道，即只此道为万物化生之原。万物依此道而化生，此道亦即内在其中，而立于其中，是亦即万物之性命之所以正。此处周子言性命之合为一名，即所以表示一物之性，乃原于此道之自立于其中，而如命此物之当依此道而生者。此道，为一切一阴一阳、一动一静之相继变化之道，亦一切物之生生不已而相继之本原所在。故此道于此"相继"中见其善，而物则由此道之自立于其中，而有其性命，以成其所以为物。此物之性命，皆原自此道。此即宋代诸理学家，言性命之道之基本形态也。

至于张横渠与周子，则其言略有不同，此要在横渠之将天道连于气化而论，以成一气化之道。横渠所谓气，不同于王充之所谓自然之气，或汉儒之所谓元气、阴阳之气者，则在横渠之气以太虚为体，而以清通善感为性，故不如王充等所言之气之质实。横渠之气，既清通而善感，而天乃有其由二气相感以生人物之神化之道。然只此天道之生人物，尚非即是天命。唯当人物由天之气之凝聚以生，此天道即复内在于人，以为人之性；方见天之既分其气，以成人之气质，而赋之以此性，而亦命之以有此性。故此横渠之言天命，与濂溪之言性命之不同，唯是濂溪言

性命，只直就诚道之原自天而立于人，人赖之以成圣处说，故性命只是一道。在张横渠之言，则多一气为媒介，而于人物之分于天之气，以有其气质，又有其天性处，言天命人以有此性。此中，人之气质之清通而善感处，乃人之性之所以为人之性之所在。此清通善感之性，表现为其气之灵，而人乃有心。人有心而有知觉，以感物而生情，人尽其知，以周知万物之理，充达其情，以兼成人己，兼立人己，而有仁义礼智诸德。此皆待人心之能自尽其清通善感之性而后能。人之尽性，亦即所以立人道，而合天道，而将此天道之赋予人者，加以树立；此之谓立命。人能由穷理，以大其心知，尽性立命，至于变化其所受于天之气之质，以达一无滞碍之境，而义精仁熟，则可上契于天之神化，而至于命矣。由此而张横渠之重穷理、尽性、立命、至命之次第，即可谓由其兼言人之禀受气质于天，故不可不重次第之变化气质之工夫而来。此则亦由于周濂溪之言多浑约，故只及于人之立其人道之诚，以合天道，立人极以配太极为止，而不及横渠之精思之密，力践之笃，而重思为工夫之次第之故也。

吾人于此复须知，横渠之言立命、至命，皆是循人之自己穷理尽性之事而来，故与董子言人受天命而法天道之说，全然不同。董子未尝肯定人之受生于天，即禀得此天之道以为性，及此性之皆能由人心加以自尽；故必言人性之待教于王而后善。横渠则肯定人之禀天之道以为性，而人皆有心以自尽其性，以自成其为圣贤。故董子思想中，只有奉天命、承天命、法天命之事，而无由穷理、尽性、以立命、至命，以体天之神化，而使人实与天合德之事也。此则原于横渠虽言天之道属于气化，人之道亦待人之在变化气质，使之清通无碍，而连于神化之修养历程中，逐步加以践履；然在人践履此道之时，其心知之中，却只有此纯粹之道，更无其他之夹杂。此道亦唯由人之大心以知之，而非耳目之所接。此便与董子之将天道、与天之形体及阴阳四时之气直接相混，以呈于吾人之感觉之前者，大不同其说。又以在张子之学中，此道为纯粹之一道，乃必待人之践履，方能实现之于吾人之此身心中；故此践履之事，亦即人之所以继天之功，得成为乾坤之孝子者。此孝子，亦非如董仲舒之人，唯以奉天命为事者；而是针对天地继志述事，以续之于万世之孝子。故人可为天地立心。言人为天地立心，即谓人之受于天地者，只是此道；人欲尽其天地之性，立其心于天地之间，以成天地间之心，而为天地立心，唯由人之践履此道，而后能也。横渠之言立心，亦犹其言立命。人之立命，即由人之立心而有之事也。人之为天地立心，为生民立命，皆原自人在其践履此道之历程中，其心目中只见此道，只知此道，更无其他任何夹杂而来。至于人之践履之实事，固必依于气，然此气乃相从于此心之知道，而行道或践履此道，以成德之事而至。吾人固不能直依于此气，以行道成德，而尽性立命也。若直接依气，以行道成德，则如横渠所谓"德不胜气，性命于气"，非"德胜其气，性命于德"矣。吾人能识取此义，则知横渠之言道，虽恒连于气，然决不同于汉儒之说。而就其言践道之事，初亦当只见此道、只知此道，更无其他之任何夹杂而论，实与程、朱言立命之主旨无殊。人之践道之事，即人之立命之事，而横渠之言立命，乃面对纯粹之道而立命，亦与程、朱无殊者也。若只见横渠之重气，而意横渠于此有异于程、朱，则未知横渠者也。

三　程子之穷理尽性即至命论，与天命及外所遇之命

　　至于吾人如欲进以言程、朱之言命，与横渠之言命之不同，则此正在程、朱因更有见于人在践履之历程中，唯以道或理为心知之所对，故进而以此道此理之本身，为真正之形而上者。横渠有以道属于气化之论，而明道、伊川，则有直以天道或天理，为气之所以生生之本之说。此在伊川，尤为显著。此正由于人之行道践理而立命之事，既当唯见此理此道，以使吾人之心气，相从而至；则宇宙之道之理，亦即足为万物之生生与气化流行之本，而此天道天理，亦不须更有所属。吾人之性，即天道天理之在人者，亦即天所命于吾人者之所在。于是此中之性命之关系，即更为直接，而亦可说"性"与"命"二者，只是由两方看之观点之不同，而有之名辞。同此一理一道，自其由属于天者，以属于人言，曰天命；自此属于人者，亦属于天言，曰天性。此中之天，并非实有一物，如上帝或元气，实只所以表示此理此道，为一公的理、公的道而已。此即不同于横渠之言，是从"天由其气化以生人，人有其气，而以天之道为性"说来，中间之多一"气"为转折者；而是就天道天理之直贯于人，以为人性，即见天道天理之流行之在人之说。此亦是直就天命之理，以谓之为性之说。故程子谓"在天为命，在人为性，在义为理，主于身为心，其实一也。"由此而程子之言践形尽性之功夫，亦即可不须如张子之

分穷理、尽性、至命为三事①；因此三事之可分，原是自气之知理践理之历程、或人之次第上合于天之历程上说者也。今直自理上道上说，则自不可分此三事，而只须说此理此道之在人曰性，自天曰命斯可矣。此即程子之所以言"穷理、尽性、以至于命。三事一时并了，元无次序"（遗书二上）而谓"天人本不二，不必言合。"（遗书六谓此为明道语）也。程子言致知与主敬之工夫，亦即一面知理，而一面涵养此心使足以显理之双管齐下之工夫。此所以尽人之性，亦即所以立天之命也。兹略举数言以证。此诸言，大皆出诸伊川，初盖本诸明道，而二人对此问题，盖亦无根本上之不同之可言也。

遗书卷二十一曰：理也，性也，命也，三者未尝有异。穷理则尽性，尽性则知天命矣。天命，犹天道也；以其用而言之，则谓之命。命者，造化之谓也。遗书卷二上曰：

"天降是于下，万物流行，各正性命者，是所谓理也；循其性（一作性命）而不失，所谓道也。遗书卷二十五曰：称性之善，谓之道，道与性一也。……性之本，谓之命，性之自然者，谓之天，自性之有形者，谓之心，自性之有动者，谓之情；凡此数者，皆一也"。又伊川文集五与吕大临论中书曰：

"在天曰命，在人曰性，循性曰道。"又遗书卷二上及遗书卷十八外书十一，皆记伊川言穷理、尽性、至命三者为一事之言。遗书卷二上伊川评及横渠之言曰：

"理则须穷，性则须尽，命则不可言穷与尽，只是至于命也。横渠昔尝譬命是源，穷理与尽性，如穿渠引源。然则渠与源是两物，后来此议必改来。"

此即见横渠之异于二程，在其言命与性，有渠与源之别。此乃由于横渠言天之命人以性，未能直接自天人之共此一理一道说，中间多了上文所谓一气之转折，便显见天命与人性间，有一距离。故在横渠，命与性，有源与渠之别，由尽性穷理到至命，不能无次第，不能一时俱了；唯在圣人，三者方为一事耳。然其与二程之别，亦只在一间；不能谓横

---

① 按邵康节皇极经世观物篇谓："理者，穷之而后可知也；……性者，尽之而后可知也；……命者，至之而后可知也。此三知者，天下之真知也。"以三者为三知，亦即以之为三事，是知程子之以三者为一事，乃不同于张，亦不可于邵之新说也。

渠即无以天之道之理赋予人，即人之性之意也。

　　二程言命，除直以天命人性，皆不外一道一理之外，亦言及贵贱寿夭与人之所遇之为命与气禀之性。此则非直指道之流行而言之命，亦非即理即道之性。伊川于此，亦分别甚清楚。如其言曰："在天曰命，在人曰性，贵贱寿夭，命也；仁义礼智，亦命也。"（遗书卷二十四伊川语）。此贵贱寿夭，与所遇之命，伊川虽亦许其为人之能否尽天命者之一报应。（如二程遗书卷十五，谓知天命是达天理，也必受命，是得其应也。……天之报应，皆如影响，得其报者，是常理也；不得其报，非常理也。）然君子则只求知天命、达天理，以为其义之所当为，而不求其报。故谓"君子有义有命。求之有道，得之有命，求在外者也。圣人则唯有义而无命。"此所谓无命，乃指其心中全无求于在外之命而言，非谓其心中无天命，因行义即遵天命也。故其经说卷一言："顺乎理，乐天，安其分，知命也。顺理安分，故无所忧。"遗书卷十一言："圣人乐天，则不须言知命，知命者，知有命而信之尔。……命者所以辅义，一循于义则何庸断之以命哉。"此亦指求在外之命而言。故下文旋即继之曰："若夫圣人之知天命，即异乎此。"又其经说卷六谓："子谓颜渊曰：用之则行，舍之则藏，唯我与尔有是夫。用舍无所预于己，安于所遇者也。或曰然则知命矣夫，曰安所遇者，命不足道也。君子知有命，故言必曰命。然而安之不以命，知求无益于得而不求者，非能不求者也……"此中之命，亦指求在外之命而言。然人能知此命，进而安于所遇，则赖于人之只见义，只求顺理，而不见命。只见义只求顺理者，即知天命。唯知此天命，乃真能自然不求于外，用舍无所预于己，而安于所遇之命。则此二命之义之不同，亦可见矣。①

　　此外对于非"即道即理即天命之性"之性，则程子视之为禀受之性。故遗书卷二十四曰："生之谓性，止训所禀受也。天命之谓性，此言性之理也。"于人禀受之性，以蔽有浅深，故别而为昏明；禀有多寡，故分而为强柔"蔽有浅深，故为昏明；蔽有开塞，故为人物。禀有多寡，故为强柔；禀有偏正，故为人物。"（程氏经说八）此禀

---

①　遗书卷二上"异教之说，其盛如此，其久又如是，亦须是有命，然吾辈不谓之命也。"此一命，亦指人之外之所遇之命言。儒者求行道，而外所遇者，乃异教之盛，必欲其不盛，亦是求在外者也。伊川于此，盖谓吾辈当只求顺理以知天命，而不去管此异教之盛不盛。故曰不谓之命也。

受之性之不同，乃本于人与物、及人与人之气质之异，此不同于天命之谓性之性，乃人物之所同，亦无论人之气质为昏为明，为强为柔，皆得而自尽者。故程子之言天命与性之关系，有直就天命与性之同即此理此道，以言天命之即性；而人之穷理尽性，即义之所在，而使人得至命者。亦有在外、非人之义之所在，而为"人之穷理尽性者，所当知之而安之"之命，如所遇之富贵贫贱之命。又有依于气之昏明强柔，而有之禀受之性，而为人尽其天命之性，所当加以变化之性。故有天命即性者，此纯以理道而言之上天之命与内在之性也；有天命而非性者，此天命之在外而不在内者；亦有性而非即天命者，此天命之性之杂于气质者。此天命之性之杂于气质，乃由人之所禀之气之有厚薄等而来。此所禀之气之有厚薄等，亦可说由天之所命。此应为命之又一义。程子尝以之释孟子所谓"仁之于父子也，……圣人之于天道也"，下所谓"命也"之命。然程子之言，多只说此为性。其所重者，乃在别天命之谓性之命，与贵贱寿夭之命，于禀受之性，不重在说此禀受之亦为命。重说此者，乃后之朱子也。

四　朱子对"天命流行"之分疏，及其以理气分三命之论

朱子之言命，在根本观念上，与二程亦无不同。唯朱子承二程之学，而又再结合之于周濂溪之太极图说、通书与张横渠言气之思想；故于天命之自身之流行，又多一方面之分疏。如其太极图说注曰："太极之有动静，是天命之流行也。所谓一阴一阳之谓道，诚者圣人之本，物之终始而命之道也。其动也，诚之通也，是继之者善，万物之所资以始也；其静也，诚之复也，是成之者性，万物各正其性命也。动极而静，静极而动，一动一静，互为其根，是命之所以流行而不已也。动而生阳，静而生阴，分阴分阳，两仪立焉，是分之所以一定而不移也。"此注即缩合周子太极图说、通书，及中庸、易传之言与程子之言，以说太极之动静之见于天命之流行者。其将天命之流行，分为动静二面看，即较二程之浑言一天命之流行，多一分疏。由此分疏，天命亦宛然成一单独之论题。万物之各正性命，唯在诚之复处说，不在诚之通处说。在诚之通处，只可言万物之所资以始，而尚不可言万物之各正其性命。此即在概念上，将天道自身之创始万物之一动，与万物自身之受此道以正性命之一静，

分出一界限。而天道之自身，与其赋而命于人物，亦可说有一界限。如天道为体，此命即只其用之一端。故朱子语类卷五记朱子曰："理（即道）者天之体，命者理之用"。由此中之动静体用之概念上之分别，而天道对人性之超越义，亦由兹以显。是见朱子之言，较近于横渠之分天道人性为上下层之意。此道即理。故朱子言理亦重理之超越义，而言理先气后。此理之在人即性，而朱子之言"性"，亦不同于此性表见于气所生之"情"，及为气之灵而能知此理之"心"；遂对心、情、性三者之异，亦一一加以分疏。此皆原自于其对天命之流行之动静，先有此一分疏而来。此便与二程之直下谓：天命于人之此道此理即性者，有毫厘之别。朱子注中庸天命之谓性之一语曰："天以阴阳五行，化生万物，气以成形，而理亦赋焉，犹命令也。于是人物之生，因各得其所赋之理，以为健顺五帝之德，所谓性也。"此亦为兼摄横渠重阴阳之气之旨，以言天之化生人物，而后人物有其性之层次的讲法，以使人增加一对天之超越于人物之上之超越义之了悟；而不同于二程之言"即理即道，即天命即性"之上下通贯说者之直截者。然此亦只因朱子之多一层对天命流行一概念分疏使然；非朱子以天道与人性相隔绝，不以在人之性即在天之道之理，而否认二程之所谓天命之谓性之谓也。因将天命流行，在概念上分为动静二面看，亦原无不可。此中之真正问题，在朱子之由摄取横渠重气之意，或偏在即气之灵以言心，未特重即心之理与道以言心，遂未能同时重此心之超越义，以贯通于具超越义之天道天理，进以见此人之心，与天命天道之直接相贯。此吾已论于原太极之文。然克就对天道与人性之一问题本身而言，则朱子之在第一步，将天命之流行分为两面，又于天道人性间，划出一界限，固未为不可。此亦固无碍于进一步之言此人性之即天命之性，更无碍于进一步之言本心即理即天道，如象山、阳明之说也。

朱子除于太极图说注中，论及天道与性命外，其于中庸孟子之言性命处，加以解释之言，亦甚多。然大皆同于程子之意。朱子除以中庸天命之谓性，为直就理道言，乃"从源头说"者外；复由摄取横渠重气之旨之故，而喜自气说一切富贵、寿夭、智愚、贤不肖之命，皆天所命。如谓"禀得精英之气便为圣为贤，便是得理之全，理之正；禀得清明者，便英爽，禀得敦厚者便温和，禀得清高者便贵，禀得丰厚者便富，禀得久长者便寿，禀得衰颓薄浊者，便为愚不肖，为贫贱"（语类卷四）。此是总说命兼原于理气。如分而言之，则朱子讲孟子尽心章，便于此上所谓专以理以道言之第一义之命外，另指出口之于味，耳之于声，目之于色之有品节限制（四书注），以释孟子之"性也有命焉"一语之命，谓为合理与气而言之第二义之命。盖五者之欲，固是人性，然有命分，此即属于贫富贵贱死生寿夭一类之命。此外再于"仁之于父子，义之于君臣……命也，有性焉。"一段之注，谓此命专指气而言，此性字即指理言。是即成为第三义之命。朱子又谓"大凡清浊厚薄之禀，皆命也，所造之有浅有深，所遇之有应有不应，皆由厚薄清浊之分"（语类卷六十一）。朱子又或称之为属于清浊偏正，智愚贤不肖之命，此即分疏此第三义之命之意义者也。

对上述之第三义之命，程子未多及。朱子则特加以重视，并就其为专以气言，以与专以理言者、及理气合言者，加以分别。程子于此之不重此第三义之命，乃由吾人上节所谓程子言天命，大皆直自道理而言之故。朱子之重此第三义之命，谓此气质之禀，亦是天所命；则原自朱子之言人之有其天命之性，乃是先由天以阴阳五行之气化生万物，"气以成形"而后"理亦具焉"之故。缘此而人之禀得此理，乃自始是在禀得阴阳五行之气之错杂中，禀得此理。换言之，亦即是在天所与人之此气质中，禀得此理。故此理在气质中，所成之气质之性，亦即天命之流行之表现；而此气之禀，亦自当在此义上，说为天之所命矣。故语类卷四曰："天命之谓性之命，是纯乎理言之；然天之所命，毕竟皆不离乎气。"又曰："如有天命之性，便有气质，若以天命之性为根于心，则气质之性，又安顿于何处？……喜怒哀乐未发之时，只是浑然，所谓气质之性，亦皆在其中。"又载："问孟子言性善，伊川谓是极本穷原之性。然中庸所谓天命之谓性，不知是极本穷原之性，是气质之性？曰天之所命，何尝有异，正缘气质不同，便有不相似处。故孔子谓之相近。孟子恐人谓性原来不相似，遂于气质内，挑出天之所命说与人，道性无有不善，即子思所谓"天命之谓性也"。又曰："天命与气质，亦相滚同，才有天命，便有气质；……天命之性，本未尝偏，气质所禀，却有偏处。""天非气无以命于人，人非气无以受天命。"凡此之言，固亦本于程子之兼言天命之性与人之气质之禀受而来。然程子则多只将此二者并举而分别之，于天命之性理，乃直下以之与天之道之理，相贯而说。专自此相贯处看，尽可以性理直贯天理天道，而统于一心，并不必须连气质之禀受，去看此禀受之亦为天之所命也。陆、王之思想，亦即可由此义开出。至朱子则重此人之由天命以有其性，必透过气以说之义。故曰"天非气无以命于人，人非气无以受天命。"则人只能于受得天之气处，受天命。亦即人是先受天之气，乃得受天之理以为性；而人受此天之气与性理之全，方为人所受之天命之全矣。故朱子之观"万物之一原"，亦须兼观其"理同而气异"之处；而观"万物之异体"，更重观其气之清浊通塞，而所表现之"理绝不同"之处。由朱子必透过气，以说人所受之天命之全，而程子纯就性理与天理天道之直贯，以言天命之谓性之义，在朱子系统中，亦反因之而不显矣。

因朱子之必合理气以言命，故亦不分命与遇之别，于正命与非正命，同谓之命。故曰"桎梏而死，唤做非命不得，盖缘它当时禀得乖戾之气便有此；然谓之正命不得，不必去生枝节，说命、说遇、说同、说异也。"（语类卷四十二）又谓"仲尼不遇，在天非正命，在仲尼为正命"。（语类卷六十）仲尼不遇，在仲尼为正命者，以其进以礼，退以义，行义而命无不正也。然克就天之使仲尼不遇言，则理初不当如此，乃世运之气使之然，故非正命。然此仍当说是仲尼之命，不可如张、程之只视为遇。此皆因朱子之重合理气言命而来者也。

要之，宋代理学之传，其言天命与性之问题，至程、朱而确立天理天道为天之气化流行之本，亦确立天命之流行亦即天理之流行于气之中，及性即理之义。一切天地万物之创生之事，皆为此理此道之流行于气之中之表现，而属于程、朱所谓天命之流行之一端。此天命之流行，则无论直贯于人，为人之性，或连于人所禀赋得阴阳五行之气，以贯于人为人之性；要皆为以天命人性为内在的相贯，而人之自尽其性，即可同时自主的立上天之命而至命者。此即大不同于汉晋以来之学者之言天命者，或为秦汉儒者所谓天之帝之降命，或为王充所谓自然之气所决定之禄命、寿命，或为郭象、列子之所遇之外命，或为佛家之所谓前生所决定之业命，皆非人所能自主自立之命者矣。

五 陆王一系言天命之流行即本心良知天理之流行义

至于宋明儒学之陆象山、王阳明一系之发展，更有进于朱子之所言者，则在朱子之言人心，乃在人气之灵上说，而人之受气，则依于天命；由此而其所谓心，虽能知理而具理，然其地位仍在天命之流行之下一层次上，而理对人之气与心，乃特呈一超越义。此中之关键，可说在朱子未能扣紧二程之穷理即尽性，尽心而至命，心理性命之直接相贯而为一之义，而加以措思之故。如自此措思，即可将心之连于气之义，暂放在一旁，不以气看心，以说心为气之灵；而更能以理看心，将心上提，以平齐于理，而说此心为与理为一之心，此理为心之理。此即陆象山所以于一般所谓不必合理，而陷于物欲之心外；由此心之能自拔于物欲，以指出本心之存在；而谓此本心与理不二，更无天理能外于此本心之说。缘是而天地万物森然于此心之前，则其理，亦即同于此心之此理。人之践此心此理之分内事，亦即宇宙内事，而非只是上承一超越之天命之事。此中，人如说此天命，有超越义，则人之本心，亦具此超越义，而与之平齐。此亦具详于吾人原太极下之一文中。故象山言，"天之所以命我者，不殊于天，须是放教规模广大。"（全书卷三十五）。又尝论易系传语曰："一阴一阳之谓道，乃泛言天地万物，皆具此阴阳（之道）也；继之者善也，乃独归之于人，成之者性也，又复归之于天，天命之谓性也。"（全书卷三十五）。此解不必合易传本义，亦明与朱子不同。其意仍在谓天地万物与人，合为三极，人继天之事，亦可归之于天，视为天命之性之完成，则天命不在人性与人之继之之事之外，亦可知矣。象山全集三十四，载其语曰："穷理是穷这个理，尽性是尽这个性，至命是至这个命。"此即本程子之以三者为一事之言，而谓理性命为一物也。

　　王阳明承陆子之学，乃就本心之昭灵不昧，而知善知恶，好善恶恶，而名之为良知。良知即本心，亦即天理。由此而所谓天命之流行，亦即在良知之知善知恶，而好善恶恶，以及为善去恶之事之流行之中。此与象山之不单言天理之流行者不同，而是摄朱子之天理之流行，于良知之流行之中，亦即摄之于陆子当说而未说之本心之流行之中。于是，此良知天理之流行，应即天命之流行。阳明于此与朱子之不同，则在其答顾东桥书，评论朱子之释孟子尽心章一段，最可见之。按朱子于尽心知性知天，存心养性事天，及夭寿不贰、修身以俟以立命之三事中，以第一事为学者之事，第二事为贤人之事，第三事为圣人之事。在阳明则适与之相反，谓第一事为圣人之事，第二事为贤人之事，第三事乃学者之事。今按，依朱子之系统，以天命在人之心性之上，自必以第三事为圣人之事；因圣人方能上达天命也。如依阳明，则所谓俟命者，"若曰死生寿夭，皆有定命，吾但一心为善，修吾之身，以俟天命而已"。此俟天命而视之为超越在上者，应为最低之一阶段，即学者之事也。阳明又言存心养性以事天者，"虽与天为二，然已真知天命之所在，但唯恭敬奉承之而已耳。"此即言能真知天命，而不免视之为二，乃上一层之贤人之事也。至于尽心知性知天，所以为最高一阶段之圣人之事者，则阳明曰："知天之知，如知州知县之知，知州则一州之事，知县则一县之事，皆己事也。"到此阶段，与天为一，更不言俟命立命。正以与天命为一，而无天命之可立可俟之故也。故阳明之罕言天命者，正以其意是：人能致其良知，而存天理即知天；知天而良知天理之流行，即天命之流行之故也。夫然，而阳明之所谓良知，存天理之事，亦即皆所以见天命之于穆不已之事。故谓人心之戒惧之念，是活泼泼地，此是天机之不息，所谓维天之命，于穆不已。"（传习录卷三）。如谓天理为性，良知为心，则此性之所在，即心之所在，心之所在，亦即天命、帝命之所在。此即成就一心学之最高之发展，而将以前诸儒之天命之论，皆摄于一充塞天地之良知之灵明中，而皆不能溢乎其外矣。

王学之徒承阳明之说，由此遂更多有即良知之灵明，或人之德性与良知良能中，见天命之流行之论。其中王龙溪答邓定宇书（龙溪语录卷七）之言"一念灵明，从混沌立根基，专而直，翕而辟；从此生天生地，生人生万物，是谓大生广生，生生而未尝息也。乾坤动静，神智往来，天地有尽而我无尽，圣人有为而我无为，冥权密运，不尸其功。……"龙溪此言，实无异谓乾坤之大生广生之不息，或昔贤所谓天命之流行者，皆在此一念之灵明中，故又谓白石蔡子曰："此一点灵明，穷天穷地，穷四海，穷万古，本无加损，本无得丧，是自己性命之根，尽此谓之尽性，立此谓之立命"。（龙溪语录卷四）。再如罗近溪，亦同有即人之德性良心，以见天命之言。此如其讲君子之道费而隐曰："费是说乾坤生化之广大。隐是说生不徒生，而存诸中者，生生而莫量；化不徒化，而蕴诸内者，化化而无方。……君子尊德性，是尊此个德性；敬畏天命者，是敬畏此个天命；……大人之所以不失赤子良心者，是不失此个赤子良心。后世道术无传，于天命之性，漫然莫解；便把吾人日常恒性，全不看上眼界，全不着在心胸，……而不加尊奉畏敬。"近溪即人之良知良能之简易率直，而论之曰："其知不须人思虑，却是阳明发越，而天命之照耀也；其能不须人学习，却是阳和充盎，而天命之活泼也。故性不徒性，而为天命之谓性也。"（皆见盱瞳直诠卷一）。此皆直下即人之德性、良心、良知、良能，而见天命之流行即在此中之论，而其言之直截，实为昔所未有者也。

六　王船山之命日降与无定命义，及立命者之死而不亡义

王船山生于明末，不满于阳明之思想，而重回到横渠之说。此盖原于王学之徒，或不免株守一良知之孤明，未能本之以观天地之大，万物之众，以应历史之变，人事之繁。吾人今固可不说，为致良知之学者，其弊必至于此，因真知此良知之充塞天地，亦当进而即天地万物，以致其良知，如梨州之言盈天地皆心，亦可有其博闻之学是也。然在当时，则实际上王学之徒之乐简易者，确有徒守一良知之孤明，以为自逸自肆之计者。此即船山所以于阳明之学，加以深恶痛绝，而有其"希张横渠之正学"，重气化流行之论，以教人即气见道，即器见理，而大此心之量之论也。船山之言气化之流行，不只从自然宇宙之变言，乃扩之为一观人事历史之变之思想。气化之流行，往来不穷，由此而命无前定，性非限于初生，故船山有命日降、性日生之说。如曰："昊天曰明，及尔出王；昊天曰旦，及尔游衍。出王游衍之顷，天日临之，天日命之，人日受之。命之自天，受之为性。""成之者性。天之几也，初生之造，生后之积，俱有之也。父母未生以前，今日是也。"（尚书引义卷三太甲二）。又曰："夫一阴一阳之始，方继乎善，初成乎性，天人授受往来之际，正此生理为之初始；故推吾之所自生，而赞其德曰元。成性而还，凝命在躬，元德绍而仁之名乃立。天理日流，初终无间，亦且日生于人之心。惟嗜欲薄而心牖开，则资始之元亦日新，而与心遇，非但在始生之俄顷"（外传卷一乾）。而人亦时当谋所以"自致其德命，而不自困于吉凶之命"（外传三困卦）。天命之流行于历史之变，亦不可言常型，而实行乎不测。如读通鉴论卷一第一篇曰："秦以私天下之心，而罢侯置守，而天假其私，以行其大公（谓废封建私其子孙也）。存乎神者之不测，有如是夫。"观船山所谓天命之日降，亦即可谓之为一新型之"以无一定命之者，无一定归向之命"为命之说，遥若与郭象、庄子之言相照应。然郭象之言无命之者之命，唯限于斯须所遇者之自然自尔；庄子之安命，唯安于

不得已；而船山之言无定命之命，则直指客观宇宙历史之大化之神，阖辟之不已，往来之不穷而说。故人须知"川流之速，其逝者可见，其返而生者，不可见也；百昌之荣，其盛者可知，其从而消者，不可知也离然耳目之限，为幽明之隔，岂足知大化之神乎？大化之神，不疾而速，不行而至，……一阖一辟之谓变，往来不穷之谓通。"（周易外传卷七说卦传）。人能知大化之神中阖辟之不已，往来之不穷，则知死亦生之大造。"（外传卷二无妄）。"万法归一，则一之所归，舍万法其谁哉？"（外传卷六系辞下传第五章）。一既还归万法，则吾人于万法之道之理，皆不可忽，当知器之各有道，事之各有理。而人于历史之变，则当知"先王以人文化成天下，则言道者与道为体，言物者与物为体；必沉潜以观化，涵泳以得情，各称其经纬，曲尽其隐微。"（尚书引义卷六毕命）。"道无方以位物之有方，道无体以成事之有体"；（读通鉴论叙论）方能范围天下而不过。吾人之知命、立命、至命之道，乃在能"执常以迎变，要变以知常"。变者有常，故非往而不返，乃往来不穷，而恒贞。故以一人之生而论，则寿命虽有限，亦有死而不亡者存。人亡之后，形骸虽化，而其神气或精神，仍往来于天地，能出幽以入明，感格其子孙。至圣贤忠烈之逝也，亦即以精神，"公诸来世与群生"（周易外传系下传第五章）。夫然，故人如圣人之能知命者，即生为生民立命，没而不特遗爱长在人间，实则其神气或精神，亦未尝不日降而日生，而未尝不寿。此却非神仙家之炼气存形以为寿之说；而是人之能尽其道以立命者，其精神原可大往大来于天地间之故。此则中国先哲即气化之流行，以言生人之立命、至命之思想之一极致，而非横渠之所能及者也。

注：关于船山之言死而不亡义，详见拙著王船山之人道论（学原二卷二期）及次篇原性篇论船山一节。

七　戴东原、焦循之以限于所分及不可转移趋避者为命之说，及阮元之性命古训之陋

至于船山以后之清儒之言命者，则可姑以戴东原、焦循与阮元为代表。三人皆本古训以言命，而实则皆只重命之一义。如戴东原本大戴礼记"分于道谓之命"之言，而谓"限于所分曰命"（原善上），并以"有所限而不可逾"（孟子字义疏证性字条）释孟子所谓性也有命焉。于其答

彭绍升书,更谓:"凡命之为言,如命之东,即不得而西,皆有数以限之,非受命者所得逾……命数之命,限于受命之初;教命之命……尽职而已。则同属命之限之"焦循除作易通释,就易之一书之命,为之诂释外;其孟子正义释孟子尽心章,于性也有命焉,命也有性焉一段,亦明引戴氏之言,而归于以天所限为命。又作知命解上下二篇,(雕菰集卷九)论:属于天者为命,故于己可转移趋避者,不可一概而皆委之于命"。又曰:"圣人以己之命听诸天,而以天下之命任诸己","于是天下之命,自圣人而造"云云。其以不可转移趋避者为命,亦正同戴氏以限于所分者为命之说。则圣人所能造者,即非命。此与戴氏,皆只知有限制者为命,未受限制者即非命;而不知古人所谓天命之不已,天命之流行,皆涵即限制而超限制之义。戴氏亦谓:"人之得于天也,虽亦限于所分,而人能全乎天德。"(亦见答彭绍升书)。能全天德,岂唯是限于所分之谓哉。其疏证又解孟子命也有性焉句曰:"仁义礼智之懿,不能尽人如一者限于生初,所谓命也;而皆可以扩而充之,则人之性也。"人既有性以扩充仁义礼智之懿,则限于生初之谓何?至宋儒所谓立命,更明非自立分限之义。郭象、列子所谓命,亦无命之者,或一定之归向为分限。至于殷周以来,以及秦汉儒者所谓受天命,王充所谓由气禀以定之命,以及戴氏所举之教命,亦皆重在言:此中之天之所命与气禀所定者或教命中,其正面积极之内容之为何;而不重在言其能限制人,而使人不能转移趋避之义。以命只为限于所分,不能转移趋避者,乃专从反面消极的方面,看命之使人不能如何,则于各种言命之思想,所陈之关于命之正面积极之内容者,皆可不加以理会矣。至于阮元之著性命古训,乃唯据诗书中所谓命,皆与禄联以为说。其说之无当于诗书中之义,吾已于本文上篇第一节驳之。即其言之有当于诗书中之古义者,亦只诗书中命之思想之一端,不可将命之此一义,概尽一切命之思想也。观戴、焦、阮三氏论命之言之局促,以之较昔贤言命之思想之精微博大,则不能不谓清人对此类之问题,已陷于空前之"哲学的贫困",不特未能于义理深入,即了解昔贤之言之工夫,皆相距甚远。而今人闻命之名,亦即意谓其即指命定,乃多以命之一辞,只同于西方所谓 Fate 之义,或亦视为纯只表一消极之限制义者,此盖皆由清之学者;罕能知命之积极意义而来,亦可叹矣。

八　结论、总述中国思想之言命，及五命之观念

综观中国思想中之天命观而发展，在诗书中之天命观，乃天直接以言命有德之人王，而人王即以其德继此天命。此初为一宗教性的自上下垂，而人自下上承之原始形态之天命观。缘此思想之发展，而有春秋时代以命涵预定之思想，则为一以前定后之天命观；再发展为寿命之命；及以义为命之命，则为即人之生命或其心中之义之所存，以见天命之所在之思想之始；更发展为以天命为民之动作威仪之则，则为天普泛的示民以教命之思想之始。至于孔子之知命，则由春秋时代之即义言命之思想，更向上发展，而于义之所存，皆视为天命之所在；于一切若为人之限制之命之所在，皆视为人之自尽其义之地，以增益其对天命之畏敬者。墨子之非命，则为对预定义之命之限制，加以反对，以使人得自尽其义，而努力以从事者。孟子之立命，则是由人之尽心知性，以使人所受于外之限制，见其"莫非命也"，而亦见其莫非人之当顺受其正面，为尽心知性之地者。庄子安命，则是于一切无可奈何之限制，皆初以不得已之情，安之若命，而继即加以超拔，而不见此命之为限制，以使人自己之生命之变与命之流行，合一无间，而遂其性命之情者也。

此上诸家中，孔子之命，初为天命之上命，或亦为所遇之外命；而孔子又即此外命之所在，以见为我之义之所在，而皆见为天命之上命之所在。孟子之命，多指外命。孟子于外命之所在，又即视为人之尽心知性之事之所在，乃言行义以立命。行义以立命由内，而人于外命，皆可顺受其正，则外命，皆统于内之行义以立命之中矣。墨子之命，乃纯为外命；谓人之行义者，必非此外命。是以内之义，而非外之命也。庄子之命，初乃指人处无可奈何之境，而有无可奈何之情而言，此是外命而兼为内命。然此内命，非如孟子所言之为人之所当立；而为人所当先加以承受，以安之，继则当越之而过，以使此命，转成为流行于人心之下之"下命"者。及其由相安而相忘，与人之生命并流而无间，则在庄子外篇，名之为一整个的性命之情。至于后之荀子，言节遇谓之命，则此是就人与其所接者相遇，而交相制限处言命。此中，命限人，人亦能制命；则命来自外，亦兼制自内。此可称为位居内外之交，或内外之相对关系中之中命。于此如偏重在人之制命之一方面，则可成墨子之非命；

第十八章　原命下：宋以后天命思想之发展

如重在人之安于所遇方面，则成庄子之安命；如视此节遇所在，即人之义之所在，上之天命所在，则为孔子之知命；又如视此节遇所在，即人之尽心知性，以顺受正命，而自立其命之所在，则为孟子之立命。然荀子则克就此内外之交，而指之为命。言人能制命，亦有节限存焉。则四者皆非，只宜称之为"中命"。至于老子之复命，即复于一形而上之莫之命之道。易传、中庸、乐记，所言之由尽性而至命，或溯性之原于天道太一或天命之思想，皆是由人之生命以反溯至其生命之本，或由人之性以反溯至性之原，即以此本原所在，为道为天命之所在之思想。此可称为由人之生命与人性，以溯原于上命之思想，而与周初诗书中之言天命之下垂，而人继之之思想，遥相对映者也。

至秦汉以后之帝王受命之说，则又为将上述之人性之本原之天，或太一天道，更直视为人格神或周初之天帝，而理解之，以再复苏周初之天降命人王之思想。此中之有五帝德之运行于四时五方及不同之朝代，则无异周初之上帝之分化其自身为五帝，以分别运行于时空，而成为依时节方位，以降命于下土者。此中五帝之降命，凭符瑞，不凭直接之语言，则使自然界之事物，亦为五帝降命之所。董仲舒之再收归于一天帝，而言其运行于四时五方之际，随处表其天情天志，则为兼综"天帝为一"及"五帝德之运行于时空"之二者。董氏之天志天情，透过阴阳五行之气与天地之形而表现，则使整个自然界，皆为天帝之降命之所；而人之以其耳目，与天地日月，寒暑温清之气相接，皆即与天志天情天命相接。然此要皆仍是天之上命之下垂之一形态之思想也。至于王充之废天帝，而纯就人于自然之气之所禀，以言人之性命之原，而又重此气禀与人之所遭遇者，对人生之事之决定性；则使此原位于人之下之自然之气，转而成能命人者。此可称之一下命。而王充之命论，又可称为春秋时代，原已有以预定为命之思想，又一新形态之表现；然命禄遭遇，合以定命，又非全为预定。五德终始说中，言天上之五帝，依一定之次序，以命人王，此中亦有一义之预定。而王充之以自然之气禀，能定人之命，亦即将天上之上命之预定，翻转为地下之下命之定命之思想者也。

至于魏晋之列子，与郭象之以遇言命，则原出庄子，而又合乎荀子以节遇言命之义，亦通于汉儒所谓遭命，及王充所谓逢遇之命者。此列子、郭象之以遇言命，乃唯指人当下之所遇为命。此命乃在内与外相遇之交，应亦称为中命。然列子、郭象之视此所遇者，皆自生而独化，如无过去无未来，只纯属现在，而此现在即我之所遇，亦可与我无间而冥合为一者。故可不成我之碍。此命亦无与我交相制限之义。则与荀子所谓节遇之命之义不同，亦不得于此言制命，复非同于庄子之所视为一无可奈何而求安之之命者也。

若乎佛家之言业命，则非由吾人当生所见之自然所定之命，亦非为此自然之主宰之天帝所定之命；而是由前生之业，以决定今生之报，今生之业，以决定来生之报之命。然此命依业而成，亦依业而改；故虽有定，而亦吾人之所自定。依法相唯识宗，此业命之所寄，在意识下之阿赖耶识，而非一般之人智之所及；遂使此业命之观念，特显一超当生、超现世之一神秘之色彩，然又实非难理解。此可称为纯依一切有情之三世之行为之因果性，而有之内在的决定性之命。然因在前生者，果可在今生，因在今生者，果可在后世；故此命对有情之三世言，为自定而内在，而对有情之一世言，则亦为他定之命与定他之命，则亦可说为外在之命。此业命之说，原不属于中国固有言命之思想之流，而谓之纯内命纯外命皆可者也。

至于宋代周、程、张、朱言天命之谓性之命，则亦由溯人生人性之原而立之说，其初实同于中庸、易传之溯性之原于命。至其特色，则在确立天之所以为天，只在其道其理，而不在其中之自然之气，亦不直谓其为一人格神或上帝，而摄帝与天之观念，于天道天理之中。依此而人之受天命，即受此道此理以为性；而此天命之赋予人为性，即如"道命"、"理命"之由上以下贯，以为内在于人之"性命"。故此天命，亦即兼为上命与内命。至陆、王之徒，言本心、良知即天理，而在上天之命，即摄在人之性命中，而上命即内命，内命即上命。至王船山，则又由此而言人所遇于外之外命，或在上之天命，其流行于自然之化，及历史之变者，与吾人之内命，未尝不共流行；故命日降而性日生，而发挥为此人之内命，即上承天命，外通外命之说。清人戴东原、焦循，乃纯就此外命之为命，以言命为限于所分之义，则无异荀子言命之思想之再现。然却无荀子所言之制命之庄严义，其价值盖唯在不逾命之限制，以安分而自靖耳。

此上所陈，乃综述吾书论中国之天命思想发展，三篇文之大义，而标之以上命、内命、中命、外命、下命之五命之名，以涵摄此数千年言命之思想之要旨。是望学者之先通观其异同之际，发展之迹，而默识之于一心，以见其言虽多端，然要不外往来于本文所谓五命之间。乃于命或敬之、继之、长之，或知之、非之、安之，或立之、复之、至之；或顺五帝之命之序，或奉天之元命，或观气禀之不齐，或随所遇之命而自得，或知宿业以受报，或穷理尽性以至命，或证天命之于穆不已于一心，或立命于大往大来之大化，或不逾命之限制以自靖。学者能知诸说之相反相成，相因相救者何在，则亦可以得中国先哲言命之旨矣。

一九六三年十一月卅日
新亚学报六卷二期

索引

索引说明：

一　索引区分为两部分：（一）人名索引，（二）内容索引。

二　内容索引以名词概念为单位，同一名词下无特别说明者，仅标明其页数；有特别说明者，该名词概念用～符号代替。

三　索引以笔画为序。

四　本索引编制人伍至学。

人名索引

四　画

公孙龙

～又主离坚白　101

孔子：

～谓"予欲无言"　10

～言仁为礼乐之本　46

～之知命　330，331，334，336，340，348，392，393

孔颖达：187，263，329，346

王充：

～之辨言虚　138

～之自然之命论　362

～言性之善恶　362

～论命之吉凶之分别　362

王弼：

～言道法自然　229

～言冲虚玄德　251

王先谦：89，90

王念孙：89，107，114，118，176

王引之：109，89

王船山：

～言太极　5

～言"有即事以穷理，无立理以限事。"　35

～庄子解　70，159，160

～论志为一心之存主之义　35

王阳明：

～以大学之知为良知之说　189

～之致良知与大学之知止及明明德　209

～之致良知为一合内外之道　212

～与朱子之心理是否合一之争　212

～言良知之天理　212

～言天命之流行即本心良知天理之流行义　386

王龙溪：

～言乾坤之大生广生之不息　388

五 画

玄奘：

　　~成唯识论要旨　26

主父偃：138

尹文子：4，5，6

尹和靖：181

司马光：

　　~之大学广记　181

司马谈：47，230

冯友兰：106，107，235

卢文弨：89，106

六 画

老子：

　　~言道之六义　224，235

　　~为道日损之工夫　70

　　~言凡极必反　226

　　~之道　5，8，225，232，237，238，
　　　245，250，254，255

　　~言道生万物　228

　　~言道与德之别　234

　　~言致虚守静　231

　　~言专气致柔　232

　　~言天下有道　232

　　~言正言若反　239

　　~之道生物义　245

　　~之收敛智慧　250

　　~与中庸易传之对比　254

　　~言天之道利而不害　255

　　~之复命工夫　344

列子：

　　~力命篇之无"命之者"之命论　365

向秀：22，25，227，365

朱子：

　　~大学补传之得失　185

　　~论格物致知与大学之止至善　202

　　~之格物穷理　181

　　~论太极图说　257

　　~论太极之涵义　266

　　~论生生之道　286

　　~言统体之理　287

　　~之理不离气义　288

　　~之太极动静义　290

　　~之理气不离不杂义　294

　　~之理先气后及理生气义　298

　　后儒对~太极论之疑难　302

　　~以心为气之灵　319

　　~论心有动静与性无动静非阴阳义315

　　~言天命流行　383

　　~以理气分三命之论　383

朱骏声：

　　~著说文通训定声　5

牟宗三：

　　~论格物致知　217

全祖望：184，256

孙中山：182

孙诒让：102，106，109，122

庄子：

　　~天下篇尝论百家之学　8

　　~言理之涵义　17

　　~之灵台心　48，66

　　~言心之涵义　68－69

　　~之道　17，70，80，171

　　~之艺术精神　71

　　~之直觉之知　72

　　~言性命之情　328

　　~言人生无可奈何之境　341

　　~言性命为一　342

~言人游于变化之途　342
~言大命小命　368
刘向：225，350，360
刘师培：
　~著理学字义通释　1，6
刘蕺山：
　~以诚意慎独为宗　181

七画

告子：5，6，189，206，323
阮元：6，193，291，292
　~著性命古训，经籍纂诂　1
阮籍：227
何晏：19，22，25，139，227
吴澄：193，291，292
李斯：137，138，179
李二曲：200，213，264，303，307，320
李光地：
　~编性理精义　256
李见罗：182，199，200，213
李习之：323　李刚主：40
吕与叔：181，257
张湛：328，365
张敬夫：257
张横渠：
　~正蒙首章论太和　7
　~依太和神两以言太极义　268
　~之变化气质以立命论　378，379
扬雄：225，226
陆贾：138
陆象山：
　~之实践工夫　36，136
　~言东海西海南海北海有圣人出　143
　~言心理合一　314-315，319
陈澧：

~著汉儒通义　1
陈北溪：
　~著性理字义　1
怀特海（Whitehead）：285，286
严灵峰：224
扬雄：　225，226

八画

孟子：
　~之德性心　81
　~指证性善之方式　49
　~之修养工夫　84
　~言不善之缘由　54
　~论孺子入井生恻隐之心　58
　~之仁者爱人　58
　~即心言性　50
　~论"辩"　106
　~之立命义　336
　~言性命对扬　338
　~言即义见命　339
　~言五百年必有王者兴　352
宗密：27，140
周海门：256，257
周濂溪：
　~太极图说之论争　5，256
　太极图说在~思想中的地位问题　258
　~以太极为诚道　328
　~即性即命论　378-379
邵康节
　~之合阴阳之象之和以言太极，及其
　　道为太极心为太极之说　270，271
竺道生：26
亚里士多德（Aristotle）：236，280，
　281，284，285，286，287，294
杨龟山：181

罗近溪：
~论人之良知良能之简易率直 388
罗整庵：39，53，191，197，302，320

九　画

范缜：
~之拨因果论 373，374
胡适：106，107，108，109，121，122，126，235
胡文定：181
胡五峰：181，259
段玉裁：5，7
柏拉图（Plato）：2，94，236，240，280，294
荀子：
~论正名重在名定而实辨 4
~论儒有俗儒、雅儒、大儒之分 9
~言理之诸种涵义 10－11
~之统类心 49，66，73
以性恶为~思想中心，最为悖理 73
~之贵心而贱性情 74
~言心之特色 74
~言心与庄子之异 77
~言心与孟子之不同 78
~论所为有名 90
~论人所缘以 90，91
~论制名之枢要 91
~正名篇之根本旨趣 93
~论名有固善 104
~非十二子篇 47，48，95，135，178，352
~非相篇 176
~论"辩"在维护礼义之统 173
~言"节遇谓之命" 344
欧阳修：353

十　画

徐复观：6
海德格（Heideggr）：
~以无凸显有 280
高攀龙：182，192，193，199，213
贾谊：138，350
顾宪成：181，199

十一画

郭象：
~即遇言命论 367，368
~与庄子言命之异同 369，370
曹端：292
康德（Kant）：4，44
康有为：
~言大同 182
章太炎：68，106
章学诚：1，35
梁启超：106，107
梁启雄：
~著荀子柬释 102

十二画

曾子：82，86，167，186，334
焦竑：
~著老子翼 224
焦循：
~著易通释 1，43，391
惠施：
~十事 97，98
惠栋：
~著易微言 1
嵇康：20，24，227

湛然：27，140
斐颜：
　~之崇有论　22
智顗：1，40
程伊川：
　~分理气为形上形下　274
程明道：
　~言学者须先识仁　33
　~即性理以言天理与气之生生不息义
　　272，273
　~言穷理尽性以至于命　345
傅斯年：
　~性命古训辨证　323
黄道周：4
韩愈：142，143
韩非子：
　~解老篇　4
韩康伯：260，264，265，280

十三画

慎到：4，8，11
葛洪：229
董仲舒：
　~之天人关系及受命论　353－360
　~言同类相应　359
鸠摩罗什：224

十四画

僧肇：26，224
熊十力：4，216

十五画

墨子：
　~小取篇之论辩　4
　~之理智心　59
　~论心之作用之知　59
　~辨同异，明事非　58
　~之尚同　64－65
　~言天下无爱不利　61
　~小取篇辨"或"　109，110
　~辨"假"　109
　~辨"效"　111
　~辨"辟"　114
　~辨"侔"　115
　~辨"援"　116
　~辨"推"　118
　~小取篇之宗趣　128
　~之非命慧思：　26
蔡仁厚：4
颜习斋：40，302，320

十六画

窥基：26，140
憨山德清：224
薛瑄：302

十七画

魏源：
　~著老子本义　224
谢上蔡：181
戴东原：
　~著孟子字义疏证　1，4，41
　~言性理　41
　~之理为气上之条理　320

二十画

释迦：10，143

内容索引

一 画

一：

　道通为~　154，156，157，158，159，160，162，163，169，170，175

　万物与我为~　160，162，341

一物两体：269

二 画

人：

　~为天地之心　6

　~在其心　48

　~以天地万物为一体　273

　~之修德　250，325，326，362

　~与天合德　379

人文：3，15，16，47，48，70，76，186，390

人道：9，46，79，84，85，226，257，258，267，272，275，319，322，327，337，344，345，346，347，376，379，390

人格神：279，283，353，354，362，376，393，394

十事：97，98

三 画

三才：346

三世：373，376，377，394

三本：77，80

三命：328，348，360，361，362，363，364，365，376，377，383

三教：4，224，225

三统：77，353

三惑：89，90，91，93，94，95，104，105

三极：319，387

三宝：231

三位一体：58，227，282

上帝：5，87，133，236，237，264，279，280，282，283，284，285，286，294，300，324，326，328，346，349，350，351，352，354，357，358，377，380，393，394

大学：

　~之德性工夫论　66，80

　~三纲八目之次第　181

　~之知止及明明德　209

大清明：74，75，77

下学而上达：2，11

义：

　兼爱之~　62

　~命合一　32

　人之所当以自命之~　332

　之心官之大体之~　339

　行~以立命　392

义明理而后训诂明：1

万物：（自序）8

四 画

天：

　~之创造性　286

　~之崇敬　323

　~为万物之本原　353

　~即自然之气　362

天人：
　～不二　274，322
　～感应　327，348，353，360，363
天下：
　～有道　180，232
天刑：366
天志：56，60，62，63，85，150，152，174，331，334，335，336，337，353，354，355，356，357，359，362，376，377，393
天官：
　缘～而意物　93
天帝：6，133，279，283，350，351，353，354，358，368，375，376，377，378，393，394
天理：
　乐记谓"～灭矣"　4
天命：
　～靡常　324，325，326，348
　中国古代～观之三义　326
　春秋时代之～观　327
　孔子知～　369
　孔子畏～　370
　墨子非～　336
　诗书中之～观　324
　～永无断绝晦盲　337
　～之谓性　85，86，329，345，346，348，356，382，383，384，385，386，387，389，394
　～之善之相继相续　346
　～即性　383，384
　～流行　286，383，384
　～之日降　349，389
天道：
　本～以立人道　275，319

天籁：22
天台宗：26
仁：
　～者浑然与物同体　33
　～贯于义　34
　孟子曰～，人心也　52
　～之落实　60
仁心：34，42，52，60，61，64，66，70，73，78，80，176，177，254，323，358
太一：
　建之以常有无，主之以～　229
太和：
　～即道　269
太初：8，263，279，343，377
太始：8
太素：8
太极：
　～一名之古训问题　260
　～为天地万物之根源及总会所在　278
　～之涵义与天地之根原问题　278
　～与气之动静　292
　～生两仪　260
太极图说：
　～之历史性问题　256
　～中无极而太极一名之涵义　263-265
　～之太极与通书之诚道的关联　265-267
中和：260，308，320
中庸：
　～之德性工夫论　66
　～言为物不贰，则其生物不测　227
　～之洋洋乎发育万物　255
　～论天命与性命　344

索　引

~言至诚尽性　353
中国哲学：
　~义理　1，2，11
　~中的名辞与问题　2
　~形上学之特性　6
　~胜义　7
　~义理之世界十七　10
　~对言默之态度　146
中国哲学史：
　~之名辞　2
中国哲学问题：
　~之理论程序　1
五行：
　~生克　16
五帝：348，349，350，351，353，375，
　　384，393，395
五德终始说：
　~中之帝王受命之三涵义　349
心：
　~之昭明灵觉　10，311，312，313
　~在中国思想内之重要性　47-48
　~之分类　361
　孟子之性情~或德性~　48
　由~之感应指证人性本善　50
　~之自悦自好　51
　求放~而已矣　52
　~之呈现　313
　~墨子言　56
　庄子之虚灵明觉~　66
　~为太极　5，264，268，269，270，
　　271，307
　~之虚灵不昧　264
　朱子与王阳明之~的分别
心即理：1，32，314，320，348，384
心性之学：46，81，85，88，182

文理：
　先秦经籍之~　3
内圣外王之道：46，84
气：
　以~释易之太极　264
　~之本体为太极　268
　天地万物生于~　279
　~之生生化化　288
　元~　263，264，268，279，281，
　　299，300，303，357，376-378，
　　380
　寿命由~之强弱决定　364
　清通善感之~　378
气象：
　宋明儒以~言圣贤　9
无：
　~以表天地万物　22
　~知　9，11，75，138，145，204，
　　205，239
　无无境界之~　151
　道相之~　247
　复归于~　239
　若有而若~，即天下之至玄至妙　242
　~即一能实生而实现万物之有之一混
　　有之实有　244
　由有而~　247
　出入有~，死生不测者　270
　太初有~　343
无极：
　~而太极　262
无言无思：11

五　画

玄：
　~德　230，231，233，234，236，

247，248，250，252，255

~览 231，242

玄理：2，3，17，18，19，139，213，
229，265

玄学：

魏晋~论名理 17

生：

养~，乐~，全~，尊~，舍~，超
~，无~ 9

生生：

~之易 9，254，255，274，282

~之理 254，276，277，282，285 -
290，293 - 301，306，307，309，
311，312，313，316，319

本心：

~与理不二 387

以明：69，159，163，176，178，182，
189，372

四象：260，270，297，345

白虎通义：264，338，348，360，361，
362

印度哲学：6

训诂明而后义理明：

清儒言~ 1

圣人：

东海西海南海北海有~出 143

清儒言~之道 145

~制作 145

~不以辩示相，以言相示 161

~之在天下 251

~无常心，以百姓心为心 252

~达绸缪，周尽一体 343

白虎通议论~ 362

~之事 387

~受命 362

礼：

~也者，理之不可易者也 4

六　画

有：

天下万物生于~，~生于无

~无相生。~与无的同一

地：8

至人：12，53，75，155，164，234，
252，344，366，377

成心：66，68，69，72，86，151，152，
153，154，154，167，168，169，
170，171，174，175，320，372

自然：

~律 225，226，231，235，237，
247，249，250，251，253，255，
285，287

~之命 342，362，370

老子言莫之命而常~ 343

无所自而~ 368

名理：1，2，3，12，17，18，19，20，
21，23，24，25，26，28，29，
30，31，32，34，35，36，38，
39，40，42，44，48，101，107，
115，139

名实：

~相应 94

名辩之学：4

先天卦图说：271

齐物论：

~言人心 66

~之罔两问景 166

~之庄周梦蝶 166

尽心知性知天：387 - 388

识知：9，67

阴阳：
　　~五行　17，20，32，258，267，270，277，279，281，384，385，386，393
　　~乾坤　263，322，347
　　~之道　346－347
阴阳家：
　　~重视万物之共理　226
　　~重视事物之特定时空与原因　281
　　~之五帝德　348

七　画

言：
　　天何~哉，四时行焉，百物生焉　134
　　~外之意　139，141，142，146
　　清代学者以~释~　145
　　~与无　~160
序：（自序）8
易：
　　玩~，赞~，成~，不~　9
　　~为性命之源　258
　　~无体　270
易传：
　　~言和顺于道德而理于义　15
　　~之"憧憧往来朋从尔思"之思　69
　　~言以此洗心退藏于密　71
　　~之先天而天弗违，后天而奉天时　270
性：
　　气质之~7
　　~即理　7
　　~恶　73，74，78，364
　　~即气，气即~275
　　未尽之~　318
性理：
　　宋明理学论~　32
　　~之流行　316

物化：
　　~者，全物而化　166
物理：2，3，7，9，10，12，15，16，17，20，22，30，42，43，44，48，189，206，215
两行：154，156，158，372
法家：
　　~言治人用人　8
　　汉人谓"~者流，出于理官"　4
空理：
　　佛学言~　26
事理：
　　王船山及清儒论~　35
　　~之创生性　38
　　~与他种理之不同　38
咒语：
　　~在中西哲学之涵义　133
知识论：3，4，18，44，48
知类知故的知识心：
　　~与德性心之根本性质的不同　3
孝：330，334，340，360，379
位：（自序）8
形：（自序）8
形上学：5，6，23，44，70，231，240，241，245，282，283，285，320，324，345
佛家：
　　~言法性　7
　　~言情识　46
　　~之判教　134
　　~言假法　226
　　~言慈悲　232
　　~之以业识言命根论　373－375
良知：
　　~即天理　1，31，180，394

~为至善 47

~之流行 208

~当动而恒静，静而恒动 319

~充塞天地 389

宋明理学：

　~言性理 31

　~之存天理，去人欲 50

　~之本自得以正面立言之态度
　　　　　　　　　　136－138

　~言理言心之本旨 320

　~言性命之道 378

即物穷理：183－184，206

时：（自序）6－8

华严宗：26－27

穷神知化：270

灵府：67，69，340

灵台：48，66，67，70，71，72，74，
　　80，84，87，158，159，161，
　　163，164，171，172，173，175，
　　340

八　画

命：

　上~，下~，中~，内~，外~之五
　~之名 5

　唯天之~，于穆不已 6

　穷理尽性以至于~ 15

　诗书中之言~ 323－327

　知~ 322，328－334，336－337，
　　339－340，343－346，348，352，
　　359，363，367，370－371，382，
　　390－393

　以~为动作礼义威仪之则 329

　性~双修 344

　禄~ 323，325，348，349，363，

　　364，376，377，386

　不知所以然而然~也 342

　复~ 238，239，240，242，244，
　　248，254，322，340，342，343，
　　346，348，368，393

陆王学派：

　~重心 1

诗经：

　~中之天命靡常义 324

经史之学：1，35

诚：

　反身而~，乐莫大焉 54

　尽心即~ 55

　荀子言~ 72

　~意 11，83，84，181，182，183，
　　185，196，197，200，202，207，
　　210，213

　~于中，形于外 84

　通书言~ 266

　圣人与天地之道，同此一~ 353

　大哉乾元，万物之始，~之原也 378

实现原则：279，283，285－287

质：（自序）8

九　画

故：1－16，51－65

鬼神：

　殷人之敬事~ 324

皇极：260，261，264，318，319，380

神：

　圣而不可知之谓~ 74

　荀子言尽善洽之谓~ 74

　其用无穷则谓之~ 274

　是故内深藏所以为~ 357

神明之知：3

索　引

语言：
　　~达人我之意　132
语意学：4，18，93，124，132
闻见之知：
　　~与德性之知　213
　　以~统德性之知　215
　　~为良知之流露　219
俭：231，232，251，346
独化：
　　~境界　166
　　物之自化自生自然而~　369
　　自尔~　372
类：
　　以~取，以~予　107
　　殊~　106，108，121，122，125，
　　　　128-129，131
　　言之多方殊~异故　121
　　~名　22，92，95，96，97，123，130

十　画

原：（自序）3
格物：
　　王阳明谓~之物为事　190
　　先~，次致知　190
　　~之格，朱子训为至　195
　　~穷理　204
　　清儒以~为纯粹之求知识　214
格物致知：
　　以~为致知识之知之说　212-216
致知：
　　~在格物　185
　　王阳明以~为致良知　184
致虚守静：
　　庄子由~，以见道通为一之道　175
　　老子所谓~的修德工夫　246

~以观万物之复　244
兼爱：
　　墨子言~之理由　58
　　对~之批评　59
　　~与儒家言仁心充达周普之差异　61
　　天志在~　60
　　墨子之~尚同之行事法天　337
逍遥：
　　~无待　71

十一画

情：
　　~实之~　57
理：
　　~不离气　1
　　~之见于人之活动中的历程之义　16
　　~之最早涵义为治玉　7
　　墨子与墨辩言~　4
　　~之分别义　13
　　~之总持义　13
　　~事无碍　26
　　~不离事　40
　　诸~之统一　41
　　至微者~也　273
　　~同而气异　276
　　统体之~　277
　　~气不杂　275
　　~先气后　39，277，288，298，299，
　　　　302-303，306，310，319，384
　　综论心~气三者之相依　318
　　穷~尽性　15，345-347，376，379
　　　　-380，383，395
理体：3，273，290
理智心：48，49，56，57，58，59，60，
　　　　61，62，63，66，68，72，74，

79，80

乾坤：

~并建

唯识宗：

~言事物之因缘　30

~以业报种子言命根　348

~之业命　394

虚灵明觉心：3，48，66，70，87

逻　辑：4，18，25，44，49，89，93，
　　　　105，106，107，108，109，111，
　　　　115，118，121，122，123，124，
　　　　125，126，127，128，129，130，
　　　　132，148，149，154，281，294，
　　　　296，298，299

十二画

象：

~数之学　20

至著者~也　273

程朱学派：

~视理为至尊无上　1

道：

~者，万物之所然也，万物之所稽也　4

~法自然　21

~者古今之正权也　76

~统　142，143，146，282，323

有通贯异理之用之~　225

形上道体之~　6，226，233，234，
　　　　236，237，241，245，250

道相之~　227

同德之~　230

修德生活之~　231

事物及心境人格状态之~　232－234

~之六义的贯通　235

~之直觉的印证　237

~呈有无玄妙之相　242

~之生物及物之有得于　243

~以成其德　243

~之为自然律　247

不~如何发生　248

老子论~之思想之外限　253－255

神之不测即~　270

~与心合一　314

~生万物　228

禅宗：

~之当机破执　144

~之棒喝　141

~之传心　142

~言顿悟直悟　141

十三画

道家：

~之言无己，忘己，去己　9

道体：

~与万物之物相的不同　243

道德修养：

孟子之~工夫　336

葆光：69，161，163，164，372

新民：

朱子以明明德之事为~之本　196

慎独：86，87，182，187

数：（自序）11

十四画

慈：11，194，195，202，204，205，
　　209，213，231，232，252，254

十五画

德：

~为人物之各得之以自生或自循者 230
　　命随~定说 328
　　敬~ 325，326，329
德性心：3，48，49，55，56，59，60，
　　61，63，66，68，81，87，88
德性之知：
　　~与知识之知的融通 316-219
　　~直接透过知识之知表现 219
　　依~肯定知识之知为一善 220

十六画

默：

中国思想以~为言行之枢纽 134
辩：
　　~之七事 107
　　谈~之术 136
　　大~若讷 136
　　墨家论~ 105
　　~之定义 150
　　~之必有胜 150
　　忘言忘~ 151
　　孟子言~ 167-170
　　荀子言~ 170-177